키샷 8
Enjoy KeyShot!

키샷 8
Enjoy KeyShot!

채만석 · 박근우 저

청담북스

Preface

Keyshot은 여러분의 시간을 줄여 줍니다.
여러분은 많은 3D CAD와 렌더링 프로그램을 접할 것입니다. 또한, 이러한 소프트웨어를 통해서 실제와 유사한 제품 등을 만들 것이며, 그 환경은 회사나 학교와 같은 곳일 것입니다. 그러한 환경 속에서 교수님이나 사장님은 스마트시대에 걸맞게 빠른 결과물을 원하십니다. 하지만, 한번 작업을 하면 기본 몇 시간 작업하는 렌더링 프로그램을 한탄하지만, 윗분들은 모르십니다. 그러한 경험을 가지신 분이라면, 빨리 배울 수 있고, 현장에 빠르게 사용할 수 있는 키샷이라는 프로그램을 권해드립니다. 키샷의 가장 큰 매력은 간단한 조작과 렌더 시간일 것입니다.

Keyshot은 모든 제품군에 사용할 수 있습니다.
보통 3D CAD 프로그램은 곡면 등을 많이 사용하는 소비재 디자인 설계 프로그램과 기계 등을 만드는 구조적 설계 프로그램으로 나뉜다고 볼 수 있습니다.
국내에서 많이 사용되는 디자인 설계 프로그램은 맥스, 라이노, 알리아스 등이 있고, 구조적 설계 프로그램에서는 솔리드웍스, 프로이, 카티아 등이 있을 것입니다. 키샷은 이러한 3D CAD와 거진 모두 호환이 됩니다. 많은 렌더링 프로그램이 있지만, 키샷처럼 많은 3D CAD와 호환되는 프로그램은 많지 않을 것입니다. 여러분들이 어떠한 프로그램을 사용해도 키샷으로 렌더링 할 수 있으니, 키샷을 사용해 보세요.

Keyshot은 여러분의 몸값을 올려줍니다.
기계설계를 하시는 분 중에 렌더링 프로그램을 다루시는 분은 소수일 것입니다. 또한, 일반적으로 제품을 생산하는 중소회사에서 디자인 파트와 기구설계 파트가 다를 것입니다. 또는 디자인 파트가 없는 곳도 많습니다.
저는 기계 & 기구설계자이면서 포트폴리오가 있었습니다. '디자이너도 아니면서 무슨 포트폴리오?'라고 질문할 수 있습니다. 개인적으로 디자인이라 함은 설계라고 생각합니다. 제품에 대한 비율 및 제품 내부를 가장 잘 알고, 그것을 기초로 디자인이 들어가면 디자이너와 설계자가 부딪힘이 없을 것입니다. 그러한 요소들을 한 사람이 진행한다면, 회사입장에서는 매우 만족할 것입니다. 또한, 빠른 시간내에 작업을 처리해주는 키샷과 함께하는 디자이너 또는 설계자이라면, 여러분의 몸값이 올라갈 것입니다.

이 책의 한 페이지 한 페이지가 여러분의 몸값을 올려줄 것입니다.
〈회상〉 키샷 4라는 책이 처음 나왔을 때를 찾아보니, 2013년 10월에 세상에 태어났군요. 그러면서 2016년…다시 2019년에 세번째 키샷 8을 써봅니다. 출판사와는 버전마다 발간하는 것보다는 짝수번호로 키샷책을 진행하기로 했고, 직장과 학교를 다니고 있기에 책을 병행한다는 것은 참으로 힘들군요. 하지만, 처음 책을 발간하고 세번째 책을 발간해 주시는 '청담북스'와 '렌더카우' 그리고 지금 다니는 'RF회사 식구들' 또한 '홍대대학원 산업디자인전공 교수님과 학우들'이 있기에 모두에게 감사한 마음으로 이 책을 썼습니다.

Contents

PART. 01
키샷 개요 및 장점

1. 키샷을 배우는 이유   12

PART. 02
키샷 설치 및 들어가기 전 이야기

1. 시스템 설치하기   16
- 시스템 요구사항   16
- 키샷 내려 받기   16
- 설치하기   17
- 라이선스   19
- 라이선스 이동   20
- 마이그레이션 설정   20
- Pro Floating Installation   20

2. 디렉터리구조   21
- 리소스 폴더   21
- PC 디렉토리 위치_Windows   23
- PC 디렉토리 위치_Mac   23

3. 들어가기 전 이야기   24

PART. 03
메뉴구성 및 기본조작

1. 메뉴바   29
- 파일   29
- 편집   30
- 환경   30
- Lighting   30
- 카메라   31
- 이미지   31
- 렌더   32
- 뷰   32
- 윈도우   33
- 도움말   35

2. 환경설정   38
- 인터페이스   38
- 일반   40
- 폴더   42
- 플러그인   43
- 색상 매니지먼트   44
- 핫키   44

3. 실시간 창, 툴바, 리본   45
- 실시간 창과 툴바   45
- 리본   48

4. 기본조작   49
- 카메라 조작하기   49
- 씬 단위(Scene Units)   51
- 씬 트리(Scene Tree)   51
- 파트 숨기기와 보이기   52
- 파트/모델 이동   53
- 다중선택   53
- 모델복제   54
- 재질적용 및 재질링크   55
- 라이브 링킹(Live linking)   56
- 지오메트리 뷰(Geometry View)   56
- 지오메트리 편집   60

PART. 04
툴바 및 기타 창

1. 클라우드 라이브러리   68
- 인터페이스   68
- 계정 만들기   69
- 검색   70
- 업로드 및 다운로드   71

2. 가져오기   72
- 지원하는 파일형식   72
- 모델 가져오기   73

3. 라이브러리   76
- 재질 탭   77
- 색상 탭   78
- 텍스처 탭   79
- 환경 탭   80
- 백플레이트 탭   81
- 자주 사용하는 환경   82

4. 프로젝트   83
- 씬 탭   83
- 재질 탭   92
- 환경 탭   93
- 라이팅 탭   94
- 카메라 탭   95
- 이미지 탭   98

5. 렌더   101
- 출력   101
- 옵션   102
- 큐(Queue/작업대기열)   102

6. 스크린샷   103

PART. 05
재질, 텍스처, 라벨링

1. 재질 작업   106
- 라이브러리 열기   106
- 재질 적용   107
- 프로젝트 라이브러리 사용   108
- 재질 복사 & 붙여넣기   108
- 재질 편집   109
- 재질 저장   109
- 재질 템플릿(Material templates)   110
- 색상 라이브러리(Color Library)   111

2. 텍스처 작업   112
- 기본 맵 타입_확산(Diffuse)   113
- 기본 맵 타입_반사(Specular maps)   114
- 기본 맵 타입_범프(Bumps maps)   115
- 기본 맵 타입_불투명도(Opacity maps)   117
- 텍스처 타입   118
- 매핑 유형   118
- 텍스처 이동 툴   121

3. 라벨링 작업   123

PART. 06
환경맵 사용법

1. 환경맵 적용   131

2. 조정   132

3. 변환   133

4. 백그라운드   134

5. 그라운드   136

6. 환경맵 만들기   138
- 포토샵 이용하기   138
- HDRI 프로그램 이용하기   141

7. HDR 편집기   142

PART. 07
라이팅

1. 실시간 창 — 148
2. 라이팅 — 149
    라이팅 프리셋 — 150
    환경 라이팅 — 151
    일반 라이팅 — 153
3. 스튜디오 — 155
    스튜디오 창 — 155
    스튜디오 세팅 — 155

PART. 08
렌더

1. 렌더 출력 — 160
    스틸 이미지 — 160
    애니메이션 — 163
    KeyShotXR — 164
    구성기 — 168
    렌더 레이어 및 모든 렌더 통과 — 169
2. 렌더 옵션 — 174
    모드 — 174
    최대 샘플 — 175
    최대시간 — 176
    커스텀 제어 — 176
3. 큐 — 179

PART. 09
재질 고급 사용법

1. 재질 기본개념 — 184
    산란 매개변수(Diffuse parameter) — 185
    반사 매개변수(Specular parameter) — 185
    굴절률(Refraction index) — 186
    거칠기/샘플(Roughness/Samples) — 187
2. 재질 타입(기본) — 188
    금속(Metal) — 189
    박막(Thin Film) — 190
    솔리드 글라스(Solid Glass) — 191
    액체(Liquid) — 193
    유리(Glass) — 194
    투명(Translucent_반투과성) — 196
    페인트(Paint) — 198
    평평(Flat) — 200
    플라스틱(Plastic) — 201
    확산(Diffuse) — 202
3. 재질 타입(고급) — 203
    고급(Advanced) — 203
    금속성 페인트(Metallic Paint) — 208
    다층 광학(Multi-Layer Optics) — 211
    벨벳(Velvet) — 214
    보석(Gem) — 215
    유전체(Dielectric_유리계열) — 218
    이방성(Anisotropic) — 220
    측정됨(Measured) — 222
    투명_고급(Translucent_ Advanced) — 224
    플라스틱_고급(Translucent_ Advanced) — 225
    플라스틱_불투명(Translucent_ Advanced) — 227
    확산 매체(Scattering Medium) — 228
    예제 1 — 231
    예제 2 — 232
4. 재질 타입(라이팅 소스) — 233
    IES 라이트 — 233
    예제 1 — 235
    스포트라이트(Spotlight) — 237
    에어리어 라이트(Area Light) — 240
    포인트 라이트(Point Light) — 242
5. 재질 타입(특별) — 243
    Toon — 243
    Xray — 246
    그라운드(Ground) — 247
    내부 모형(Cutaway) — 248
    방사형 와이어프레임(Wireframe) — 250

PART. 10
텍스처와 재질그래프

1. 텍스처 개요 — 254

2. 이미지 텍스처 — 255
- 3평면(Tri-Planar) — 255
- 비디오 맵(Adding a Video Map) — 257
- 타일형 UV(Tiled UV) — 259
- 텍스처 맵(Texture Map) — 262

3. 2D 텍스처 — 263
- 메쉬(Mesh) — 263
- 브러시트(Brushed) — 265
- 짜임(Weave) — 266

4. 3D 텍스처 — 268
- 가죽(Leather) — 268
- 그라나이트(Granite_화강암) — 269
- 나무_고급(Wood_Advanced) — 270
- 노이즈_텍스처(Noise_Texture) — 273
- 노이즈_프랙탈(Noise_Fractal) — 274
- 노이즈_프랙탈(Noise_Fractal) — 275
- 목재(Wood) — 276
- 브러시_래디얼(Brushed Radial) — 277
- 색상 그라데이션(Color Gradient) — 278
- 셀룰라(Cellular) — 280
- 스크래치(Scratches) — 281
- 어물루젼(Occlusion) — 282
- 얼룩(Spots) — 283
- 위장(Camouflage) — 285

5. 재질 그래프 — 287
- 매뉴바(Menu Bar) — 288
- 리본(Manu Bar) — 289
- 작업영역(Material Graph Work Area) — 290
- 재질속성 — 290
- 재질 노드와 텍스처 노드 — 291
- 지오메트리 노드 — 292
- 애니메이션 노드 — 296
- 유틸리티 노드 — 299

PART. 11
애니메이션

1. 타임라인 사용방법 — 307

2. 이동 — 310

3. 회전 — 312

4. 피봇 포인트 — 314

5. 고유 로컬과 전역 — 316

6. 페이드 — 317

7. 모션 완화 — 318

8. 카메라 애니메이션 — 319
- 궤도(Orbit) — 320
- 파노라마(Panorama) — 321
- 경사_기울기(Inclination) — 322
- Dolly — 323
- 이동(Translation) — 324
- 경로(Path) — 325
- 심도(Depth of Field) — 327
- 줌(Zoom) — 328
- 카메라 전환 이벤트(Camera Switch Event) — 329

PART. 12
Keyshot XR

1. KeyshotXR 마법사 사용하기 — 333

2. KeyshotXR 렌더 설정 — 335

3. KeyshotXR 최종 출력 — 338

4. 키샷VR을 파워포인트에 삽입하기 — 339

5. KeyshtoXR을 웹사이트에 삽입하기 — 342

6. 스크립팅 콘솔 — 343
- Create Standard Views — 344
- Render Images — 345
- Encode Video — 346

PART

키샷 개요 및 장점

CHAPTER 01 키샷을 배우는 이유

키샷은 3D 렌더링, 애니메이션 및 대화형 시각화를 생성하는데 사용되는 실시간 광선 추적 및 전역 조명 프로그램입니다. CPU 기반 렌더링을 사용하면서 고급 그래픽 카드가 필요 없이 랩톱에서도 Mac 및 PC 모두에서 사실적으로 실시간 렌더링을 수행할 수 있습니다.

키샷은 25가지 3D 파일 형식을 지원합니다. Drag & Drop 재질 및 환경 사전 설정, 대화식 레이블, 텍스처 매핑, 실제 조명, 애니메이션 등의 간단한 사용자 인터페이스를 제공합니다.

빠르다!
키샷 내부 엔진의 모든 것은 실시간으로 이루어집니다. KeyShot은 재료, 조명 및 카메라의 모든 변경 사항을 즉시 볼 수 있는 독창적인 렌더링 기술을 사용합니다.

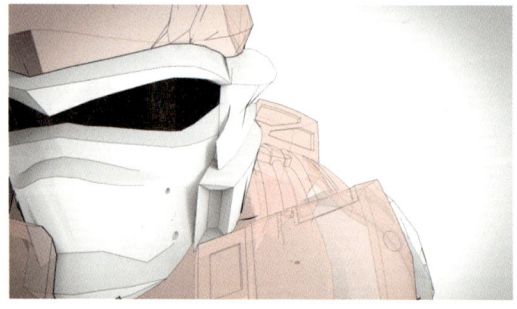

쉽다!
3D모델의 사실적 이미지를 만들기 위해 렌더링 전문가가 될 필요는 없습니다. 데이터를 가져 와서 모델에 Drag & Drop하여 재질을 분배하고 조명을 조정하고 카메라를 이동하세요. 그러면 끝납니다.

정확하다!
키샷은 3D 데이터를 위한 가장 정확한 렌더링 솔루션입니다. 키샷은 과학적으로 정확한 소재 표현과 글로벌 일루미네이션 분야의 연구를 기반으로 Luxion社에서 내부 개발된 물리적 렌더링 엔진을 기반으로 합니다.

디자인분야의 교육 또는 업으로 하시는 분들은 많은 렌더링 프로그램을 접합니다. 처음에는 실제처럼 만들어진 렌더링 결과물에 만족하지만, 점점 더 좋은 품질의 렌더링 결과물을 위해 많은 시간을 투자하게 됩니다.

하지만, 성과가 빠른 시간 내에 나오지 않을 경우 갑갑함을 느끼게 되고, 좀 더 빠른 렌더링 프로그램을 찾게 되는 현실입니다.

키샷은 다른 렌더링 프로그램처럼 초안 렌더링 이미지를 잡기 위해 많은 시간이 걸리지 않는 실시간 렌더링 프로그램입니다. 키샷은 컴퓨터의 CPU만으로 렌더링을 계산하기 때문에 GPU위주의 렌더링 프로그램보다 매우 빠른 렌더링 속도를 자랑합니다. 또한, 렌더링 프로그램 시장에서는 키샷과 같이 실시간 렌더링으로 바뀌고 있는 추세입니다.

이러한 실시간 렌더링은 사용자들의 시간도 줄여주며, 디자인 분야가 아닌 기계설계 분야에서도 직관적이며 손쉽게 렌더링 할 수 있게 되었습니다.

PART

2

키샷 설치 및
들어가기 전 이야기

CHAPTER 01

시스템 설치하기

Section 01 시스템 요구사항

키샷은 다른 렌더링 프로그램처럼 비싼 컴퓨터를 요구하지 않습니다. 단지 CPU에는 투자를 하셔야 합니다.
아래 사양에서 보듯이, 다른 렌더링 프로그램과는 틀리게 그래픽보드에 대한 사양이 제외되어 있습니다. 키샷은 단지 CPU만으로 계산 되어지기 때문입니다.
단, 키샷의 성능을 높이기 위해서는 CPU의 코아수가 많을 것을 권장해 드립니다.

일반사항

64-bit platform
2GB RAM
2GB Disk Space
Dual core CPU*
OpenGL 2.0 capable system**
1024 x 768 resolution or higher
Internet connection (to activate product)

PC사항_OS_Windows

Windows 7, 8, or 10
Windows Server 2012 and above
Intel® Core 2 or AMD Athlon® 64 processor

Mac사항_OS_IOS

macOS 10.10 or later
Intel Core 2 Duo or higher

Section 02 키샷 내려 받기

인터넷에서 http://www.keyshot.com/try 라고 치시면 아래 그림과 같이 페이지가 표시됩니다.
몇 가지 사항을 입력 후 다운로드 됩니다.

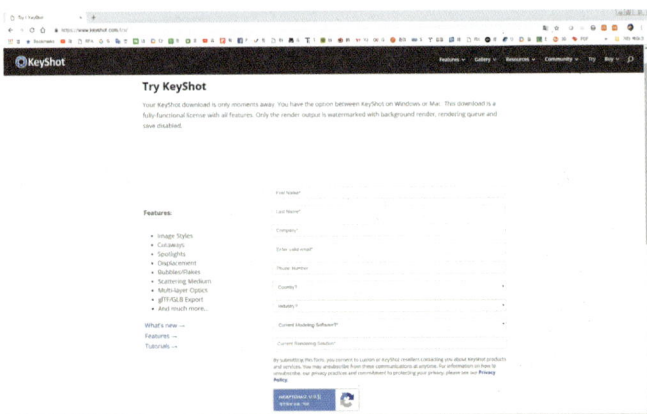

또는 https://www.keyshot.com/resources/downloads/ 에서 아래그림과 같이 Full Installer에서 자신의 OS에 맞게 선택하여 클릭하시면 다운로드 됩니다(단, 이 경우에는 이전 버전을 업그레이드할 때 사용하라고 하지만, 별 상관없이 다운로드 하셔도 됩니다.).

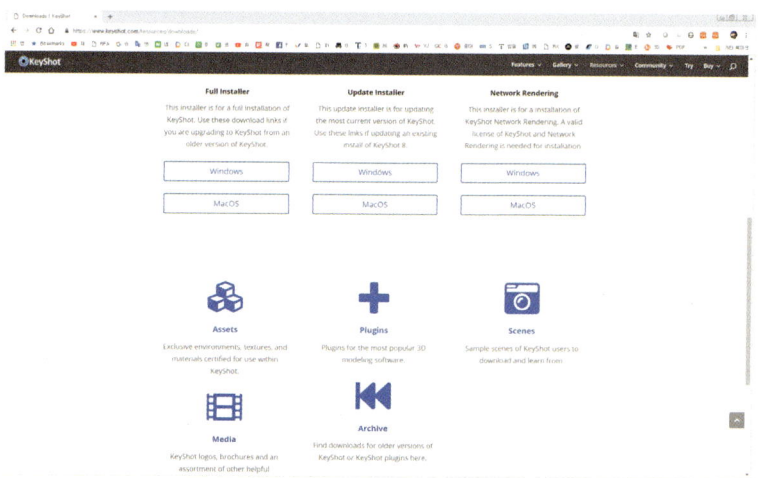

Section 03 설치하기

설치하기는 그다지 어려운 문제가 아니라서, 그림으로만 나열하겠습니다.

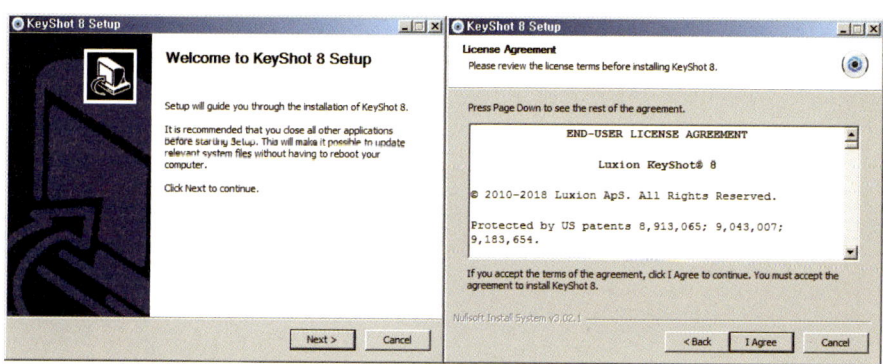

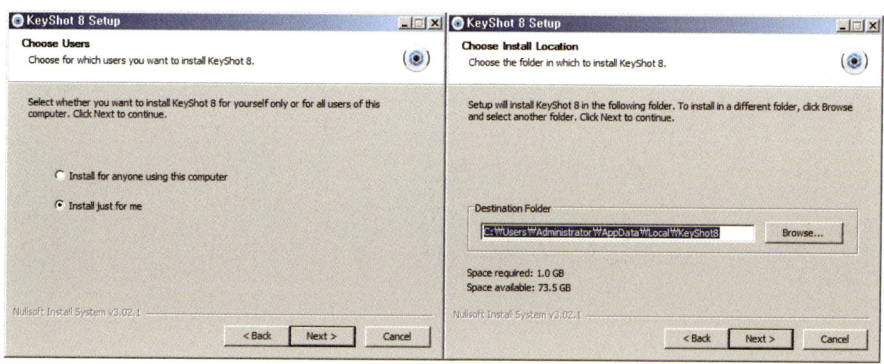

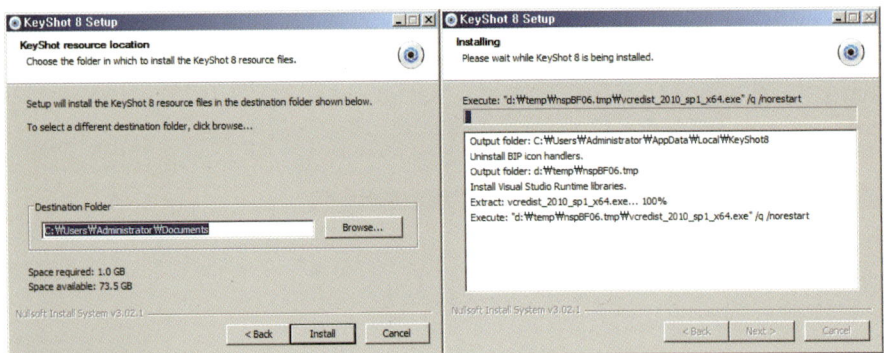

Finish를 클릭하시면 아래와 같이 Keyshot 8을 등록하라고 나옵니다. 워터마크가 없는 14일 데모 라이선스를 누르시면 여러 가지 입력사항을 입력 후 키샷이 활성화됩니다.
저는 등록하지 않고 계속하기를 누릅니다.

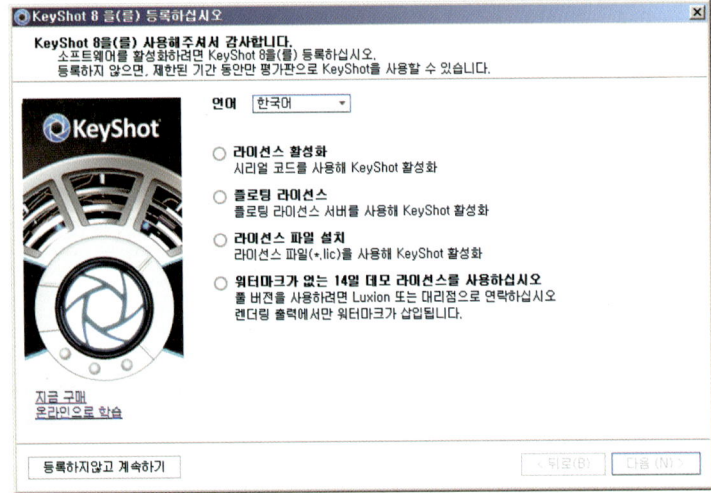

키샷은 고정 라이선스는 한 번에 한 시스템에서만 활성화됩니다. 그러나, 혼합 플랫폼으로 구성된 최대 3대의 컴퓨터 간에 반복적으로 라이선스를 양도하면서 사용할 수 있습니다.

keyshot8.lic 파일이 있으시면 컴퓨터에 저장한 다음 KeyShot을 시작하고 라이선스 파일 설치(*.lic)를 선택하고 keyshot8.lic 파일을 찾습니다. 라이선스 설치에 실패하면 KeyShot 8 리소스 폴더에 전체 권한이 설정되어 있는지 확인하십시오.

라이선스 전송 과정에서 인터넷 연결이 필요합니다. 라이선스가 성공적으로 전송되면 KeyShot은 인터넷에 연결하지 않고 실행할 수 있습니다.

등록하지 않고 계속하기를 클릭 시 아래 그림과 같이 프로그램이 실행됩니다(단, 워터마크가 찍힌 배경이 나옵니다.).

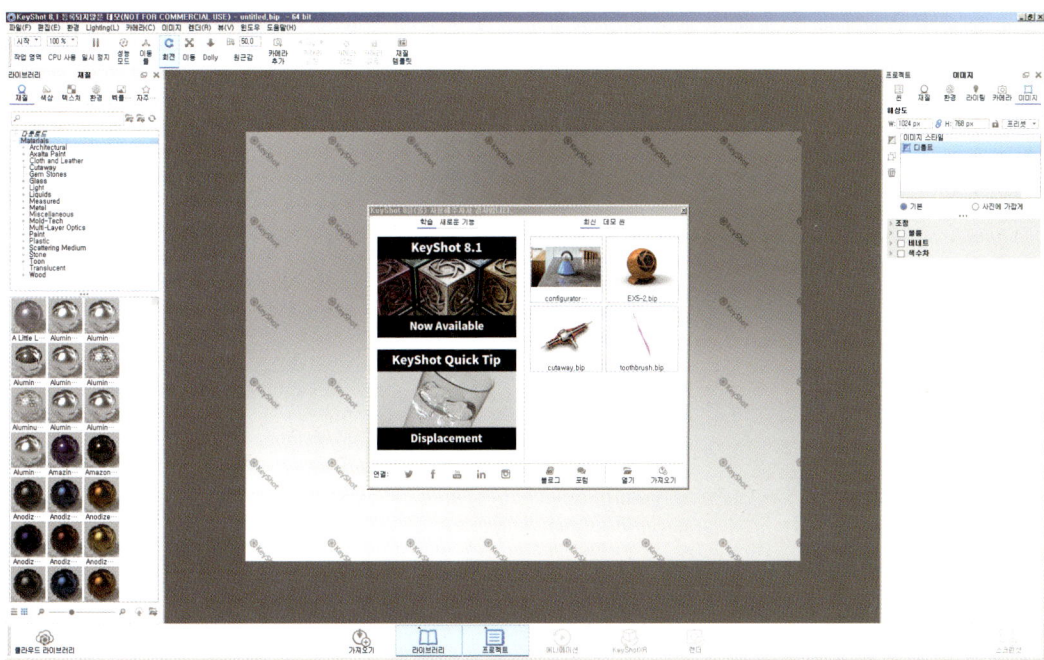

Section 04 라이선스

제품에 대한 노드 고정 라이선스는 한번에 하나의 시스템에서 활성 될 수 있으나, 최대 3개의 컴퓨터에서 반복적으로 라이선스를 전송할 수 있습니다.

자동설치(Automatic Install)는 구매 시 'Keyshot8.lic'라는 파일을 이메일로 받아서 PC에 저장을 하게 됩니다. 그리고, 키샷을 실행시키고 'Install license'를 선택한 다음 저장해 놓은 파일을 찾습니다. 만약, 라이선스 파일 설치에 실패한다면 'KeyShot 8 Resources' 폴더의 모든 권한을 허용으로 변경하셔야 합니다.

수동설치는 'Keyshot8.lic' 파일을 받으면 PC의 'KeyShot 8 Resources' 폴더 또는 Mac의 경우에는 'Application Package Contents'에서 원하는 대로 복사하여 사용하시면 됩니다.

Section 05 라이선스 이동

라이선스를 이동하는 과정에서 인터넷 연결이 필요하지만 한번 이동에 성공한 이후로는 키샷을 실행하는데 인터넷 연결은 필요하지 않습니다.
라이선스를 이동하려면 먼저 인터넷에 연결되어 있는지 확인해야 합니다. 정상적으로 연결이 되어 있다면 키샷을 실행하고 메뉴에서 '도움말 〉 이 컴퓨터상의 라이선스 비활성화'를 선택합니다. 서버와 연결 후 해당 컴퓨터의 라이선스는 작동하지 않게 됩니다.
그런 다음, 라이선스를 설치할 새로운 PC에서 키샷을 실행하고 등록정보를 입력한 후 Next를 클릭합니다. 다음 화면에서 키샷의 시리얼 넘버를 입력하라는 메시지를 보게 될 것입니다. 입력하시게 되면 새로운 PC에서 키샷을 정상적으로 실행할 수 있습니다.

Section 06 마이그레이션 설정

마이그레이션(Migrating) 설정은 이전 키샷 버전의 기본 환경 설정이 변경한 내용으로 되어 전송됩니다. 디렉터리구조나 작업 공간을 다시 만들 필요 없이 이전 버전의 구조를 그래도 가져옵니다.
라이선스 정보가 있을 시 이름, 회사 등에 대한 정보가 등록 대화 상자에 채워지며, 키샷 7에서 사용한 동일한 라이선스 정보가 키샷 8 서버에 연결되어 집니다.
라이브러리 자료와 재질 템플릿 등 이전의 모든 자료가 키샷 8로 설정으로 저장되어집니다.

Section 07 Pro Floating Installation

그 밖에 유동적 설치라는 부분이 있습니다. 라이선스서버(Windows 및 Mac) 또는 Imgra(Linux).
또한, 클라이언트 응용프로그램에 대한 설치 및 구성이 있지만, 제 책에서는 자세히 다루지 않겠습니다.
다만, 클라이언트 응용프로그램에 대한 설치는 네트워크 랜더링을 사용할 때 사용되는 것이라
'https://www.keyshot.com/resources/downloads/'에서 다운로드 받아 설치하시기 바랍니다.

CHAPTER 02 디렉터리구조

Section 01 리소스 폴더

키샷 설치 시 키샷 리소스를 어디에 설치할 지 아래 그림처럼 설정할 수 있습니다. 기본 폴더는 '라이브러리 〉 문서 〉 keyshot 8'로 설정됩니다.

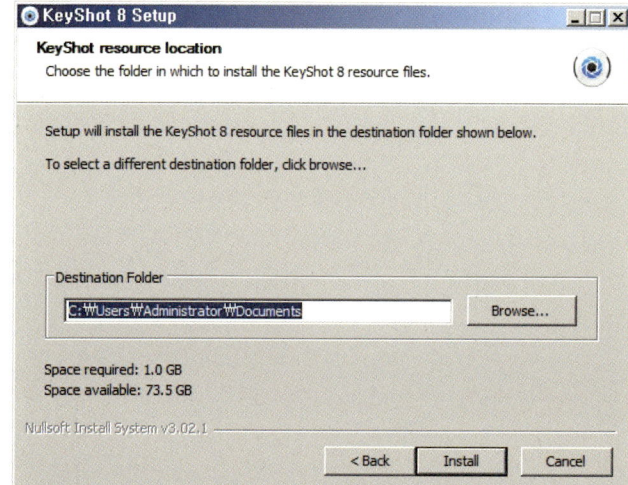

리소스 폴더는 일정한 디렉토리를 가지고 있으며, 이러한 니렉토리에 재질, 흰경 및 질감 등이 저장이 되며, BIP파일을 열 때, 키샷은 자동적으로 리소스 폴더를 읽고 그것에 맞는 파일을 가져오게 되어 있습니다.

키샷 리소스 폴더는 그림과 같이 하위 폴더가 포함되어 있습니다.

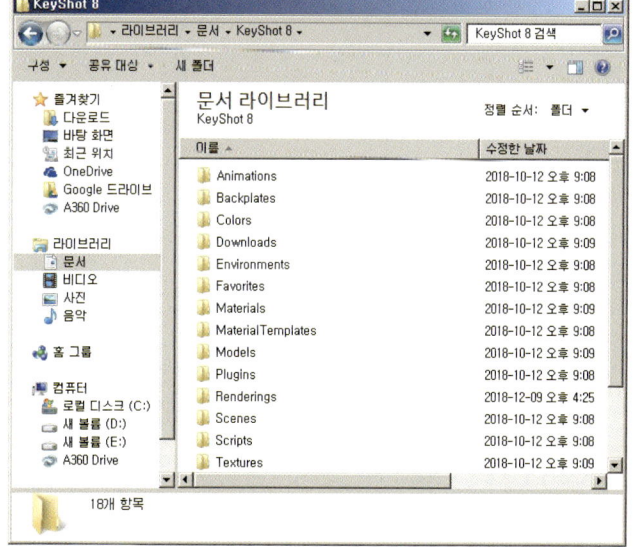

Animations(애니메이션)
키샷애니메이션을 구동하여, 결과물을 생성시 이 폴더에 자동 저장됩니다.

Backplates(배경화면)
키샷의 결과물 파일은 BIP라는 확장자를 가지게 됩니다. BIP확장자에서 관련된 배경맵에 사용될 이미지를 이 폴더에서 자동으로 찾습니다. 이 폴더에 저장된 모든 배경이미지들은 키샷이 구동할 때 라이브러리로 불러오게 됩니다. 또한, 기본적으로 Interior와 Outdoor로 폴더가 구분되어 지며, 유저들이 좋은 배경맵이 있을 때는 이 폴더에 저장시켜 사용해도 됩니다.

Colors(색상)
키샷은 BIP파일과 관련된 컬러맵을 이 폴더에서 자동으로 찾습니다. 이곳에 저장된 모든 컬러맵들은 키샷이 처음 구동할 때 라이브러리로 불러오게 됩니다.

Downloads(다운로드)
키샷 클라우드에서 다운로드 된 것들이 이 위치에 저장됩니다.

Environments(환경맵)
키샷은 BIP파일과 관련된 환경맵을 이 폴더에서 자동으로 찾습니다. 이 폴더에 저장된 모든 배경맵들은 키샷이 구동할 때 라이브러리로 불러오게 됩니다.

Favorites(즐겨찾기)
리소스의 즐겨찾기 목록이 작성되기 전까지는 이 폴더는 비어 있습니다. 즐겨찾기가 생성되면 XML파일로 이 위치에 저장되게 됩니다.

Materials(재질)
이 폴더에 저장된 모든 재질 파일들은 키샷이 처음 구동될 때 라이브러리로 불러오게 됩니다.

Materials Templates(재질 템플릿)
재질 템플릿이 생성되기 전까지는 이 폴더는 비어 있습니다. 재질 템플릿이 생성되면 이 위치에 저장됩니다.

Models(모델)
키샷이 가져올 수 있는 표준 기본 요소가 포함되어 있습니다.

Renderings(렌더링)
렌더링 결과물이 저장되는 폴더입니다. 저장위치는 Render option에서 변경할 수 있습니다.

Scenes(씬)
이 폴더는 키샷으로 열 수 있는 샘플 씬이 포함되어 있습니다. 이 씬은 BIP 확장자로 저장됩니다.

Scripts(스크립트)
이 폴더는 키샷과 함께 사용할 수 있는 샘플 스크립트가 포함되어 있습니다.

Textures(텍스쳐)
키샷은 BIP파일과 관련된 맵핑과 관련된 기본 텍스쳐를 이 폴더에서 자동으로 찾습니다. 이 폴더에 저장된 모든 배경맵들은 키샷이 구동할 때 라이브러리로 불러오게 됩니다.

Section 02 PC 디렉토리 위치_Windows

키샷 8을 설치한 후, 바탕화면에 Keyshot 8 Resource 바로가기가 생성됩니다.
일반적으로 설치되었다면 '문서/keyshot 8' 폴더에 리소스가 생성되어 있습니다.

권한설정

읽고/쓰기의 권한을 설정하는 방법(Windows 체계에서는 자동적으로 읽고/쓰기 권한이 설정됩니다.)

1. 문서/Keyshot 8의 폴더에서 마우스 우측클릭 시 '속성'을 선택합니다.
2. '보안'탭으로 이동하여 그룹 또는 사용자이름을 선택합니다.
3. '편집'을 클릭합니다.
4. 사용권한을 모두 '허용'하여 주고, 확인을 클릭합니다.

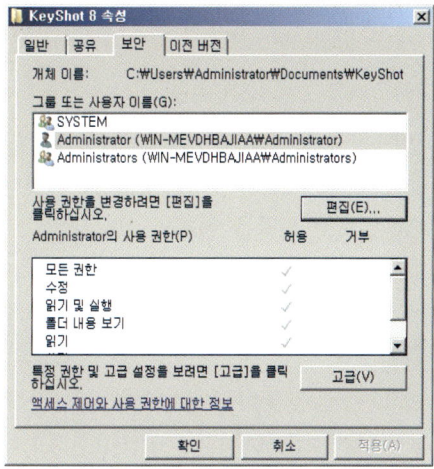

Section 03 PC 디렉토리 위치_Mac

키샷 8를 설치한 후, 리소스폴더는 'Application Support' 내부 '/Library/Application Support/KeyShot8'에 저장됩니다.
일반적으로 설치되었다면 'Support/keyshot8' 폴더에 리소스가 생성되어 있습니다.

권한설정

읽고/쓰기의 권한을 설정하는 방법

1. Keyshot8 폴더에서 마우스 우측클릭 시 'Get Info'을 선택합니다.
2. 'Sharing & Permissions'를 확대하여 잠금을 해제합니다.
3. 읽고/쓰기로 모든 권한을 변경합니다.
4. 설정버튼을 클릭한 후, 'Apply to enclosed items…'를 선택합니다.
5. 'Apply'를 클릭 후 윈도우 창을 닫습니다.

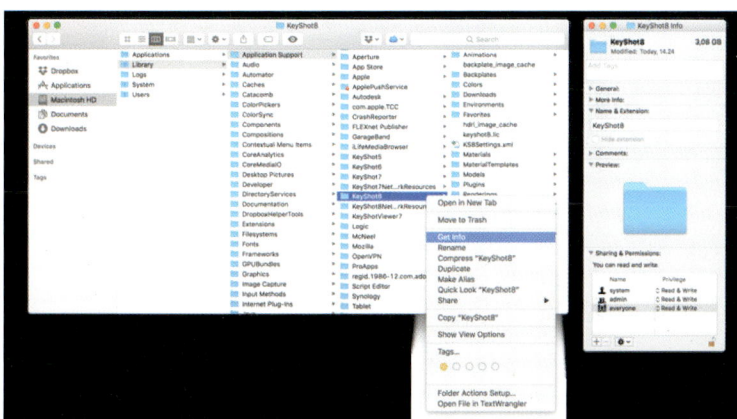

CHAPTER 03 들어가기 전 이야기

종종 이런 질문을 듣습니다. '키샷에서 모델링을 어떻게 해야 하나요?'
정답은 하지 못합니다. 키샷은 단지 렌더링만 할 수 있는 프로그램입니다.
개인적으로 모델을 실제와 같이 렌더링하는 프로그램도 중요하지만, 그것보다도 더 중요한 것은 내게 맞는 3D CAD 프로그램을 하나 능숙히 다루어 달라고 이야기하고 싶습니다. 또한, 3D CAD의 분야는 크게 두 분야로 볼 수 있습니다. 디자인 분야와 기계설계 분야입니다.

3D CAD를 선택하는데 있어서 약간의 개념을 설명하고자 합니다.
3D 모델을 만들 때에는 Curve(커브), Surface(표면), Polysurface(다각표면), Mold(몰드)등의 4가지로 구분할 수 있을 것 같습니다(분야마다 다르게 표현될 수도 있습니다).

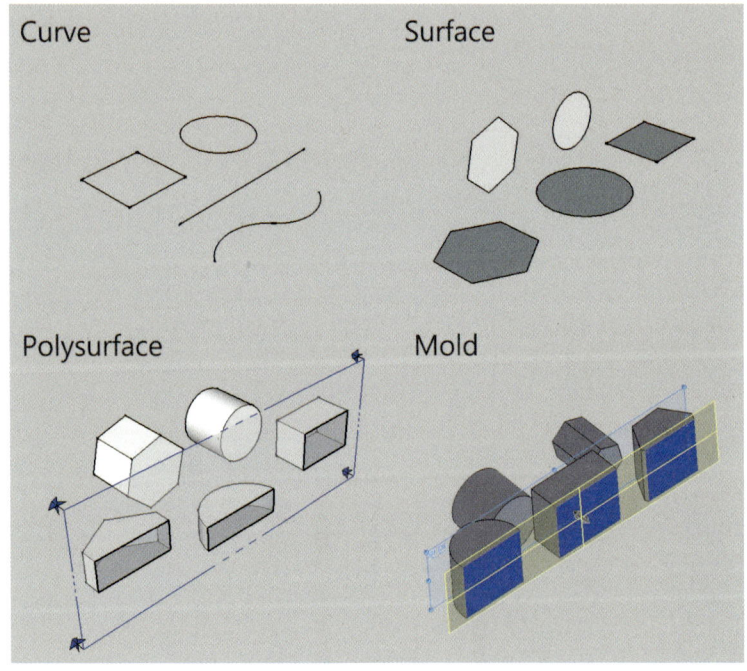

위의 그림과 같이 Curve는 2차원적인 선의 형태를 의미합니다. 이 선들이 모여 Surface를 만들어 내는 기초가 되는 것이고, Surface는 선들이 모여 면을 만든다는 개념이며, Polysurface는 여러 개의 Surface가 조합되어 3D의 형태가 되는 것입니다. 하지만, Mold와 비교했을 때, 모델의 안쪽은 비어 있는 반면에, Mold는 안쪽까지 차 있는 것을 그림에서 볼 수 있을 것입니다.

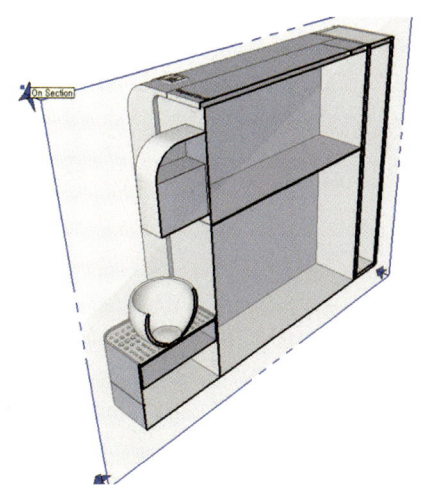
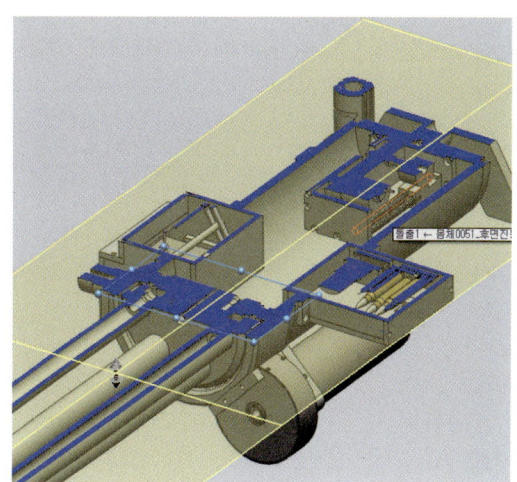

Polysurface 구조는 선으로 면을 만들어 내는 것이라, 면이 깨끗이 나오는 장점이 있는 반면에, Mold구조는 안이 차있기 때문에 물리적 재질요소(강도, 밀도 등)를 설정하여, 물리적 해석을 할 수 있다는 장점이 있습니다.

우리가 흔히 이야기하는 디자인 분야의 일을 하신다면 곡면 등을 쉽게 만들 수 있는 Polysurface의 3D CAD를 사용하시고, 기계 설계 분야의 일을 하신다면 Mold구조를 가진 3D CAD를 사용하여, 물리적 해석을 손 쉽게 할 수 있습니다.

요즘의 3D CAD 프로그램들은 이 2가지를 모두 겸비하고자 노력하고 있는 추세입니다.

또한, 국내에서 디자이너와 기계설계 하시는 분들을 독립적으로 생각하고 계시는 분도 계실 줄 압니다. 하지만, 실제 디자이너라하면 외형적인 디자인뿐만 아니라, 그것을 만드는 데 기획하고, 만들 줄도 아는 즉, 전체적으로 생각(기획)하고 디자인하고 만들 수 있는 사람을 디자이너라 칭합니다. 만약에 이 책을 읽는 분들이 학생 또는 사회초년생 분이시라면, 외형적인 디자인에 내부적인 동작까지 생각하여, 상품 또는 제품 전반에 대해 기획하고 이것을 직접 만들 수 있는 기획력 및 실력을 갖출 수 있게 꾸준히 공부하였으면 합니다.

PART

메뉴구성 및
기본조작

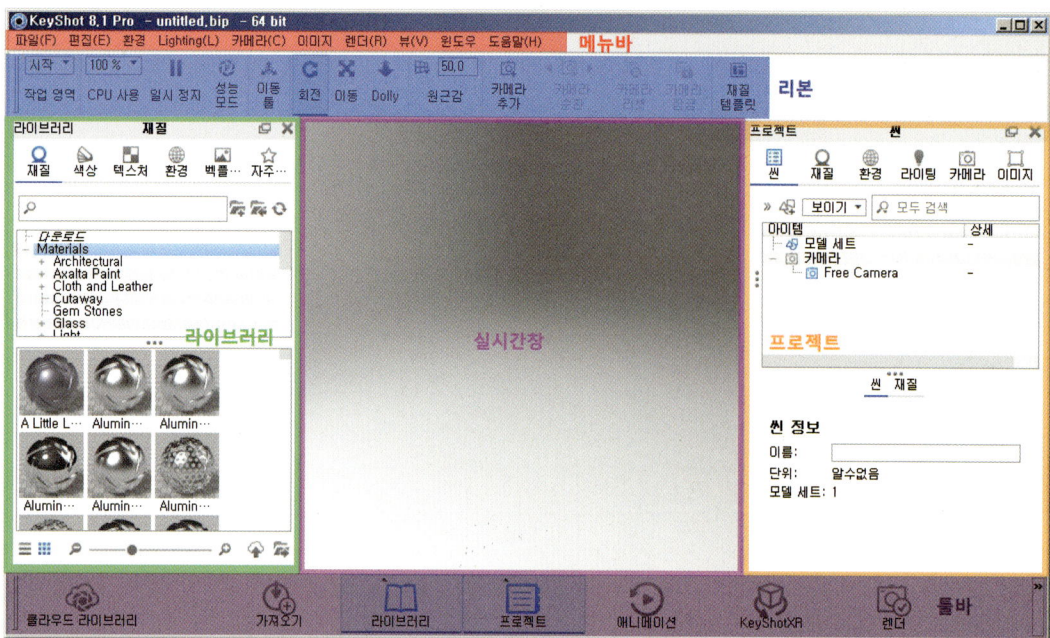

키샷의 전체적 구성은 위 그림과 같이 구성됩니다.

CHAPTER 01 메뉴바

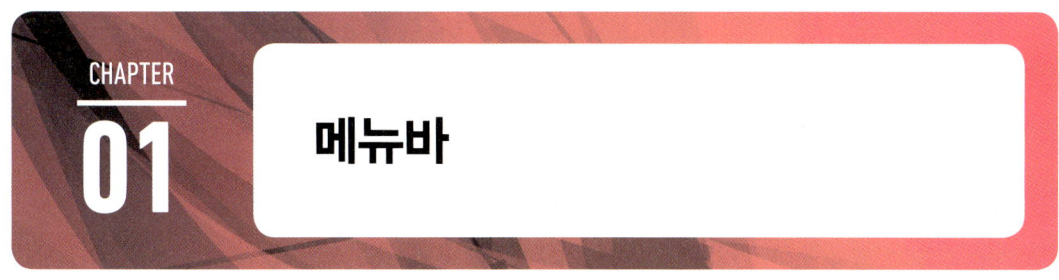

파일(F) 편집(E) 환경 Lighting(L) 카메라(C) 이미지 렌더(R) 뷰(V) 윈도우 도움말(H)

Section 01 파일

- **새 파일 :** 새로운 키샷 모델링을 합니다.
- **가져오기 :** 3D CAD로 만들어진 파일을 가져옵니다. 아래 이미지와 같은 포멧을 지원합니다.
- **열기 :** 키샷 파일을 열어 봅니다.
- **최신 파일 열기 :** 최근에 열어 본 파일을 열어 봅니다.
- **저장 :** 키샷 파일(BIP)로 저장합니다.
- **다른 이름으로 저장 :** 다른 이름으로 저장합니다.
- **패키지 저장 :** 씬에서 사용되는 모델, 재질, 환경, 텍스처, 카메라, 백그라운드를 KSP(Keyshot Package)파일로 저장합니다.
- **Keyshot 뷰어용으로 저장 :** 키샷 뷰어에서 볼 수 있는 KSP(Keyshot Package)파일로 저장되며, 파일을 암호로 보호할 수 있으며, 키샷 로고 및 워터 마크를 선택하여 표시할 수 있습니다.
- **활성 모델 세트 저장 :** 표시 된 씬 세팅만 저장합니다.
- **내보내기 :** OBJ, FBX, GLTF, STL, ZPR 파일 포멧으로 내보내기를 할 수 있습니다.
- **끝내기 :** 프로그램을 종료 시킵니다.

새 파일(N)...	Ctrl+N
가져오기(I)...	Ctrl+I
열기(O)...	Ctrl+O
최신 파일 열기	▶
저장(S)	Ctrl+S
다른 이름으로 저장...	Ctrl+Alt+S
패키지 저장...	
KeyShot 뷰어용으로 저장...	
활성 모델 세트 저장...	
내보내기	▶
끝내기(X)	Ctrl+Q

ALIAS (*.wire)
AutoCAD (*.dwg, *.dxf)
Catia (*.cgr, *.catpart, *.catproduct, *.catdrawing)
Inventor Part (*.ipt)
Inventor Assembly (*.iam)
KeyShot (*.bip)
KeyShot Package (*.ksp)
Maya (*.ma, *.mb)
Creo Part (*.prt, *.prt.*)
Creo Assembly (*.asm, *.asm.*)
Pro/E Part (*.prt, *.prt.*)
Pro/E Assembly (*.asm, *.asm.*)
Rhino (*.3dm)
SketchUp (*.skp)
SolidEdge Part (*.par)
SolidEdge Assembly (*.asm)
SolidEdge Sheet Metal (.psm) (.psm)
SolidWorks Part (*.prt, *.sldprt)
SolidWorks Assembly (*.asm, *.sldasm)
Parasolid (*.x_t)
Unigraphics NX (*.prt)
JT (*.jt)
3DS (*.3ds)
FBX (*.fbx)
IGES (*.igs, *.iges)
OBJ (*.obj)
STEP AP203/214 (*.stp, *.step)
STL (*.stl)
Collada (*.dae)

Keyshot 뷰어

가져오기 포맷

Section 02 편집

- **실행 취소 :** 마지막으로 실행한 명령을 되돌립니다.
- **재실행 :** 실행 취소한 것을 재실행합니다.
- **지오메트리 추가 :** 씬에 사전 설치 된 기본요소를 추가합니다. 또는, 키샷 리소스 디렉토리 'Models' 폴더에서 가져와 사용할 수도 있습니다.
- **지오메트리 편집 :** 지오메트리를 편집(오브젝트, 서페이스 등을 편집)할 수 있습니다.
- **지오메트리 지우기 :** 씬안의 모든 지오메트리스를 소거할 수 있습니다.
- **씬 단위 설정 :** 씬에 사용 된 세트 단위를 변경합니다. 정확한 단위를 위해서 3D 모델에서 사용된 단위로 설정합니다(미터, 인치, 센티미터, 밀리미터, 피트).
- **환경설정 :** 키샷에 관련 된 일반적 환경설정을 합니다. 환경설정에 대해서는 Part3 〉 Chapter2에서 설명 드리겠습니다.

실행 취소	Ctrl+Z
재 실행	Ctrl+Y
지오메트리 추가	▶
지오메트리 편집	
지오메트리 지우기	
씬 단위 설정	▶
환경설정...	

Section 03 환경

- **백그라운드 :** 백그라운드 이미지를 라이트 환경, 색상, 백플레이트 이미지 3가지 요소 중 하나를 선택할 수 있습니다.
- **그라운드 섀도우 :** 그라운드에 모델의 그림자를 생성 유무를 선택할 수 있습니다.
- **어클루젼 그라운드 섀도우 :** 이 옵션은 그라운드 섀도우가 체크 된 상태에서 사용 되며, 그림자가 맞물리어 표시됩니다.
- **그라운드 리플렉션 :** 그라운드에 모델의 반사 유무를 선택할 수 있습니다.
- **그라운드 편평화 :** 그라운드에서 환경맵의 평면화를 해 줍니다.

백그라운드	▶
✓ 그라운드 섀도우	
어클루젼 그라운드 섀도우	
그라운드 리플렉션	
그라운드 편평화	G

Section 04 Lighting

- **성능모드 :** 작업중에 'Alt + P'를 입력하면 키샷은 빠른 작업속도를 지원하기 위해 실시간창의 렌더링을 멈추게 됩니다. 다시 실시간창의 렌더링을 진행하실려면 'Alt + P'를 입력해 주세요.
- **기본 / 제품 / 인테리어 / 보석류 / 커스텀 :** 씬에 맞는 조명을 사전 선택할 수 있습니다. 커스텀 설정은 자신이 만든 조명을 넣을 수 있습니다.
- **자체새도우 / 글로벌 일루미네이션 / 그라운드 간접 조명 / 커스틱스 / 인테리어 모드 :** 조명의 사용 유무를 선택할 수 있습니다.

성능 모드	Alt+P
✓ 기본	
제품	
인테리어	
보석류	
커스텀	▶
✓ 자체 섀도우	S
글로벌 일루미네이션	I
그라운드 간접 조명	
커스틱스	
인테리어 모드	

Section 05 카메라

- **카메라** : 기본적으로 Free Camera로 되어 있습니다. 카메라를 저장시키면 저장된 목록이 이 칸에 채워지고, 'Shift + N'을 누르면 저장된 순서대로 순차적으로 보여줍니다.
- **카메라 잠금** : 실시간창에서 카메라가 잠겨 모델이 움직이지 않습니다.
- **카메라 추가** : 카메라추가를 클릭하면, 카메라 목록에 저장됩니다.
- **Tumble/이동/돌리** : 회전/이동/확대를 마우스 왼쪽 버튼을 이용하여 사용할 수 있습니다.
- **원근감/직교그래픽/Shift/파노라마** : 카메라 렌즈를 선택합니다.
- **표준 뷰** : 미리 세팅 되어 있는 카메라를 선택할 수 있으며, 단축키 'Ctrl + Alt + 1~7'를 사용하면 전면, 후면, 좌, 우, 상, 하, 아이소메트릭의 카메라를 선택할 수 있습니다.
- **그라운드 위로 유지** : 새로 불러온 모델 또는 위치를 이동시킨 모델이 그라운드와 접촉되어 있지 않을 때 사용하면 모델의 밑바닥이 그라운드 위치에 존재하게 됩니다.
- **격자** : 화면에 일정한 거리(이등분, 삼등분, 사등분)의 격자가 생성됩니다.
- **그라운드 격자** : 그라운드에 일정한 거리의 격자가 생성됩니다.
- **백플레이트 일치** : 백플레이트(배경화면) 이미지에 모델을 정렬할 수 있게 하는 기능입니다.
- **보행시선 모드** : 정교하게 카메라를 세팅 후 새 카메라를 추가하고 실시간 보기 탐색 컨트롤을 활성화 합니다.
- **VR 활성화** : 컴퓨터에 연결 된 VR 헤드셋이 있는 경우 VR 사용 옵션을 사용하면 '프로젝트 > 카메라탭 > 스트레오' 에서 헤드 장착 디스플레이 옵션을 활성화하고, 카메라 목록에 파노라마 카메라를 추가할 수 있습니다.
- **어댑티브 성능 모드** : 실시간보기에서 20 FPS 이상일 경우 어댑티브 성능 모드를 활성화 시킵니다.

Section 06 이미지

- **해상도 프리셋** : 수평/수직/커스텀의 정해진 해상도로 실시간창을 지정해 줍니다.
- **종횡비 잠금** : 옵션 체크 시 크기를 직접 입력하거나 또는 마우스로 키샷의 화면 크기를 조절할 때 가로 x 세로의 비율이 유지 된 채로 크기 조절이 이루어 집니다. 즉, 가로의 숫자가 움직이면 그 비율만큼 세로도 똑같이 움직인다는 이야기입니다.
- **해상도 잠금** : 옵션 체크 시 마우스를 직접 움직일 때는 해상도가 안 움직이며 창의 크기만 수정됩니다. 크기를 직접 입력하면 가로와 세로 크기가 서로 영향을 받지 않고 각각 움직여집니다.

Section 07 렌더

- **실시간 렌더 일시중지** : 실시간 창에서 실시간으로 렌더링 되는 것을 일시 중지 시킵니다.
- **NURBS렌더** : 3D CAD상에서 Nurbs로 모델을 만드셨다면, 이 기능이 활성화 되어 클릭할 수 있습니다. 라벨 등을 삽입할 때 Nurbs 모델의 표면을 키샷에서 좀 더 정확히 계산해 줍니다.
- **모션블러** : 움직이는 모델의 파트를 흐릿하게 보여주어 보다 실감 있게 해 줍니다.(예 : 움직이는 자동차 바퀴, 움직이는 헬리곱터의 날개 등)
- **스크린샷 저장** : 실시간 창을 스크린샷 해주어 저장해 줍니다. 저장은 기본적으로 키샷문서의 'Renderings'폴더에 저장 됩니다.
- **큐에 추가** : 렌더링 작업을 일괄적으로 해 줄 수 있는 큐에 추가 됩니다.
- **렌더** : 렌더 옵션창이 나타납니다.

실시간 렌더링 일시 정지	Shift+P
NURBS 렌더링	N
모션 블러	
스크린 샷 저장	P
큐에 추가	Ctrl+U
렌더...	Ctrl+P

Section 08 뷰

- **모델 세트** : '프로젝트 > 씬'에서 모델 세트를 만든 다음 모델 세트 순환 시켜 보여 줍니다. (기본적으로 모델 세트를 만들어야 합니다.).
- **전체 화면 보기** : 메뉴바를 포함한 실시간 창을 전체화면으로 볼 수 있습니다.
- **프리젠테이션 모드** : 실시간 창만 전체화면으로 볼 수 있습니다.
- **헤드업 디스플레이** : 아래 그림과 같이 실시간 창 우측상단에 FPS/시간/샘플/삼각형/Res/초점길이 등이 표시됩니다(아래그림참조).
- **좌표 범례 보이기** : 실시간 창 좌측하단에 X/Y/Z 축의 범례가 표시됩니다(아래그림참조).
- **아웃라인 선택** : 모델의 파트를 선택 시 주황색 선으로 표시가 됩니다(아래그림참조).

모델 세트	▶
전체 화면 보기	F
프리젠테이션 모드	Shift+F
헤드업 디스플레이	H
좌표 범례 보이기	Z
✓ 아웃라인 선택	Alt+S
✓ 라이트 소스 보이기	L

- **라이트소스 보이기 :** 아래그림과 같이 재질 중 IES 재질을 사용 할 때, 프레임 형식으로 라이트 소스가 보이는 것을 On/Off 해 줍니다. 라이트 소스를 이용하여 빛이 바닥에 생성되게 하는 것을 보여주기 위해 그라운드 플레인을 체크 하였습니다 (아래그림참조).

Section 09 윈도우

- **툴바 보이기 :** 툴바의 보기를 On/Off 해줍니다.
- **리본 보이기 :** 리본의 보기를 On/Off 해줍니다.
- **클라우드 라이브러리 :** 웹상의 클라우드 라이브러리를 팝업 시켜 줍니다.
- **라이브러리 :** 라이브러리 창에 있는 기능을 선택할 수 있습니다.
- **프로젝트 :** 프로젝트 창에 있는 기능을 선택할 수 있습니다.
- **애니메이션 :** 애니메이션을 구현할 수 있게 타임라인 창을 On/Off 시켜줍니다.
- **KeyshotXR :** KeyshotXR 마법사 창을 On/Off 시켜줍니다.
- **지오메트리 뷰 보이기 :** 아래 그림과 지오메트리 뷰가 보이면서 편집이 가능하게 합니다.

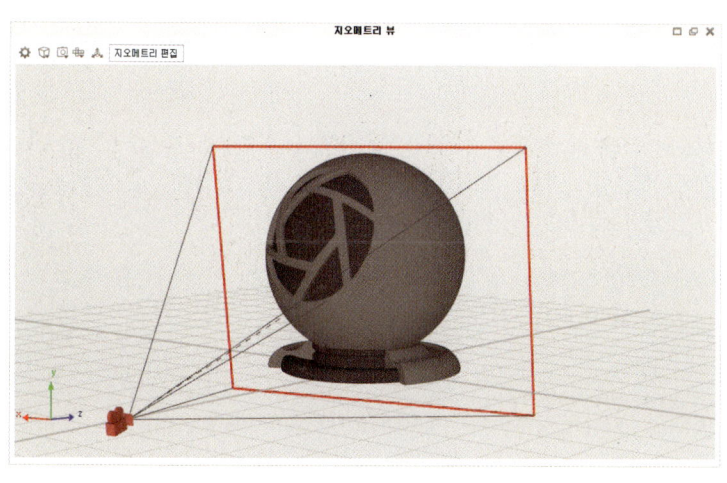

- **재질 템플릿 :** 아래와 같은 재질 템플릿 창을 On/Off 시켜줍니다. 재질 템플릿이라 함은 한가지 제품을 만들 때 사용된 재질을 한군데 저장시켜 놓은 다음, 추 후 그와 비슷한 제품을 만들 시 이 재질 템플릿을 불러와 전에 사용한 재질들을 사용할 수 있습니다.
- **스튜디오 :** 아래와 같은 스튜디오 창을 온/오프 시켜줍니다. 스튜디오는 현재의 장면을 가져와 자신에 맞게 하나의 스튜디오화하여 렌더링을 쉽게 해주는 창입니다.

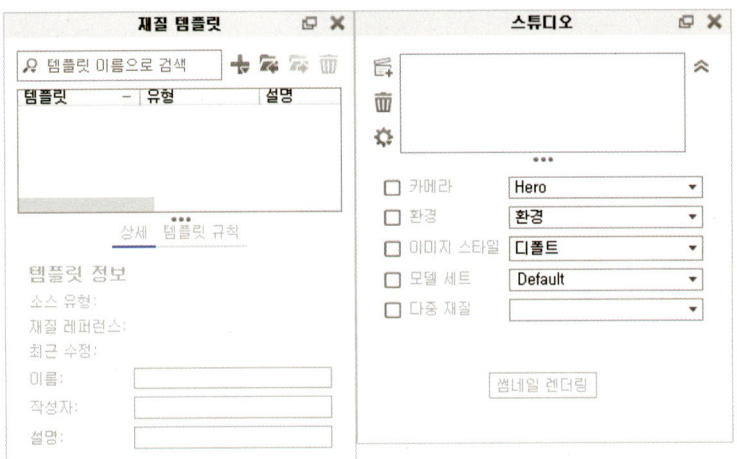

- **구성기 마법사 :** 아래 그림의 구성기 마법사창을 온/오프 시켜줍니다. 구성기 마법사는 키샷의 모델 및 재질 변형에 대한 인터랙티브 제품 프리젠테이션을 실시간으로 수행할 수 있는 툴입니다.

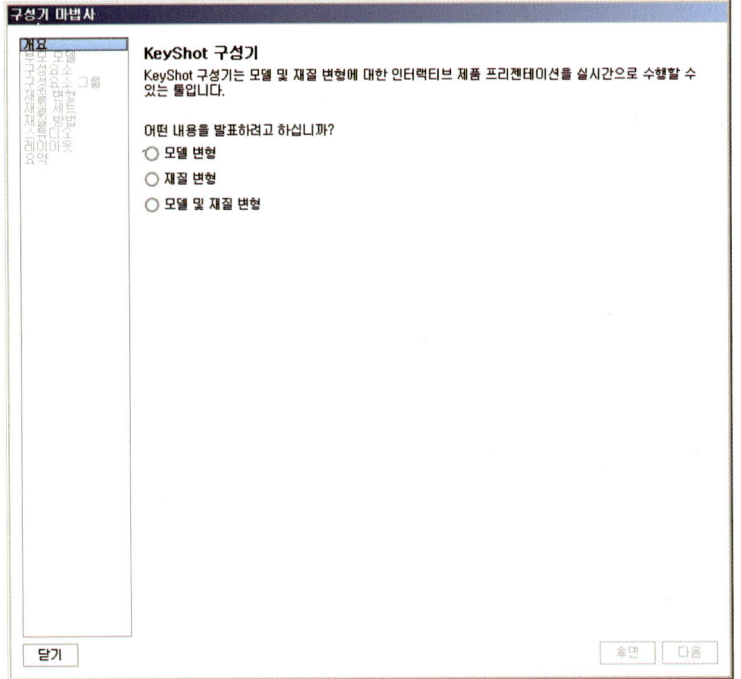

- **스크립팅 콘솔 :** 아래 그림과 같이 스크립팅 창을 On/Off 시켜줍니다. 스크립팅이라 함은 응용프로그램(키샷안의 카메라제어, 템플릿 등등을 작용 응용프로그램으로 생각하면 됩니다.)이나 기능을 보완하기 위한 처리 순서를 기술한 간단한 프로그램입니다.

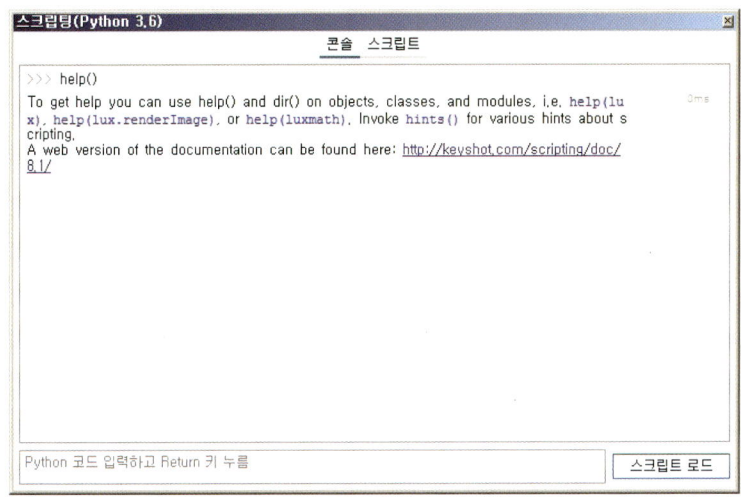

- **도킹 활성화 :** 메인창에 서브창등의 도킹을 활성화 시켜줍니다.
- **창 도크 :** 열려 있는 서브창을 기본 위치로 자동 도킹 시켜줍니다.
- **탭 복원 :** 라이브러리 및 프로젝트 창의 기본 탭 순서를 복원 시켜 줍니다.

Section 10 도움말

- **도움말 :** 온라인 도움말로 바로 이동시켜 줍니다.
- **매뉴얼 :** 온라인 매뉴얼로 이동시켜 줍니다.
- **핫키개요 :** 아래와 같이 키샷에서 사용하는 단축키 창이 팝업 됩니다. 모든 소프트웨어에서 단축키를 익히고 사용하면 작업 속도를 늘릴 수 있습니다. 키샷에서도 마찬가지로 단축키가 존재하며, 유저들은 이 단축키에 익숙해져야 할 것입니다(단축키는 'K'입니다.).

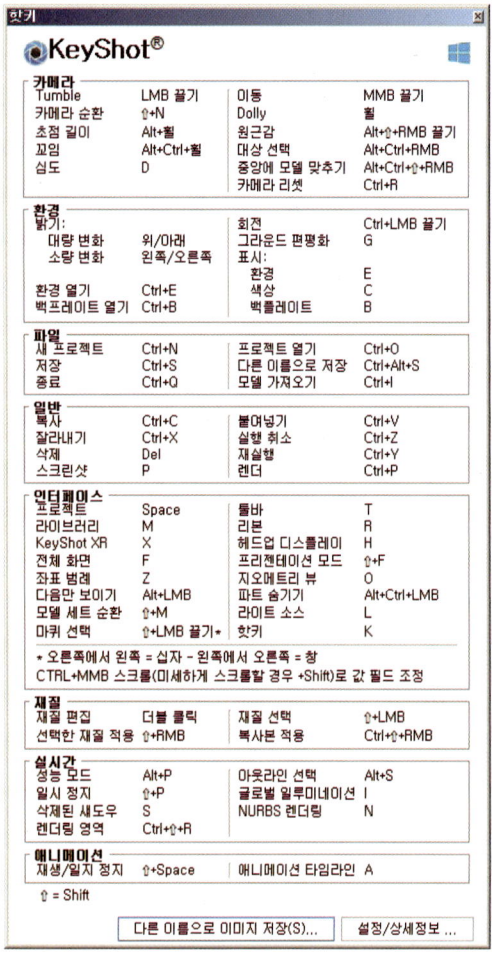

- **시작 대화창 :** 키샷을 처음 시작 시 사용되는 시작 대화창을 팝업 시켜 줍니다. 이 창은 최신학습 및 새로운 기능에 대해 엑세스 할 수 있는 창과 데모 장면을 함께 표시합니다.
- **학습 :** 온라인 상으로 튜토리얼, 웨버나, 퀵팁 등을 동영상으로 배울 수 있습니다.
- **라이선스 등록 :** 처음 설치 시 라이선스를 등록합니다. 새로운 시리얼 코드로 기존의 라이선스를 업그레이드할 수 있습니다.
- **KeyshotXR 활성화 :** 키샷을 구매 시 KeyshotXR을 구매하지 않고, 추후 구매하였다면 이 항을 클릭하여 KeyshotXR을 개별적으로 활성화합니다.
- **이 컴퓨터상의 라이선스 비활성화 :** 라이선스를 다른 컴퓨터로 이동할 때 사용됩니다. 예를 들어 A라는 컴퓨터에서 키샷 라이선스를 사용하였지만, B라는 컴퓨터로 라이선스를 옮기고 싶을 때 이 항을 클릭합니다. 온라인으로 인터넷 접속이 되어 있어야 하며, 이 항을 처리한 후부터는 A라는 컴퓨터에 있는 Try버전으로 바뀌게 됩니다.
- **라이선스 정보 보이기 :** 현재 사용하고 있는 라이선스 정보를 팝업 시켜 줍니다.

• **고지 사항 :** 아래 그림과 같이 키샷에 지원 된 타사 데이터에 대해 권리를 함께 한다는 안내를 보여줍니다.

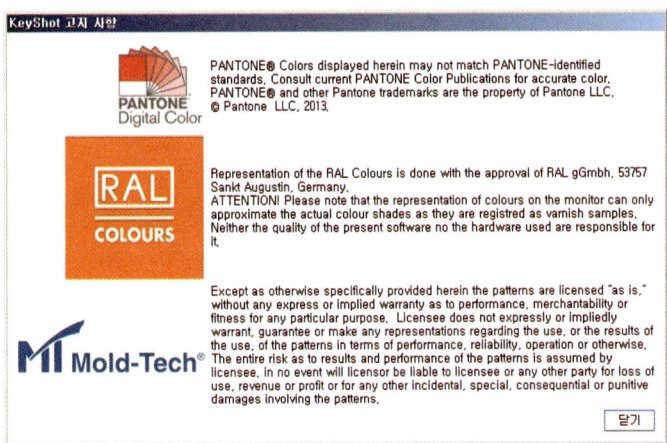

• **업데이트 확인 :** 업데이트에 대한 유무를 알려 줍니다.

• **로그 :** 디버깅에 도움이 되는 로그파일 생성 여부를 설정할 수 있습니다. 로그파일은 키샷 개발 및 지원팀이 문제해결을 위해 사용하는 여러가지 정보를 포함하고 있습니다.

• **정보 :** 키샷의 버전등에 대한 정보를 팝업 해 줍니다.

• **문제 보고 :** 아래 그림과 같이 프로그램에 문제가 생겼을 시 문의할 수 있는 창이 뜹니다.

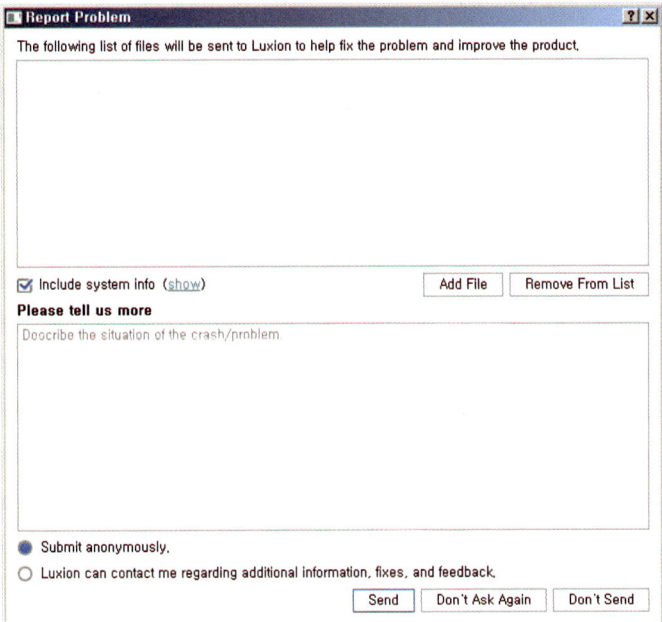

CHAPTER 02 환경설정

메뉴바 > 편집 > 환경설정에 대한 부분을 알려드리겠습니다.

Section 01 인터페이스

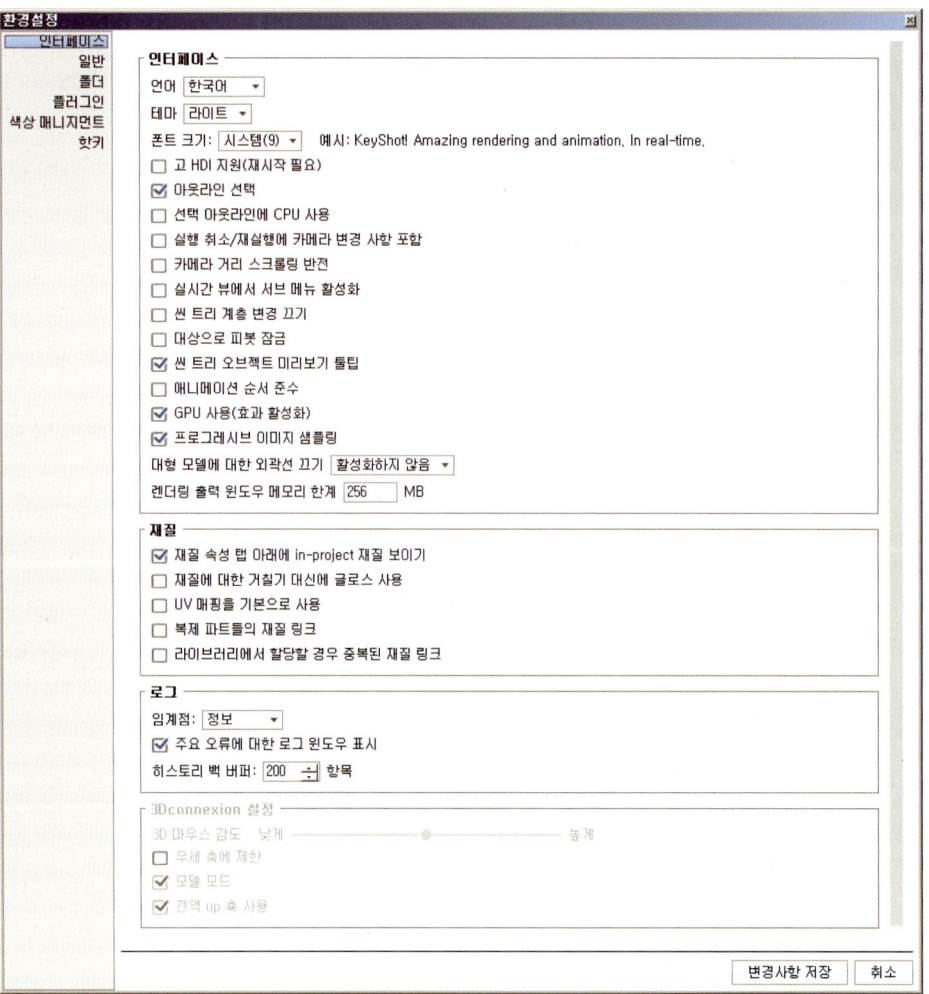

인터페이스

- **언어** : 키샷은 12개의 언어를 지원합니다. 다른 언어로 바꾸고 싶다면 드롭다운 메뉴에서 원하는 언어를 선택해야 합니다. 단, 언어를 변경한 다음에 키샷을 재실행해야 변경된 언어로 적용됩니다.
- **테마** : 테마는 '라이트'와 '어둡게'가 있습니다. 기본적으로 '라이트'가 되어 있으며, '어둡게'를 적용시키면 모든 창들의 배경화면이 어둡게 표현됩니다.
- **폰트크기** : 드롭다운 메뉴에서 원하는 글꼴 크기를 선택하시면 됩니다. 시스템 배율을 적용하지 않고 고해상도 디스플레이에서 작업 할 때 유용합니다. 기본적으로 시스템의 글자 크기를 가져옵니다.
- **고 HDI 지원(재시작 필요)** : 고해상도의 HDI를 지원한다는 이야기인 것 같지만, 아직 공식적으로 오픈한 내용은 아닙니다.
- **아웃라인 선택** : 옵션의 체크 시 모델에서 선택한 파트의 주위를 오렌지 선으로 표시해 줍니다.
- **선택 아웃라인에 CPU 사용** : 아웃라인이 GPU에서 불안정 할 경우 이 옵션을 선택합니다.
- **실행 취소/재실행에 카메라 변경 사항 포함** : 말 그대로 취소/재실행 시 카메라 변경사항도 포함 되게 해 줌.
- **카메라 거리 스크롤링 반전** : 옵션이 체크 될 시 일반적인 카메라 휠 옵션을 반전 시켜 실행하게 됩니다.
- **실시간뷰에서 서브메뉴 활성화** : 옵션 체크 시 실시간 창에서 모델에 대한 서브메뉴를 활성화 시킬 수 있습니다(모델에 대한 주 메뉴를 실행 시킬 수 없으므로, 언체크하여 사용해 주세요.).
- **씬 트리 계층 변경 끄기** : 옵션 체크 시 씬 트리 구조의 변경을 할 수 없습니다. 씬 트리 계층이 변경 시 애니메이션등에 영향을 줄 수 있어 이 옵션이 있는 것입니다.
- **대상으로 피봇 잠금** : 체크되면 카메라를 패닝할 때 피봇이 대상과 함께 이동됩니다.
- **씬 트리 오브젝트 미리보기 툴팁** : 체크 시 씬 트리에서 오브젝트(객체) 위에 마우스를 올려 놓을 때 오브젝트(객체)의 미리보기가 나타납니다(많은 오브젝트가 있을 시 이름만으로 알 수가 없습니다. 그 때 이 옵션을 체크해 놓으면, 어떤 오브젝트인지 미리보기를 보여줍니다.).
- **애니메이션 순서 준수** : 파트 또는 그룹에서 여러 번의 애니메이션을 실행할 경우 기본적으로 이동이 마지막으로 실행됩니다. 그러면서 피봇 포인트가 이동될 수 있습니다. 이 옵션이 체크되면 씬 트리에서 설정된 순서대로 따르게 할 수 있습니다(위에서 아래로).
- **GPU 사용(효과 활성화)** : 이 옵션이 체크되면 '프로젝트 > 이미지 > 조정'에서 블룸, 비네팅, 색수차 효과를 실시간창에서 볼 수 있습니다.
- **프로그레시브 이미지 샘플** : 이 옵션이 체크되면 빠른 실행을 위해 카메라를 이동하는 동안 키샷이 장면을 다운 샘플링합니다. 많은 코어가 있는 시스템에서 이 기능은 품질 저하없이 부드러운 카메라 움직임을 보장하기 위해 꺼질 수 있습니다.
- **대형모델에 대한 외곽선 끄기** : 활성화하지 않음, 자동, 커스텀의 옵션이 있습니다. 모델의 크기에 따라 선택 윤곽선을 비활성화 할 수 있습니다. 자동은 사용 가능한 GPU메모리를 기반으로 외곽선을 비활성화하고, 커스텀은 지정 된 양이 도달 할 때 비활성화 시켜 줍니다(대형 모델 시 외곽선 때문에 CPU가 많이 소모되어 있는 옵션으로 유추됩니다.).
- **렌더링 출력 윈도우 메모리 한계** : 렌더링 출력 창을 이미지 버퍼에 기재 된 메모리 양으로 제어합니다. 렌더링 된 이미지가 이 한계보다 많은 메모리를 차지하면 한계 이하가 될 때까지 메모리를 축소시킵니다. 이는 기가 픽셀 이미지를 렌더링 및 장면이 많은 렌더링에서 메모리를 많이 차지할 때 유용합니다. 출력 이미지 자체에 영향을 미치지는 않지만, 렌더링 출력 창에 직접 나타나는 이미지에는 영향을 줍니다.

재질

- **재질 속성탭 아래에 in-project 재질 보이기** : 옵션 체크 시 재질 속성탭 아래의 모든 재질 보이기가 활성화 됩니다.
- **재질에 대한 거칠기 대신에 글로스 사용** : 모든 거칠기 값을 광택값으로 변환합니다. 광택 측정기를 사용하여 재료를 측정할 때 유용합니다.
- **UV 매핑을 기본으로 사용** : 매핑 시 박스 매핑에서 UV 매핑으로 기본 매핑 유형을 바꿉니다.
- **복제 파트들의 재질 링크** : 이 옵션을 체크하면 중복 부품의 재질이 링크됩니다. 일반적으로 중복된 재질을 사용할 경우 '중복 된 재질을 링크하시겠습니까?'라며 묻습니다. 이 때 '예'라고 체크하면, 2객체의 적용 된 재질이 하나로 표현 되지만, '아니오'를 체크하면 같은 재질이지만, 순서번호가 들어가며 2가지의 재질로 표현

됩니다. 이는 추 후 다른 재질로 매핑 시 '예'를 선택하면 두가지 재질이 동시에 변하지만, '아니오'를 선택하면 하나의 재질만 변화되는 것을 알 수 있습니다.

- **라이브러리에서 할당할 경우 중복된 재질 링크 :** 이 옵션을 체크하면 씬 파트에 적용 된 재질의 모두가 링크 됩니다(위의 복제 파트들의 재질링크와 유사합니다.).

로그

- **임계점 :** 정보, 경고, 심각한, 치명적인 4단계로 분류됩니다. 로그에서 캡처 할 최하위 수준의 경고를 정해 줍니다.
- **주요 오류에 대한 로그 윈도우 표시 :** 이 옵션을 체크하면 심각한 오류가 발생하는 즉시 로그창이 자동으로 팝업됩니다.
- **히스토리 백 버퍼 :** 로그의 저장 수를 설정합니다.

3Dconnexion 설정 : 3D 마우스 설정

키샷에서는 Windows 및 Mac에서 3Dconnexion의 입력 장치를 지원합니다. 3Dconnexion가 연결되어야 이 옵션이 활성화됩니다.

- **3D 마우스 감도 :** 3D 마우스의 감도를 설정합니다.
- **우세 축 제한 :** 한번에 하나의 축 이동만 허용합니다.
- **모델 모드 :** 카메라의 움직임 방향을 바꿔줍니다.
- **전역 up 축 사용 :** 체크되면 카메라가 기울어진 경우에도 항상 글로벌 축을 중심으로 회전합니다.

Section 02 일반

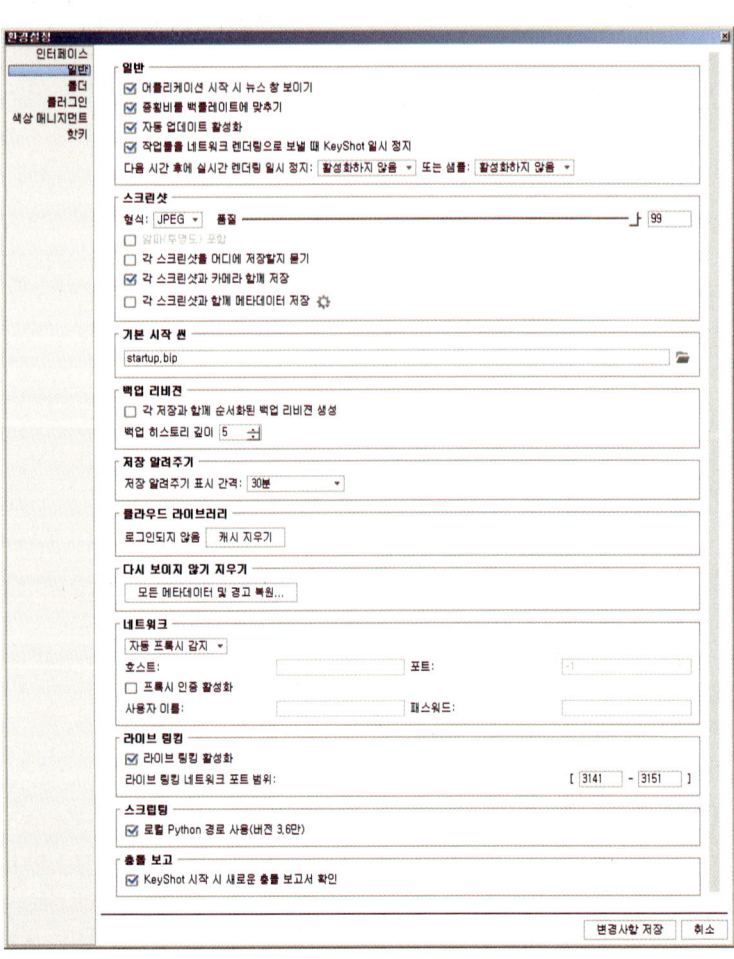

일반

- **어플리케이션 시작 시 뉴스 창 보이기** : 옵션 체크 시 키샷을 실행하면 뉴스창이 팝업 됩니다.
- **종횡비를 백플레이트에 맞추기** : 옵션 체크 시 배경으로 불러온 이미지의 가로x세로에 맞게 실시간 창의 크기가 자동으로 조절되는 옵션입니다.
- **자동 업데이트 활성화** : 옵션 체크 시 키샷의 새로운 버전이 출시되면 자동으로 업데이트 메시지를 표기해 줍니다.
- **작업들을 네트워크 렌더링으로 보낼 때 실시간 렌더링 일시 중지** : 이 옵션을 선택하면 CPU의 사용을 중지하면서 일시적으로 렌더링이 자동적으로 일시 중지하게 됩니다.
- **다음 시간 후에 실시간 렌더 일시 중지** : 키샷의 실시간 창은 시스템의 CPU를 100% 사용합니다. 만약 지정된 시간 이후로 실시간 렌더링을 일시 정지하고 싶다면 오른쪽의 드롭다운메뉴에서 시간을 설정하면 됩니다. 기본적으로 활성화하지 않음은 일시중지를 사용하지 않으며, 15초, 30초, 45초, 1분, 5분, 15분, 30분, 1시간의 옵션을 가지고 있으며, 샘플 또한 16, 32, 64, 128, 256, 512, 1024 샘플의 옵션을 가지고 있습니다.

스크린샷

- **형식** : 스크린샷을 저장할 때 포멧을 JPEG나 PNG로 정할 수 있으며, 저장하는 이미지의 압축을 경정합니다. 설정이 높을수록 압축비는 작지만 품질이 좋아지며 파일크기도 커집니다.
- **알파(투명도) 포함** : 형식을 PNG로 설정하면 알파를 포함하도록 선택할 수 있습니다. 그러면 조명 환경을 숨기고 지상 그림자를 투명하게 만듭니다.
- **각 스크린샷을 어디에 저장할지 묻기** : 이 옵션을 선택 시 스크린샷을 할 때 어느 폴더에 저장할 지 묻습니다. 만약, 옵션을 언체크하면 키샷문서 기본 폴더(문서/keyshot8/)의 Renderings 폴더로 저장됩니다.
- **각 스크린샷과 카메라 함께 저장** : 이 옵션을 체크 시 스크린샷을 저장할 때 마다 새로운 카메라로 자동 저장하게 됩니다.
- **각 스크린샷과 함께 메타데이터 저장** : 옵션 체크 시 이미지에 대한 메타 데이터를 저장합니다. XMP 또는 meta 확장자로 저장할 수 있습니다.

기본 시작 씬

키샷을 시작할 때 기본 시작 씬을 설정할 수 있습니다. 기본적으로 startup.bip로 설정 되어 있으며, 변경하려면 옆에 폴더 아이콘을 클릭하고 다른 씬을 선택할 수 있습니다(문서/Keyshot8/Scenes 폴더에서 선택).

백업 리비전

각 저장과 함께 순서화된 백업 리비전 생성 : 이 옵션을 체크하면 개정 관리자가 활성화 됩니다. 키샷은 씬을 덮어쓰지 않고 저장할 때마다 각각 백업을 생성합니다(이 옵션을 체크 시 '매뉴바 〉 파일 〉 리비전 관리자' 항목이 생기면서 리비전 관리를 할 수 있습니다.).

- **백업 히스토리 깊이** : 가장 오래 된 씬을 덮어 쓸 때까지 저장 할 씬의 수를 결정합니다. 기본값은 5씬입니다. 최대값은 99의 씬을 백업할 수 있습니다.

저장 알려주기

- **저장 알려주기 표시 간격** : 키샷은 선택한 간격으로 저장하라는 팝업을 띄어 줍니다. 활성하지 않음, 5분, 10분, 15분, 30분, 60분을 선택할 수 있습니다.

클라우드 라이브러리

키샷 클라우드 라이브러리의 로그인 상태가 표시됩니다.

- **캐시 지우기** : 방문한 링크 등의 캐시를 지우고 키샷 클라우드 창을 기본값으로 재설정합니다.

다시 보이지 않기 지우기

- **모든 메타데이터 및 경고 복원** : 적용되지 않으면 '다시 표시하지 않음'을 표시하여 비활성화 할 수 있는 모든 대화 상자가 활성화 되고 표시됩니다.

네트워크

사용자가 Luxion社 소프트웨어 업데이트 서버 및 키샷 클라우드 라이브러리와 통신하기 위해 프록시 설정을 구성할 수 있습니다. 이것은 방화벽 보안이 엄격한 환경에서 키샷을 설치하는 경우 필요할 수 있습니다.

- **프록시타입** : 프록시 없음, 자동 프록시 감시, HTTP, SOCKS v5등 4가지 타입을 선택할 수 있습니다.

- **호스트** : 이 옵션은 HTTP 또는 SOCKS v5를 선택할 경우 사용할 수 있습니다. 네트워크에서 인식 된 프록시 서버의 호스트 이름 또는 호스트의 IP주소를 입력하시면 됩니다.
- **포트** : 프록시 서버가 방화벽을 통해 통신하는데 사용하는 포트를 입력하시면 됩니다.
- **프록시 인증 활성화** : 서버에서 포록시 인증을 활성화 해야 할 수도 있습니다.
- **사용자 이름** : 사용자가 포록시 서버와 통신하도록 지정된 사용자 이름을 입력합니다
- **패스워드** : 프록시 서버에서 사용자 계정의 암호를 입력합니다.

라이브 링킹

라이브 링킹은 키샷을 사용자 정의 플러그인을 통해 모델링 응용 프로그램에 연결합니다. 라이브 링킹을 사용하면 지원되는 3D 모델링 소프트웨어와 함께 키샷을 병렬로 사용할 수 있으며, 재질, 카메라, 조명 등을 잃지 않고, 키샷 내부의 형상을 업데이트 할 수 있습니다. Luxion社 또는 파트너 회사가 개발한 모든 플러그인을 사용할 수 있습니다.

- **라이브 링킹 활성화** : 옵션이 체크되면 키샷이 시작되고 설치된 플러그인을 통해 지원되는 3D 모델링 소프트웨어와 연결 됩니다(키샷 플러그인과는 틀린 것입니다.).
- **라이브 링킹 네트워크 포트 범위** : 이것은 설치된 플러그인이 사용되는 포트 범위입니다.

스크립팅

키샷의 스크립팅 기능에 로컬 Python 라이브러리 설치를 사용하는 설정을 제공합니다.

- **로컬 Python 경로 사용(버전 3.6만)** : 이 옵션을 체크하면 PIL 또는 Python 라이브러리가 로컬에 설치되어 있는 경우 키샷에서 해당 라이브러리를 사용할 수 있습니다. 그러나 키샷에서 사용되는 것과 동일한 3.6 버전만 지원 됩니다.

충돌 보고

- **Keyshot 시작 시 새로운 충돌 보고서 확인** : 키샷이 시작 될 때 다른 프로그램과 충돌이 있을 시 보고서를 확인할 수 있습니다.

Section 03 폴더

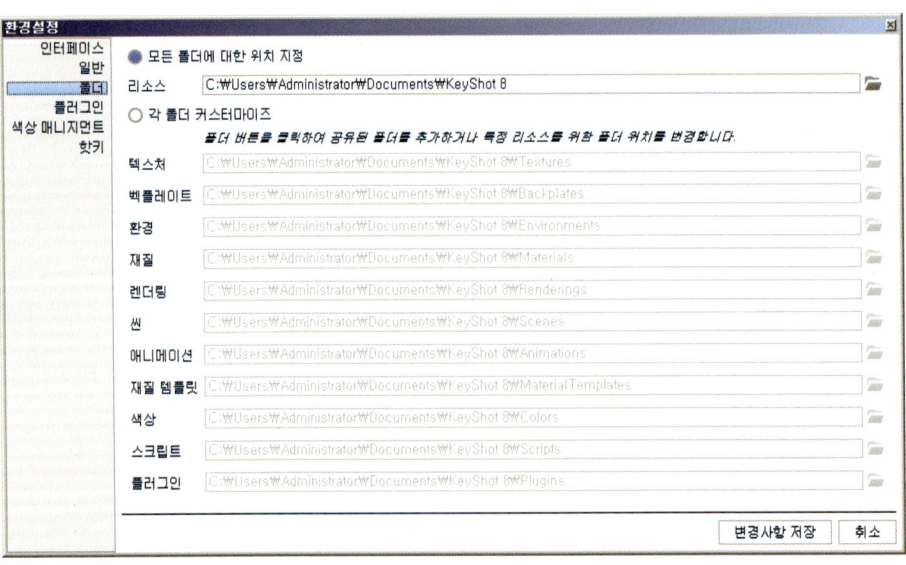

- **모든 폴더에 대한 위치 지정 :** 키샷8 리소스에 대한 폴더의 위치를 지정할 수 있는 환경 설정 부분입니다.
- **각 폴더 커스터마이즈 :** 옵션 체크 시에 각 폴더에 대해서 그 속성의 폴더를 추가시킬 수 있습니다. 예를 들어 Material 폴더가 키샷의 기본적인 폴더 이외에 서버나 다른 디렉토리에 있는 폴더를 추가하여 동시적으로 사용하고 싶다면, 옆에 폴더 아이콘을 클릭하여, 추가하고 싶은 폴더를 지정하여 사용할 수 있습니다. 다중 폴더를 라이브러리에 추가 지정하여 쓸 수 있는 개념입니다.

Section 04 플러그인

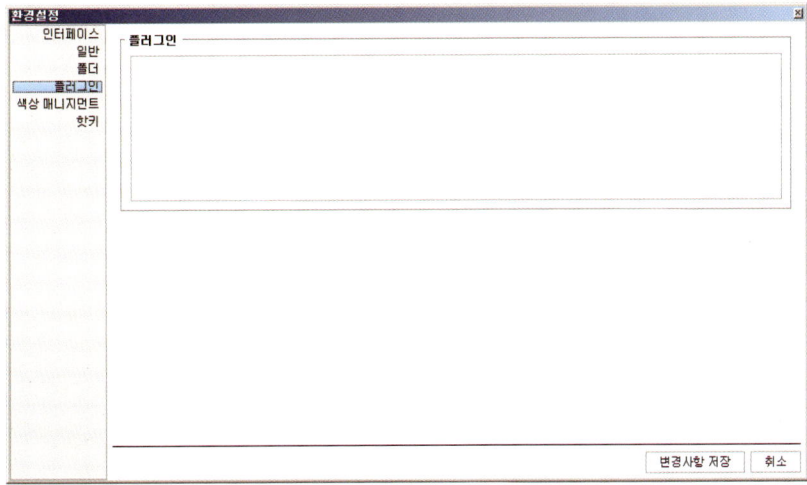

플러그인 환경은 키샷과 연동시킬 수 있는 플러그인을 설치할 수 있으며, 자동으로 이 창에서 확인할 수 있습니다. 보통은 3D CAD에서 키샷을 연동시키는 플러그인이라 생각하지만, 그와 반대로 키샷 안에서 다른 프로그램을 불러와 사용하는 플러그인입니다. 대표적으로 아래 그림과 같이 'HDR Light Studio' 라는 프로그램이 있습니다. 이 프로그램은 키샷상태에서 HDR 환경을 새로이 만드는 프로그램입니다.

개인적으로 많은 플러그인이 나왔으면 합니다. 특히 애니메이션 같은 분야에 있어서 키샷 이외의 플러그인이 나와 좀 더 편하게 사용했으면 하는 바램이 있습니다.

Section 05 색상 매니지먼트

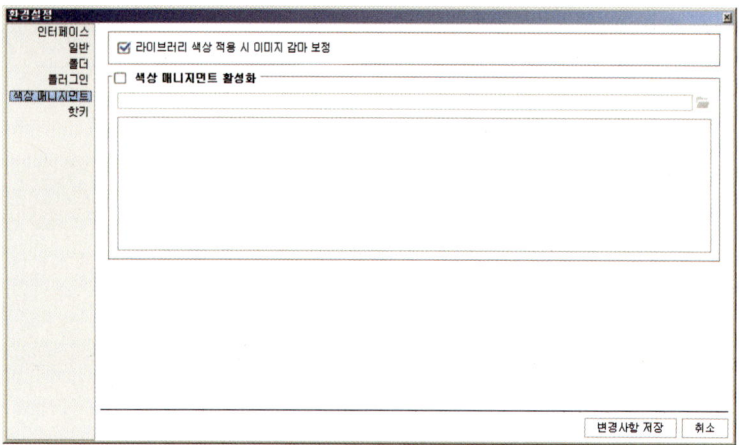

- **라이브러리 색상 적용 시 이미지 감마 보정 :** 이 옵션이 체크 되어 있으면, 라이브러리로부터 칼라가 이미지 내에서 감마값을 수정할 수 있습니다.
- **색상 매니지먼트 활성화 :** 이 옵션이 체크 되면, 키샷에서 다른 색상 프로파일 파일(ICC 또는 ICM 확장자)을 가져다가 사용할 수 있습니다.

참고적으로 Adobe RGB 색상 프로파일을 활성화하면 실시간창에서 볼적에는 모든 것이 잘 보이지만, 실제 최종 렌더링에서는 다르게 보일 수 있습니다. 그 이유는 키샷에서는 sRGB 색상 프로파일을 내부적으로 사용하기 때문입니다.

Section 06 핫키

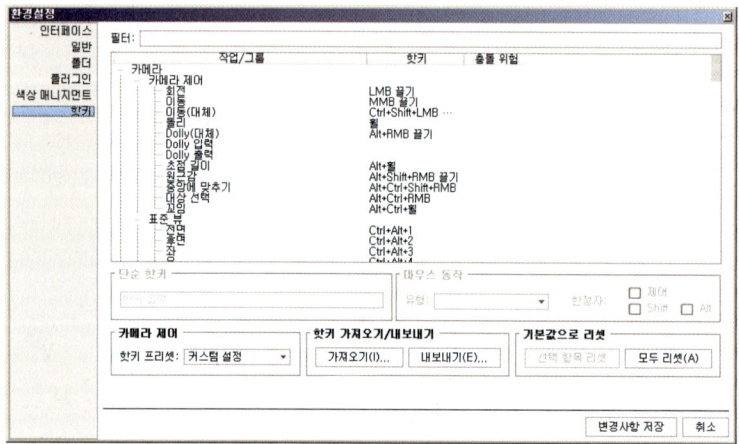

키샷 내의 모든 기존 단축키를 사용자가 정의할 수 있습니다. 이러한 핫키는 단축키와 마우스 동작 및 카메라 제어로 분류되어 있습니다. 선택한 바로가기 키의 유형에 따라 단순 단축키 또는 마우스 동작 입력 필드가 활성화 됩니다. 카메라 컨트롤은 항상 활성화 되어 있습니다.

CHAPTER 03

실시간 창(Realtime Window), 툴바(Toolbar), 리본(Ribbon)

Section 01 실시간 창과 툴바

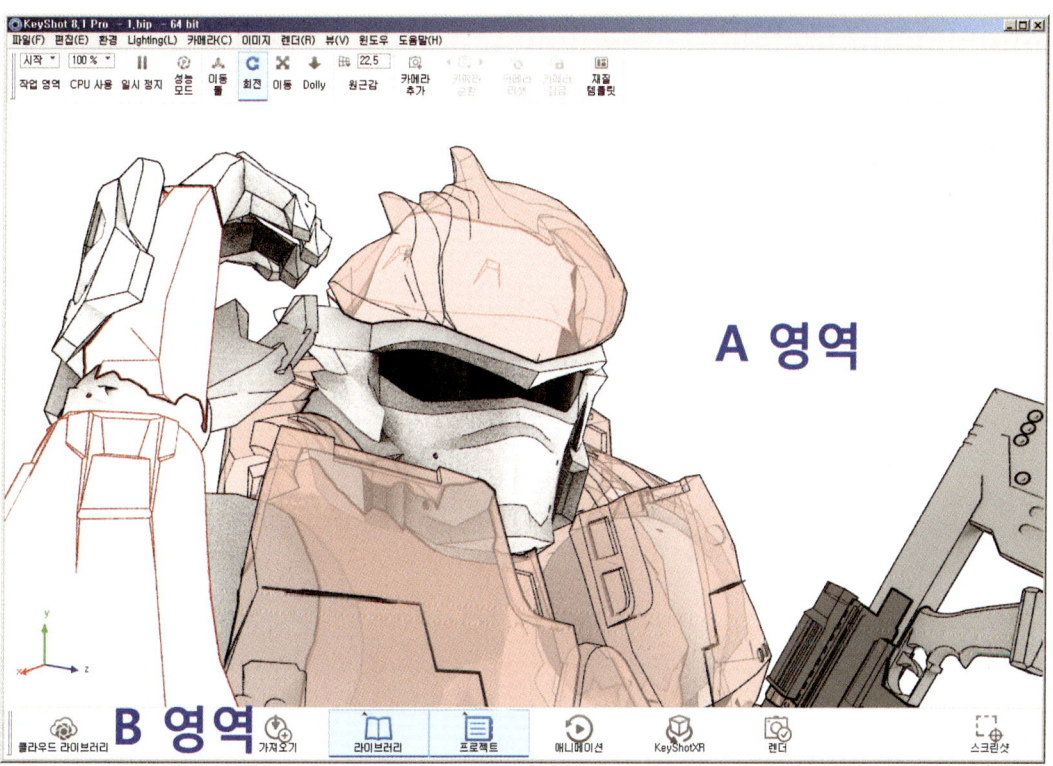

A 영역(실시간 창)

키샷의 처음 보이는 창은 실시간 창이며, 3D 모델링의 실시간 렌더링은 이 창에서 보여집니다. 키샷은 대화형으로 사용되며, 3D 모델링을 이동시킬 수 있으며, 카메라를 제어할 수 있습니다. 또한, 모델링을 프로젝트창에서 설정탭으로 이동하여 실시간 렌더링의 설정과 성능을 조정할 수 있습니다. 또한, 영역에서 'Shift + LMB(왼쪽마우스버튼)' 후 Drag를 하면 오렌지 프레임이 나타나며, 다중으로 선택이 될 수 있습니다. 이 오렌지 프레임은 모델에서 부품 또는 파트를 선택할 수 있습니다. 하나 조심하셔야 할 것은 이 실시간창은 최종 렌더링이 아닙니다. 이 창이 최종 렌더링이라고 착각하시는 사용자가 종종 계십니다. 특히, 조명등을 사용할 때는 실시간창에서 되어진 렌더링과 최종 렌더링의 이미지는 확연히 틀려집니다.

B 영역(툴바)

이 영역은 툴바이며, 이미지 및 애니메이션을 만드는 과정에서 사용되는 아이콘입니다. 이 아이콘들은 웹상의 클라우드 라이브러리를 불러올 수 있으며, 데이터를 가져오고, 라이브러리를 불러오고, 재질을 붙이고, 조명을 고르고, 애니메이션을 설정하고, KeyshotXR을 설정할 수 있으며, 마지막으로 렌더링 되어지는 식의 순서대로 배치되어 있습니다.

메인 툴바의 아이콘은 다른 크기로도 표시할 수 있습니다. 그리고, 이 영역에서 마우스 오른쪽 버튼을 누르면 옵션창에서 글자의 크기를 선택할 수 있으며, 아이콘 밑에 나와 있는 문자를 숨길 수도 있습니다. 또한, 툴바 맨 왼쪽에 선 부분을 클릭하여 Drag & Drop 하여, 아래 그림과 같이 툴바의 위치를 변경할 수도 있습니다.

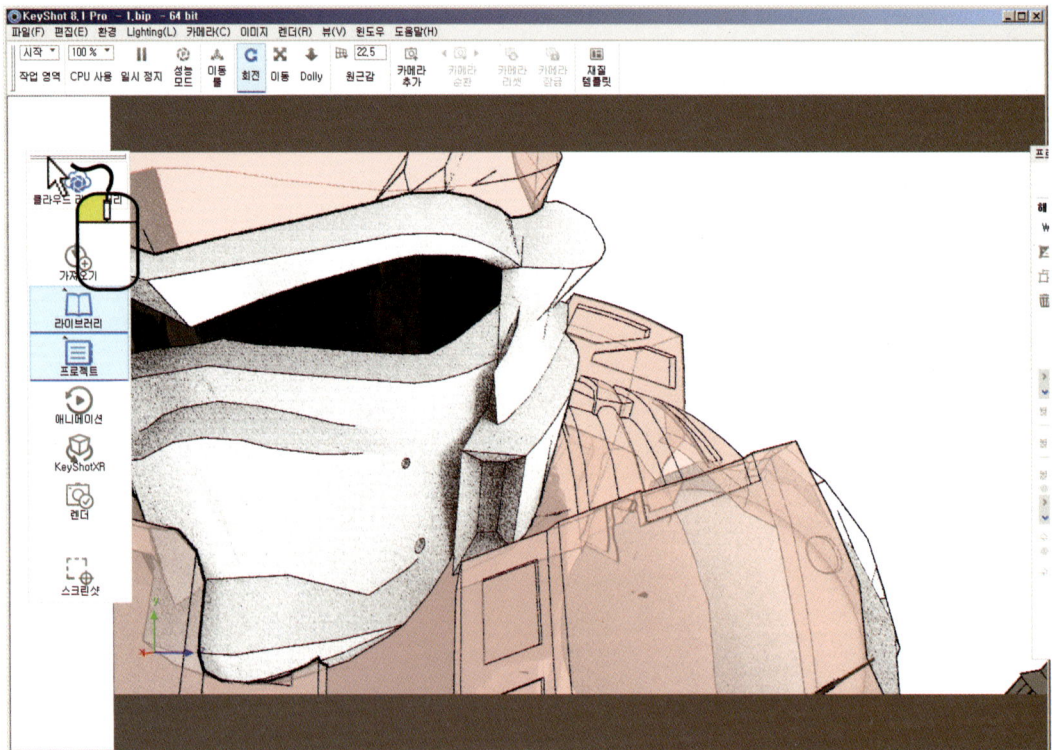

눈치 빠르신 분들은 아시겠지만, 추후에 아래와 같이 마우스에 대한 약자를 사용하오니, 참고하시기 바랍니다.

도킹창

아래 그림과 같이 같은 도킹창은 라이브러리, 프로젝트, 애니메이션 등의 창을 실시간 보기를 가운데 놓고 하나의 창에 정렬시킬 수 있는 기능입니다.

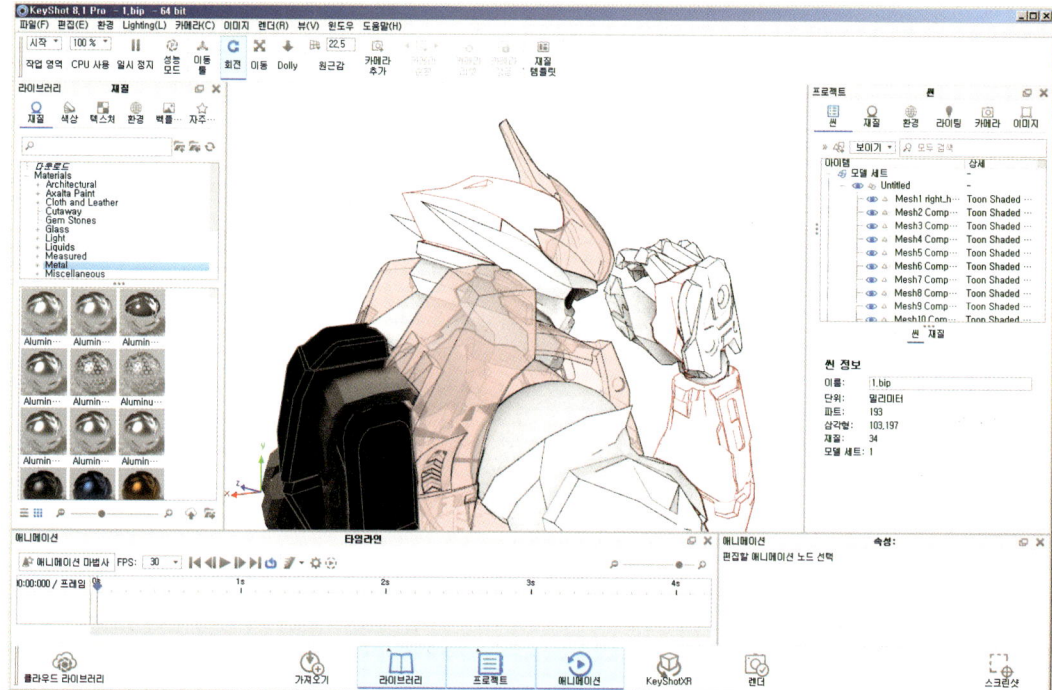

Section 02 리본

리본도 기본적으로 위에서 이야기한 도킹창 기능이 있습니다. 또한, 리본 빈공간에 마우스 우클릭 시 리본 추가 또는 삭제할 수 있는 보조창이 생성됩니다.

- ✓ 텍스트
- ✓ 작업 영역
- ✓ CPU 사용
- ✓ 일시 정지
- ✓ 성능 모드
  NURBS 렌더링 영역
- ✓ 이동 툴
- ✓ 회전
- ✓ 이동
- ✓ Dolly
- ✓ 원근감
- ✓ 카메라 추가
- ✓ 카메라 순환
- ✓ 카메라 리셋
- ✓ 카메라 잠금
- ✓ 스튜디오 추가
- ✓ 스튜디오 순환
- ✓ 스튜디오
- ✓ 재질 템플릿
- ✓ 지오메트리 뷰
- ✓ 구성기 마법사
- ✓ 스크립팅 콘솔

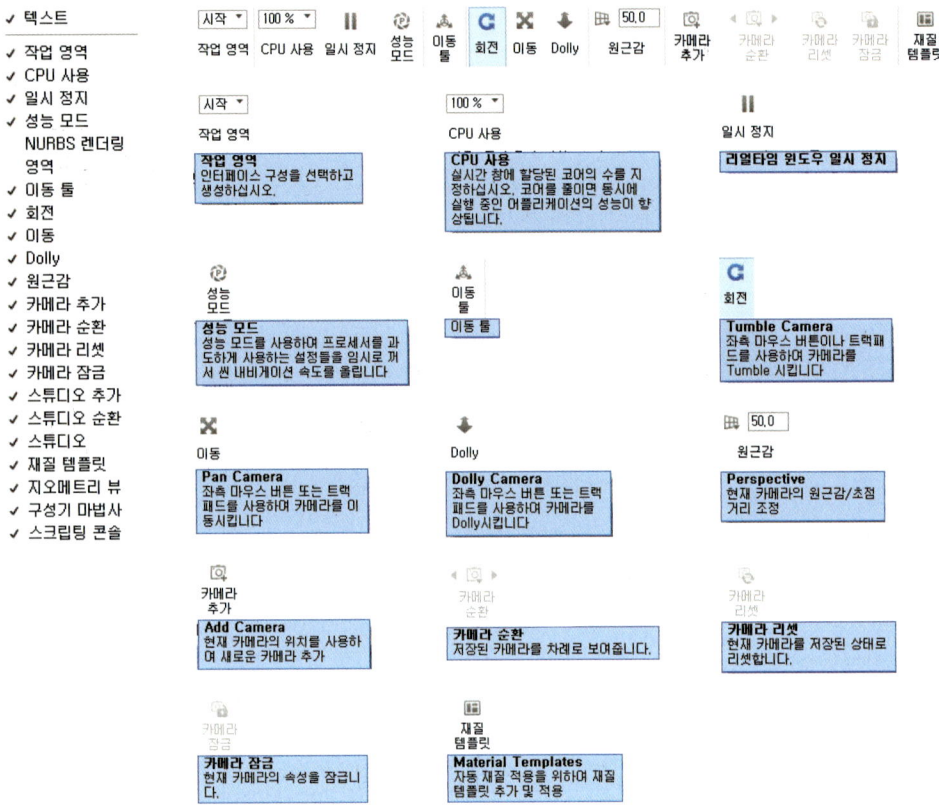

CHAPTER 04 기본조작

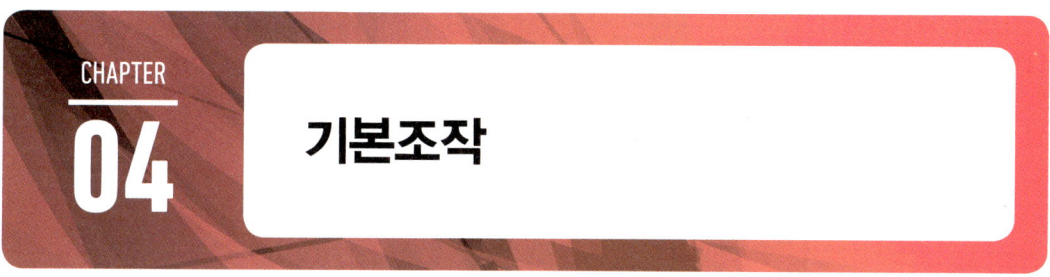

Section 01 카메라 조작하기

카메라 회전

카메라를 회전하려면 LMB(왼쪽 마우스 버튼)을 누른 상태에서 좌우로 움직이면 됩니다.

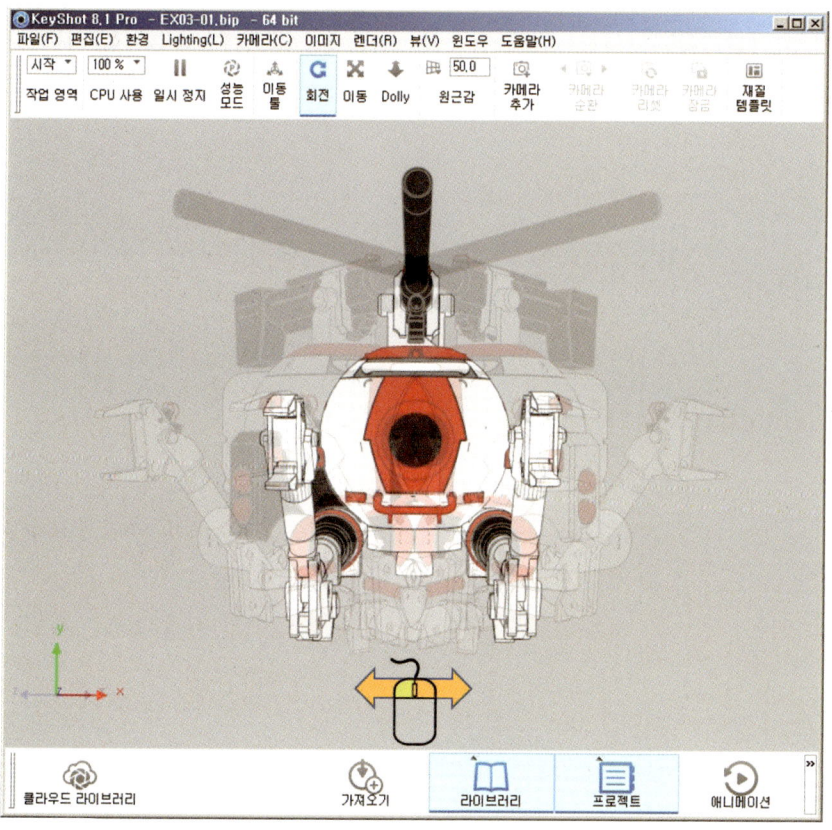

> **참고** 예제샘플을 확인할려면 EX03-01.bip를 참고하세요.

카메라 이동

카메라를 이동하려면 MMB(가운데(휠) 마우스 버튼)을 누른 상태에서 상하좌우로 움직이면 됩니다.

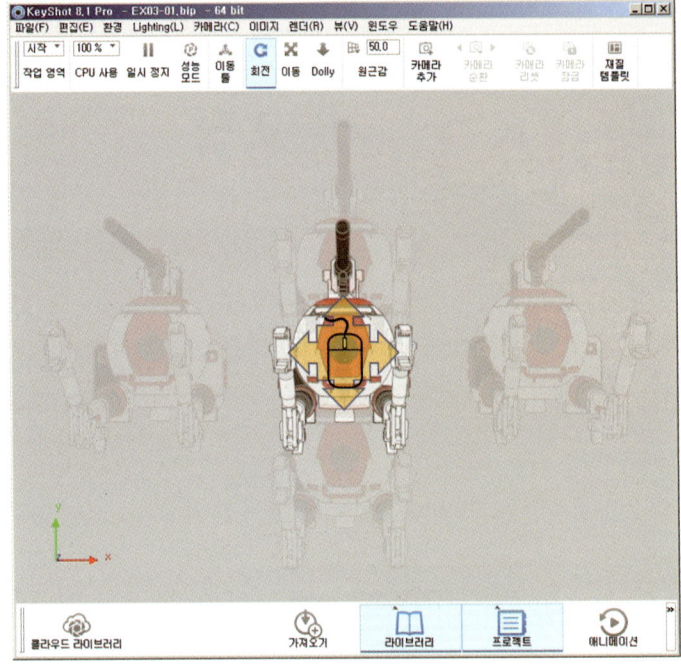

카메라의 앞뒤 움직임

카메라와 모델간의 거리를 조절하려면 Alt키를 누른 상태에서 RMB(오른쪽 마우스 버튼)을 누른 후 움직이면 됩니다. 또는, MMB를 돌려 주세요.

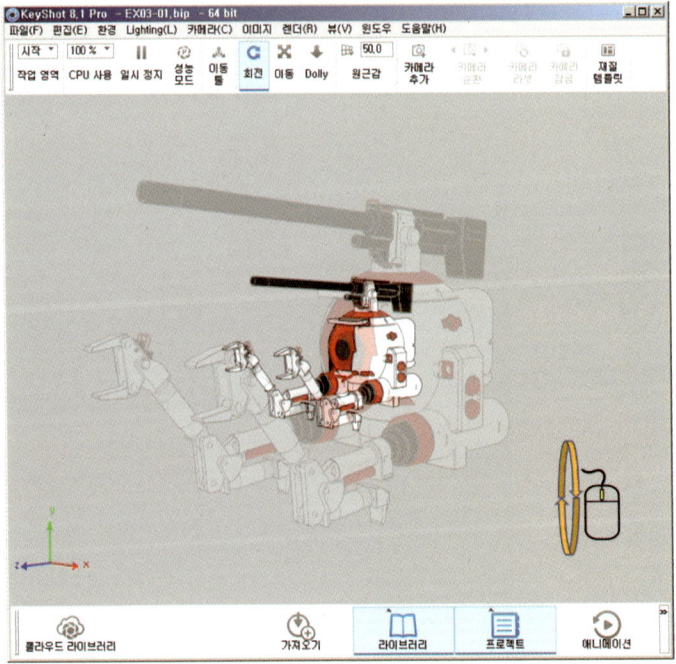

Section 02 씬 단위(Scene Units)

씬 단위는 모델의 축척, 광도, 색상 밀도 및 재질 매핑에 기본이 됩니다.
물리적 정확도를 높이고 재질 및 질감 설정을 보다 잘 제어하려면 씬 단위가 모델의 축척과 일치해야 합니다. 예를 들어 스케치업 모델을 키샷으로 불러다가 맵핑시에 포토샵으로 밀리미터 길이를 측정하여 맵핑 했을 때, 정확히 맞지 않을 경우가 있습니다. 이는 3D CAD가 여러 단위(인치,센티미터,밀리미터 등)으로 설계되어 있을 때입니다.

전에 환경설정 시에서 이야기했지만, 이러한 씬 단위를 바꾸려면 메뉴바에서 '편집' > '씬 단위 설정'에서 바꿔 주실 수 있습니다. 설정은 미터, 인치, 센티미터, 밀리미터, 피트 등 5가지 단위가 있습니다.

Section 03 씬 트리(Scene Tree)

씬 트리 구조는 현재 사용되고 있는 씬내의 모든 카메라와 모델 데이터를 트리구조로 보여줍니다. 애니메이션 Add on이 포함된 버전의 키샷이라면 여기에서 애니메이션의 설정도 확인할 수 있습니다. 모델링 데이터 이름앞에 있는 체크박스를 통해 모델을 숨기거나 다시 나타나게 할 수도 있습니다. 애니메이션 기능앞의 체크박스는 해당 기능들을 활성/비활성화 시켜줍니다.

파트가 많은 모델이라면 씬 트리 구조를 접히는 기능을 매우 유용하게 사용할 수 있습니다. 씬 트리에서 모델의 한 부분을 선택한 다음 LMB(마우스 왼쪽 클릭)으로 접고 펼칠수 있게 선택할 수 도 있습니다.

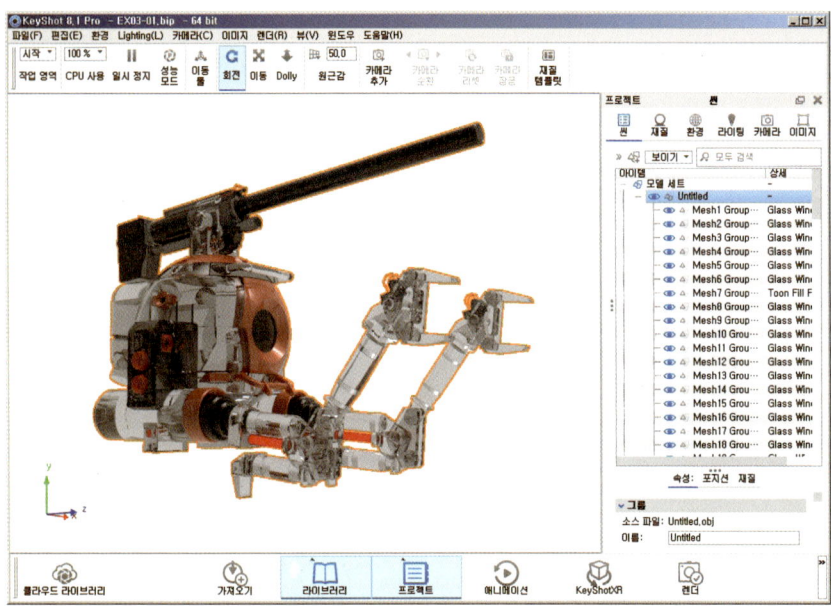

Section 04 파트 숨기기와 보이기

파트 숨기기

여러가지 파트가 겹치다 보면 특정부품이 안 보여 재질을 입히지 못할 경우가 있습니다. 이럴 때 가리고 있는 모델에 마우스를 대고 RMB(마우스 오른쪽 클릭) 하면 '파트 숨기기'를 선택하여 화면에서 숨길 수 있습니다. 이런 작업들은 씬 트리구조를 통해서도 가능합니다.

파트 보이기

숨겨진 부품을 다시 보이게 하고 싶다면 모델이 없는 실시간 창에 RMB(마우스 오른쪽 클릭) 후 '파트 숨기기 실행 취소'를 선택하여 보이게 합니다. 만약 숨겨진 모든 객체를 한꺼번에 표시하고 싶다면 '모든 파트 보이기'를 선택하면 됩니다. 이런 작업들은 이런 작업들은 씬 트리 구조를 통해서도 가능합니다.

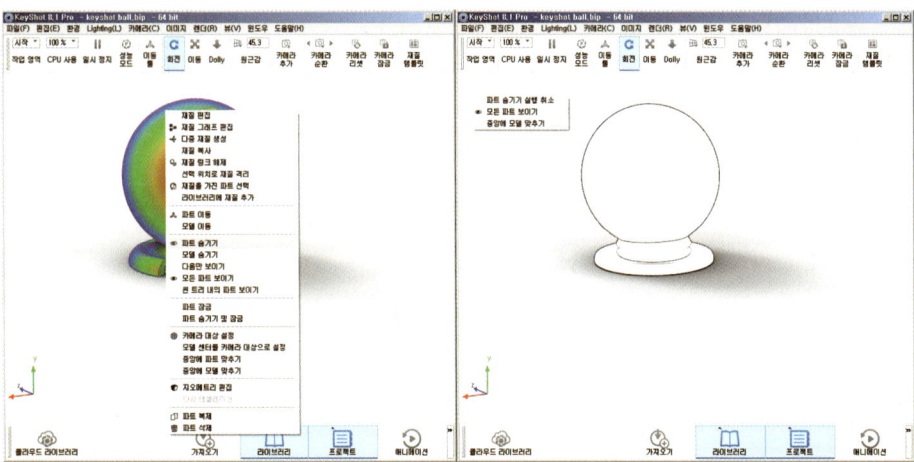

Section 05 파트/모델 이동

키샷으로 불러온 모델은 모델에 RMB(오른쪽 마우스 버튼)을 누르면 '파트 이동' 또는 '모델 이동'을 선택하여 자유롭게 이동할 수 있습니다. 이동, 회전, 스케일 등의 조절이 가능합니다.

'그라운드에 스냅'를 클릭하면 키샷의 바닥에 모델을 위치 시킬수도 있습니다. 모든 조작이 완료 되면 확인 아이콘을 눌러 적용시키거나 취소 아이콘을 눌러 취소 시킬 수도 있습니다.

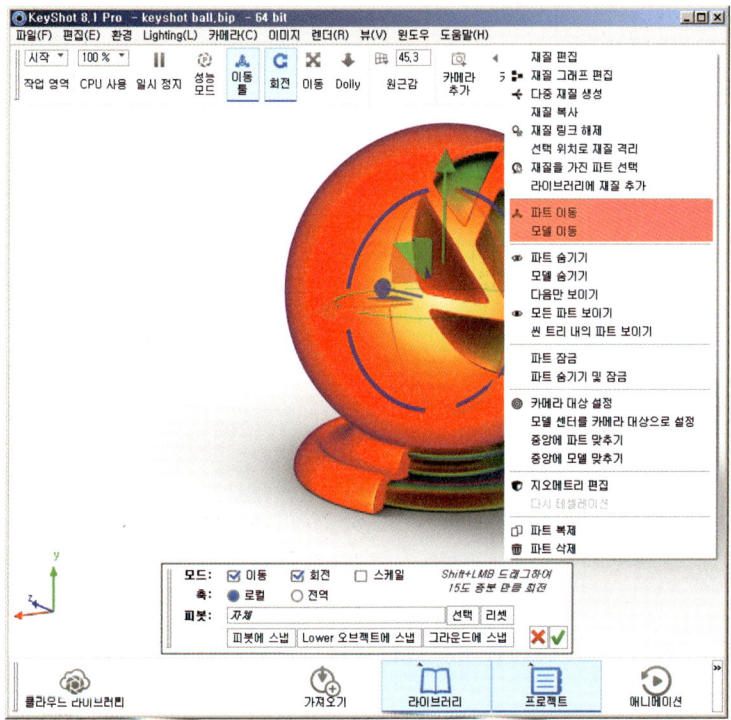

참고 예제샘플을 확인할려면 EX03-02.bip를 참고하세요.

Section 06 다중선택

실시간 창에서 박스 형태로 여러 개의 객체를 선택할 수가 있습니다. Ctrl키를 누른 상태에서 LMB(왼쪽 마우스 버튼)을 클릭하면 오렌지 테두리가 활성화 됩니다(이 옵션은 '편집 〉 환경설정 〉 인터페이스 〉 아웃라인 선택' 가 체크되어 있어야 합니다.).

다중선택을 하는 다른 방법은 씬 트리구조에서 Shift 키(Shift영역 모두 선택) 또는 Ctrl 키(Ctrl영역만)를 누른 상태에서 모델 또는 파트를 선택해도 됩니다.
아래 그림은 씬트리 구조에서 모델을 Ctrl 키를 눌러 선택한 이미지입니다.

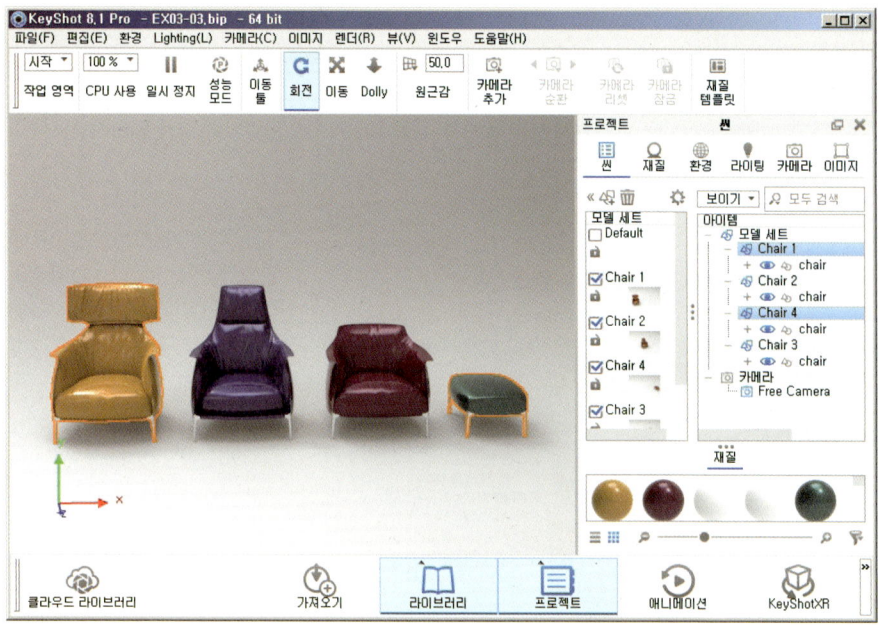

참고 예제샘플을 확인할려면 EX03-03.bip를 참고하세요.

Section 07 모델복제

키샷으로 불러온 모델 데이터는 씬 트리구조에서 복제할 대상을 선택하고 복제를 클릭해서 복사할 수도 있습니다(1). 복제한 다음에는 씬트리에 복사한 모델이름 뒤에 '#1'이 붙으며(2), 복제한 모델이 같은 위치에 있으므로, 바로 모델 이동(3)이 나옵니다.

또한, 실시간 창에서 파트를 LMB(왼쪽 마우스 버튼)하면, 파트를 이동, 복사, 삭제등을 할 수도 있습니다.

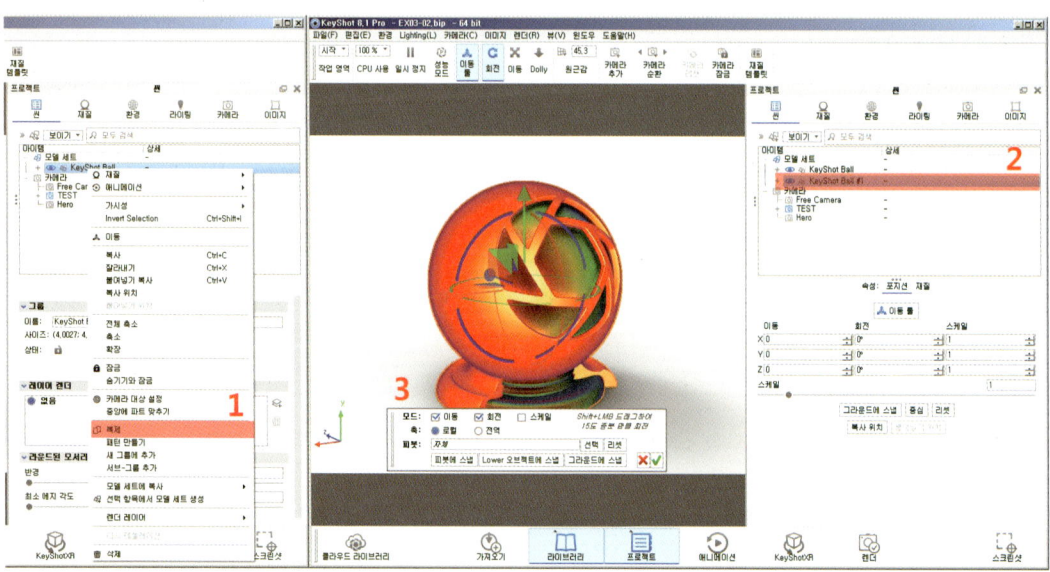

Section 08 재질적용 및 재질링크

아래 그림에서와 같이 '라이브러리 〉 재질'에서 원하는 재질(AA)을 LMB(좌측마우스버튼)을 클릭유지한 후, Drag하여 A파트에 적용시키는 부분에 Drop하면 작은 이미지와 같이 재질이 적용 됩니다. 다시한번 똑 같은 재질을 B파트에 Drag & Drop하여 재질을 적용 시킵니다. 이렇게 따로 따로 적용한 된 재질은 다른 재질을 적용할 때도 마찬가지로 각 각 파트별로 재질이 적용됩니다(색상, 환경 백플레이트 등도 마찬가지로 Drag & Drop 방식으로 적용합니다.).

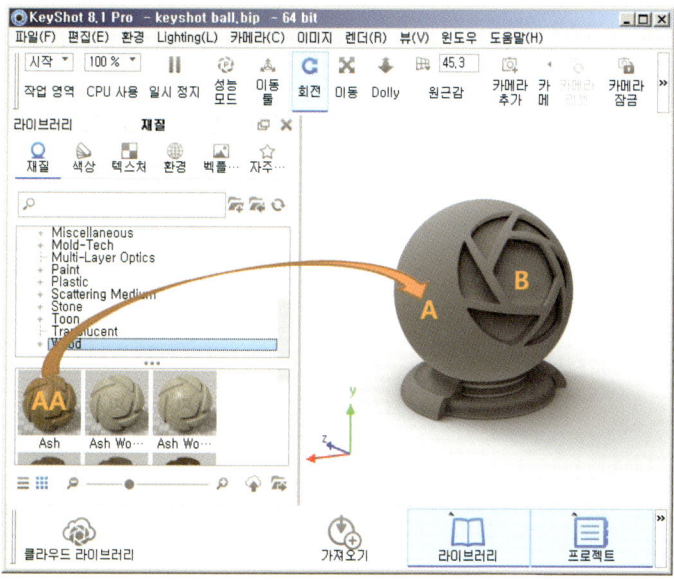

재질링크

재질 링크는 아래그림에서 A파트에 AA재질을 적용시켰을 때, B라는 파트에도 AA재질을 링크하여 붙이는 방법입니다. 링크하는 방법은 A파트에 AA재질을 적용 후, A파트에 'Shift + LMB'(좌측마우스버튼)' 클릭 후, 재질 링크를 적용하고 자하는 B파트에 'Shift + RMB(우 측마우스버튼)'을 클릭하면 AA라는 재질을 적용할 수 있습니다.
이렇게 적용 된 재질 링크는 A 또는 B라는 파트 중 1개의 재질을 바꾸더라도, A와 B 모두 동시에 똑 같은 재질을 적용시킬 수 있습니다. 많은 파트품이 있고 동일한 재질을 한번에 적용시킨다면 이러한 재질링크 방법이 있을 것입니다. 하지만, 어느 한 파트만 다른 재질을 적용 시키려 할 때는 '재질링크해제'를 해야합니다. 이러한 '재질링크해제'는 해당 파트에 RMB(우측마우스버튼)을 하면 '재질링크해제'를 선택하여 해제시킬 수 있습니다.

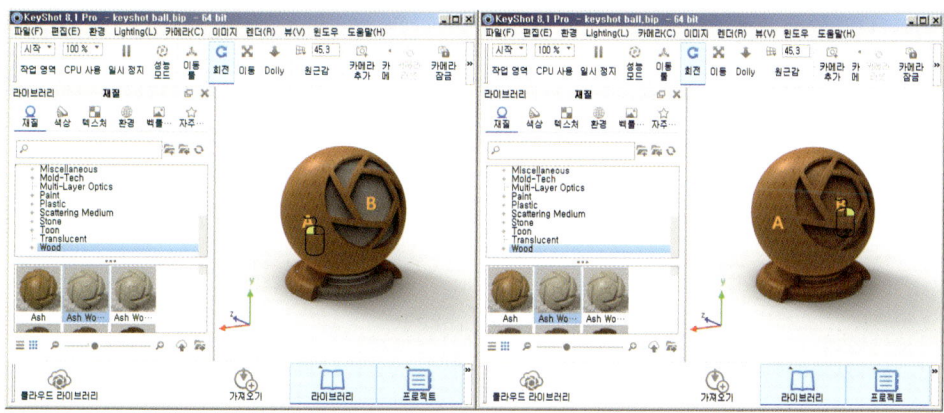

Section 09 라이브 링킹(Live linking)

Solidworks, Rhino, CREO 등의 3D 모델링 소프트웨어 유저라면 키샷의 Plugins기능을 사용할 수 있습니다. Live linking(라이브 링킹)은 키샷과 3D 모델링 소프트웨어 사이에 별도의 업데이트 없이 변경 사항을 곧바로 적용할 수 있게 하는 기능입니다. 해당 기능을 사용하기 위해 키샷 홈페이지에서 해당 플러그인을 다운 받아 설치해야 합니다. 또한, 키샷의 '편집 〉 파일설정 〉 일반 〉 라이브 링킹'이 체크 되어 있어야 합니다.

예를 들어 Solidworks에 Plugins을 설정 후 3D 모델을 그리고, Plugins icon에서 'Send to keyshot 8'을 누릅니다. 그러면 키샷이 팝업 되면서 Solidworks의 모델을 가져옵니다. 그런다음 Solidworks의 3D 모델을 갱신 후, Plugins icon에서 'Update keyshot 8' 을 누르면 키샷의 모델이 Solidworks의 모델과 같이 실시간으로 변화하게 됩니다.

LiveLinking ™

Luxion의 LiveLinking 기술은 KeyShot 플러그인을 다음 단계로 끌어들입니다.
LiveLinking을 사용하면 모델링 응용 프로그램과 KeyShot이 (플러그인을 통해) 연결됩니다. KeyShot으로 초기 전송 한 후에도 3D 모델링 응용 프로그램에서 계속 작업 할 수 있습니다. 어느 시점에서나 버튼을 누르기 만하면 KeyShot에서 디자인을 업데이트 할 수 있습니다. 변경된 부품 및 레이어 만이 KeyShot으로 전송되어 재질, 애니메이션, 조명 및 카메라 설정이 손실되지 않습니다. 간단히 말하면 모든 것이 유지됩니다. 오늘, 내일 또는 다음 주에 일을하십시오. 3D 모델링 소프트웨어에서 모델을 열고 KeyShot에서 장면을 연다는 것뿐입니다.

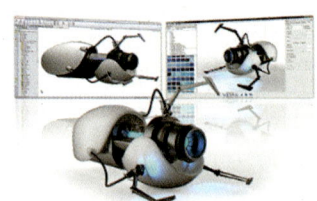

Section 10 지오메트리 뷰(Geometry View)

지오메트리라는 것은 원래 기하학적이라는 단어이며, 선, 면, 도형, 모양, 크기, 위치 등을 연구하는 수학입니다. 하지만, 보통의 3D에서는 3D 안의 요소(선, 면, 도형, 모양, 크기, 위치 등등)를 최적화 시켜주는 의미라 생각하시면 됩니다. 지오메트리 뷰(편집)는 실시간 창을 통해 매우 빠르고 효율적으로 설정할 수 있는 디스플레이 옵션입니다.

툴바에서 지오메트리 뷰 아이콘을 클릭하시거나, 실시간창 모델에 RMB(우측마우스버튼)'을 클릭 시 '지오메트리 편집'을 클릭하여 주세요.

> **지오메트리 뷰(편집)**
> - 애니메이션의 실제 속도와 1:1로 구성됩니다.
> - 보조카메라는 씬의 물리적 조명의 위치를 쉽게 조정할 수 있습니다.
> - 씬 변화 및 구성 설정을 보다 빠르게 할 수 있습니다.
> - 애니메이션의 카메라 경로를 제어할 수 있습니다.

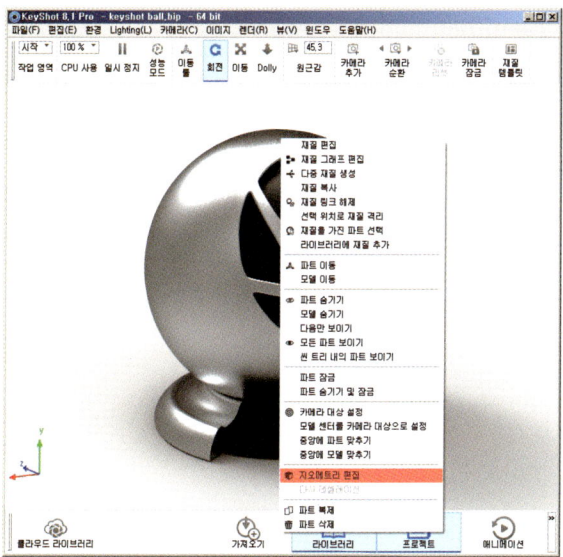

'지오메트리 편집'을 클릭 시 아래와 같이 '지오메트리 뷰' 창이 생성됩니다.

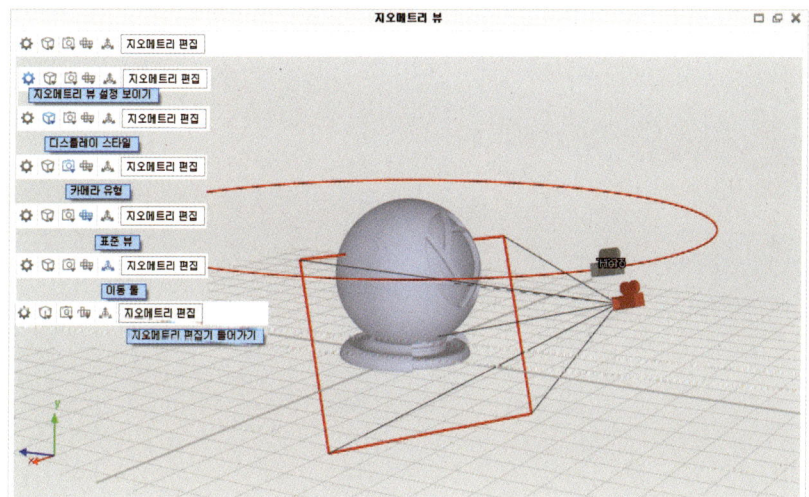

⚙ 지오메트리 뷰 설정 보이기

오른쪽 그림과 같이 각각의 요소들을 사용하려면 체크하여 사용합니다(이 옵션들은 단지 지오메트리 뷰에서의 보이기를 설정하는 것이므로 자세히 설명하지는 않습니다.).

🎲 디스플레이 스타일

아래 그림과 같이 디스플레이의 스타일은 7종류 입니다.

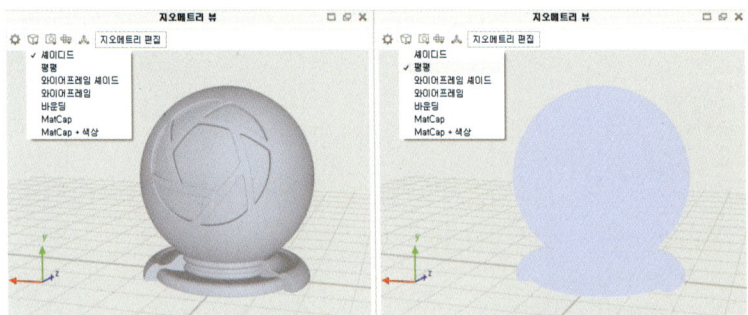

- **셰이디드 :** 음영 표시 상태는 단색 및 음영 영역이 있는 형상을 표시합니다.
- **평평 :** 평면 표시 상태는 단색과 음영이 없이 형상을 표시합니다.

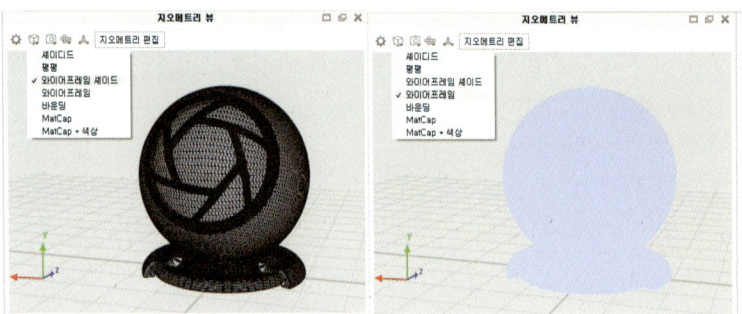

- **와이어프레임 셰이드 :** 음영 처리 된 와이어 프레임 표시 상태는 솔리드의 색과 음영 처리 된 영역이 있는 지오메트리를 지오메트리 와이어 프레임 위에 표시되도록 합니다.
- **와이어프레임 :** 와이어프레임 표시 상태는 와이어 프레임의 표현으로만 형상을 표시합니다.

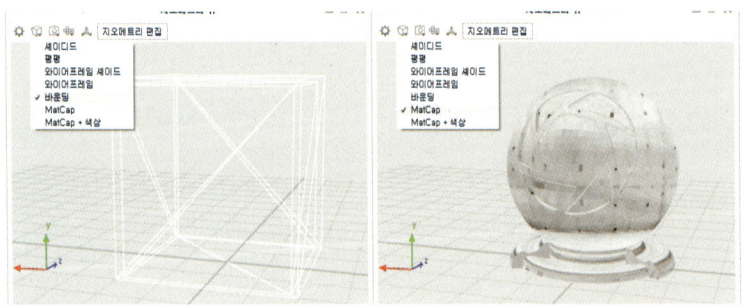

- **바운딩 :** 바운드 박스는 모델 및 파트의 기하학 범위의 와이어 프레임 박스로 지오메트리를 표현합니다.
- **MatCap :** MatCap 음영으로 형상을 표현합니다. 이 MatCap은 사용자가 지오메트리 뷰 설정에서 미리 설정할 수 있습니다.

- **MatCap + 색상 :** MatCap 표시상태에서 색상을 더해 보여 줍니다.

참고적으로 MatCap이란 Material Capture의 약자인데, 키샷에서는 간단히 재질의 텍스처라 생각하시면 됩니다. 하지만 일반적인 3D 렌더링에서는 일반 텍스처와는 달리 재질에 라이팅 된 텍스처를 이야기하며, 실시간으로 라이팅 연산을 하지 않고 실사적으로 라이팅 된 것처럼 보이는 텍스처를 뜻합니다.

카메라 유형

활성카메라, 원근감(Perspective), 직교그래픽(Orthographic)를 사용할 수 있습니다.
활성화 카메라는 지오메트릭 뷰의 카메라와 실시간 창의 모델링과 똑같이 보이며, 원근감(Perspective) 또는 직교그래픽(Orthographic)에서는 말 그대로 지오메트릭 뷰의 카메라를 원근감 또는 직교그래픽으로 보이게 합니다.
아래 그림은 활성화 카메라를 했을 때 지오메트릭 뷰와 실시간 창이 똑같이 움직임을 보여주는 것입니다.

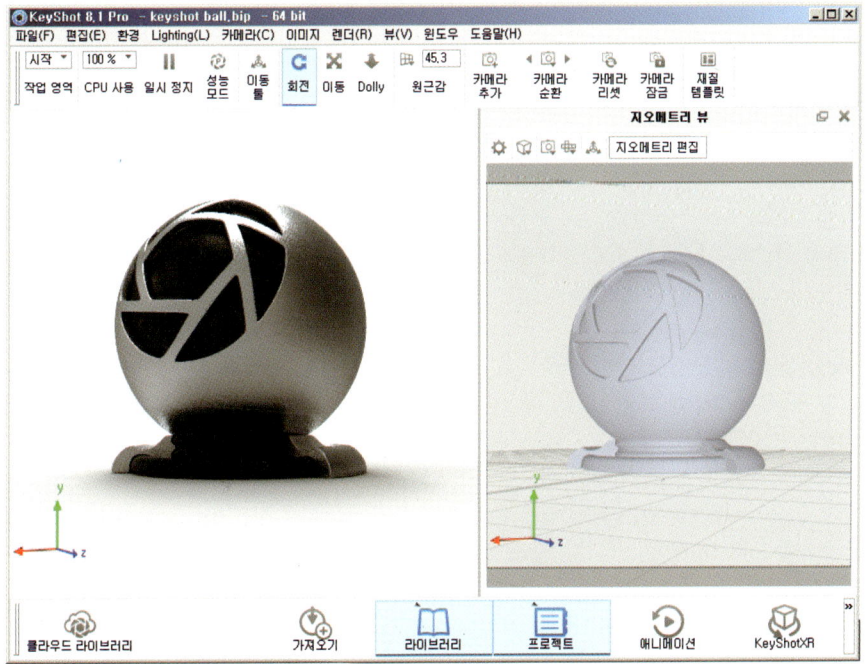

표준뷰

표준뷰를 아래 이미지와 같이 전면, 후면, 좌, 우, 상, 하, 아이소메트릭과 같이 모델의 뷰를 지정할 수 있습니다.

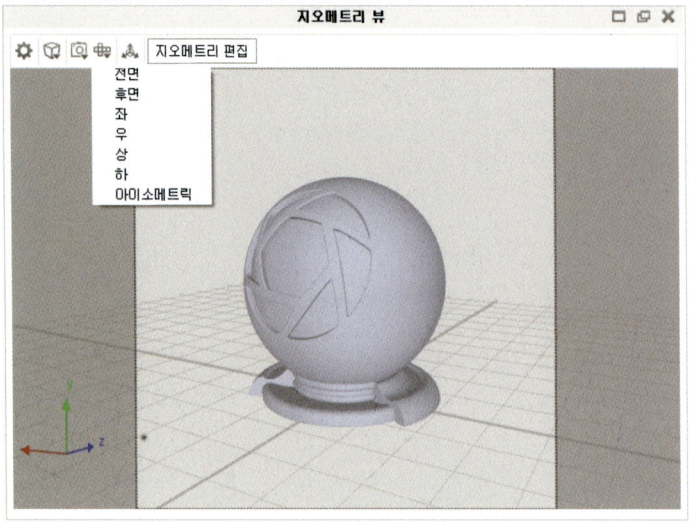

Section 11 지오메트리 편집

지오메트리 편집 3D CAD에서 다른 프로그램으로 불러오기 내보내기 등을 합니다(예를 들어 SolidWorks라는 3D CAD에서 3D모델링을 하고, 그 모델링 된 것을 키샷으로 불러올 때).
이 때 잘 못 된 불러오기와 내보내기가 되면 일명 모델이 터진다는 표현을 합니다. 모델들은 하나의 면처럼 보이나 3D CAD마다 약간씩 틀린 다각형의 폴리곤 구조로 되어 있습니다. 이러한 폴리곤 구조들이 프로그램 엔진에 따라 폴리곤 구조가 변화하곤 합니다. 이러한 변화 중에 폴리곤 구조가 특성이 달리하게 되며 이럴 때 틈이 발생됩니다.
지오메트리 편집은 이러한 터짐현상이 발생되었을 때, 프로그램에서 서페이스를 분할하고 계산하여 서페이스에서 열린 경계 또는 틈을 닫을 때 사용됩니다.
위에서 이야기 한 틈은 실제 육안으로 확인 될 수 있는 모델도 있으나, 육안으로 확인되지 않는 틈이 있을 수도 있습니다.

하지만, 여기서 이야기하는 지오메트릴 편집은 이러한 터짐만을 이야기하는 것은 아닙니다.
조금 복잡하게 지오메트리 편집을 이야기를 하자면, 실세계의 광원을 컴퓨터 그래픽에서 표현한 것을 조명이라 할 때, 실제 광원이 물체의 표면에서 반사되어 우리에 눈에 시각화 되듯, 그래픽에서도 마찬가지로 표면을 중요시 합니다. 이 표면의 노멀이 핵심적인 역할을 하며, 이 노멀은 방향이고 표면의 방향을 구하기 위해서는 표면을 구성하는 삼각형 벡터들의 외적을 사용합니다. 이것이 노멀 벡터라는 정의이며, 키샷에 들어온 모델이 키샷 엔진에서 계산되어 좀 더 정확한 그래픽이 표현되기 위해서는 노멀 벡터값을 재정리는 방법으로 지오메트릭스 편집이 필요하기도 합니다.

어려운 이야기는 여기까지 하고, 실제로 지오메트리 편집을 실행하여 봅니다.
실시간창 모델에 RMB(우측마우스버튼)'을 클릭 시 '지오메트리 편집'을 클릭하면 아래와 그림처럼 경고문이 팝업됩니다(모델을 구성하는 폴리곤 조직을 편집(재구성)하면, 모델에 적용되는 재질 및 라벨 구조에 영향을 미쳐서 재질 및 라벨 매핑을 재작업 할 수 있다는 이야기입니다.).

'계속'을 눌러 다음을 진행하면 아래와 같이 팝업됩니다.

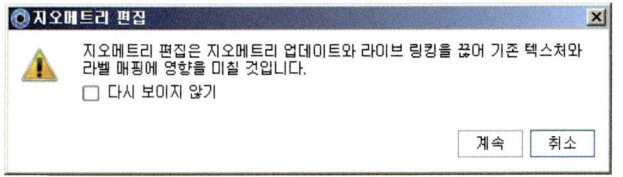

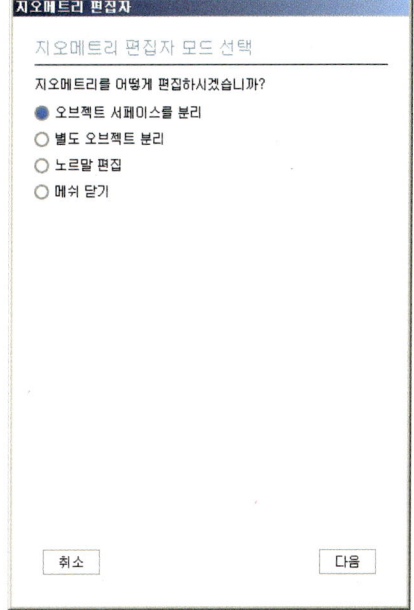

지오메트리 편집자는 위에서 잠시 설명 드렸던 노멀 벡터값 즉 폴리곤의 조직을 오브젝트 서페이스를 분리(Split Object Surfaces) / 별도 오브젝트 분리(Split Separate Object) / 노르말(노멀) 편집 (Edit Normals) / 메쉬닫기(Close Mesh) 등을 통해 분리할 수 있습니다.

오브젝트 서페이스를 분리(Split Object Surfaces)

이 옵션은 단일 오브젝드(모델)에서 특정 서페이스(폴리곤)을 분리하려고 할 때 사용됩니다. 단일 파트에 분리 후 별도의 재질을 맵핑 할 경우 또는, 단일파트를 모아 새로운 파트를 만들어 작업하고 싶을 때 유용합니다.

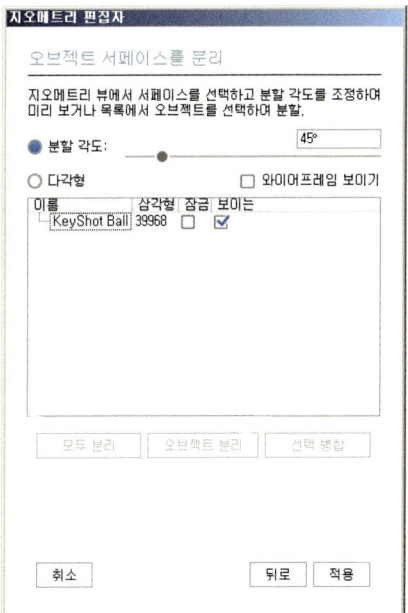

• **분할각도(Splitting Angle) :** 이 옵션을 사용하면 인접한 각도에 따라 파트를 분할 할 위치를 키샷에서 자동으로 계산할 때 사용하면 됩니다. 또한, 작은 각도의 값을 가지게 되면 좀 더 강조 된 이미지를 얻을 수 있으며, 분할 된 부분에 정확한 주름 또는 정확한 각도를 가질 경우 유용하게 사용 될 수 있습니다. 쉽게 예를 들어 1cm X 1cm 표면에서 폴리곤이 2개일 경우와 분할하여 10개일 경우 렌더링의 품질은 좀 더 고급스러워질 수 있습니다. 단순히 일정한 표면에서 2개의 면이 빛을 받아 사람한테 보이는 것과 10개의 면이 빛을 받아 사람에게 보이는 것은 품질상으로 당연히 10개의 면이 빛을 받는 것이 더 세밀한 품질을 가질 수 있다는 이야기입니다.

- **다각형(Polygons)** : 분할각도는 면 전체를 지정하여 각도를 지정하는 반면, 다각형 옵션을 사용하면 하나하나의 다각형(폴리곤)을 선택하여 제어합니다. 이 옵션을 사용하려면 와이어프레임 보이기를 활성화하여 사용하시면 좋습니다.

- **모두분리(Split All) / 오브젝트분리(Split Object) / 선택병합(Merge Selection)** : 어떠한 폴리곤 또는 표면이 있을 때 그것을 선택한 다음 '모두분리'를 클릭하시면 모두 분리가 됩니다. 오브젝트 분리는 선택한 폴리곤을 단일 부품으로 그룹화하여 사용할 때 이 옵션을 선택합니다. 또한, 분리 된 폴리곤을 창에서 다중 선택하여 '선택병합'을 클릭하시면 하나로 병합됩니다.

위 설명의 예를 들어봅니다.
아래 그림은 분할각도를 이용하여 테스트한 것입니다. 한 파트(면)을 클릭하여 지정하면 파트면이 연두색으로 활성화 됩니다. 그런 다음 '오브젝트 분리'를 클릭합니다.

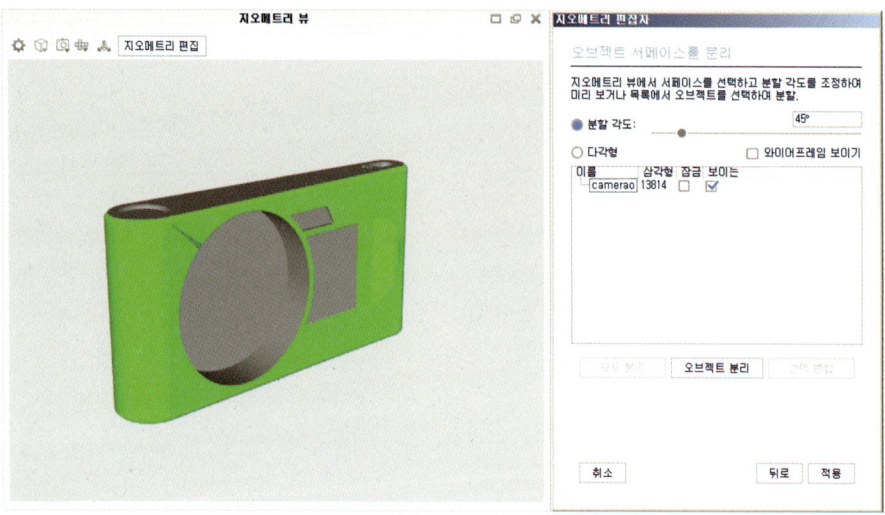

참고 예제샘플을 확인할려면 ₩Documents₩KeyShot 8₩Scenes₩camera-benchmark.bip를 참고하세요.

'오브젝트 분리'를 클릭하면 아래의 그림처럼 두 가지 표면으로 자동 분리됩니다.
완료를 클릭하면 이렇게 두 가지로 분리된 것이 '프로젝트 〉 씬트리 구조'에도 표시 되며, 이 두 가지 표면은 각각 재질이 맵핑 됩니다.

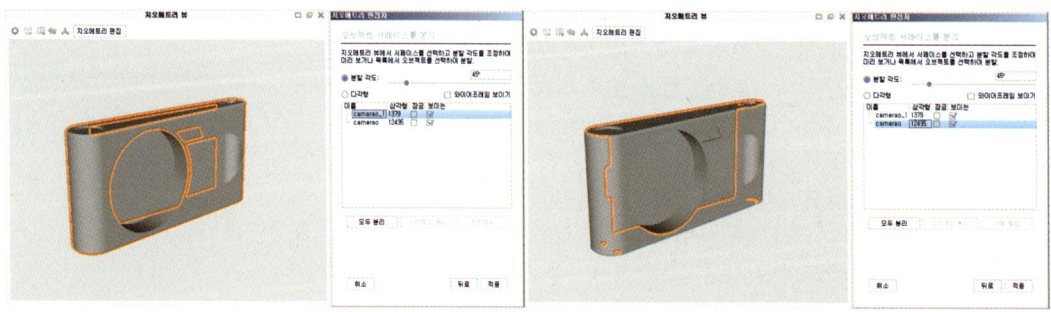

자, 그럼 다각형(폴리곤)으로 분리해 봅니다. 아래그림처럼 다각형을 클릭 후 리스트에서 파트를 선택합니다. 1개의 파트가 '모두분리'를 클릭하면 엄청난 수량의 다각형으로 분리 됩니다. 주의해야 할 사항은 분리 후 완료를 클릭하면 엄청난 수량의 다격형을 '씬트리'구조로 내보내기 때문에 엄청난 시간이 소요 됩니다.

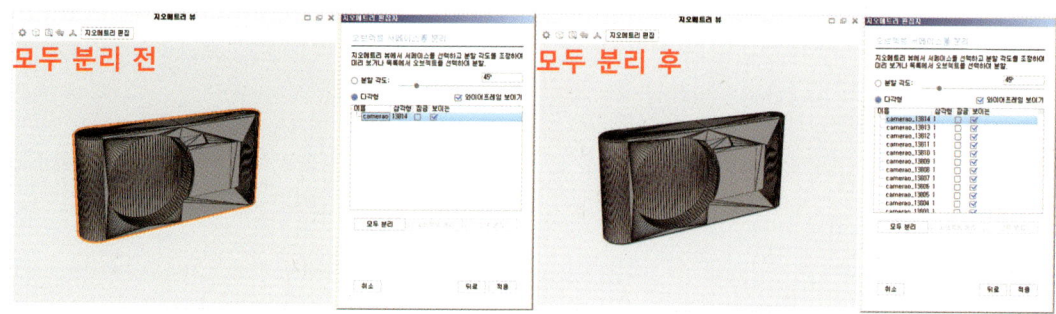

위의 그림과 같이 다각형 모두 분리 시 파트를 선택할 수 있지만, 아래 그림처럼 파트의 한 부분만 마우스로 클릭하면 연두색으로 활성화 됩니다(Ctrl키를 누른 상태에서 클릭하시면 다중 선택도 가능합니다.). 이 때 다각형(폴리곤)의 수를 보면 1개의 파트가 13814개의 폴리곤으로 구성 되어 있지만, 파트의 한 부분만 오브젝트 분리를 하면 그 파트에서 하나의 파트만 떨어져 나오게 됩니다. 오브젝트 분리 후 다각형(폴리곤) 13813개를 가진 1개의 파트와 다른 다각형(폴리곤) 1개가 포함 된 1개의 파트가 생성되었음을 알 수 있습니다.

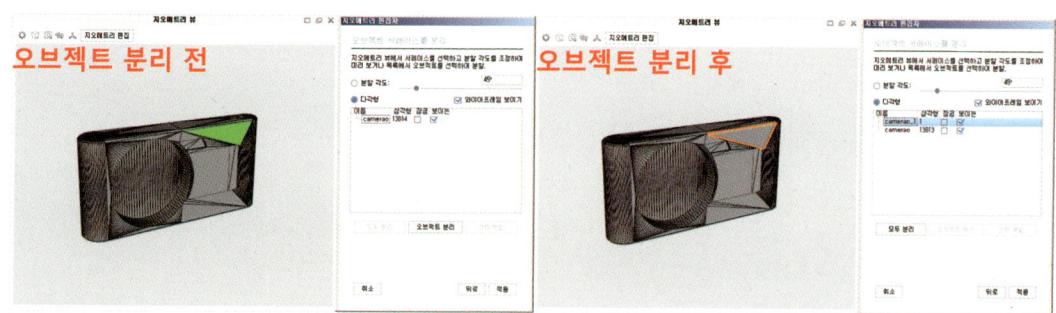

별도 오브젝트 분리(Split Separate Objects)

어떠한 모델이 단일 파트로 되어 있을 때, 별도 오브젝트 분리 옵션을 사용하게 됩니다. 또한, 씬 트리구조에서도 분리된 것이 나타나지 않습니다.

이렇게 분해 된 모델에 재질을 맵핑하면 뭔가 틀림을 알아챕니다. 재질 맵핑 시 고운 모래가 깔리는 듯하게 맵핑 이 됩니다. 이는 재질 전체가 다각형화(폴리곤화) 되어 각각의 다각형에 재질이 맵핑되는 것입니다.

노르말 편집(Edit Normals)

노르말 농도도 아니고…암튼 노멀편집이라고 편히 이야기 하겠습니다.
앞에서 이야기 했듯, 노멀이라는 것은 매쉬표면에 수직인 방향으로 형성 됩니다. 다시 말하면 이러한 셀단위의 노멀벡터라는 놈들이 모여서 표면을 좀 더 잘 보이게 노멀을 자동적으로 편집한다는 이야기입니다. 이러한 노멀벡터는 곡면 상에서 보여질 때 안 보이는 구멍이 생성될 수도 있는데, 이러한 구멍들을 커버하여 모델링상 곡면을 이루는 곳이 좀 더 사람눈에 잘보이게 렌더링 된다는 이야기 입니다.
예를 들어봅니다.
아래그림에서 버스텍 노르말보이기와 면 노르말 보이기를 클릭하면 연두색과 청색으로 표시 됩니다. 그런 후 완료를 눌러 봅니다.

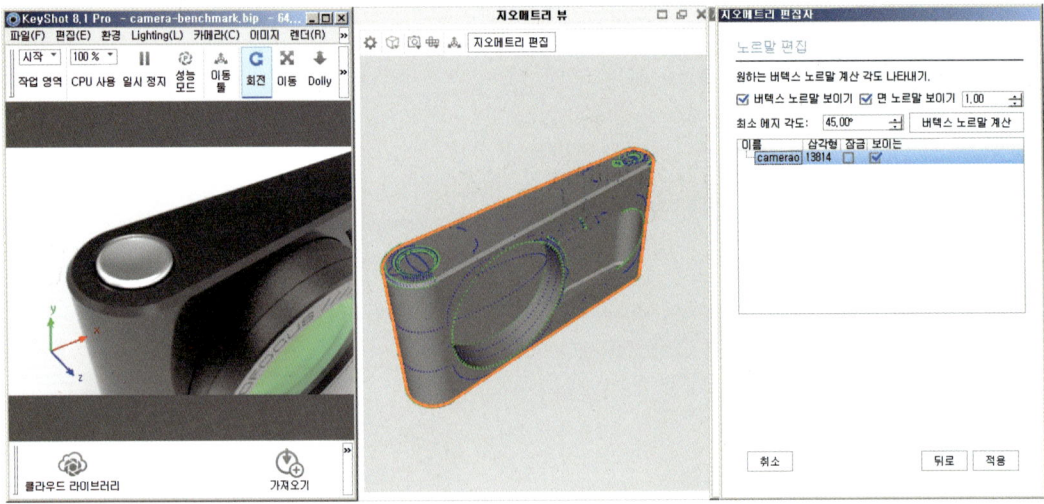

아래 그림에서 모델에 상단의 버튼부분을 보면 버튼을 비추는 부분이 뽀샤시 해지면서 더욱더 반사가 잘 이루어 짐을 알 수 있습니다. 하지만, 몸통 라운드 부분은 층계현상이 일어나는 것을 알 수 있습니다. 자, 층계현상은 왜일어날까? 라는 궁금증이 생깁니다. 이 층계 현상은 상기 그림에서 45도의 에지 각도를 주었기 때문에 보는 방향에 따라 모델링 이 더 안 좋아 질 수도 있다는 이야기가 될 수 있습니다.

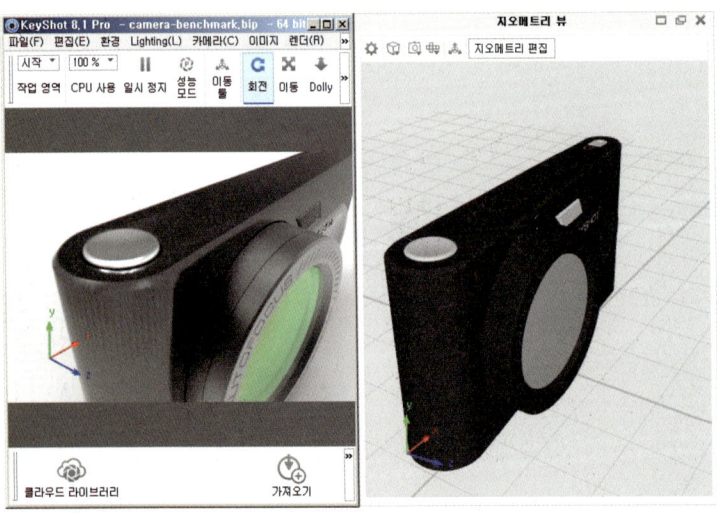

최소 에지 각도를 실제 45도와 90도의 값으로 렌더링을 해 보았습니다.

위에서 이야기한 것처럼 각도에 따라 라운드의 모양새가 틀려집니다. 분명 기본 렌더링보다 뽀샤시함과 선명함은 좋아졌으나, 모델링 자체가 한군데 방향이 아닌 여러 방향으로 면(곡면)자체가 되어 있다 보니, 그 값을 찾기란 참 힘들 것 같습니다.

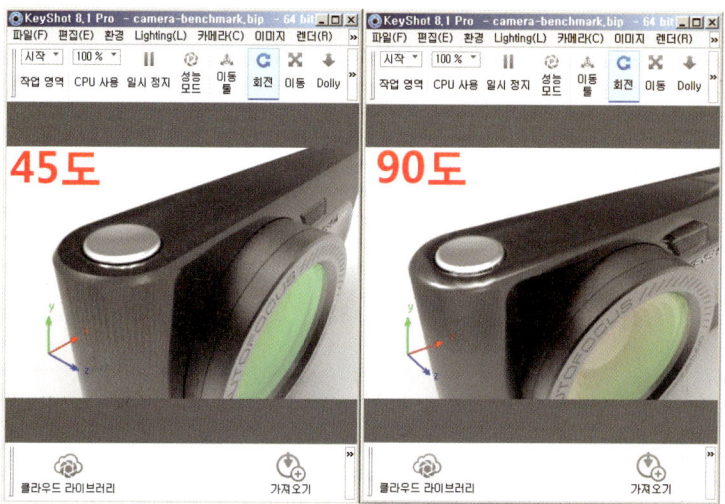

메쉬 닫기(Close Mesh)

모델링상 또는 3D CAD에서 키샷으로 들어올 때 표면에 안 보이는 구멍이 형성될 수 있습니다. 이러한 구멍들은 렌더링상에서 퀄리티에 대해 영향을 미칠 수 있습니다. 메쉬 닫기는 이러한 구멍들은 메꾸는 작업들을 해 줍니다. 지오메트릭스 편집에서 메쉬 닫기를 하면 자동적으로 구멍 또는 틈새를 탐색하여 주며, 아래 그림처럼 파트를 선택한 후 '선택된 에지를 닫기'를 선택하시면 됩니다.

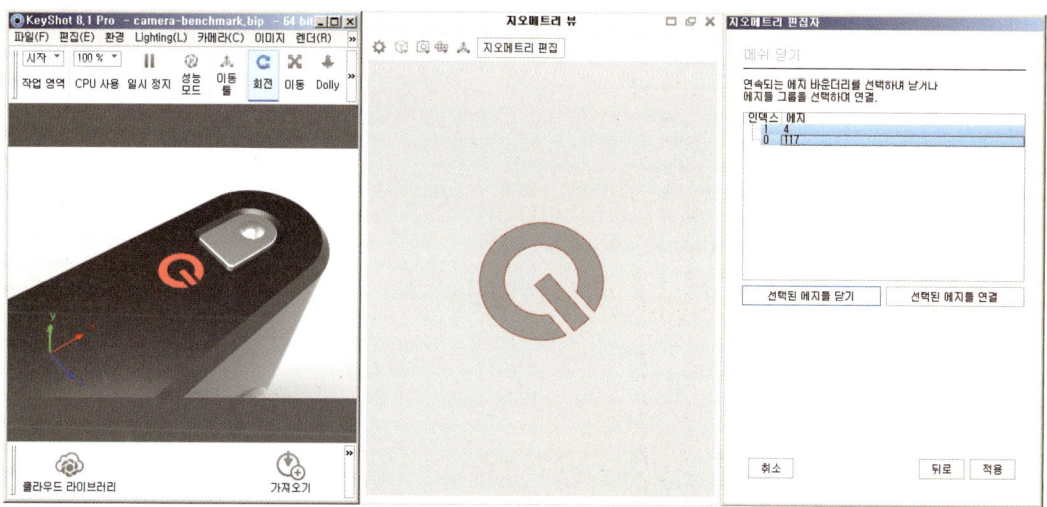

Surface를 보다 부드럽고 이쁘게 나오게 해준다는 옵션은 참로 사용자로 하여금 어려움만 남겨 주고, 실제 유저들이 실 사용하는 분들이 몇 분이나 계실까 궁금합니다.

개인적으로는 이 기능은 유저들의 선택부분이 아닌, 개발자가 '어떻게 하면 3D CAD에서 Surface를 원본 그대로 들어올까?'의 연구부분을 유저들에게 넘기는 듯한 느낌을 받습니다.

PART 4

툴바 및 기타 창

클라우드 라이브러리 가져오기 라이브러리 프로젝트 애니메이션 KeyShotXR 스크린샷

툴바는 위의 그림과 같이 클라우드 라이브러리, 가져오기, 라이브러리, 프로젝트, 애니메이션, KeyshotXR, 렌더, 스크린샷의 순서로 나열되어 있습니다.
기본적인 옵션을 모두 배운 후에 애니메이션과 KeyshoXR이 들어가야 할 학습이므로, 이 장에서는 제외하겠습니다.

CHAPTER 01 클라우드 라이브러리

클라우드 라이브러리는 사용자 정의를 공유할 수 있는 온라인 라이브러리로 재질 및 자원뿐만 아니라 다른 키샷 사용자가 업로드한 자원을 사용할 수 있습니다(참고적으로 꼭 로그인을 해야 다운로드 되는 것은 아닙니다.).

Section 01 인터페이스

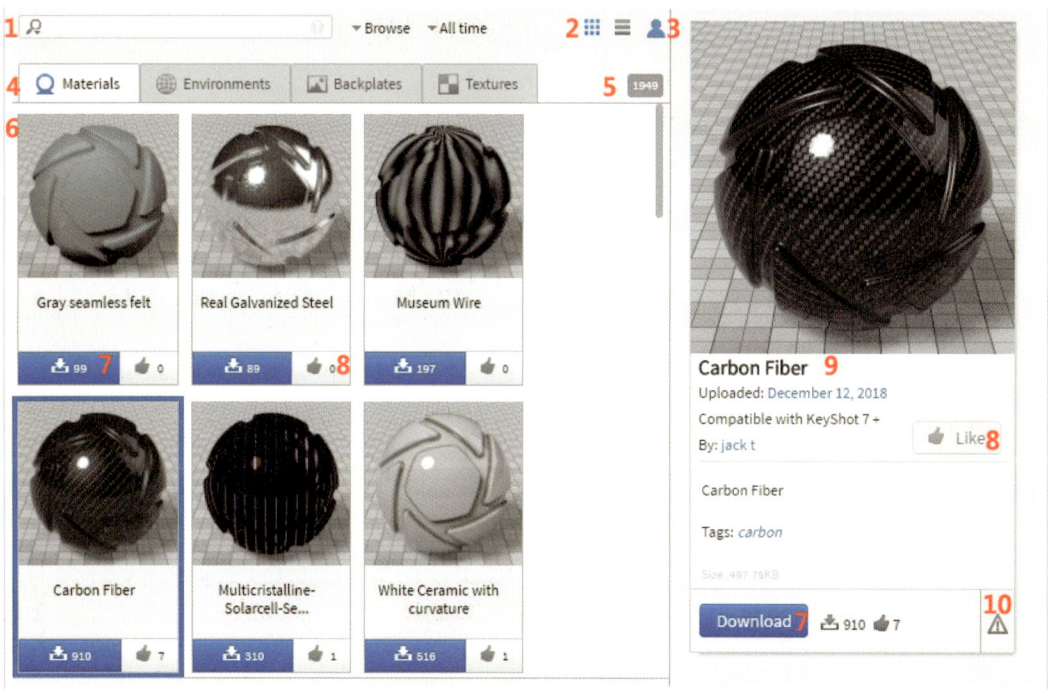

1. 검색영역
2. 디스플레이 스타일
3. 사용자 계정/설정
4. 카테고리 탭
5. 범주내 총 재질 수
6. 검색결과
7. 다운로드 버튼
8. '좋아요' 버튼
9. 세부내용
10. '리포트' 버튼

Section 02 계정 만들기

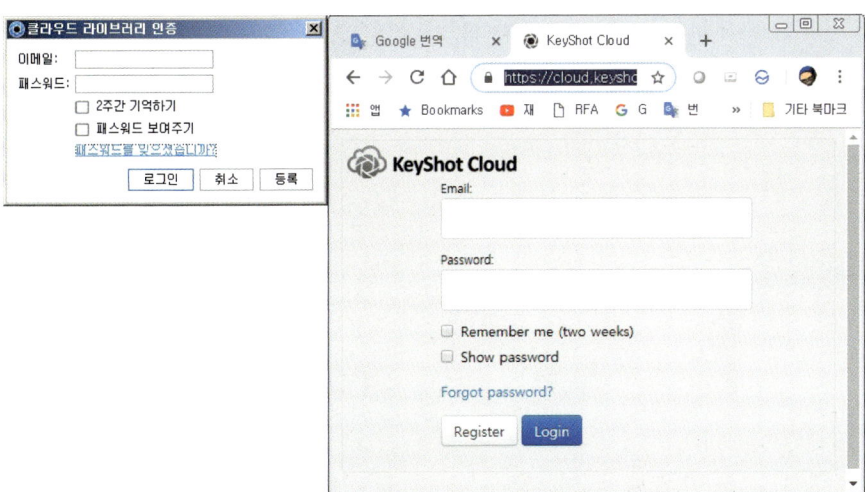

툴바에서 사용자 계정/설정 아이콘을 클릭하시던가, https://cloud.keyshot.com/login.php?redirect=%2Findex.php 로 직접 가셔서 설정하실 수 있습니다.
클라우드 라이브러리를 사용하실려면 계정을 만드셔야 합니다. 또는 키샷 포럼 로그인으로 로그인 하실 수 있습니다.
계정을 만드실려면 Register를 클릭하시면 아래 그림처럼 빈칸을 채우시고 사용하시면 됩니다.

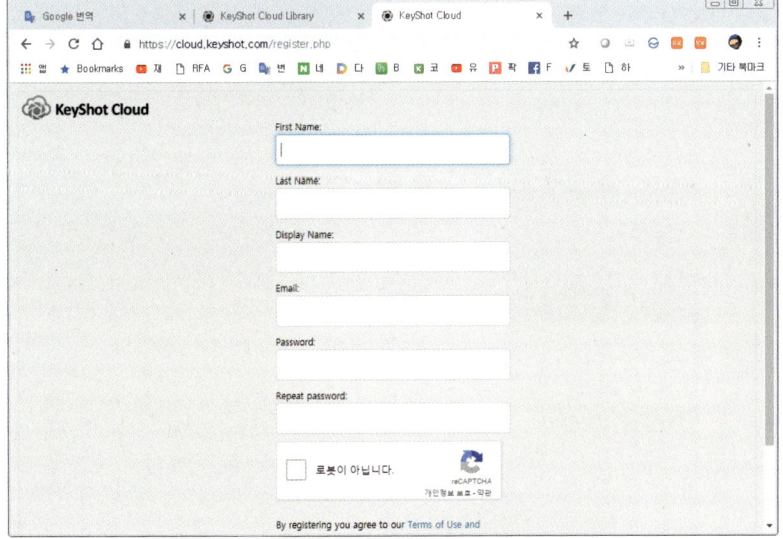

Section 03 검색

클라우드 라이브러리는 강력한 검색기능을 지원합니다. 키워드 검색 뿐만 아니라 '@usename'의 구문을 이용하여 특정사용자가 올려놓은 자료도 검색이 가능합니다.
아래 그림과 같이 Browse(브라우저), Title(제목), Author(작가), Date(날짜), Size(크기), Likes(좋아요가 많이 된 순서대로) 및 올린 시간대별로도 검색이 세부화 될 수도 있습니다.

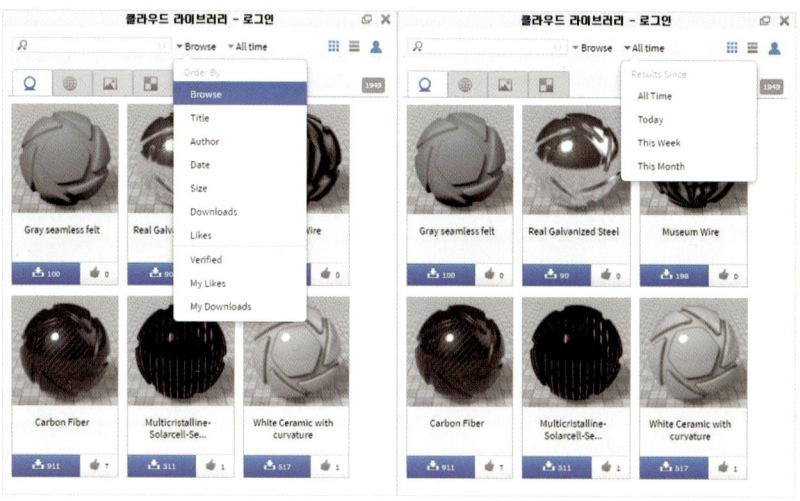

또한, 아래그림과 같이 재질, 백플레이트, 텍스처, 환경맵등의 카테고리 탭별로 자원을 다운로드 또는 업로드를 할 수 있습니다.

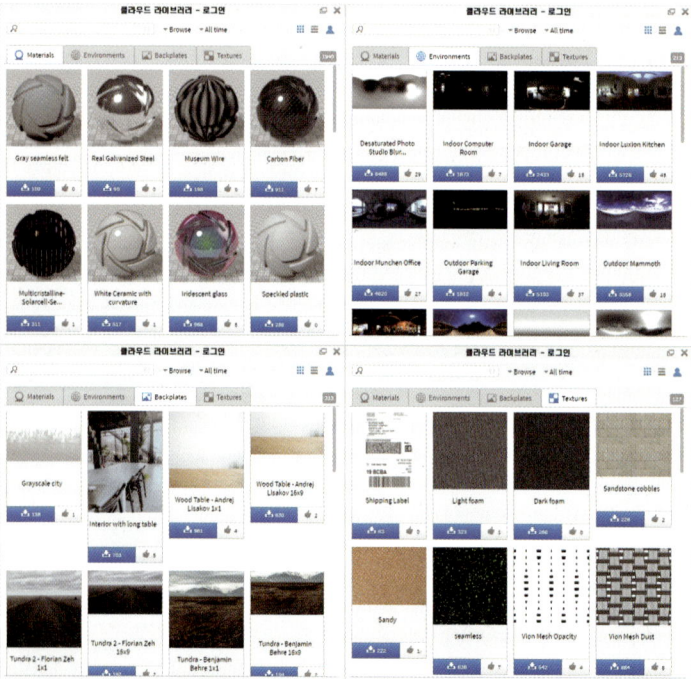

Section 04 업로드 및 다운로드

업로드

1. 사용자 정의 재질을 클라우드 라이브러리에 업로드하려면 업로드할 재질을 선택하고 키샷 라이브러리 창 하단에 '클라우드 라이브러리로 업로드' 아이콘을 클릭합니다. 또는 재질을 RMB을 클릭 후 '클라우드 라이브러리로 업로드'를 선택하시면 됩니다(아직 로그인하지 않은 경우 로그인 해야 합니다.).
2. 아래 그림 왼쪽과 같이 'Keyshot Cloud 업로드 가이드' 창을 확인 후 닫습니다.
3. 아래 그림 오른쪽과 같이 이름, 설명, 태그 등를 입력하여 '다음'을 클릭하여 다음 단계로 가면 '업로드'버튼을 클릭하여 업로드하면 됩니다.
4. 상기 방법처럼 다른 모든 탭(칼라, 환경, 벡그라운드, 텍스처) 하단에 라이브러리 아이콘이 존재하여, 그 아이콘을 이용하여 업로드 시켜주시면 됩니다.

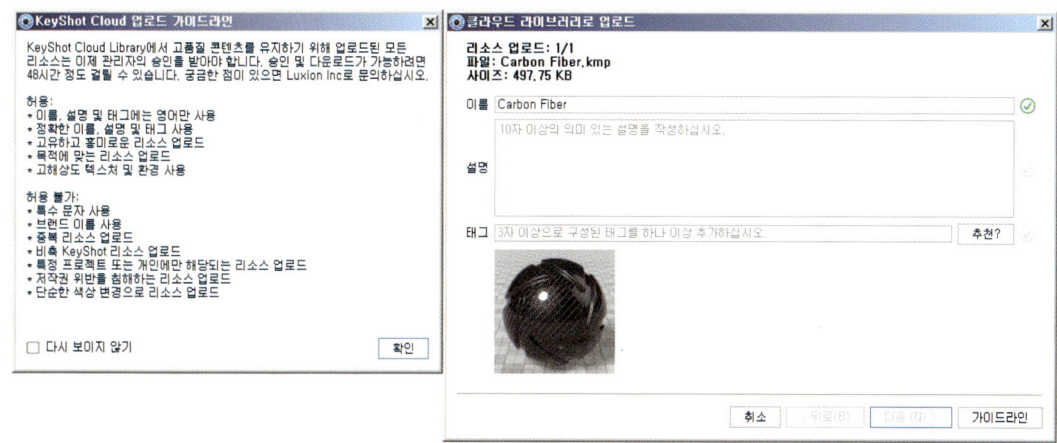

다운로드

클라우느 라이브러리에서 원하는 자원을 글릭하면 우측에 싱세표시가 되며, 싱세표시 밑의 'Download'를 클릭하먼 자원이 다운로드됩니다. 사용자의 입맛에 맞게 기존 자원 폴더나 새로운 자원 폴더를 만들어 사용하시면 됩니다.

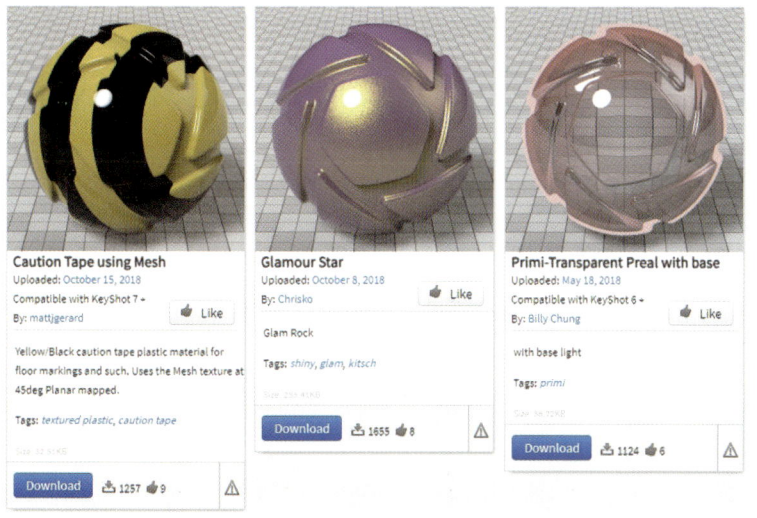

> **참고**
>
> 키샷 설치 프로그램의 크기 때문에 제외 된 Poligon 텍스처가 포함되어 있는 사이트가 있습니다.
> https://www.keyshot.com
> https://www.poliigon.com
> 위의 사이트를 클릭하면 keyshot_resource_intsaller.exe 를 다운받던가, 또는 아래 poliigon 사이트에서 다운받을 수 있습니다.

CHAPTER 02 가져오기

Section 01 지원하는 파일형식

키샷은 많은 3D CAD 프로그램의 확장자를 지원합니다. 아쉽게도 모든 프로그램의 Plugins 형식을 지원하지는 않지만, 모든 프로그램에서 가져오기 시 지원을 잘 합니다. 아래 리스트는 지원하는 프로그램을 나열한 것입니다.

- 3ds Max (.3ds) ①
- ALIAS 2018 and prior ②
- AutoCAD (.dwg, .dxf)
- CATIA v5-6 (.3dxml, .cgr, .catpart)
- Cinema 4D R18 and prior (.c4d)
- Creo 4.0 and prior (.prt, .asm)
- Creo View (.pvz, .pvs, .edz, .ed, .c3di, .ol)
- Inventor 2019 and prior (.ipt, .iam)
- Maya 2017 and prior (.ma, .mb) [2]
- NX 12 and prior (.prt)
- Onshape①
- Pro/ENGINEER Wildfire 2-5 (.prt, .asm)
- Revit 2018 and prior ①
- Rhinoceros 6 and prior (.3dm)
- SketchUp 2018 and prior (.skp)
- Solid Edge ST10 and prior (.par, .asm, .psm)
- SolidWorks 2018 and prior (.prt, .sldprt, .asm, .sldasm)

- Acis (.sat)
- Alembic (.abc) ③
- 3DS (.3ds)
- 3DXML (.3dxml)
- Collada (.dae)
- FBX (.fbx) ③
- IGES (.igs, .iges)
- JT (.jt)
- OBJ (.obj)
- Parasolid (.x_t)
- STEP (.stp, .step)
- STL (.stl)
- ZPR (.zpr)

① : Plug in만 가능한 확장자
② : 라이선스가 있는 소프트웨어 설치
③ : 애니메이션 포함

아래 그림은 Plugins을 지원하는 3D CAD의 목록이미지입니다.

참고적으로 책 내용에서는 SketchUp과 SolidWorks을 사용한 3D 모델을 사용할 것입니다. 가끔 필요 요소에 따라 여러가지 3D 프로그램을 이용할 수 있으니 이점 참조하시기 바랍니다.

Section 02 모델 가져오기

가져오기

지원되는 파일은 키샷 툴바의 가져오기 아이콘을 클릭하여 불러 올 수 있습니다. 또는 탐색기에서 바로 마우스로 끌어서 실시간 창에 놓으면 가져오기를 할 수 있으며, '파일 > 가져오기' 메뉴에서 가져오기를 할 수 있습니다. 지정된 파일을 불러오면 아래그림과 같이 대화상자가 화면에 표시 됩니다.
아래 왼쪽 그림은 새창에서 새로운 모델을 불러올 시 팝업되는 창이며, 그 이후 다른 모델을 새로운 모델과 같이 추가하여 가져오기 할 때 팝업되는 창입니다.

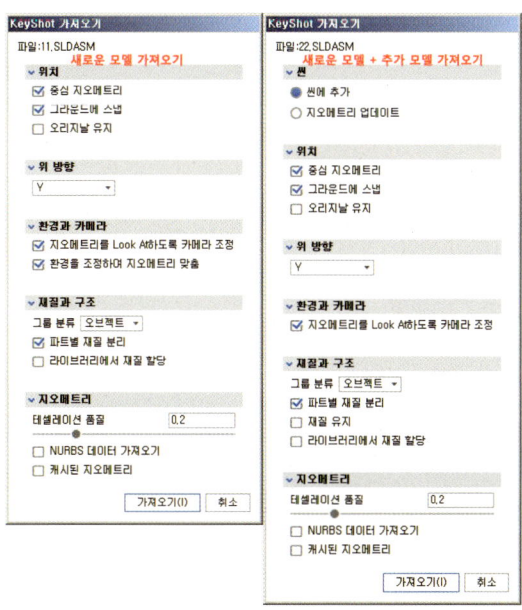

가져오기를 할 때에는 일반적으로 주의할 점이 있습니다.

첫번째, 3D CAD에서 가져오기를 할 때에는 Plugins 프로그램을 사용하여 가져오는 게 모델을 이상없이 가져오는 방법 중에 하나 입니다. 만약, Plugins을 사용하지 않고 가져오기를 한다면, 프로그램에 따라 곡면이 인식이 안 될 수도 있고, 축이 뒤바뀔 수도 있습니다. 현재 키샷 홈페이지에서 다양한 Plugins을 제공하니, Plugins을 사용하여 가져오기를 해 주세요.

두번째, 컴퓨터 이름, 모델의 이름, 저장되어 있는 폴더의 이름을 영어로 사용해 주십시오. 그나마 키샷4.0버전부터는 한글을 사용해도 가져오기시 에러가 덜 합니다. 하지만, 그전 버전에서는 한글이 사용될 시 불러오거나 가져올 때 에러가 생기오니, 아직까지는 영어로 모든 이름을 해 주시기 바랍니다.

세번째, 3D CAD에서 모델을 작업 시 개념있게 설계해 주세요. 예를 들어 어떤 모델을 가져오기를 했을 시, 각각의 면에 색상을 입히려고 하지만, 한가지 재질을 적용시 모델 전체에 맵핑되는 경우가 있습니다. 그럴때는 3D CAD에서 색상을 입히는 각각의 면들에 레이어를 만들어 설계하던가, 또는 Mold를 기준으로 하는 3D CAD에서는 각각의 파트별로 색상이 입혀지게 됩니다. 제일 쉬운 방법은 각각의 3D CAD자체에 있는 색상 또는 맵핑 도구를 이용하여, 색상을 맵핑하여 구분해 가져오기를 하면, 원하는 데로 맵핑할 수 있습니다.

- **씬_씬에 추가(가져오기 이 후 다른 모델을 다시 가져올 때 옵션)**

'씬에 추가', '지오메트리스 업데이트'는 기본적으로 모델이 2가지 이상을 따로 따로 가져올 때 생기는 옵션입니다. 만약 단독으로 1가지 모델만 가져온다면 이 옵션은 표시 되지 않습니다. 예를 들어 1.obj라는 화일을 가져오기를 진행 후, 같은 창에서 2.obj를 가져왔을 때, 이 옵션이 체크되어 있으면 두가지 모델은 같은 씬에 같이 존재하게 됩니다.

- **씬_지오메트리스 업데이트(가져오기 이 후 다른 모델을 다시 가져올 때 옵션)**

두가지 모델 이름이 일치하는 경우 새로 추가된 모델이 기존 모델을 갱신 시켜 줍니다. 예를 들어 1.obj의 모델을 가져온 후, 다시 갱신(수정)한 1.obj를 가져 올 시 전자를 후자로 업그레이드 되어 후자만 남게 됩니다. 하지만, 두가지의 모델명이 틀릴 시에는 두가지 모델 모두 존재하게 됩니다.

- **위치_중심 지오메트리**

옵션이 체크되어 있으면 3D모델이 환경맵 정 중앙에 배치됩니다. 체크시 불러올 때 모델링 프로그램에서의 3D 좌표 개념은 사라지게 됩니다. 만약, 언체크 후 모델을 불러오면 모델링 3D 프로그램에서의 원점을 기준으로 모델의 위치가 결정 됩니다.

- **위치_그라운드에스냅**

옵션이 체크되어 있으면 3D모델의 바닥면은 키샷의 바닥과 일치하여 위치하게 됩니다. 언체크 시 위에서 말했듯이 모델링 3D 프로그램의 좌표 개념은 사라집니다.

- **위치_오리지날 유지**

옵션 체크시 모델링 3D 프로그램의 좌표를 그대로 가져옵니다.

- **위방향**

위쪽 방향을 3축 방향 중 X ,Y, Z, -X, -Y, -Z 등과 같이 선택할 수 있습니다. 기본적으로는 Y축 방향으로 가져오기가 됩니다. 이는 3D 프로그램의 좌표가 각 프로그램마다 약간씩 틀리기 때문입니다. 만약 모델의 축을 잘 못 가져왔을 시 Move를 통해서 움직일 수도 있습니다.

- **환경과 카메라_지오메트리를 Look at하도록 카메라조정**

옵션이 체크 될 시 가져온 모델이 카메라의 중앙에 위치하게 됩니다.

- **재질과 구조**

그룹분류에서 오브젝트와 재질로 나뉘며, 각 파트의 재질을 구분할지 유지할지의 옵션을 제공합니다.

- **지오메트릭스**

가져오는 모델에 대해 외곽을 얼마나 부드럽게 인식하여 가져올 것인가에 대한 옵션이다. 하지만, 3D CAD의 모델 데이터가 기반이기 때문에 3D CAD자체에서 그래픽상 부드럽게 만들어 가져오기를 해야 한다.

CHAPTER 03 라이브러리

라이브러리

라이브러리는 툴바의 라이브러리 아이콘을 사용하거나, 단축키 'M'을 사용하여 창을 열 수 있습니다.
라이브러리는 재질, 색상, 텍스처, 환경, 벡플레이트, 자주 사용하는 환경이 저장되어 있는 장소입니다. 모든 내용은 'KeyShot 8 Resources' 폴더 안에 있는 내용들입니다.

라이브러리는 사용자 운영체제의 파일브라우저처럼 보여집니다. 폴더는 수동으로 사용자의 OS를 통해 'KeyShot 8 Resources'에 직접 배치하거나, 상단 폴더추가버튼을 클릭하여 추가할 수 있습니다. 또한, 새로 고침을 통해 내용 수정을 바로 볼 수 있으며, Import(가져오기), Export(내려오기)의 버튼으로 내용을 가져오거나 내보낼 수 있습니다. 또한, Search(찾기)에서 라이브러리 필드 안에 있는 모든 내용을 검색할 수 있습니다.

라이브러리 창은 크게 두 개의 보기 창으로 수평으로 분할되어 있습니다. 상단 창은 폴더구조를 표시하는 것이며, 하단 창은 폴더의 내용을 미리 보기로 볼 수 있습니다. 이 창에서 표시되는 항목을 마우스로 클릭하여 실시간 창에 있는 객체 또는 배경에 Drag & Drop 시키면, 실시간 창에서 바로 적용되어 보여집니다.

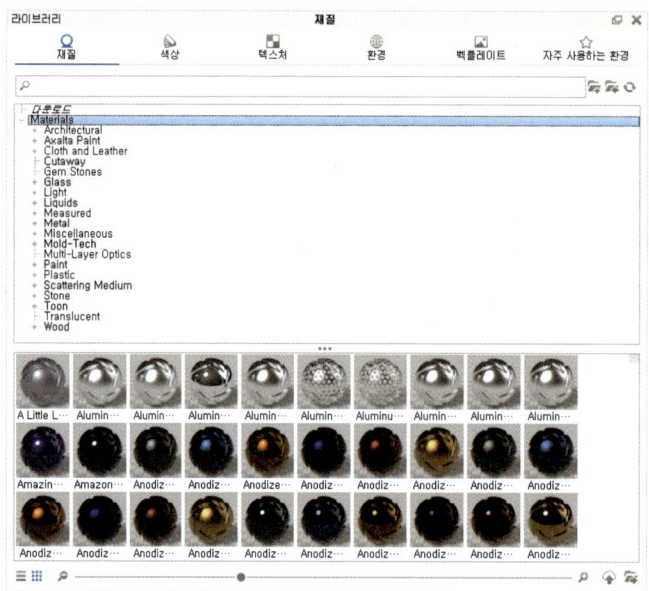

Section 01 재질 탭

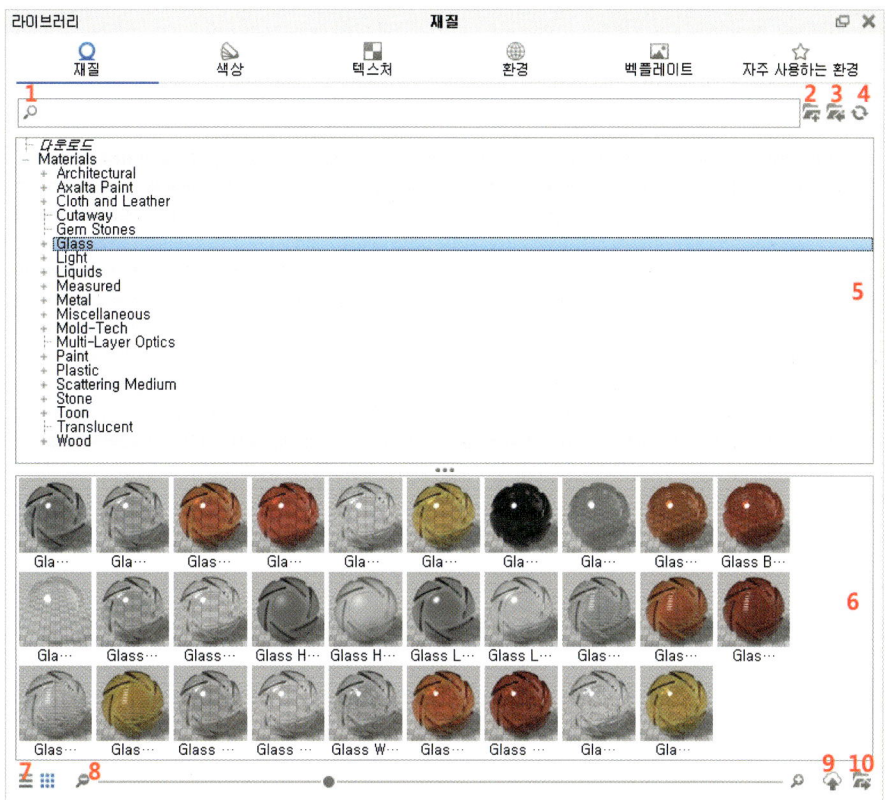

1. **검색** : 검색할 키워드를 입력하여 자료를 검색합니다.
2. **추가폴더** : 사용자 정의의 재질 폴더를 추가하려면 이 버튼을 클릭합니다.
3. **가져오기** : KMP 자료 파일을 가져오기 합니다.
4. **새로고침** : 변경 사항이 있는 경우 재실 목록을 새로 고칩니다.
5. **폴더트리** : 재질 폴더의 폴더트리 구조를 보여줍니다.
6. **재질샘플** : 선택한 폴더 내에서 있는 재질을 공모양의 샘플로 미리 보여줍니다.
7. **목록/미리보기 전환** : 미리보기와 목록보기 자료를 표시 전환하여 보여줍니다.
8. **줌 슬라이더** : 공모양의 샘플 크기를 크게 또는 작게 하여 보여줍니다.
9. **클라우드 라이브러리 업로드** : 클라우드 라이브러리에 사용자 정의 자료를 업로드 해줍니다.
10. **내보내기** : 재질패키지 확장자인 *.kmp 파일로 내보내기를 할 수 있습니다.

Section 02 색상 탭

1. **검색 :** 검색할 키워드를 입력하여 자료를 검색합니다.
2. **추가폴더 :** 사용자 정의의 색상 폴더를 추가하려면 이 버튼을 클릭합니다.
3. **가져오기 :** KCP 또는 CSV 색상 파일을 가져오기 합니다.
4. **새로고침 :** 변경 사항이 있는 경우 색상 목록을 새로 고칩니다.
5. **칼라검색 :** 색상 선택기 패널이 열어서 가장 가까운 색상으로 선택합니다.
6. **폴더트리구조 :** 색상 폴더의 폴더트리구조를 보여줍니다.
7. **색상샘플 :** 선택한 폴더 내에서 색상 샘플을 표시합니다.
8. **목록/미리보기 전환 :** 미리보기와 목록보기의 색상을 표시 전환하여 보여줍니다.
9. **줌 슬라이더 :** 공모양의 샘플 크기를 크게 또는 작게 하여 보여줍니다.
10. **내보내기 :** KCP 칼라 파일을 내보내기 해줍니다.

색상은 일반적인 색상, Pantone 색상, RAL 색상을 지원하여 현장에서 사용하기 용이하게 있습니다.

Pantone Colors의 경우 미국 Pantone사가 제작한 것이며, CMYK의 색상에서는 표현할 수 없는 금, 은 등의 별색을 표출할 수 있게 하는 것이 목적입니다. 실제로 산업현장에서 제품을 도장할 경우, 각 페인트 회사에서 Pantone Colors로 샘플 책자를 만들어 예제를 보여줍니다.

RAL Colors의 경우 독일의 색상명 및 색상견본을 이야기하는 것입니다.

Section 03 텍스처 탭

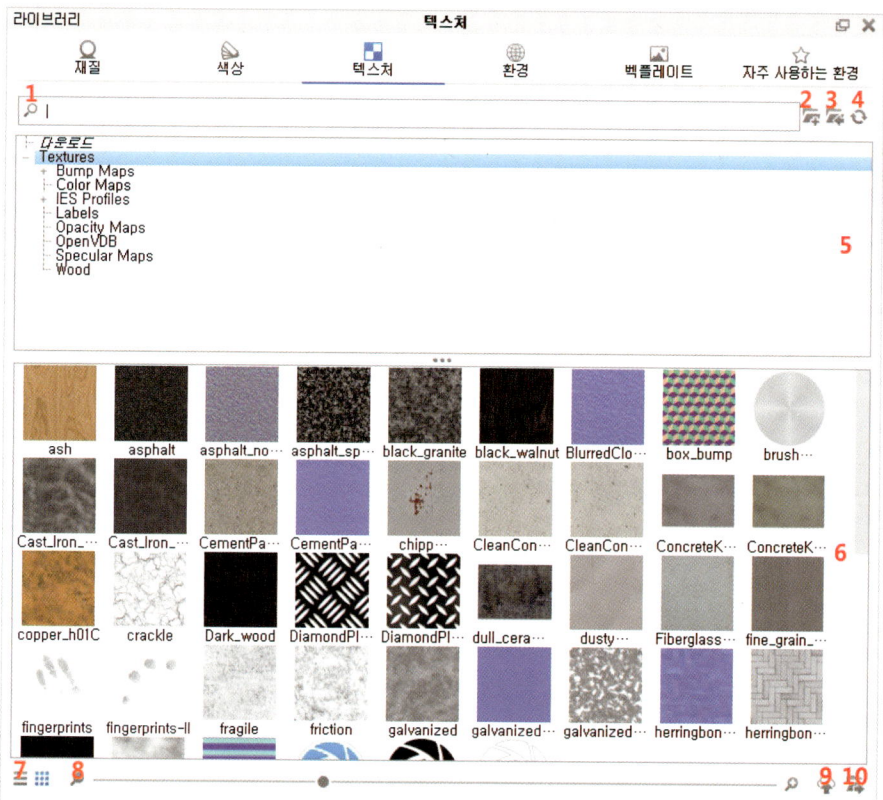

1. **검색** : 검색할 키워드를 입력하여 텍스트 자료를 검색합니다.
2. **추가폴더** : 사용자 정의의 텍스처 폴더를 추가하려면 이 버튼을 클릭합니다.
3. **가져오기** : 이미지 파일을 가져오기 합니다.
4. **새로고침** : 변경 사항이 있는 경우 텍스처 목록을 새로 고칩니다.
5. **폴더트리구조** : 텍스처 폴더의 폴더트리구조를 보여줍니다.
6. **텍스처샘플** : 선택한 폴더 내에서 텍스처 이미지 샘플을 표시합니다.
7. **목록/미리보기 전환** : 미리보기와 목록보기 자료를 표시 전환하여 보여줍니다.
8. **줌 슬라이더** : 텍스처 샘플 크기를 크게 또는 작게 하여 보여줍니다.
9. **클라우드 라이브러리 업로드** : 클라우드 라이브러리에 사용자 정의 자료를 업로드 해줍니다.
10. **내보내기** : 이미지 파일을 내보내기 해 줍니다.

텍스처의 샘플은 구글링을 통해 많이 서치하여 구할 수 있습니다.

하지만, 좋은 텍스처는 여러 장을 나열 시 장과 장이 붙여 졌을 때, 그 맞닿는 면이 자연스럽게 연결되어야 한다는 것입니다. 벽지와 같은 패턴 디자인분야일 것입니다. 여러분들이 작업 시에 많은 텍스처를 접할 것입니다. 그럴 때마다, 좋은 텍스처를 하나 하나씩 모아둔다면, 그 분야에서 많은 도움이 될 것입니다.

Section 04 환경 탭

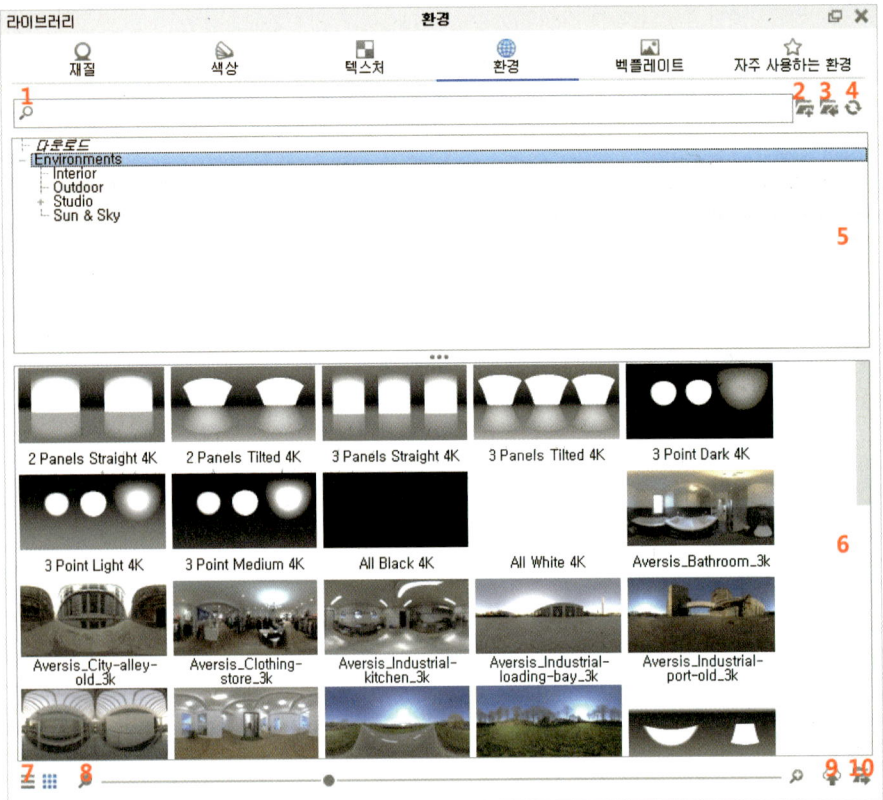

1. **검색** : 검색할 키워드를 입력하여 자료를 검색합니다.
2. **추가폴더** : 사용자 정의의 환경 폴더를 추가하려면 이 버튼을 클릭합니다.
3. **가져오기** : 환경맵 파일(HDR, HDZ, EXR, DDS)을 가져오기 합니다.
4. **새로고침** : 변경 사항이 있는 경우 재료 목록을 새로 고칩니다.
5. **폴더트리구조** : 환경맵 폴더의 폴더트리구조를 보여줍니다.
6. **환경맵샘플** : 선택한 폴더 내에서 환경맵 샘플을 표시합니다.
7. **목록/미리보기 전환** : 미리보기와 목록보기 자료를 표시 전환하여 보여줍니다.
8. **줌 슬라이더** : 환경맵 샘플 크기를 크게 또는 작게 하여 보여줍니다.
9. **클라우드 라이브러리 업로드** : 클라우드 라이브러리에 사용자 정의 자료를 업로드 해줍니다.
10. **내보내기** : 환경맵을 내보내기 해 줍니다.

키샷의 대다수의 조명은 환경맵으로 조절하게 됩니다. 환경맵에 사용되는 이미지는 큰 구형의 내부에 이미지를 맵핑한 것처럼 인식됩니다.

모든 맵이 마찬가지겠지만, 특히 퀄리티가 좋은 환경맵을 많이 가지고 있는 것은 추 후 렌더링 시 여러 분야에서 유용하게 사용될 수 있을 것입니다.

Section 05 백플레이트 탭

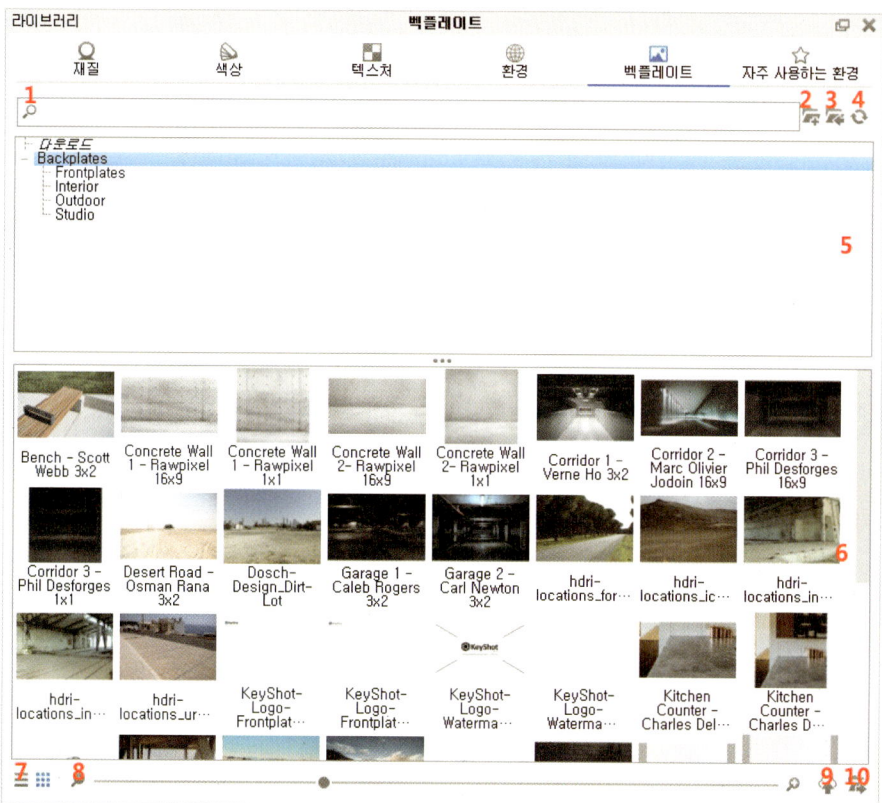

1. **검색** : 검색할 키워드를 입력하여 자료를 검색합니다.
2. **추가폴더** : 사용자 정의의 백플레이트 폴더를 추가하려면 이 버튼을 클릭합니다.
3. **가져오기** : 백플레이트 파일을 가져오기 합니다.
4. **새로고침** : 변경 사항이 있는 경우 백플레이트 목록을 새로 고칩니다.
5. **폴더트리구조** : 백플레이트 폴더의 폴더트리구조를 보여줍니다.
6. **백플레이트샘플** : 선택한 폴더 내에서 백플레이트 이미지 샘플을 표시합니다.
7. **목록/미리보기 전환** : 미리보기와 목록보기 자료를 표시 전환하여 보여줍니다.
8. **줌 슬라이더** : 백플레이트의 샘플 크기를 크게 또는 작게 하여 보여줍니다.
9. **클라우드 라이브러리 업로드** : 클라우드 라이브러리에 사용자 정의 자료를 업로드 해줍니다.
10. **내보내기** : 백플레이트 이미지 파일을 내보내기 해 줍니다.

키샷 초보유저들이 많이 겪게 되는 일 중에 하나가, 배경이 돌아가지 않는다는 질문입니다.

환경맵과 배경화면이 다르다는 것을 상기해야 할 것입니다. 배경이 같이 돌아간다면, 배경화면이 적용되지 않는 상황에서 환경맵만 적용되어 있다는 것입니다. 또한, 배경이 돌아가지 않는다는 것은 배경화면이 적용되었다는 것입니다. 이 점 유의하시기 바랍니다.

Section 06 자주 사용하는 환경

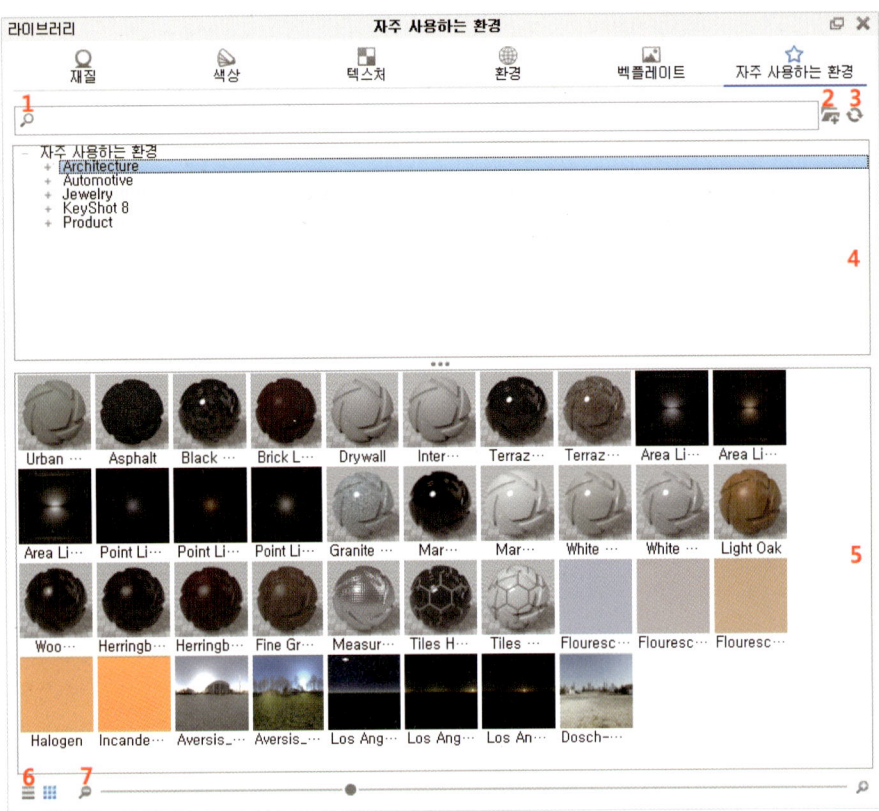

1. **검색** : 검색할 키워드를 입력하여 자료를 검색합니다.
2. **추가폴더** : 사용자 정의의 즐겨찾기 폴더를 추가하려면 이 버튼을 클릭합니다.
3. **새로고침** : 변경 사항이 있는 경우 즐겨찾기 목록을 새로 고칩니다.
4. **폴더트리구조** : 벡플레이트 폴더의 폴더트리구조를 보여줍니다.
5. **즐겨찾기 샘플** : 선택한 폴더 내에서 즐겨찾기 샘플을 표시합니다.
6. **목록/미리보기 전환** : 미리보기와 목록보기 자료를 표시 전환하여 보여줍니다.
7. **줌 슬라이더** : 즐겨찾기 샘플 크기를 크게 또는 작게 하여 보여줍니다.

자주 사용하는 환경 탭을 사용하면 일반적으로 사용되는 항목을 컬렉션으로 구성하여보다 빠른 작업을 수행 할 수 있습니다. 라이브러리에서 항목을 마우스 오른쪽 단추로 클릭하고 즐겨 찾기에 추가를 선택한 다음 항목을 추가 할 폴더를 선택하거나 새 즐겨 찾기에 추가를 선택하여 새 컬렉션을 만듭니다.

또한, 자주 사용하는 환경은 'KeyShot 8/Favorites' 폴더에 *.xml 확장자로 만들어 놓을 수 있습니다. 단, html 수정 프로그램 또는 단어장을 사용하여, xml을 직접 만드셔야 합니다. 추가폴더를 통해 추가는 할 수 있지만, 세부 내용은 직접 만드셔야 합니다.

CHAPTER 04 프로젝트

프로젝트 창에는 씬, 재질, 환경, 라이팅, 카메라, 이미지 등 총 6개의 탭으로 구성되어 있습니다.

또한, 프로젝트 창은 키샷 내의 모든 요소를 변경하기 위한 기본이 되는 메뉴입니다. 프로젝트 창은 툴바의 프로젝트 아이콘을 사용하거나, 단축키 '스페이스 바'를 사용하여 창을 열 수 있습니다.

만약, 사용자가 모델을 복제한 부분을 삭제하거나, 편집해야 할 경우 또는 라이팅이나 카메라 변경 등을 이 프로젝트 창에서 할 수 있습니다.

Section 01 씬 탭

씬(Scene) 탭에서는 씬 내의 모든 모델, 카메라, 애니메이션 등이 표시되며, 이곳에서 새로운 애니메이션을 추가할 수 있습니다.

아래의 첫번째 그림은 속성 탭으로 오브젝트(이름, 사이즈, 재질)와 레이어 렌더 및 라운드된 모서리를 구현할 수 있습니다. 두번째 그림은 포지션 탭에서 각 축 방향에 따라 모델 또는 부품의 위치를 변경하거나 크기를 조절 또는 회전할 수 있으며, Reset 버튼을 클릭하면 언제든 원래의 위치로 되돌릴 수 있고, 객체를 지면에 붙일 수도 있습니다. 세번째 그림은 재질 탭으로 모델에 사용되고 있는 모든 재질에 대해 나열되어 있습니다.

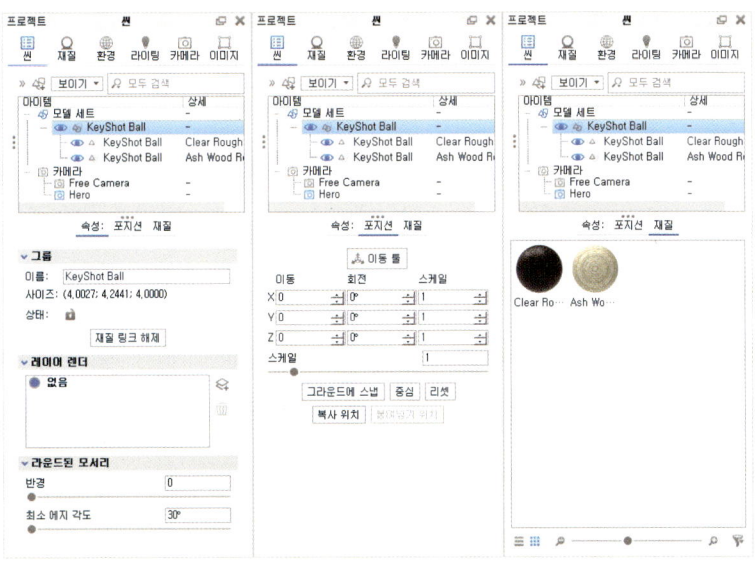

씬 트리

외부 3D CAD 프로그램에서 작업한 파일을 불러오면 트리 구조로 작업했던 구조를 그대로 가져오게 됩니다. 이러한 계층구조는 '+' 또는 '-'를 클릭해서 펼치거나 접을 수 있으며, 현재 선택된 파트는 실시간 창에서 구별이 가능하도록 주황색 라인으로 표시됩니다. 모델 전체 또는 파트의 일부만 눈 같이 생긴 아이콘(👁)을 클릭하여 숨기거나 숨김 해제를 할 수 있고 RMB 클릭으로 삭제하거나 이름을 변경할 수도 있습니다.

왼쪽그림은 모델전체를 RMB 클릭했을 시, 나타나는 창이며, 오른쪽그림은 모델의 파트를 RMB 클릭했을 시, 나타나는 창입니다.

모델세트나 파트에서의 잠금은 '재질링크붙이기', '이동', '숨기기'등의 기능이 비활성화 되며 작동하지 않게 됩니다.

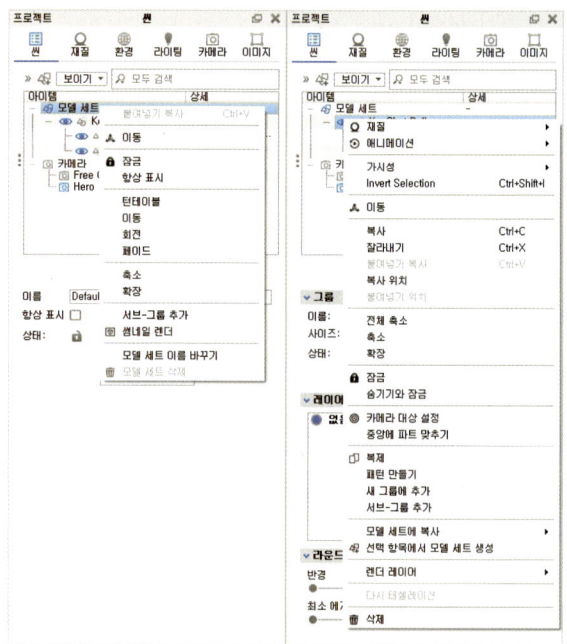

씬 트리_카메라

현재 활성화(액티브) 된 카메라는 파란색 아이콘으로 표시됩니다. 비활성화 된 카메라이름에 RMB 클릭하여 다른 카메라를 활성화 시킬 수 있습니다. 또한, 활성화 된 카메라이름에 RMB를 클릭하면 카메라를 다양하게 활용할 수 있는 탭이 생성됩니다.

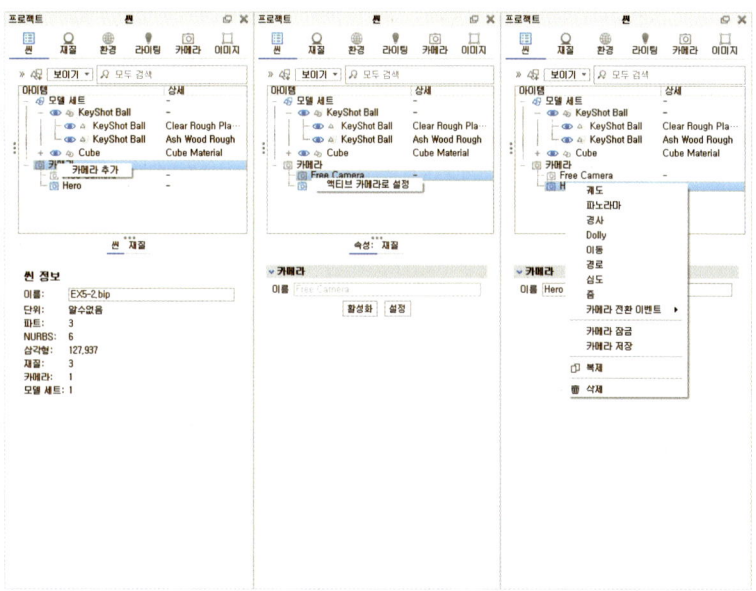

씬 트리_모델 세트

사용자가 따로 재질을 적용되게끔 한 파일에서 유지되는 것을 모델 세트라고 합니다(Pro버전만 가능). 여러 모델 세트를 작성하면 각 설정에 대한 별도의 BIP 파일을 만들 필요 없이 하나의 BIP 파일에 모든 설정을 저장할 수 있습니다. 위의 그림처럼 사이드바 아이콘을 누르면 모델 세트 사이드바가 표시 되면서 트리구조 옆에 작은 창이 새롭게 보입니다. 사이드바를 다시 한 번 누르면 사이드바는 축소됩니다.

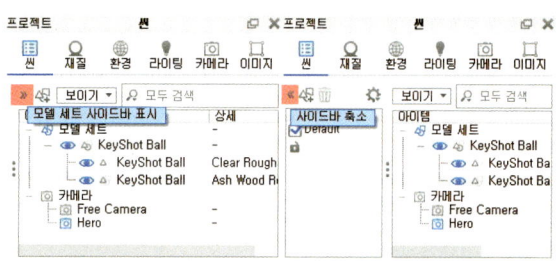

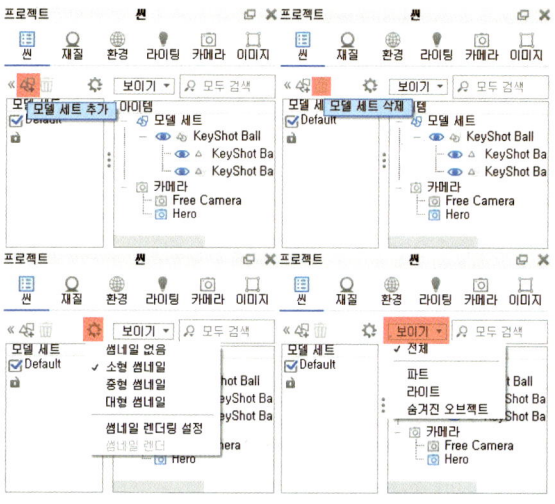

모델세트를 만드려면 그림과 같이 모델 세트 추가 아이콘을 누르면, 새로운 창(모델 세트 추가)이 팝업되면서 이름을 새롭게 지정하여 만듭니다. 주의해야 할 것은 여러 장면 씬에 동일한 재질을 유지하려는 경우 재질링크를 클릭하여 재질을 지속되게 하면 됩니다. 반대의 경우 어떠한 재질을 씬세트에 따라 다르게 보일려면 옵션에서 재질링크를 하지 말아 주시기 바랍니다.

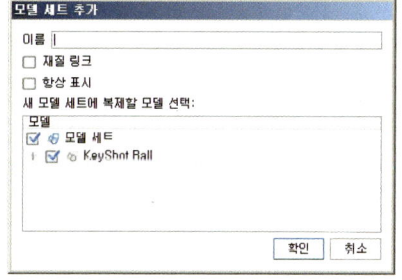

이렇게 추가 된 모델 세트를 삭제하려면 모델 세트 삭제 아이콘을 클릭하면 됩니다.

썸네일(미리보기)의 종류(크기)와 트리구조에서 전체, 파트, 라이트, 숨겨진 오브젝트을 선택하여 자신이 원하는 트리구조만 볼 수도 있습니다. 파트가 많을 때는 검색을 하여 사용될 수도 있습니다 실제 모델 세트의 사용법을 알아보도록 하겠습니다.

아래 그림은 1,2,3,4의 모델 세트를 만든 후, 각 씬에 재질을 틀리게 하여 보여주는 예제입니다. 이렇게 보여줄려면 위에서 이야기한 것처럼 각 단계에서 재질링크를 언클릭해 놓아야 합니다.

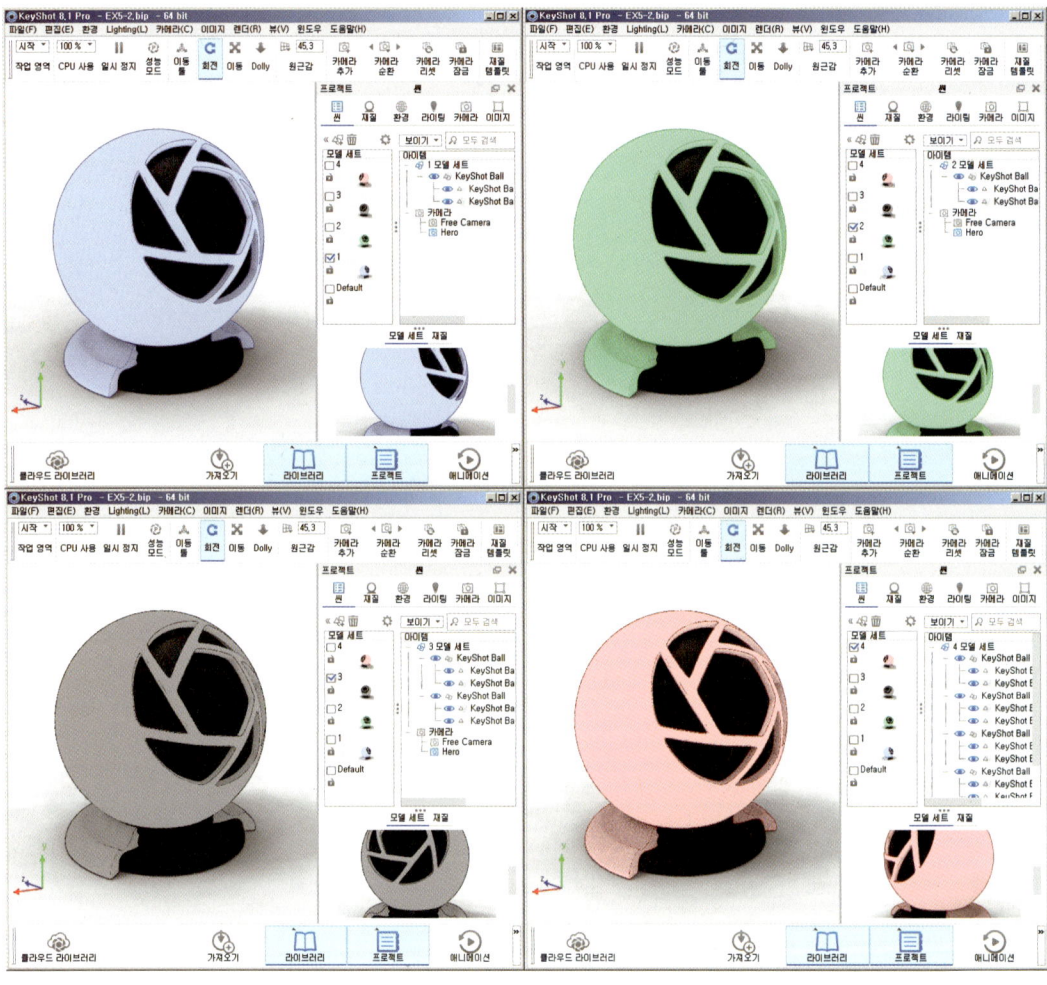

전에 버전에서는 모델추가가 아닌 씬 세트 추가라는 개념으로 재질과 카메라가 동시에 저장되게끔 하였지만, 지금 8 버전에서는 씬 세트의 추가의 개념이 아니라 카메라는 따로 저장하여 사용해야 합니다.
아래 그림은 예제 그림입니다. 예제샘플 2개의 씬 트리 구조를 살펴 보세요.

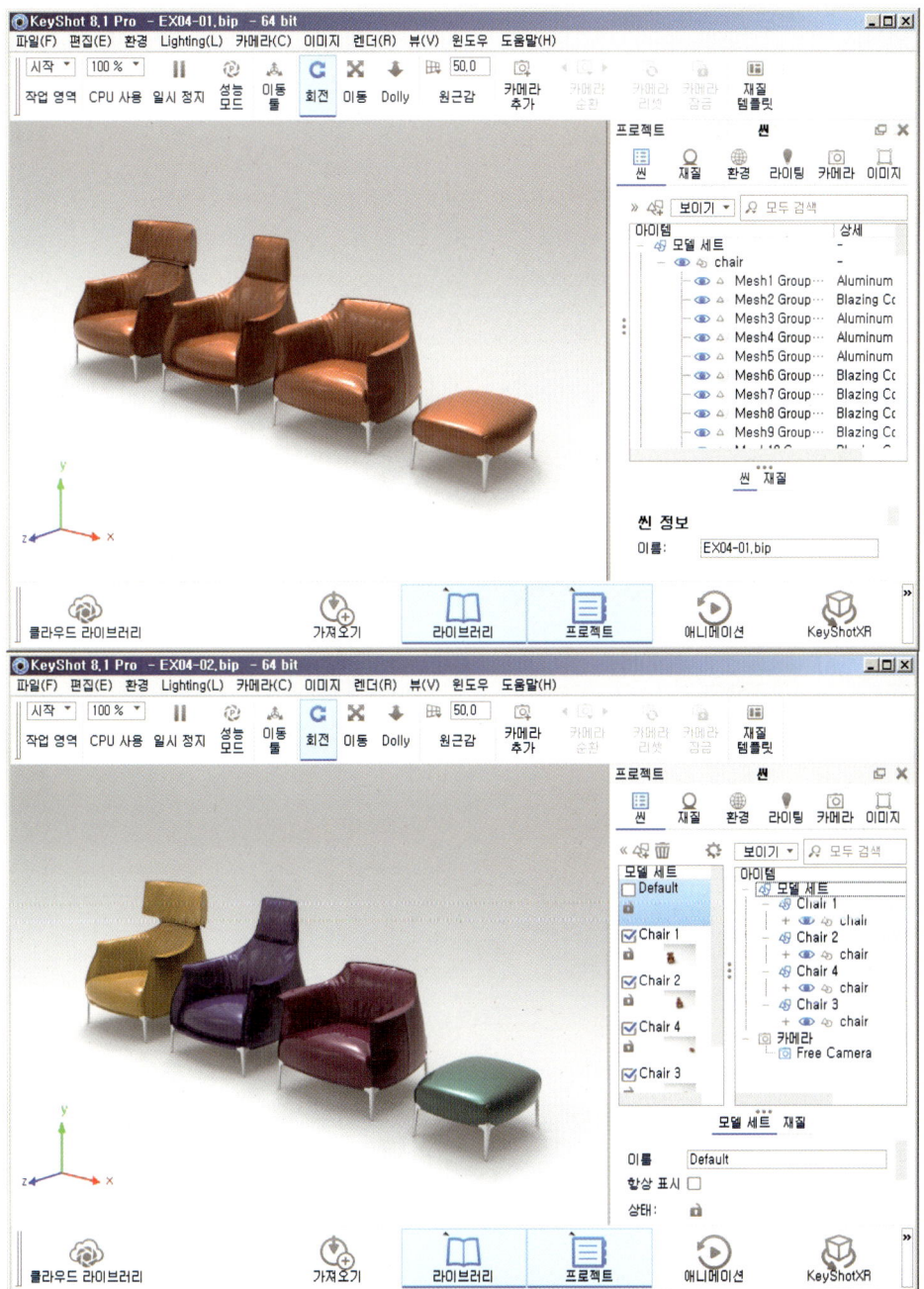

참고 예제샘플을 확인할려면 EX04-01.bip, EX04-02.bip를 참고하세요.

속성

속성탭에서는 모델의 이름, 재질편집, 재질링크해제, 레이어렌더, 라운드 된 모서리등의 옵션값을 변경할 수 있습니다.

이름과 재질편집, 재질링크해제는 말 그대로 선택 된 객체의 재질을 편집하거나 재질을 링크해제 할 수 있습니다.
아래 그림 우측과 같이 몇가지의 파트가 있을 시, 처음에 레이어렌더에서 레이어를 만든 후, 트리구조에 있는 파트를 선택하여 RMB 클릭 후 안에 있는 렌더레이어를 클릭하면 처음 만든 레이어가 있고, 원하는 레이어를 클릭하면 그 안으로 파트가 포함되게 합니다.

그림에서는 1,3번 파트를 13이라는 레이어 안에 포함 시킨시킨 것이며, 2,4,5번 파트를 245레이어 안에 포함 시켰습니다. 이렇게 레이어를 구성하여 렌더링을 하면 디폴트(전체), 13레이어, 245레이어 등 총 3개의 렌더링 결과물이 만들어집니다.

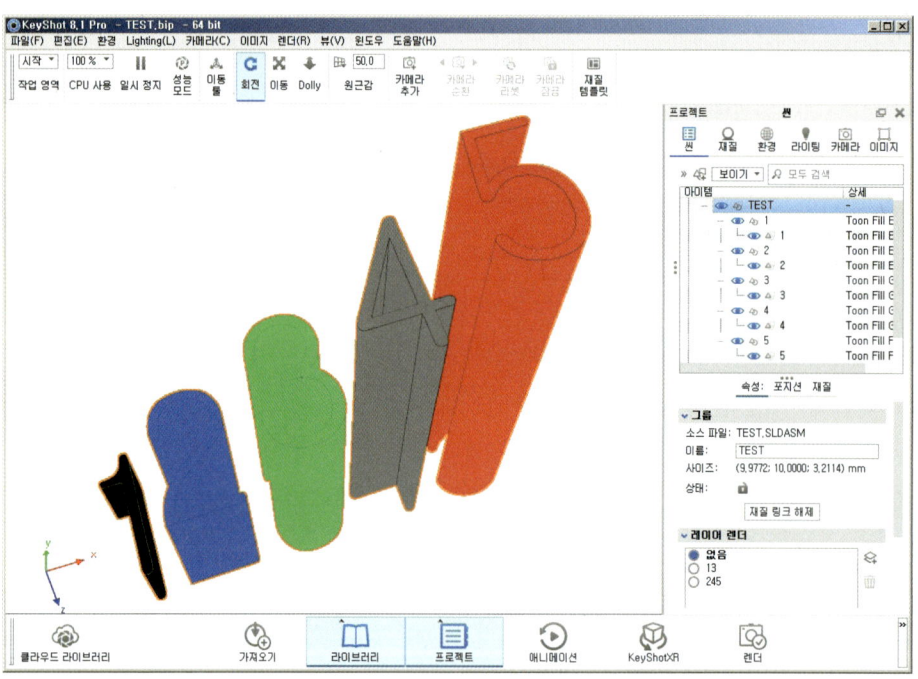

참고 예제샘플을 확인할려면 EX04-03.bip를 참고하세요.

이렇게 3가지로 렌더링을 할려하면 '렌더 > 출력 > 패스'에서 '모든 렌더 레이어'가 클릭되어 있어야 합니다.
그런 다음 렌더링을 누르면 아래와 같이 3가지 렌더링 결과물이 출력됩니다.

아래 그림과 같이 라운드된 모서리는 모델의 모서리를 둥글게 처리하는 기능입니다. 마치 Fillet(필렛)값을 적용한 것처럼 작동하는데 적당 값을 적용시켜야 합니다.

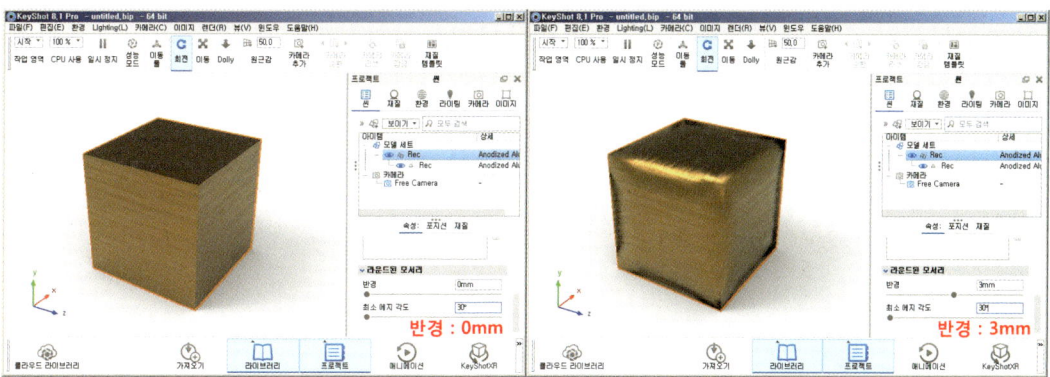

포지션

모델이나 파트를 이동, 회전, 스케일(크기)등을 조작할 수 있으며, 기타 회전 시 기준점 및 그라운드 스냅등의 옵션값을 주던가, 실시간창의 화면에서 마우스 조작으로 상기 옵션을 수동으로 조작할 수 있습니다.

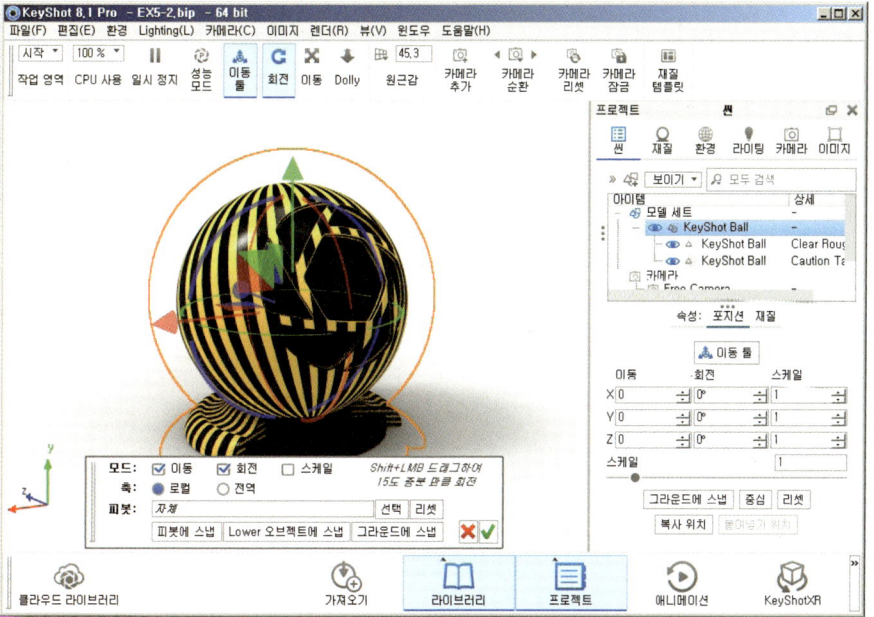

재질

모델 전체에 사용 된 재질들이 나열됩니다.

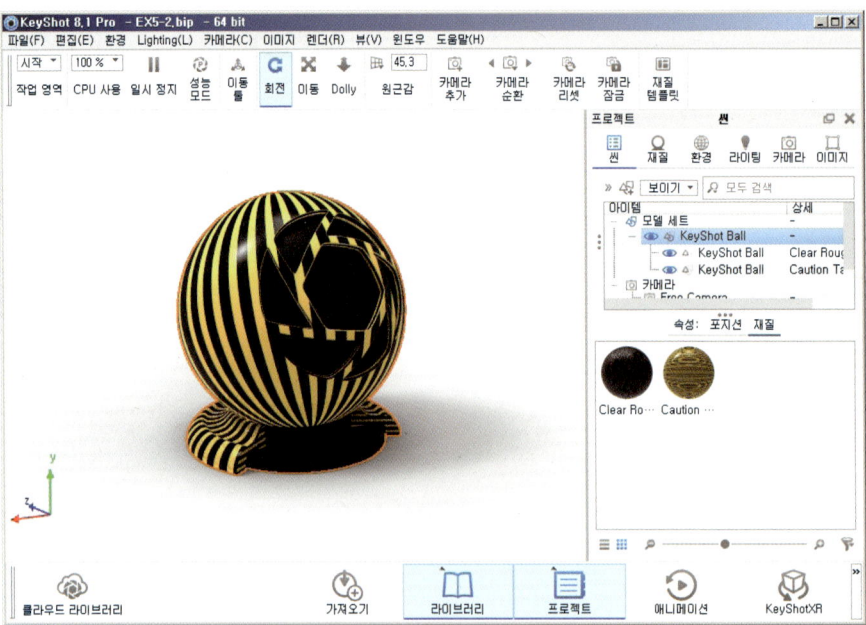

RMB메뉴(트리구조에서 오른마우스버튼을 클릭 시 메뉴)

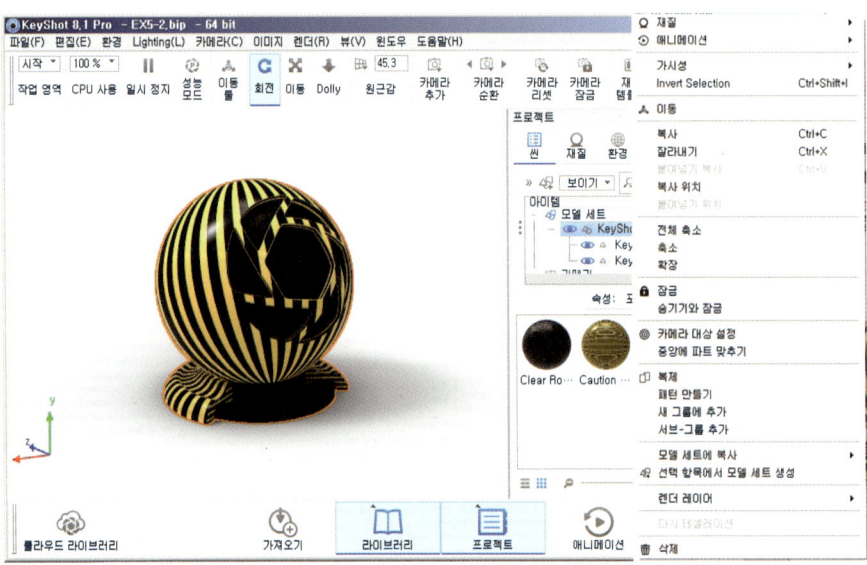

- **재질 :** 모델 또는 파트에서 재질링크, 재질링크해제, 선택위치로 재질격리, 재질유형변경을 선택할 수 있습니다.
- **애니메이션 :** 모델 또는 파트에서 턴테이블, 이동, 회전, 페이드, 애니메이션 붙여놓기, 링크된 애니메이션 붙여놓기를 선택할 수 있습니다.
- **가시성 :** 모델 또는 파트에서 모든파트보이기, 다음만 보이기, 보이기, 숨기기를 선택할 수 있습니다.

- **Invert Selection :** 선택 된 것을 반전하여 선택할 수 있습니다. 예를 들어 A 모델을 선택한 후 Invert Selection을 선택하면 A 모델을 뺀 다른 모델을 자동으로 선택할 수 있습니다.
- **이동 :** 모델 또는 파트를 이동, 회전, 스케일등을 실시간창에서 할 수 있게 합니다.
- **복사/붙여놓기 복사 :** 모델 또는 파트를 복사합니다. 복사 후 붙여놓기 복사가 활성화 되어 트리구조에서 원하는 곳에 붙어넣기를 실행합니다.
- **잘라내기/붙여넣기 :** 모델 또는 파트를 잘래내기 한 후 붙여놓기 위치가 활성화 되어 트리구조에서 원하는 곳에 붙여넣기를 실행합니다.
- **전체축소 :** 이 옵션을 선택하면 모든 루트 항목에 대한 트리를 축소하여, 트리창에서 모델, 카메라, 씬세트의 맨 상위만 보여주게 됩니다.
- **축소 :** 이 옵션은 모델에 대한 트리구조만 축소하는 기능입니다.
- **확장 :** 이 옵션은 모델에 대한 트리구조만 확대하는 기능입니다.
- **잠금 :** '잠금상태'가 되면 '재질링크붙이기', '이동', '숨기기'등의 기능이 비활성화 되며 작동하지 않게 됩니다.
- **숨기기와잠금 :** 모델 또는 파트를 숨기기와 잠금 기능을 동시에 해주게 됩니다.
- **카메라 대상 설정 :** 모델 또는 파트를 선택 후 카메라 대상 설정을 누르면 모델이나 파트가 화면의 센터에 오게 됩니다.
- **중앙에 파트 맞추기 :** 위의 카메라 대상 설정과 비슷하나, 단 한가지 모델이나 파트를 최대한 크게하여 화면의 센터에 오게 됩니다.
- **복제 :** 모델 또는 파트를 복사해 줍니다.
- **패턴만들기 :** 모델에서만 한정 된 옵션이며, 모델을 선형 또는 원형 모양으로 복제하여 패턴을 만들어 줍니다.

아래 그림은 원형으로 패턴을 만드는 예제 그림입니다

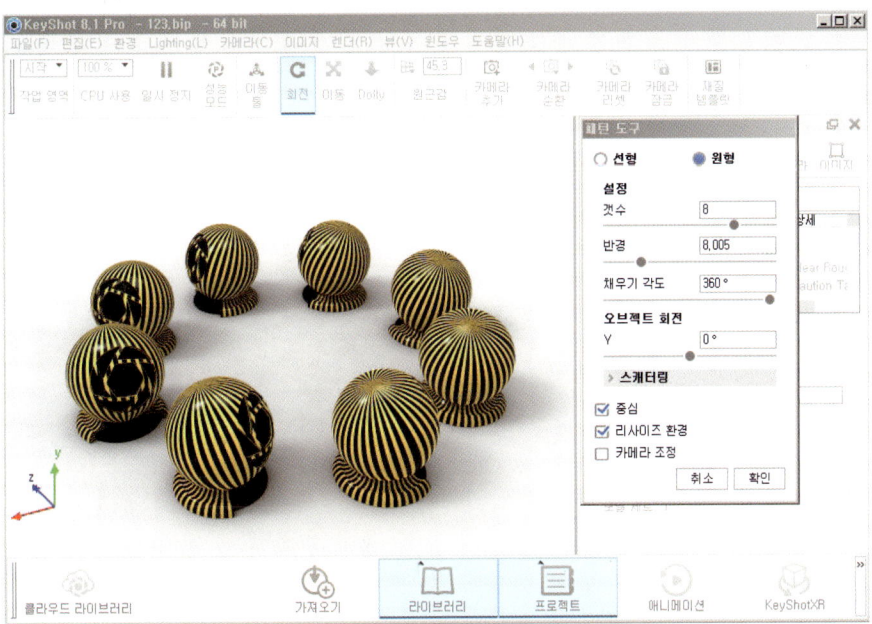

- **새 그룹에 추가** : 지정한 모델 또는 파트 상의 트리구조에' 새그룹에 추가'를 선택하면 모델세트 창이 팝업 되면서 기전 모델 또는 파트의 상의단에 폴더구조가 새로 추가 됩니다. 씬 계층 구조 변경이라는 경고문이 아래 그림과 같이 나옵니다.

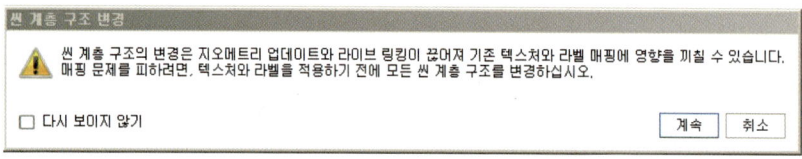

- **서브-그룹추가** : 지정한 모델 또는 파트상의 트리구조에서 '서브-그룹추가'를 선택하면 기전 모델 또는 파트의 하위단에 폴더구조가 새로 추가 됩니다. '새그룹에 추가'때 처럼 경고문이 나옵니다.
- **렌더레이어** : 지정한 렌더레이어에 모델 또는 파트를 지정 또는 이동할 수 있습니다.
- **지오메트리 편집 / 다시 테셀레이션** : 복제등을 시도하면 모델이 겹쳐질 때가 있을 수 있습니다. 그럴 때 지오메트리 편집이 나오면서 편집하게 되면 모델과 모델이 공간이 뜰 경우가 있습니다. 이럴 때 다시 테셀레이션을 선택하면 설정창이 뜨고 설정창을 설정해 주면 됩니다.
- **삭제** : 모델 또는 파트를 삭제해 주는 옵션입니다.

Section 02 재질 탭

재질탭은 거칠기 변경, 색상, 질감 또는 재질의 속성을 편집할 수 있는 곳입니다.

키샷에서 재질은 중요하지 않다고 생각하시는 분들이 많습니다(너무나 쉽게 Drag & Drop하여 사용하셔서). 하지만, 일정 레벨에 도달했을 때, 사용자에 맞는 재질을 어떻게 만드느냐가 고수와 중주의 차이라 생각합니다. 이번 장에서는 간단히 설명 드리며, 새로운 Part에서 재질에 대해 자세히 설명 드리겠습니다.

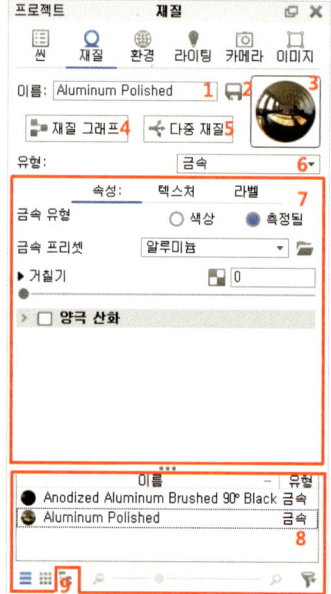

1. **이름** : 라이브러리에 있는 적용 된 재질을 프로젝트의 이름에 표기됩니다. 프로젝트에 동일한 재질이 여러 개 있을 시(재질 링크를 하지 않을 경우)에는 이름 뒤에 번호가 추가 됩니다.
2. **저장** : 재질 라이브러리에 재질 사본을 저장합니다.
3. **미리보기** : 현재 재질에 대해 미리보기가 보여집니다.
4. **재질 그래프(PRO전용)** : 재질 그래프는 별도의 창이 열리고, 여러가지 재질을 연결 및 관계 시켜 시각화 시켜줍니다.
5. **다중 재질** : 재질에 다른 재질을 다중으로 섞어 사용할 수 있습니다. 이 때 재질 그래프를 이용하여 손 쉽게 편집할 수 있습니다.
6. **유형** : 여기에서는 선택한 파트의 재질 유형을 변경할 수 있습니다. 재질 유형을 변경 시 키샷은 유형 간에 변환할 수 있는 모든 특성을 보냅니다.
7. **속성/텍스처/라벨** : 각 유형의 재질에는 속성 및 텍스처를 추가하는 옵션 뿐만 아니라 조정할 수 있는 속성들이 있습니다.
8. **프로젝트 내 라이브러리** : 현재 장면의 모든 자료를 나열해 줍니다.
9. **재질뷰** : 현재 재질에 대해 트리구조로 보여줍니다(다중 재질일 경우).

Section 03 환경 탭

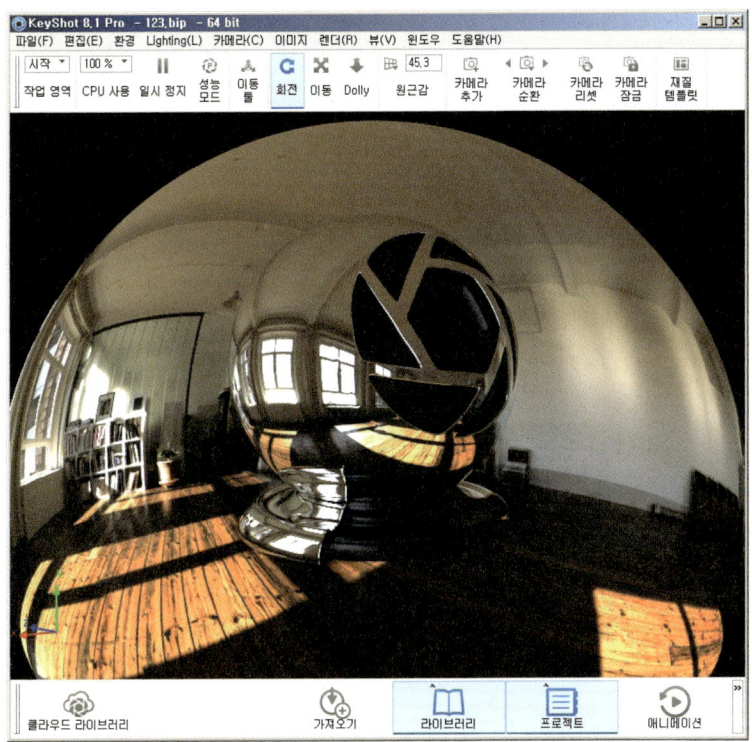

환경 탭은 프로젝트 창에서 배경 및 지연속성 뿐만 아니라 씬의 HDR조명을 추가 및 편집할 수 있습니다.

키샷은 다른 렌더링 프로그램과 달리 기본적으로 환경맵을 가지고 있기 때문에 조명계산을 따로 하지 않아 빠른 렌더링 프로그램이 될 수 있었습니다(물론 조명이 하나하나 추가되면 다른 렌더링 프로그램처럼 더벅이기 시작하죠.).

이 환경맵은 보통 구형처럼 생겼는데, 이러한 구형에 이미지를 맵핑하기 위해 32bit의 이미지를 사용합니다. 재질을 적용시키는 것과 같이 환경맵을 적용시키는 방법도 라이브러리창에서 실시간창으로 Drag & Drop 방식으로 손쉽게 환경맵을 변경시켜 줍니다.

키샷은 카테고리로 나누어진 여러가지 환경이미지를 제공합니다. 일부는 실제 사진환경이과 일부는 스튜디오 환경 이미지입니다. 스튜디오 환경 이미지는 제품 및 엔지니어링 파트에 적합한 반면, 실제 사진환경등은 자동차 및 엔터테이먼트 파트에 적합합니다. 이번 장에서는 간단히 설명 드리며, 새로운 Part에서 환경맵에 대해 자세히 설명 드리겠습니다

1. **환경 목록 :** 환경 목록을 사용하면 프로젝트의 여러 환경을 설정하고, 손쉽게 변환 시킬 수 있습니다.
2. **HDRI 미리보기 :** 적용 된 환경 맵을 미리 볼 수 있습니다. PRO 버전에서는 라이트 핀을 HDR 편집기뿐만 아니라 이 창을 통해 조정할 수 있습니다.
3. **설정 :** 환경 목록 및 환경의 속성을 조정할 수 있습니다.
4. **HDR 편집기 :** 편집 옵션 등을 통해 HDRI를 편집하던가, 조명핀을 추가하고 배경 옵션을 변경시킬 수 있습니다.

Section 04 라이팅 탭

조명 탭에서는 씬의 조명 해석을 제어할 수 있습니다. 실제 광원은 조명 환경 및 광원 재질를 통해 설정됩니다.
이번 장에서는 간단히 설명 드리며, 새로운 Part에서 자세히 설명 드리겠습니다.

1. **라이팅 프리셋 :** 각 환경에 맞게 활성화 시키면 그에 맞게 옵션값을 가지고 있으며, 실시간창이 그에 맞게 셋팅되는 옵션입니다.
2. **커스텀 :** 커스텀에서 사용자가 사전에 사용하는 환경을 저장할 수 있습니다.
3. **조명설정 :** 조명 옵션을 제어할 수 있습니다.

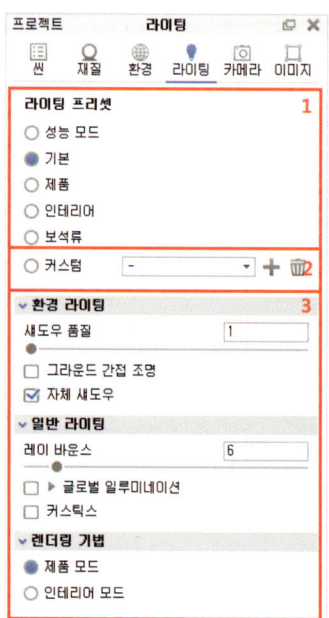

Section 05 카메라 탭

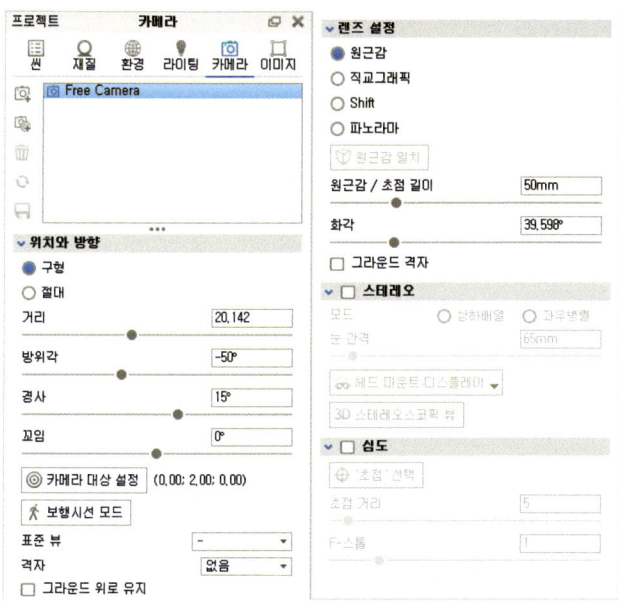

카메라 목록

드롭다운 메뉴에는 현재 씬에서 사용가능한 카메라가 표시됩니다. 이곳에서 카메라를 선택하게 되면 실시간창(Realtime windows)에서 선택 된 카메라 시점으로 변환 됩니다. 카메라를 추가하거나 삭제할 수 있습니다.

해제/잠금 아이콘

카메라를 추가하여 카메라 리스트에서 현재의 카메라를 잠그거나 해제하는 기능입니다. 잠금기능이 활성화 되면 카메라의 모든 메뉴가 비활성화 되면서 속성을 변경할 수 없습니다.

구형 위치와 절대 위치

구형 위치는 한글로 표현하자면 구형이라 하지만, 키샷에서는 가상의 공간이라 해석됩니다. 환경맵이 구형으로 표현되어 있기 때문입니다. 상세적으로 아래에 설명되는 옵션등이 있습니다. 또한, 절대 위치는 3축의 절대값으로 위치를 표현하는 옵션입니다.

거리(Distance_Dolly)

이 옵션은 카메라와 모델의 거리를 조절합니다. 여기서 Dolly란 카메라가 직접 모델에 가깝게 또는 멀게하는 카메라 기법으로 이 값이 0이면 카메라는 키샷 환경의 중심에서 정확히 위치하게 됩니다. 숫자가 커지면 커질수록 카메라는 중심에서 멀리 위치하게 됩니다.

방위각(Azimuth_Orbit)

카메라의 회전궤도를 설정하는 곳입니다. 모델이 있으면 그 모델을 중심축으로 시점이 360도 회전할 수 있도록 −180도 ~ +180도까지 조절이 가능합니다.

경사(Inclination_Elevation)

카메라의 경사도를 설정합니다. 모델이 정면에 있으면 정방향에서 일정거리를 두고 카메라를 보면서 상하로 각도를 변화시키서 보는 옵션입니다. -89.990도 ~ +89.990도까지 조절이 가능합니다. 쉽게 '방사각'은 카메라를 좌우로 원을 그리면서 틸팅(tinlting)하는 기법이라 보며, '경사'는 카메라를 상하로 틸팅하는 기법이라 보면 됩니다.

꼬임(Twist)

카메라의 수평각도를 좌우로 비틀어서 보는 방식입니다. 이 옵션도 -180도 ~ +180도까지 조절이 가능합니다.

카메라 대상 설정

동글뱅이로 된 아이콘을 찍고 모델의 어느 부분을 클릭하면, 그 클릭한 부분이 화면의 정 중앙에 위치하여 배치되게 됩니다.

보행시선 모드

'보행시선 모드'는 실제 사람이 보는 것과 같이 눈의 위치로 주변을 원하는 시선으로 볼 수 있는 옵션입니다.
특히 인테리어 및 건축물 내부에서 탐색하기 아주 좋은 옵션입니다.

- '보행시선 모드'를 클릭하면 옵션창이 생성됩니다.
- '눈 높이' : 시선의 눈높이를 지정합니다. 이 옵션은 안타깝게 inch 단위 입니다.
- '눈 높이 잠금' 옵션은 사람의 눈높이를 이동 또는 회전 시 고정 시켜 줍니다.
- '그라운드 감지'를 체크하면 그라운드 밑으로는 시선이 내려가지 않게 되어 있습니다.
- '충돌 감지'를 체크하면 모델에 시선이 최대한 닿고, 모델을 투과하여 보지 못하게 되어 있습니다.

마우스 옵션은
- **회전** : RMB(왼쪽 마우스 버튼), 현재 창의 좌우 화살표 버튼 〉 지정 된 시선에서 상하좌우로 회전
- **이동** : MMB(중앙 마우스 버튼) 〉 시선이 멈춘 상태에서 상하좌우로 이동
- **이동** : LMB(오른쪽 마우스 버튼), 현재 창의 위아래 화살표 버튼 〉 시선이 전후좌우 이동
- **이동** : Alt + LMB(오른쪽 마우스 버튼) 〉 지정된 위치로 시선이동(단, 높높이 잠금이 되어 있어야, 시선의 높이가 틀려지지 않음)

표준뷰

전면, 후면, 좌, 우, 상, 하, 아이소메트릭 등 7가지의 표준뷰를 볼 수 있습니다. 기본적으로 지정 된 단축키는 'Ctrl + Alt + 1~7'를 누르시면 7가지 표준뷰가 실행 됩니다.

격자

실시간 창 화면을 이등분~사등분 해주는 격자선이 표시되어 집니다. 최종 렌더링 시 격자는 나타나지 않습니다.

그라운드 위로 유지

이 옵션이 클릭 되면 카메라를 그라운드 아래로 내려가지 못하게 됩니다.

렌즈 설정(원근감 / 직교그래픽 / Shift / 파노라마)

모델에 대한 렌즈 설정 방식입니다.

원근감(Perspective)은 사람의 눈과 같이 입체감이 표현 되도록 하는 일명 원근법이라고 이야기하는 방식입니다. 이는 입체성과 원근감을 표시하려는 기법으로 실제 렌더링시에는 투시도법을 이용해야 실제 사물과 같이 보입니다.
직교그래픽(Orthographic)은 캐드에서 도면을 그릴때와 같이 모델에 왜곡이 없이 보는 기법입니다. 하이퍼샷 시절에는 정투영법의 옵션이 없어서 실제 도면과 같이 렌더링을 할 때 많은 분들이 애를 먹였던 부분이기도 합니다.
Shift(Shift Lens)는 사용자가 모델을 볼 때의 시각모양을 제어할 수 있습니다. 수직과 수평에 평행하게 카메라 뷰를 움직일 수 있습니다. 엄청 높은 건물 또는 엄청 좌우로 퍼진건물이 있다면 정확하게 수직 수평으로 움직여 카메라 뷰를 제어할 수 있습니다.

파노라마 렌즈 설정을 사용하면 Spherical(구형) 또는 Cube(정육면체) Map 이미지를 실시간 또는 렌더링 된 출력으로 렌더링 할 수 있습니다. 이 기능을 사용하면 구형 EXR이미지를 렌더링하여 키샷 씬을 조명 환경으로 사용하거나 VR 헤드셋 이미지 뷰어에도 적용할 수 있습니다.

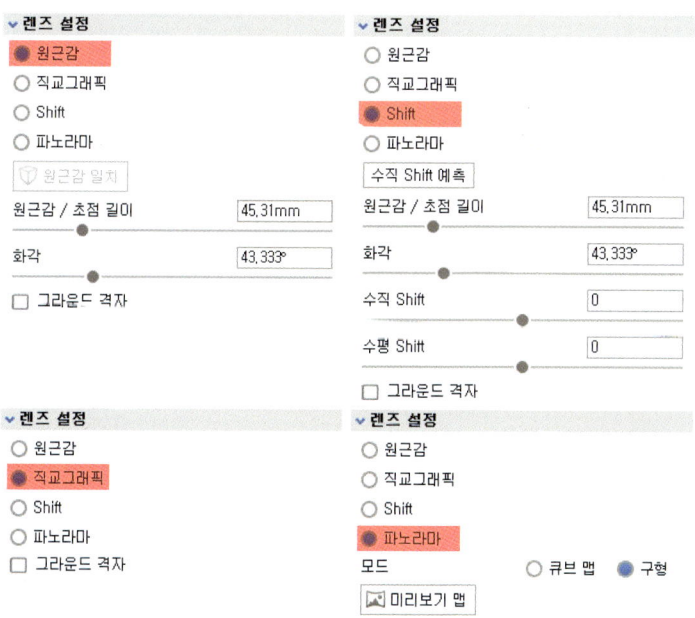

스테레오(VR)

렌즈 설정에서 원근감 또는 파노라마가 선택되면 스테레오 모드가 표시됩니다.
스테레오 설정을 사용하면 씬을 실시간으로 보거나, 가상 현실(VR) 하드웨어를 사용하여 스틸 이미지 및 애니메이션으로 보여줄 수 있습니다.

Spherical(구형) 또는 Cube(정육면체) Map 은 360도 스테레오 시청 경험을 제공하며, 그에 대한 옵션입니다. VR을 조금이라도 사용하신 분이라면 쉽게 접근하실 수 있을 것입니다.

심도(Depth of field)

심도촬영은 사진작가가 관객의 시선을 어떤 특정한 지점으로 유도하려 할 때 사용하는 기술입니다. 옵션에 체크 후, "초점"선택 아이콘을 찍어서 모델의 일정 부분을 클릭하면 아래그림처럼 그 부분만 초점이 선명하며 나머지 깊이에 있는 부분들은 흐려지는 효과가 나타납니다.

여기서, 초점거리(Focus Distance)는 "초점"선택을 클릭하여 모델의 일정 부분 클릭 시 자동적으로 값이 나타나며, 'F-stop'은 초점의 나머지 부분들이 흐려지는 효과의 강도를 조절하는 값입니다. 이 값은 낮을수록 흐려지는 폭이 커지며, 높을수록 흐려지는 효과가 줄어들게 됩니다.

Section 06 이미지 탭

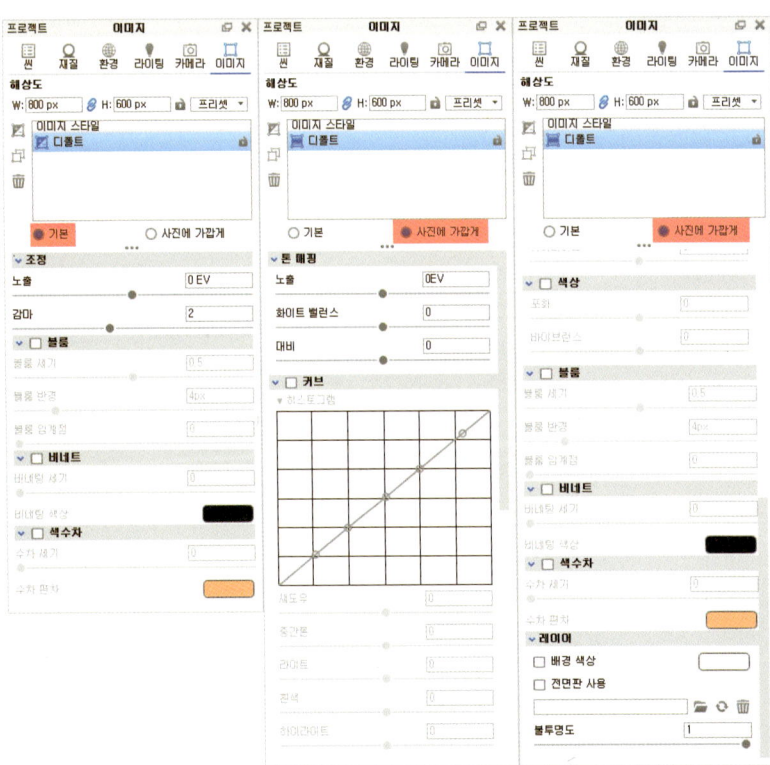

이미지 탭은 이미지(배경) 스타일 목록을 사용에서 동일한 모델에 여러 이미지(배경) 스타일을 추가하여 만들 수 있습니다.

해상도(Rosolution)

해상도를 조절하면서 실시간 창의 크기를 조절하는 곳입니다. 가로세로비 잠금 아이콘을 언체크(열림)하시면 가로와 세로의 비율이 고정되어 가로 또는 세로의 한군데의 숫자를 변경하면 다른 한 곳은 그 비율대로 변경되며, 가로세로비 잠금 아이콘을 체크(닫힘)하시면 가로세로 크기를 고정하는 기능으로 가로 또는 세로 한 곳의 비율만 변경되는 것입니다. 또한, 커스텀편집에서 자신이 원하는 해상도를 정하시고 저장하시면, 커스텀에서 저장된 목록을 선택하실 수 있습니다.

이미지 스타일 리스트

- 이미지 스타일 추가 : 새 이미지 스타일을 목록에 추가합니다.
- 이미지 스타일 복제 : 현재 이미지 스타일의 복사본을 목록에 추가합니다.
- 이미지 스타일 삭제 : 현재 이미지 스타일을 삭제합니다.

기본 또는 사진에 가깝게

기본 : 이전 버전의 키샷에서 이미지 조정/효과가 있는 기존 장면을 열면 기본 이미지 스타일로 추가 됩니다.
사진에 가깝게 : 톤 매핑과 여러가지 옵션을 통해 보다 다양한 조정을 제공합니다. 이는 HDR이미지를 활용하고 노출 부족이나 날카로움으로 인식되는 영역에서 세부 묘사를 향상시키게 제어할 수 있습니다.
'기본'에서는 범위가 선형적이며 흰색까지 제어하지만, '사진에 가깝게'는 흰색과 하이라이트를 넘는 범위까지 제어할 수 있습니다(포토샵의 기능과 같다 생각하시면 됩니다.).

기본 / 조정_노출, 감마

노출은 빛에 의해 씬의 노출값을 조절해 줍니다. EV(Exposure Value)를 1 증가시키면 씬의 빛의 양이 2배가 됩니다. 또한 감마값이라 함은 화상의 중간톤을 조절하는 기능입니다. 이 옵션은 감마값을 줄이면 씬이 어두워지고 올리면 이미지가 밝아집니다.

기본 / 블룸_세기, 반경, 임계점

블룸(Bloom)은 자체발광 재질의 주변에 빛이 퍼지는 듯한 효과를 추가하고, 이미지의 시각을 뿌옇게 만들어주어 전체적으로 화사한 느낌이 나게 해 줍니다. '블룸세기'는 이러한 강도를 조절하며, '블룸반경'은 효과가 미치는 범위를 조절해 주는 옵션입니다. 임계점은 밝은 픽셀로 나타납니다. 0은 임계점이 없으며 큰 값은 블룸을 가장 밝은 픽셀에 초점을 맞추어 블룸을 없애줍니다.

기본 / 비네트 세기, 색상

비네팅(Vignetting/감광)효과는 주변을 흐리게 만들어 중앙으로 시선을 유도하는 옵션입니다.

기본 / 색수차 세기, 편차

색수차는 파장에 따른 굴절률의 차이에 의해 생기는 수차입니다. 예를 들어 렌즈의 초점이 안 맞을 때 전체적으로 상의 위치와 배율이 파장에 따라 달라져서 상이 전체적으로 왜곡이 생기면서 흐려지는 현상을 이야기합니다. 세기는 수차가 얼마나 강한지를 결정하며, 편차는 왜곡의 색상을 조정합니다.

사진에 가깝게 / 톤매핑 노출, 화이트 밸런스, 대비

노출은 빛에 의해 씬의 노출값을 조절해 줍니다. EV(Exposure Value)를 1 증가 시키면 씬의 빛의 양이 2배가 됩니다. 화이트 밸런스는 이미지의 색온도를 조정합니다. 마이너스 값은 따뜻한 톤을 플러스 값은 차가운 톤을 만들 수 있습니다. 대비는 흑백의 명암 차이를 조정할 수 있습니다.

사진에 가깝게 / 커브 히스토그램, 섀도우, 중간톤, 라이트, 흰색, 하이라이트

커브 그래프를 보면 점이 5개가 있습니다. 각각이 섀도우, 중간톤, 라이트, 흰색, 하이라이트를 말하며, 곡선 또는 각각의 수치로 제어할 수 있습니다.

사진에 가깝게 / 색상 포화, 바이브런스

색상의 포화는 채도를 이야기합니다. 마이너스 값은 채도를 떨어뜨려 색상이 흑색으로 변하며, 플러스 값은 채도를 올려 보다 진한 색상을 갖게 합니다. 바이브런스는 채도를 조정하지 않고 생동감을 조절하는 기능입니다. 채도를 높이면 이미지가 깨지는 현상이 나는데 이 바이브런스를 쓰면 그런 현상이 거진 없습니다.

사진에 가깝게 / 블룸, 비네트, 색수차

기본의 개념과 같습니다.

사진에 가깝게 / 레이어 배경 색상, 전면판 사용

배경 색상은 말 그대로 배경의 색상을 지정할 수 있으며, 전면판은 워터마킹처럼 전면에 이미지를 삽입하여 사용할 수 있습니다.

CHAPTER 05 렌더

렌더창은 메인 툴바에서 최종 렌더링 될 이미지(또는 영상)의 이름, 포멧, 해상도, 저장위치 등을 설정합니다. 이 장에서는 전체적인 흐름만 보여 드릴 것이며, 새로운 Part에서 자세히 설명 드리겠습니다.

Section 01 출력

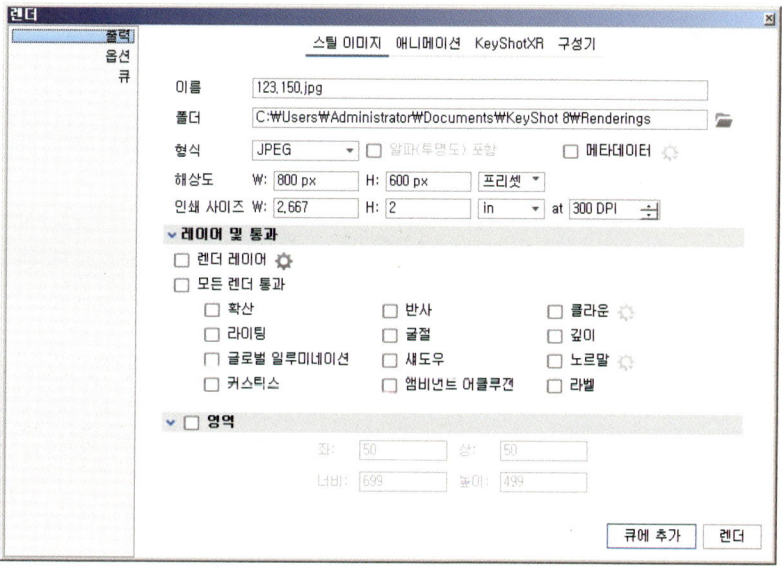

출력 탭에서는 스틸 이미지, 애니메이션, KeyshotXR, 구성기 등을 구분해서 최종 결과물의 옵션을 설정합니다. 이미지와 애니메이션은 렌더링 파트에서 추 후 더 자세히 확인할 수 있으며, KeyshotXR 파트에서 세부정보를 이야기 할 것입니다.

Section 02 옵션

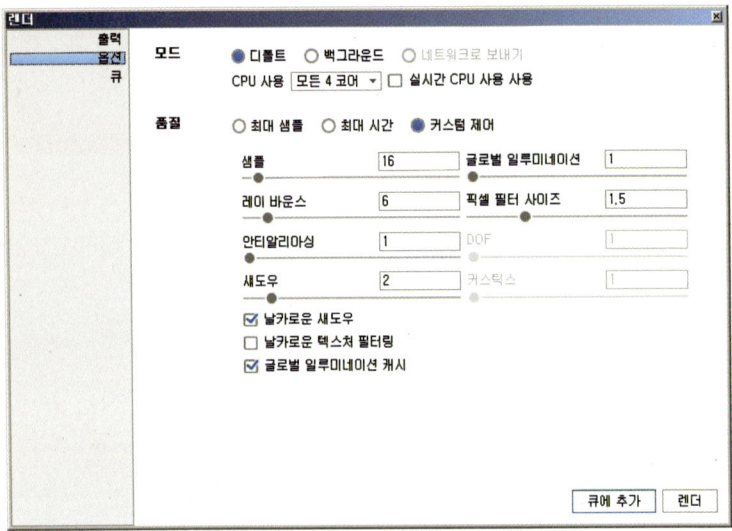

옵션탭에는 세가지 방식(최대샘플/최대시간/커스텀제어)의 렌더링 품질을 조절할 수 있는 옵션입니다. 이에 대한 자세한 정보는 추 후 강의에서 자세히 확인할 수 있을 것입니다.

Section 03 큐(Queue/작업대기열)

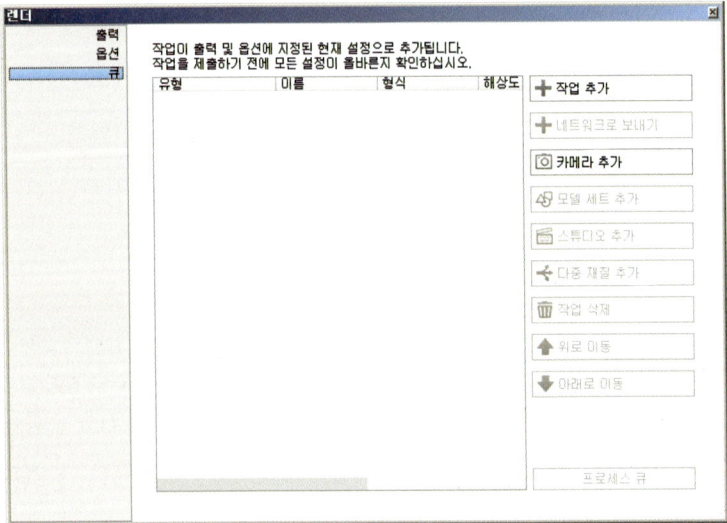

큐 탭에서는 이미지나 렌더링을 일괄적으로 처리할 수 있습니다. '작업추가' 버튼을 눌러 파일을 추가시키면 됩니다. 단, 파일을 각자 따로따로 열기를 하여 활성화 한 다음 '작업추가' 버튼을 파일을 추가하시면 됩니다.

CHAPTER 06
스크린샷

실시간 창의 화면을 스크린샷 하는 방법은 두 가지 방법이 있습니다.

첫번째는 키보드의 'P'를 눌러 저장합니다. 두번째는 툴바의 '스크린샷' 아이콘을 클릭하여 저장하는 방법입니다.
이 두가지 방식 모두 기본적으로 'KeyShot 8 Resources 〉 Renderings' 폴더에 저장됩니다. 스크린샷을 저장할 때마다 카메라 뷰는 자동으로 저장됩니다.

참고로 스크린샷과 렌더링의 결과물을 헷갈려 하시는 사용자분들이 계십니다. 스크린샷은 기본적으로 실시간 창에서의 렌더링 결과물입니다. 기본적인 설정으로 렌더링을 한 이미지이기 때문에, 최종 렌더링 결과물이 아님을 기억해 두시기 바랍니다.

PART

재질, 텍스처, 라벨링

CHAPTER 01 재질 작업

Section 01 라이브러리 열기

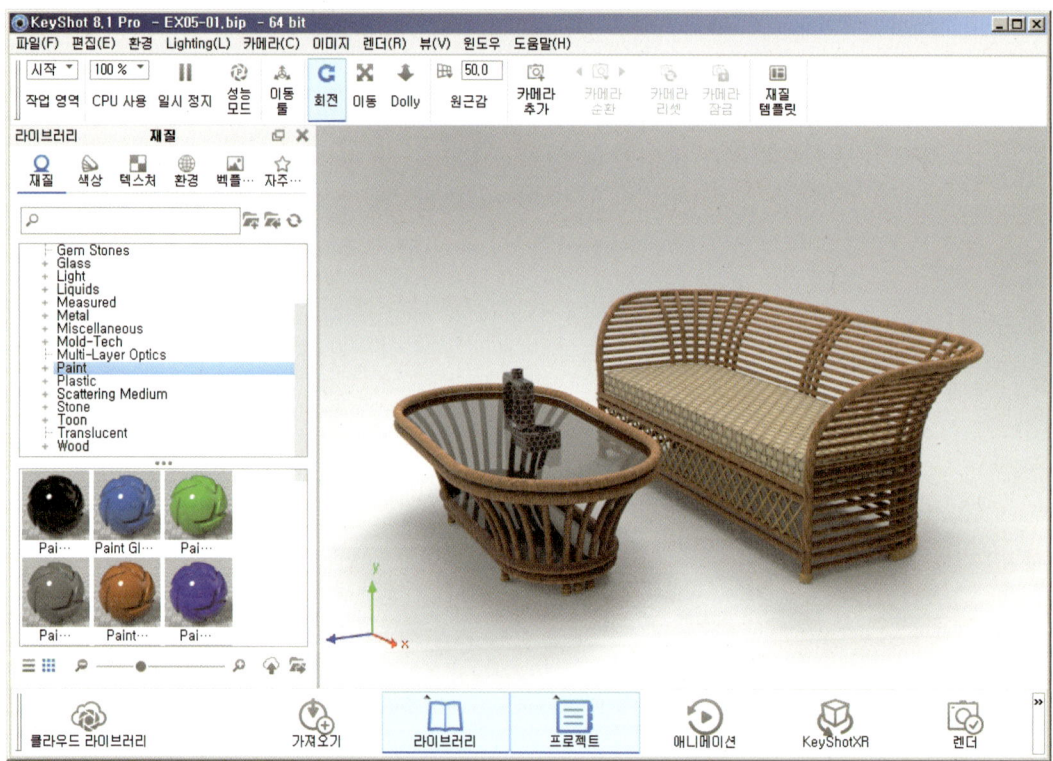

> **참고** 예제샘플을 확인할려면 EX05-01.bip를 참고하세요.

이 Part에서는 재질과 텍스쳐를 사용자들이 직관적으로 빨리 사용할 수 있게 설명합니다.
라이브러리는 툴바의 라이브러리 아이콘을 클릭 또는 단축키 "M"을 사용하여 라이브러리 창을 열 수 있습니다. 이곳에서 재질, 환경맵, 배경, 텍스쳐등을 불러올 수 있으며, 렌더링 탭에서는 Keyshot Resource에서 지정한 폴더안에 있는 렌더링 결과물도 확인 할 수 있습니다.

Section 02 재질 적용

라이브러리 재질을 클릭하여 마우스로 실시간 창으로 끌고 가 적용할 파트에 마우스를 놓으면 재질이 적용 됩니다. 하단의 탭에서 적용 될 재질의 모습을 미리 확인할 수도 있습니다. 이렇게 끌고 가 적용 시키는 방법을 Drag & Drop(드레그앤드롭) 방식이라 합니다.

일단 재질 라이브러리에서 불러와서 적용 된 재질은 프로젝트 라이브러리에 자동으로 추가됩니다. 만약, 이미 프로젝트에 적용 된 재질이라면 프로젝트 라이브러리에 숫자와 함께 재질의 이름이 부여됩니다.

한가지 재질을 여러파트에 동시에 적용을 했다면 해당 재질을 변경하면 나머지 모든 파트의 재질이 한꺼번에 변경됩니다. 이런식으로 재질을 적용하려면 프로젝트 라이브러리에 원하는 부품에 재질을 반복해서 할당해야 합니다. 동일한 재질을 여러부품에 적용하는 또다른 방법은 재질을 복사하고 붙여넣기 하는 방법도 있습니다.

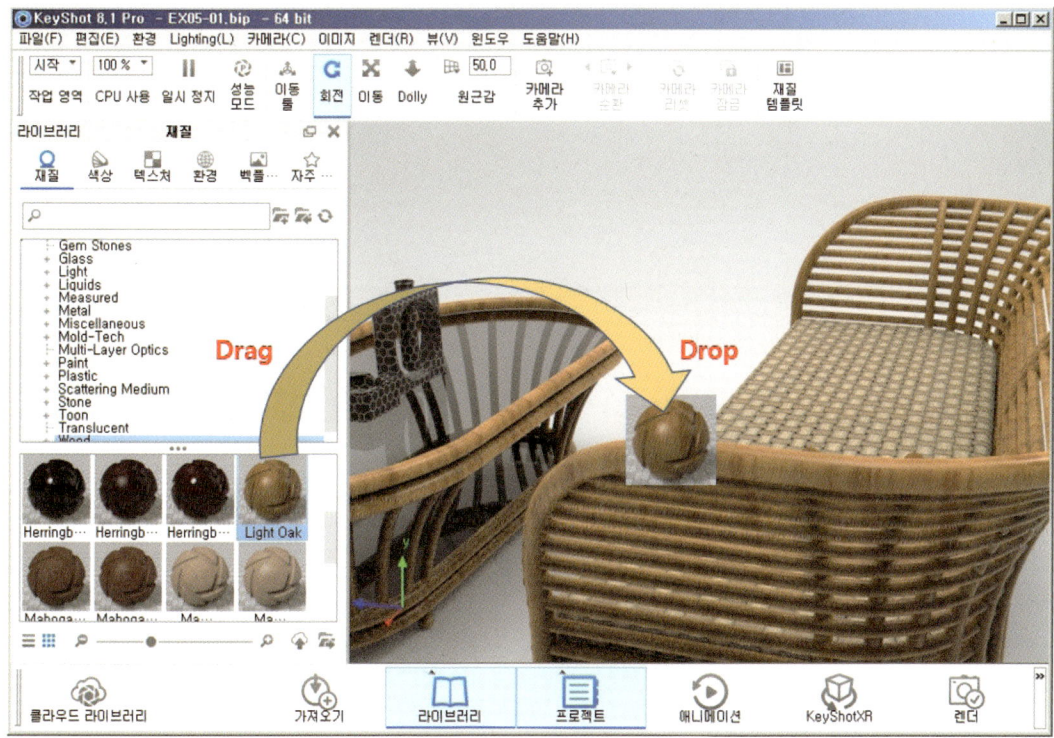

Section 03 프로젝트 라이브러리 사용

사용 된 재질들은 프로젝트 창의 씬 탭의 아래쪽에 재질을 선택하거나 또는 상단의 재질 탭을 선택하면 보이게 합니다. 재질 라이브러리에서 재질을 가져와 특정 부분에 적용하게 되면 해당 재질은 이 프로젝트 창에 복사됩니다.

현재의 씬에서 사용중인 모든 재질을 이곳에서 확인할 수 있으며, 더 이상 씬에서 사용되지 않는다면 자동적으로 삭제됩니다. 예를 들어, 어떤 재질을 적용한 파트에 새로운 재질을 적용했다면 이전 재질은 사용중이 아니므로 프로젝트 창에서 삭제되는 것입니다.

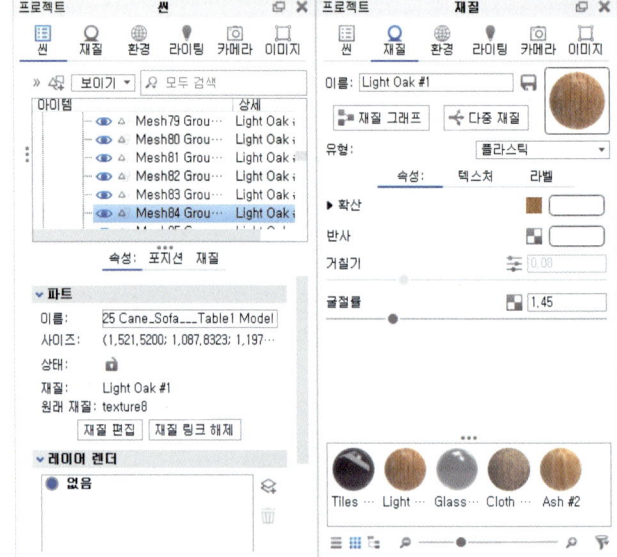

Section 04 재질 복사 & 붙여넣기

키샷에서 재질을 복사하고 붙이는 방법은 두가지가 있습니다.
첫번째 방법은 복사하고자 하는 재질에 마우스를 대고 'Shift + LMB(왼쪽 마우스 버튼)'을 하는 것입니다. 이렇게 하면 해당 재질이 복사가 되고 복사된 재질을 적용할려는 파트에 마우스를 대고 'Shift + RMB(오른쪽 마우스 버튼)'을 하게 되면 복사된 재질이 적용 됩니다.
두번째 방법은 프로젝트 라이브러리에서 재질이 적용되지 않는 부품에 원하는 재질로 Drag and Drop 방식으로 적용하는 것입니다. 첫번째 방법으로 복사 & 붙여넣기를 적용한 재질들은 하나만 수정하면 나머지가 모두 한꺼번에 바뀐다는 사실을 기억하시기 바랍니다.

역으로 생각하면 각각 다른 파트가 일괄적으로 수정되지 않게 하는 방법도 필요합니다. 그 방법은 복사하지 않고 귀찮더라도 재질 라이브러리에서 파트에 각각 Drag and Drop 방식으로 재질을 넣어주시는 방법입니다. 위에서 이야기하듯 이러한 방식으로 적용하면 프로젝트 라이브러리에 적용된 재질은 순차적으로 번호를 갖고 있어 같은 재질을 붙여넣도라도 추 후 따로따로 수정할 수 있습니다.

복사 : Shift + LMB(왼쪽 마우스 버튼)
붙여놓기 : Shift + RMB(오른쪽 마우스 버튼)

Section 05 재질 편집

재질을 편집하는 방법은 여러가지 방법이 있지만 결국 모든 편집은 'Project(프로젝트) 〉 Material(재질)' 탭에서 이루어집니다.

첫번째 방법은 실시간 창에서 편집하고자 하는 재질 파트를 더블클릭하는 것입니다.
두번째 방법은 '프로젝트 〉 씬'에서 재질의 미리보기를 더블클릭하거나, RMB(오른쪽 마우스 버튼)을 클릭 후 '재질편집'을 선택하는 것이며,
세번째 방법은 씬 트리구조에서 수정하고자 하는 대상을 선택하고 RMB(오른쪽 마우스 버튼)을 클릭 후 '재질 〉재질편집'을 선택하는 것입니다.

재질에 대한 변경 사항은 '실시간 창'에 실시간으로 반영되며, 재질의 특성과 타입에 관한 좀 더 자세한 내용은 추 후에 다시 설명 드리겠습니다.

Section 06 재질 저장

재질을 저장하는 방법에는 두가지가 있습니다.

첫번째는 재질이 적용된 모델을 선택하고 RMB(오른쪽 마우스 버튼)을 클릭 후 '라이브러리에 재질 추가'를 선택하는 것입니다.
두번째는 Material 속성창에서 이름옆에 있는 저장 아이콘(라이브러리에 저장)를 선택하는 것입니다.

위의 두가지 방법을 통해 재질을 저장하려고 하면 아래 우측 그림과 같이 창이 뜨며, 저장할 위치를 선택하라고 합니다. 원하는 위치를 선택하고 'OK'를 선택하면 새로운 재질은 라이브러리에 저장되며 창에서 확인할 수 있습니다.

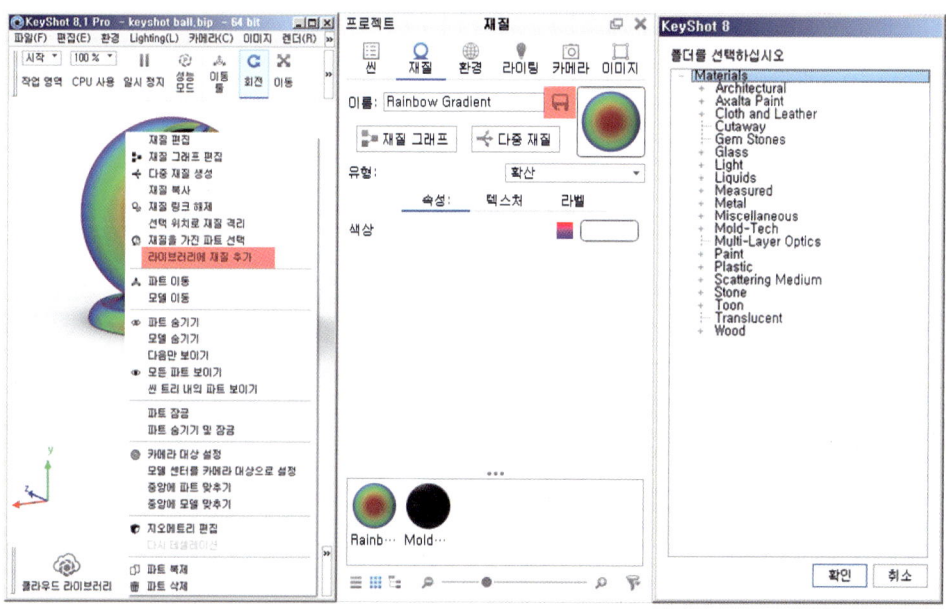

Section 07 재질 템플릿(Material templates)

재질 템플릿은 메뉴탭의 '윈도우〉재질 템플릿'을 선택하면 볼 수 있습니다.

재질 템플릿은 한가지 제품을 만들고 제품의 컬러를 다양하게 적용하고자 한다면 서로 다른 재질을 적용하고 각각의 파일로 저장을 하는 수 밖에 없었습니다. 그러나 재질 템플릿은 재질을 변경하고 그 상태를 '재질 템플릿'에 저장해 두면, 추 후 제품의 색상을 마음대로 변경하더라도 재질 견본에 저장 된 컬러는 즉시 적용시킬 수 있게 해 주는 기능입니다.

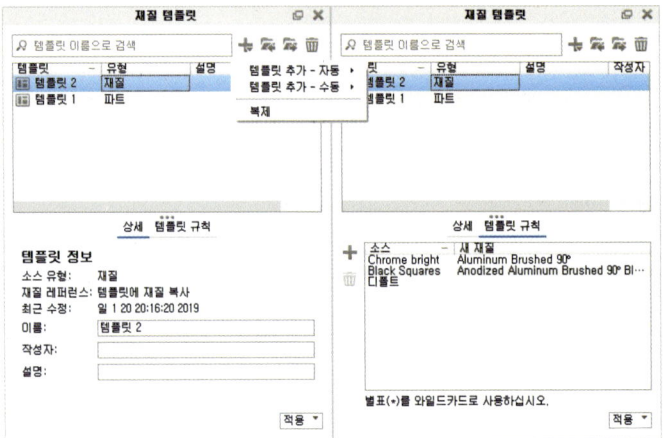

템플릿 작성/삭제

➕ 추가 아이콘

아이콘을 클릭하고 템플릿 추가을 선택하시면 새로운 파트 or 재질 템플릿을 만들 수 있습니다. 새로운 재질 템플릿을 만들 때 '자동'과 '수동'을 선택하여 만들 수 있습니다. '자동'을 선택하면 키샷내의 모델의 소스와 재료 이름을 자동으로 설정하게 되며, '수동'을 선택하면 사용자가 일일이 수동으로 템플릿에 등록 될 재질을 설정해야 합니다.

작성 된 템플릿은 'KeyShot 8 Resources 〉 MaterialTemplates' 폴더에서 확인할 수 있습니다.

템플릿 가져오기, 내보내기

템플릿을 적용하는 방법은 가져오기를 하며, 현재 템플릿을 작성했다면 내보내기를 실행하실 수 있습니다.

템플릿 항목

템플릿 항목은 '파트'와 '재질'로 구분됩니다. 새로운 항목을 추가하려면 '+'버튼을 클릭하고 삭제를 하려면 쓰레기통 버튼을 클릭하면 됩니다. 목록에서 선택한 항목은 하단부에서 원본이름과 재질명을 변경할 수도 있습니다.

상세(템플릿 정보) / 템플릿 규칙

템플릿의 소스유형, 재질 레퍼런스, 최근 수정, 이름, 작성자, 설명등이 기재됩니다. 소스 이름과 새 재질의 이름은 파트에 적용 된 키샷 라이브러리 상의 재질명을 이야기 합니다. 사용 이름을 편집하고자 한다면 마우스로 텍스트를 클릭하거나 재질 라이브러리에서 'Drag and Drop'으로 변경할 수 있습니다.

재질 템플릿 적용

설정을 완료한 템플릿은 '적용(Apply)' 버튼을 클릭하여 적용할 수 있습니다. 적용할 때 '씬으로'와 '선택으로' 두가지 옵션을 제공하는데, 전자는 씬내의 모델 전체에 적용하는 것이고, 후자는 선택 된 부품이나 모델에만 해당 템플릿을 적용하겠다는 의미입니다.

Section 08 색상 라이브러리(Color Library)

키샷의 색상 라이브러리는 미리 정의 된 색상을 모델이나 파트에 'Drag and Drop' 방식으로 적용시킬 수 있습니다. 또한, 라이브러리 안에 PANTONE®등의 색상을 사용하기 쉽기 위해 포함 되어 있습니다.

상단에 'Search' 란에 입력을 통해 색상에 대한 검색을 할 수 있으며, 특정 색상, 폴더등을 검색할 수도 있습니다.
아래그림과 같이 Search옆에 클로스로 된 아이콘을 클릭하면 RGB, CMYK, HSV, 그레이스케일, CIE-L*ab, Kelvin등의 컬러 포멧을 지원하는 컬러 선택 창이 팝업되며, 코드값을 통해 선택할 수도 있습니다.

칼라 선택 창에서 선택한 색상은 상단 컬러바에 표시가 되며, 표시된 색상을 'Drag and Drop'방식을 통해 하단에 비어 있는 그리드 안에 저장 시킬 수 있습니다.

또한, 칼라 선택 창에 상단 좌측에 있는 아이콘은 돋보기로써 색상을 크게 확대하여 볼 수 있습니다.

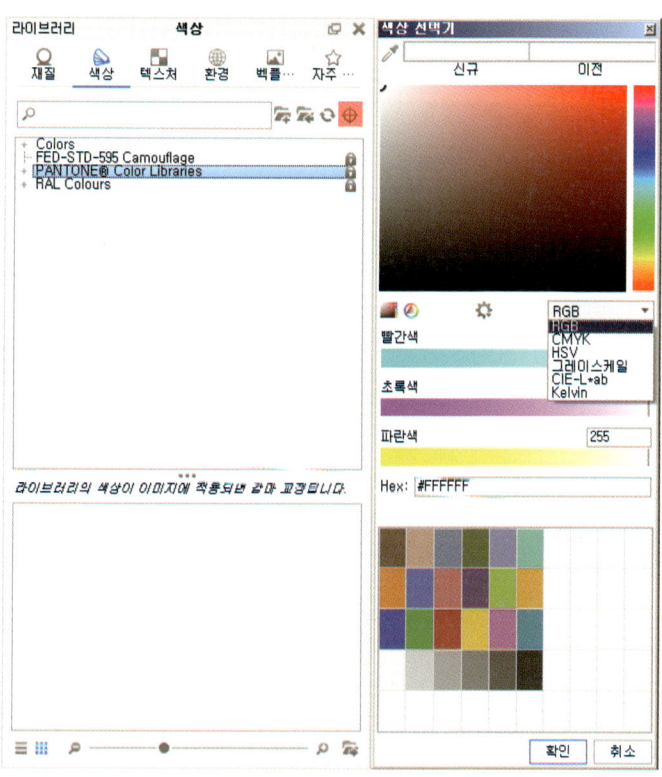

CHAPTER 02 텍스처 작업

텍스처링이라 함은 외부 이미지를 이용해서 나무결, 메쉬, 타일 또는 금속 같은 표면의 질감을 모델에 덮어씌우는 즉, 맵핑하는 작업입니다. 텍스처는 재질 속성창에 속해 있는 텍스처 탭에서 관리하게 됩니다.

1. 기본 맵 타입
2. 텍스처 타입
3. 매핑 유형
4. 텍스처 이동 툴

Section 01 기본 맵 타입_확산(Diffuse)

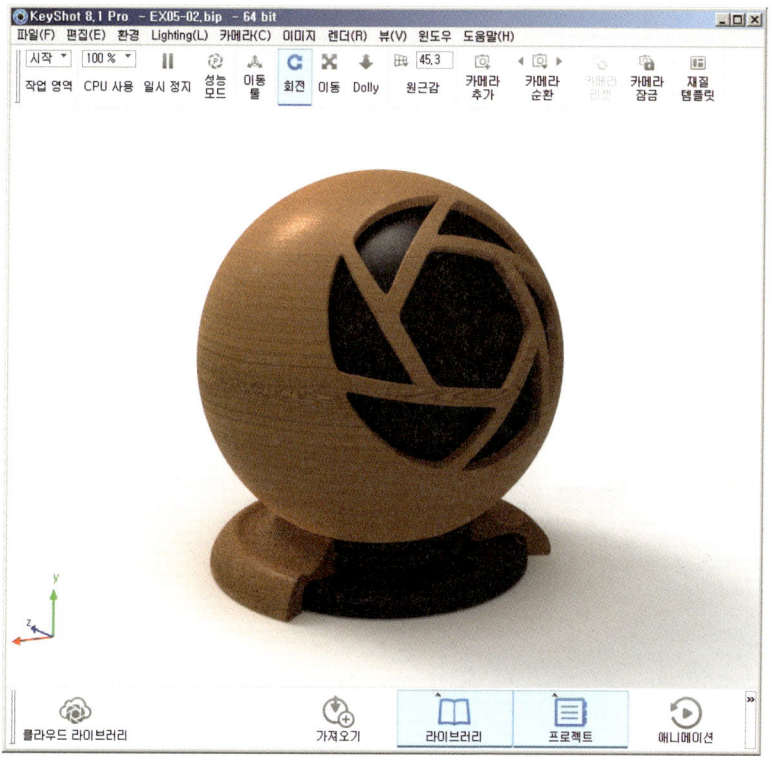

참고 예제샘플을 확인할려면 EX05-02.bip를 참고하세요.

확산 맵은 기본적인 단색의 재질 대신에 이미지 등을 이용하여 실제와 같은 질감을 표현합니다. 확산 맵 항목을 가지고 있는 재질타입이라면 이미지 포멧과 상관없이 텍스처를 맵핑 할 수 있습니다. 아래의 예제는 'Oak Wood Rough'라는 재질을 사용하여 나무질감의 컬러맵을 사용한 이미지입니다.

Section 02 기본 맵 타입_반사(Specular maps)

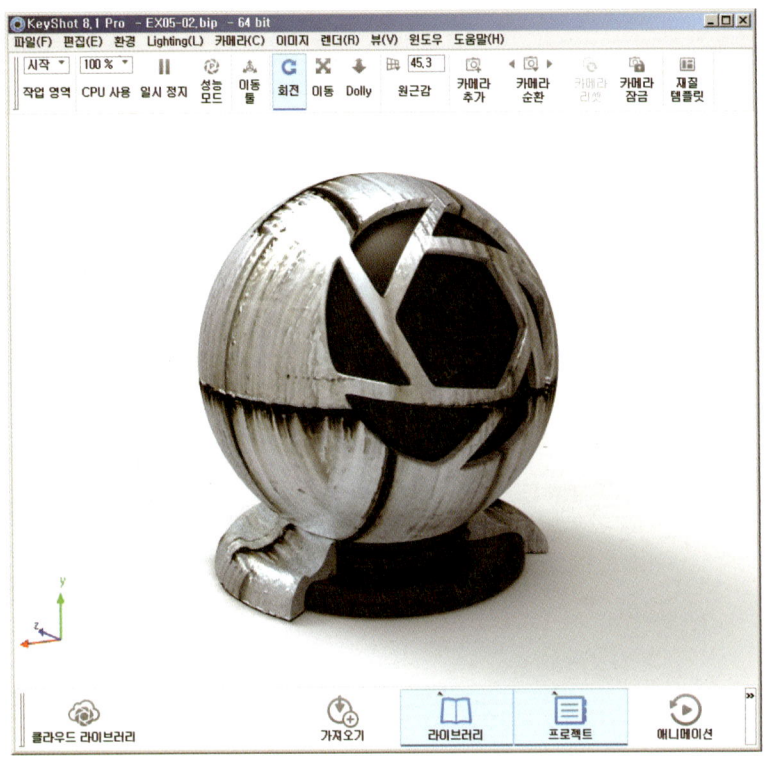

> 참고: 예제샘플을 확인할려면 EX05-03.bip를 참고하세요(예제샘플을 확인하실 때는 같은 폴더 안에 Textures 폴더도 다운받아 같이 있어야만 재질을 불러 올 수 있습니다.).

반사맵이라고 불리우는 스페큘라(Specular maps)은 어떤 재질에서 반사가 이루어질 때 가장 밝게 빛나는 Highlight(강조) 부분을 이야기합니다. 여기서 설명하는 스페큘라(Specular maps)은 텍스처의 흑백의 명암차이를 이용해 이러한 반사성질을 다양하게 표현하는 기법을 의미합니다.

흰색은 100% 반사가 이루어지며, 반대로 검은색은 반사가 전혀 이루어지지 않는 의미입니다.

위의 그림을 보면 금속 재질이지만 녹이 슨 부분은 반사가 이뤄지지 않고, 나머지 부분은 밝은 금속색을 가지고 있음을 볼 수 있습니다.

아래 Texture에서는 흰색 부분은 재질에서 반사가 이루어지고 녹이 슨 부분은 검은색으로 처리되어 있음을 확인할 수 있습니다.

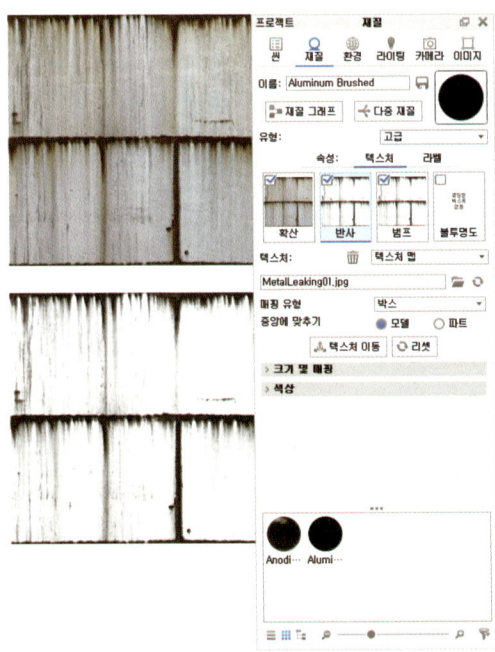

Section 03 기본 맵 타입_범프(Bumps maps)

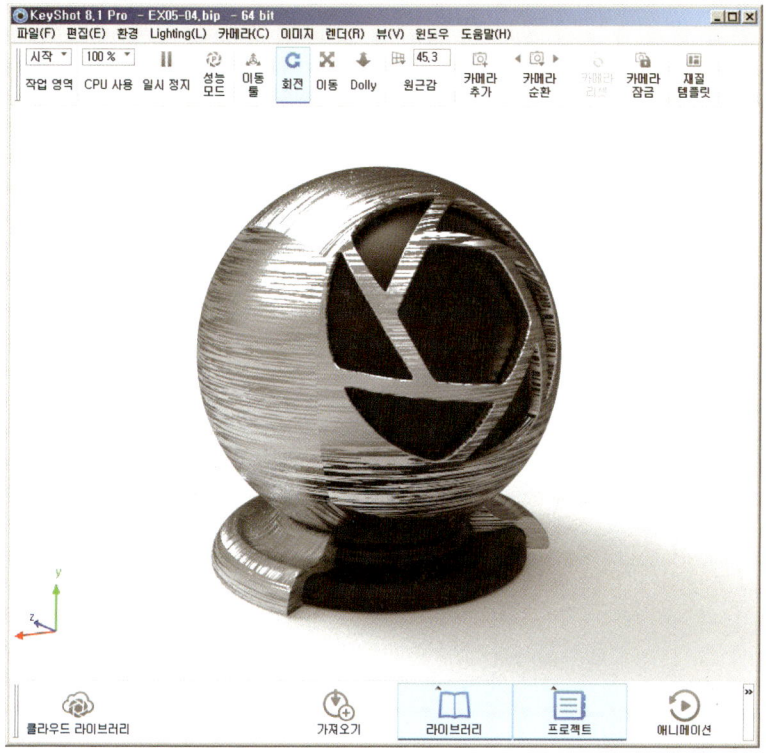

참고 예제샘플을 확인할려면 EX05-04.bip를 참고하세요.

범프맵(Bump map)

범프맵은 위 그림처럼 실제로 모델링은 하지 않지만, 텍스처를 이용해서 금속표면에 스크래치를 표현하거나 망치로 두들긴 자국 같은 것들을 표현하는데 사용됩니다. 범프맵은 만드는데 두 가지 방법이 있습니다. 가장 쉬운 방법은 흑백 모노톤의 이미지를 이용하는 것이고 두번째는 노말 맵을 이용하는 것입니다.

Black and wihite values(흑백이미지사용)

아래 Texture의 그림 위쪽에 있는 이미지처럼 흑백의 헤어라인을 준비합니다. 이미지의 검은색 부분은 음각으로 나타나며, 흰색부분은 양각으로 변형되어 재질의 요철을 표현해 줍니다.

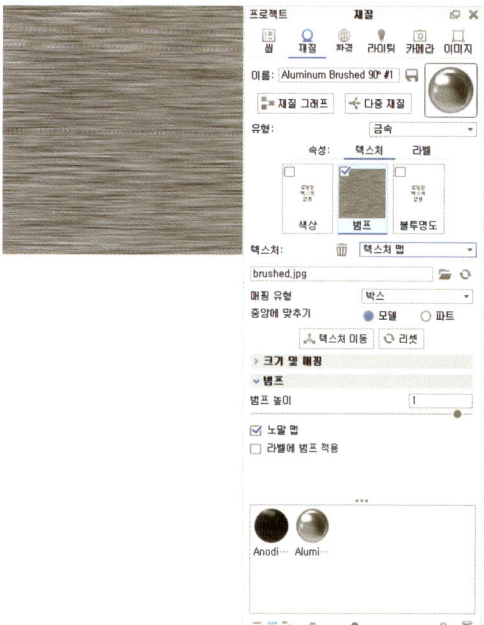

Normal Map(노말맵)

아래 Texture의 그림 아래쪽에 이미지처럼 망치로 두들긴 듯한 금속재질을 표현하는데 사용하는 것입니다. 노말맵은 흑백으로 이루어진 범프맵보다는 더 많은 정보를 포함하고 있습니다. 흑백의 범프맵이 높고 낮은 두가지의 높이차이만 인식한다면, 노말맵은 3축 방향에 따라 더 복잡한 수준의 높이값을 표현할 수 있습니다. 이러한 정보값을 바탕으로 노말맵은 흑백의 범프맵보다 훨씬 복잡한 범프효과를 연출할 수 있지만, 꼭 노말맵이 아니더라도 흑백의 범프맵으로도 상당한 사실적인 효과를 표현할 수 있습니다.

노말맵을 만드는 보편적인 프로그램은 'CrazyBump'와 'ShaderMap'이라는 소프트웨어가 있습니다. 이러한 보편적인 소프트웨어를 가지고 보다 쉽게 노말맵을 이용한 렌더링을 할 수 있습니다. 아래그림은 3D CAD에서 간단한 모델링 후 상기 소프트웨어들을 가지고 노말맵을 만들어 동전을 만드는 방법을 그림으로 표현한 것입니다.

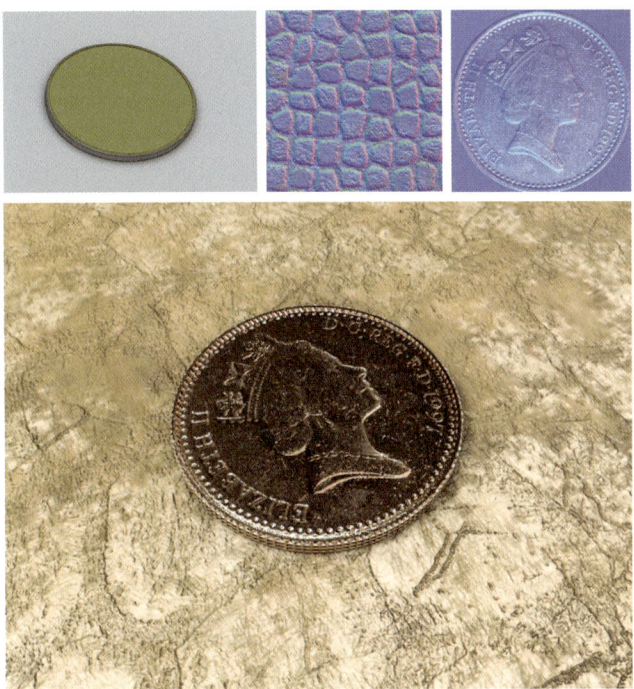

Section 04 기본 맵 타입_ 불투명도(Opacity maps)

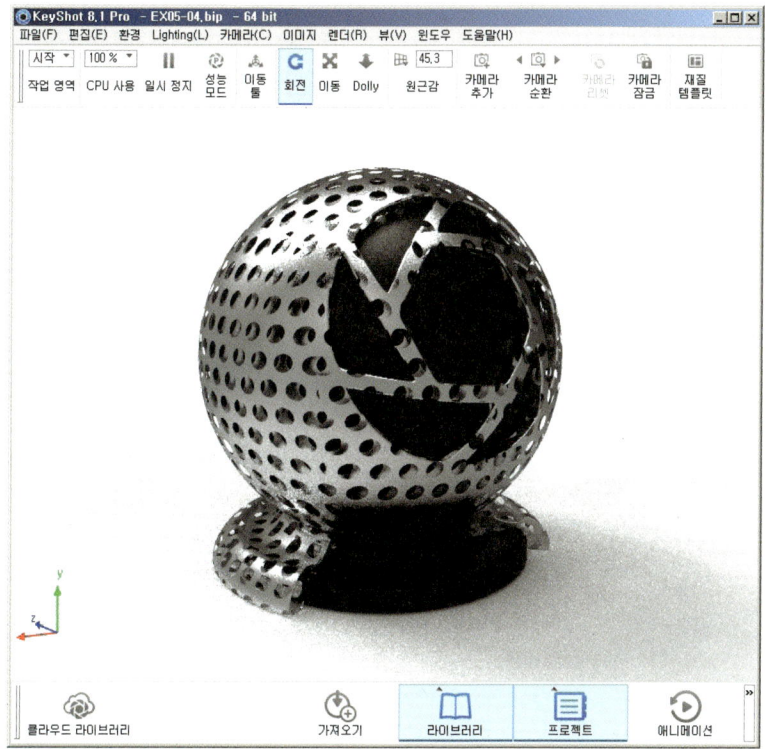

참고 예제샘플을 확인할려면 EX05-05.bip를 참고하세요.

불투명도 맵을 만들기 위해서는 세가지 방식 중에서 선택하여 사용할 수 있습니다.

- **알파 :** 알파는 이미지의 투명한 부분을 담당하는 알파채널의 정보 이미지를 사용했을 때입니다. 알파채널의 정보를 갖고 있지 않는 이미지를 사용했을 때는 효과가 나타나지 않습니다.

- **색상 :** 색상은 텍스처의 색상 중에서 검은색은 100% 투명 상태로 흰색은 100% 불투명한 상태로 인식됩니다. 회색의 경우 50%정도의 투명도를 갖게 됩니다.

- **색상 반전 :** 색상 반전은 칼라모드와 반대로 적용됩니다. 흰색은 100% 투명한 상태로 검은색은 100% 불투명한 색으로 표현됩니다.

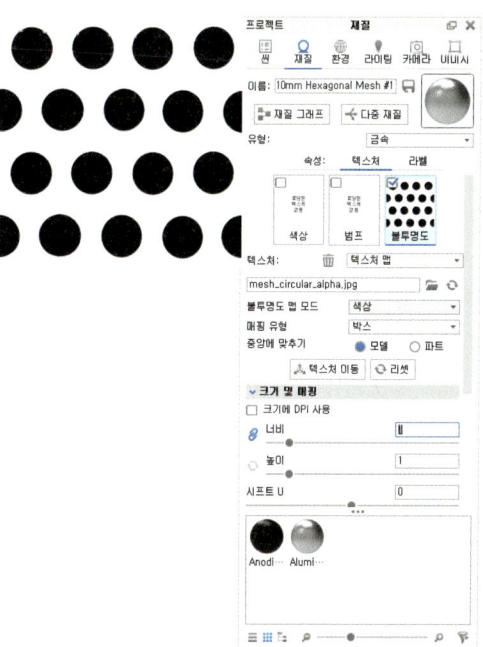

Section 05 텍스처 타입

키샷 재질에 적용할 수 있는 네가지 기본 유형으로 이미지 텍스처, 2D 텍스처, 3D 텍스처, 애니메이션이 있습니다. 이 텍스처 유형은 다음에 새로운 Part로 자세히 설명 드리겠습니다.

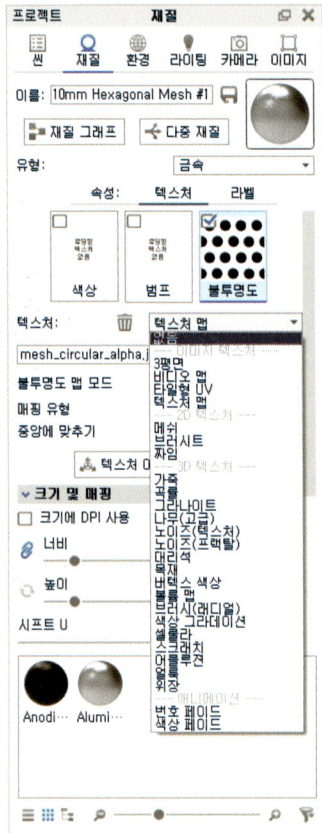

Section 06 매핑 유형

매핑 유형이란 2D이미지를 3D 모델에 적용시키는 과정이며, 이는 모든 3D 렌더링 프로그램에서 채택하고 있는 일반적인 방식입니다. 키샷도 마찬가지로 2D 이미지가 어떤 방식으로 3차원 객체에 적용될지 지정 해줘야 합니다.

평면(Plannar)

텍스처 이동 툴로 X, Y, Z 축방향으로 텍스처를 투시하는 방식입니다. 축방향에 평행하지 않다면 아래 이미지처럼 텍스처가 길게 늘어져서 표현 됩니다.

박스 (Box map)

3D 모델의 둘레를 둘러싸고 있는 정육면체가 있다고 가정하고, 6면에서 텍스처를 투시하는 방식입니다. 대부분 사용할 수 있는 빠르고 쉬운 맵핑 유형입니다.

원통형(Cylindriacal)

3D 모델을 원통이 둘러싸여 내부로 텍스처가 투사되는 방식입니다. 원통의 내부는 구체처럼 텍스처의 왜곡이 심하게 일어나지는 않습니다.

구형(Spherical)

3D 모델을 구가 둘러싸고 있고, 그 내부로 텍스처가 투사되는 방식입니다. 구형으로 왜곡이 일어나므로 중앙에서 원본에 가깝게 표현되며, 끝쪽으로 갈수록 외곡이 심하게 일어납니다. Box map방식처럼 3차원 모델에 적용하면 평면방식보다는 텍스처의 늘어짐이 적게 일어납니다.

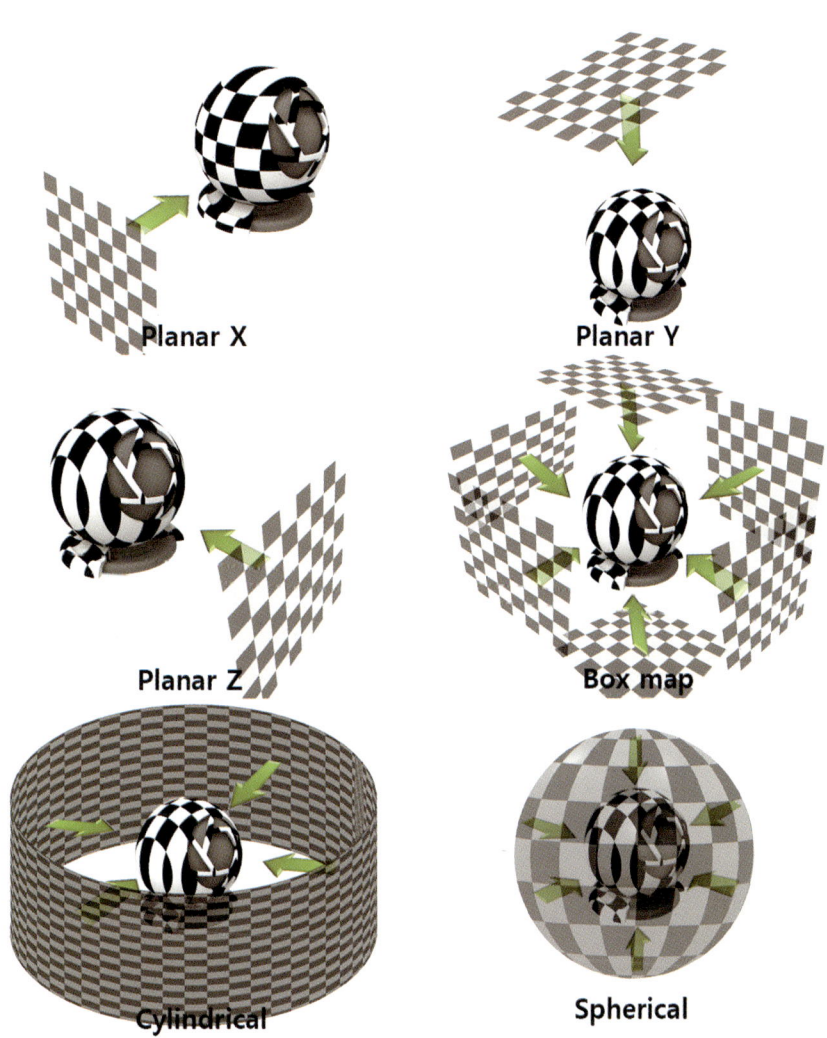

UV(UV좌표)

이 방식은 아래처럼 3D 모델(3D Studio, Maya)에 별도의 과정을 거쳐서 작업된 2D 텍스처를 맵핑하는 방식입니다. 다른 방식에 비해 텍스처를 별도로 작업해야 하므로 시간이 많이 걸리지만, 게임 분야에 폭 넓게 사용되고 있는 방법이기도 합니다.

카메라(Camera)

카메라 맵핑 유형은 카메라의 위치와는 무관하게 텍스처를 유지합니다. 보통은 모델을 돌리면 맵핑 된 텍스처도 같이 움직이게 되지만, 카메라 맵핑 유형을 사용할 경우 모델이 움직여도 맵핑은 마치 2D처럼 한곳을 향하여 있게 됩니다. 이렇게 하면 카메라의 위치에 관계없이 표면에 일관된 텍스처 모양을 표현할 수 있습니다.

노드(Node)

노드 맵핑 유형을 사용하면 UV 맵핑 절차를 사용하여 텍스처를 적용할 수 있습니다.

Section 07 텍스처 이동 툴

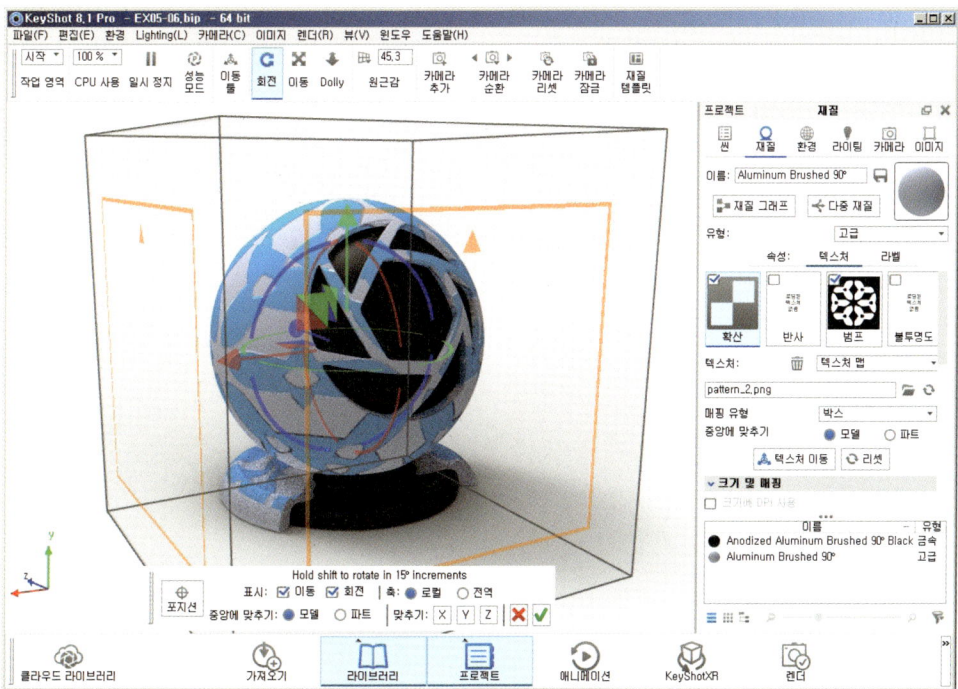

참고 예제샘플을 확인할려면 EX05-06.bip를 참고하세요.

텍스처 이동 툴 모드에 매핑 된 텍스처의 위치를 미세 조정합니다. 텍스처 이동은 '프로젝트 > 재질 > 텍스처 이동'에서 클릭하면 위 그림과 같이 이동할 수 있게끔 UI가 형성 됩니다. 텍스처 이동은 평면, 상자, 원통형 및 구형 매핑 모드에서 사용할 수 있습니다.

포지션(Position)

텍스처 이미지의 중심을 투사할 위치에 정확하게 지정하려면 이 옵션을 사용하십시오. 포지션 아이콘을 클릭 후 모델의 표면을 클릭하면 텍스처가 투영되는 위치를 변경할 수 있습니다.

이동(Translate)

이동(Translate)은 XYZ축을 기준으로 텍스처의 위치를 조절합니다. 색상으로 구별되는 세가지 축(X축_적색, Y축_녹색, Z축_청색)중에서 이동하고자 하는 방향으로 축을 선택하고 이동합니다.
곡면형태의 모델링이라도 이동 모드는 평평한 평면위에서 텍스처가 움직이는 것처럼 곡면을 움직입니다.

회전(Rotate)

회전(Rotate)은 텍스처를 실제로 회전 시키는 것 처럼 작동합니다. 'Shift' 키를 누른 상태에서 조절하면 15도 단위로 회전하게 됩니다.

축(Axis)

변환 / 회전이 로컬 축 또는 전역 축을 사용해야 하는지 여부를 체크합니다.

중앙에 맞추기(Center on)

모델 또는 파트 기준으로 텍스처를 맞춰 줍니다.

맞추기(Fit)

X, Y, Z 축의 형상과 일치하도록 텍스처를 맞춰 줍니다.

변경사항 저장 및 취소(Cancel or confirm chages)

텍스처 맵핑을 조절한 다음 녹색의 체크표시를 클릭하면 변경사항이 저장되고, 저장하지 않으려면 적색 X표시를 클릭하면 됩니다.

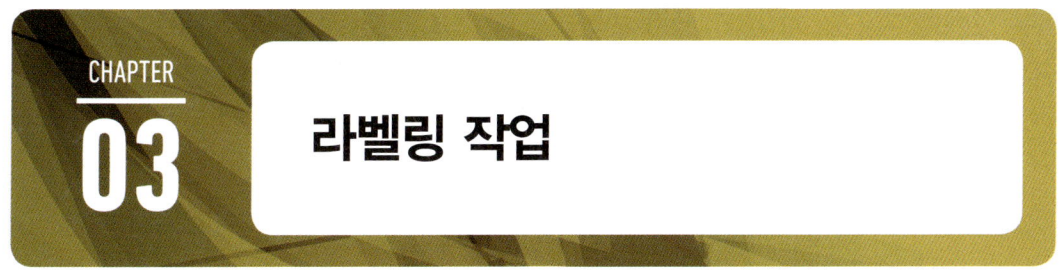

CHAPTER 03 라벨링 작업

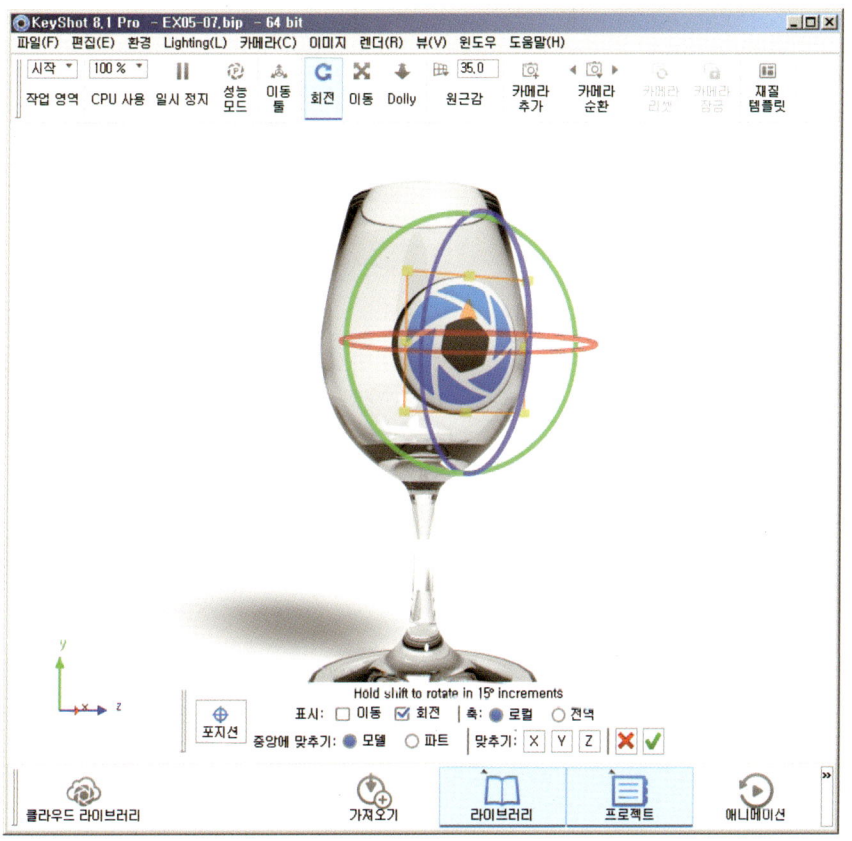

참고 예제샘플을 확인할려면 EX05-07.bip를 참고하세요.

라벨은 3D 모델의 원하는 위치에 로고, 스티커 같은 효과를 연출하기 위해 사용됩니다. 라벨은 '프로젝트 〉 재질 〉 라벨'에서 실행할 수 있습니다. jpg, tiff, tga, exr, png, hdr 등과 같은 이미지 포멧을 사용할 수 있으며, 무한대로 추가할 수도 있으며 각 레벨은 자신만의 맵핑 타입을 가집니다.

만약 알파채널을 포함하고 있는 이미지 포멧을 사용한다면 알파채널은 그대로 유지되어 투명한 부분은 키샷에서도 역시 투명하게 처리됩니다. 위의 그림은 사각형의 테두리가 보이지 않도록 배경을 투명하게 저장한 PNG 포멧을 이용한 것입니다.

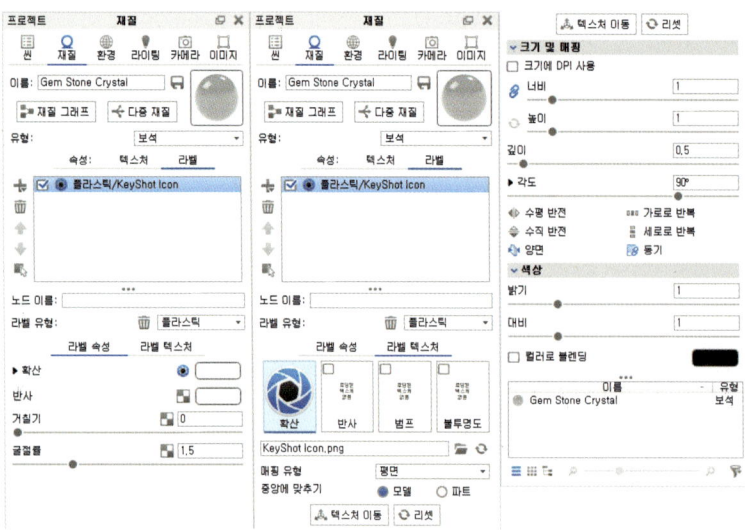

레이어 리스트(Lay List)

무제한의 라벨을 재질에 추가할 수 있습니다. 각 레이블은 고유 한 맵핑 유형을 가질 수 있습니다. 알파 채널이 포함된 이미지는 유지되며 투명도 영역은 투명하게 처리됩니다.

라벨 추가(Adding labels)

라벨을 추가하는 방법은 + 아이콘을 눌러 원하는 라벨이미지를 불러올 수 있습니다. 라벨이 추가되면 라벨의 이름이 자동으로 리스트에 표시되며, 만약 라벨로 쓰인 이미지가 변경됐다면 새로고침 아이콘 클릭해서 새로고침을 할 수 있습니다.

라벨 삭제(Deleting labels)

리스트에서 라벨의 이름을 선택하고 쓰레기통 아이콘을 누르면 라벨이 삭제됩니다.

레이어 순서(Layer order)

레이어는 추가될 때 계층화됩니다. 모델에서 레이어이 겹치면 레이블 목록에 표시된 순서대로 레이어가 누적됩니다. 위쪽 및 아래쪽 화살표 아이콘을 눌러 레이어 순서를 이동할 수 있습니다.

라벨 선택(Pick Lable)

사각형+화살표 아이콘을 클릭한 후 편집을 위해 실시간창에서 레이어를 선택할 수 있습니다.

라벨 유형(Label type)

각 라벨에는 재질 유형이 지정됩니다. 라벨에 적용되는 기본 재질은 플라스틱이지만 확산, 평면, 금속, 페인트, 반투명, 고급, 애니 소닉, 메탈 페인트, 플라스틱(투명), 반투명(고급), 방출 형, 툰 및 Xray로 변경할 수 있습니다.

라벨 속성(Label Properties)

일반 재질의 속성과 같이 라벨의 유형에 따라 라벨 속성을 수정할 수 있는 속성 옵션이 표기됩니다.

라벨 텍스처(Label Textures)

텍스처 및 비디오 라벨이 Diffuse맵으로 추가됩니다. 텍스처 레이어 탭에서 재질에 대한 텍스처 탭과 마찬가지로 레이블에 다른 맵을 추가할 수 있습니다. 레이블 유형에서 사용할 수 있는 텍스처 맵 유형은 재질 유형에서 사용할 수 있는 텍스처 유형과 유사합니다.

맵핑 유형, 중앙에 맞추기, 텍스처 이동, 크기 및 맵핑

라벨은 다른 재질 텍스처와 동일한 재질 유형을 지정할 수 있습니다.
라벨의 위치는 재질과 마찬가지로 중앙에 맞추기, 텍스처 이동 등을 통해 사용자가 원하는 위치에 맞출 수 있으며, 크기 및 맵핑은 너비, 높이, 깊이, 각도 등을 조절하여 맞출 수 있습니다.
크기에 DPI사용을 체크하면 파일에 저장된 레이블의 크기를 초기 레이블 크기로 Photoshop .PSD 파일을 사용하십시오. 레이블을 .PSD로 가져오면 키샷은 DPI 설정을 확인하고 DPI 값을 .PSD 파일에 저장된 값으로 설정합니다.
또한, 수평 반전, 수직 반전, 가로로 반복, 세로로 반복, 양면, 동기화 시킬 수 있습니다.

밝기, 대비

빛의 밝기의 강도와 대비 값를 조절하는 항목입니다. 라벨이 너무 어둡거나 밝다면 이 옵션을 조절해 라벨만 별도의 밝기를 조절할 수 있습니다. 또한, 컬러로 블렌딩을 체크하여 라벨 전체에 한가지 색상을 입힐 수 있습니다.

크기 및 맵핑_깊이(Depth)

라벨이 투영되는 깊이를 조절할 수 있습니다. 아래그림을 볼 때, 좌측에 라벨이 2개가 보이는 잔은 깊이(Depth)값을 0를 준 것이고, 좌측에 라벨이 1개 보이는 것은 Depth(깊이)값을 0.5을 준 것이다.
곡면이 이루어 진 모델(투명)에 라벨링을 할 시 뒷면에 잔상이 남던가 또는 라벨의 일부가 안 보이는 현상을 겪을 때 깊이(Depth)값을 조절해 보세요.

참고 예제샘플을 확인할려면 EX05-08.bip를 참고하세요.

크기 및 맵핑_양면(Two sided)

양면적용을 체크하면 라벨의 뒷면을 볼 수 있습니다. 아래그림 좌측처럼 두 잔이 똑같은 위치에 라벨이 적용되어 있습니다. 카메라를 후면으로 볼 시 오른쪽 잔만 양면(Two sided)가 체크되어 있습니다. 라벨의 앞쪽에서 보면 똑같지만, 라벨의 뒤쪽이 보이도록 잔을 돌리면 오른쪽 잔만 라벨을 확인할 수 있습니다.

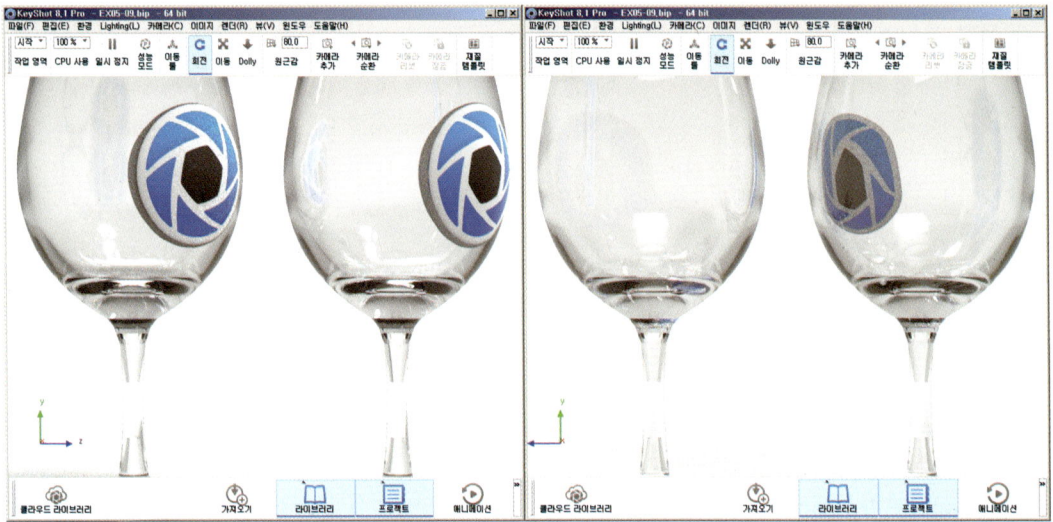

참고 예제샘플을 확인할려면 EX05-09.bip를 참고하세요.

MEMO

PART

환경맵 사용법

키샷에서 대다수의 조명은 환경안에 HDRI(High Dynamic Range Image)를 삽입하여 조절합니다. 이것을 '환경맵', 'HDRI맵', '환경조명'이라 합니다.

HDRI 이미지는 큰 구형의 내부에 맵핑한 것처럼 인식되는 32bit 이미지입니다. 키샷에서의 카메라가 구형의 내부에 위치하게 되며, 사방이 막힌 밀폐의 공간에 있음을 의미합니다. 이러한 환경맵은 실시간 창에 HDRI 이미지를 Drag&Drop 방식으로 간단하게 실시간으로 사실적인 조명환경을 구축할 수 있습니다.

키샷의 환경맵은 카테고리 안에 여러가지 타입의 환경맵이 포함되어 있습니다. 어떤 이미지는 실제 사진이며, 또 어떤 이미지는 스튜디오 환경을 구현해 놓은 환경맵입니다. 실제 사진을 이용한 HDRI 이미지는 주로 자동차, 엔터테이먼트 분야에서 사용되고, 스튜디오맵은 제품 및 기계 같은 렌더링을 하는데 적합합니다. 그러나 어떤 것을 사용하더라도 키샷은 사실적인 렌더링 이미지를 뽑아낼 수 있습니다.

참고 예제샘플을 확인할려면 EX06-01.bip를 참고하세요.

위 그림은 카메라를 뒤로 움직여서 3D 모델을 둘러싸고 있는 환경맵을 보여주고 있습니다. HDRI 이미지는 보는바 와 같이 구체의 내부에 맵핑됨을 알 수 있습니다.

CHAPTER 01 환경맵 적용

일반적으로 모든 조명은 가져온 환경맵에 의해 결정됩니다. 환경맵을 변경하시려면 환경맵 라이브러리에서 'Drag and Drop'으로 실시간 창으로 가져가면 됩니다.

CHAPTER 02 조정

'프로젝트 〉 환경' 탭에서 HDRI 조명을 설정할 수 있습니다.

밝기_환경맵의 밝기 조절

씬 내에서 조명의 밝기를 조절하는 방법은 여러 가지가 있지만, 어떤 방법을 사용하더라도 실시간 창에서 실시간으로 밝기를 확인할 수 있습니다.

첫번째 방법은 키보드의 방향키를 이용하는 것입니다. 위, 아래 키를 누르면 그에 따라 밝기가 변경됩니다. 또한 좌, 우 키를 눌러서도 밝기가 조절됩니다. 위, 아래 키는 밝기의 변화하는 정도가 크며, 좌, 우 키는 밝기의 변화하는 정도가 작습니다. 두번째 방법은 '프로젝트 〉 환경' 탭에서 설정의 밝기에서 슬라이더를 조절하는 방법입니다.

대비_대비 조절

환경맵의 대비는 슬라이더를 조절해서 조정할 수 있습니다. 이 부분을 조절하면 환경광원의 밝은 부분과 어두운 부분 사이의 명암을 조절한다는 의미입니다. 낮은 수치의 대비 값은 부드러운 그림자를 생성하고 반대로 높은 수치의 대비 값은 뚜렷한 그림자를 생성하게 됩니다.

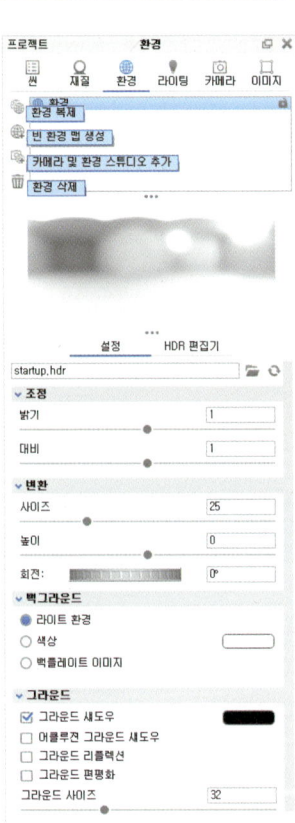

대비 값을 너무 많은 조절하면 사실적인 이미지를 렌더링하는데 부적절할 수 있습니다. 기본적으로 이 항목은 기본값 그대로 사용하는 게 좋습니다.
하지만, 어느 정도의 노하우가 쌓이시면, 대비값을 응용하실 수도 있습니다. 아래 그림은 대비값을 약 1.5정도 넣고 테스트한 것입니다. 극한 불빛 또는 태양이 있다고 가정할 때, 아래 그림과 같이 대비값을 평균값보다 올려 모델에 많은 빛을 받는 것처럼 연출할 수 있습니다.

CHAPTER 03 변환

키샷에는 미리 설정이 완료된 환경맵이 기본적으로 포함되어 있으며, 이러한 환경맵들도 몇 가지 항목을 조절해서 빛의 방향과 반사되는 이미지를 바꿀 수 있습니다.

가장 쉽게 조절하는 방법은 실시간 창에서 'Ctrl + LMB'를 누른 상태에서 마우스를 좌우로 움직이는 것입니다. 이렇게 하면 환경맵이 마우스를 따라 회전하게 되며, 이는 결국 '프로젝트 〉 환경 〉 회전' 값을 조절하는 것과 같습니다. 아래그림은 두 장의 이미지는 같지만 키샷의 HDRI이미지의 가장 밝은 부분을 인식하여 그에 따른 그림자 및 반사를 생성하게 됩니다.

빛의 방향을 조절하는 또 다른 방법은 '프로젝트 〉 환경' 높이값을 조절하는 방법입니다. 환경맵의 높이값이 조절되어 지면서 모델에 맺히는 그림자 및 반사가 환경맵의 위치에 따라 변경되게 됩니다.

빛을 조절하는 또다른 방법은 '프로젝트 〉 환경' 사이즈를 조절하여, 환경맵의 사이즈에 따라 그림자와 반사가 변경되게 합니다.

참고 예제샘플 EX06-02.bip로 위와 같은 방법들을 테스트 해 보세요.

CHAPTER 04 백그라운드

실시간창의 백그라운드 관련 된 모든 설정은 '프로젝트 〉 환경' 백그라운드에서 설정할 수 있습니다.

첫번째 '라이트 환경'은 HDRI에 적용된 이미지가 배경 색상으로 지정되며, '색상'를 체크 시 색을 지정할 수 있게 되며, 일정 색을 지정하면 HDRI에 적용된 이미지가 없어지면서 일정 색이 배경색으로 지정되게 됩니다. 단, 이렇게 색상이 지정되었다고 HDRI의 이미지가 없어지는 것이 아니고, 이 이미지는 광원으로 계속 사용되게 됩니다. 또한, 재질 중에서 투명한 부분이 있다면 배경으로 선정한 색이 투과되어 보입니다. 아래그림은 사용 예입니다.

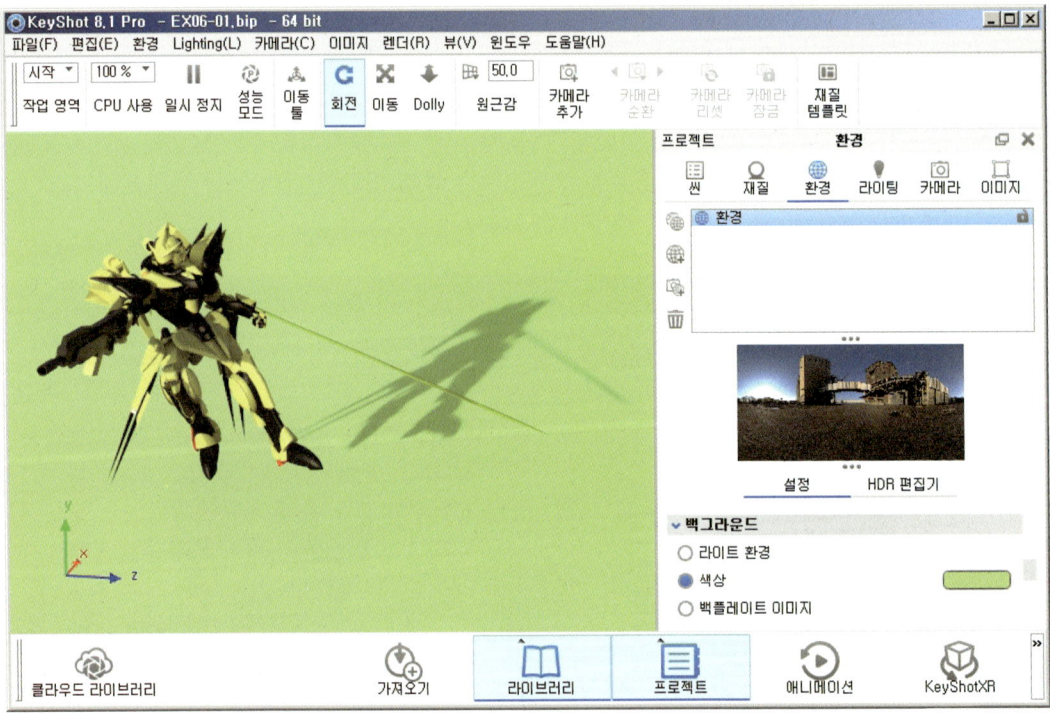

'백플레이트 이미지(배경이미지)'는 3D 모델 뒤에 배치해서 배경으로 사용할 수 있는 이미지를 말합니다 '백플레이트 이미지'는 '라이트 환경'과 같이 이미지를 Drop & Drop 방식으로 실시간 창에 넣으면 적용됩니다. 만약, '백플레이트 이미지'가 마음에 들지 않아 삭제할 경우에는 '프로젝트 〉 환경'에서 '백플레이트 이미지'를 삭제하시면 됩니다.

실제 사진을 배경으로 사용해서 3D 객체를 실제 이미지에 자연스럽게 배치할 수 있습니다. '백플레이트 이미지'로 사용되는 이미지는 씬 전체의 조명과는 전혀 상관없습니다.

재질 중에 투명한 재질 속성을 가지고 있는 재질이 있다면 배경이 그러한 재질 뒤로 투과되어 보입니다. 키샷에서는 '라이트 환경'으로 사용되는 HDRI 이미지와 '백플레이트 이미지'를 동일하게 사용하는 게 사용할 수도 있고, 어떤 포멧의 이미지라도 상관없이 배경으로 자유롭게 설정해서 사용할 수 있습니다. 단, 모델 중에 반사되는 재질이나 투명한 재질이 있을 시 '백플레이트 이미지'와 '라이트 환경'을 동일하게 사용하여 현실감을 주는 게 모델 렌더링에서는 중요 포인트가 됩니다.

참고적으로 '라이트 환경'과 '백플레이트 이미지'을 헛갈려 하시는 분들이 있습니다.
예를 들어, '모델을 회전하는 데 배경이 같이 돌아갑니다.' 또는 '모델과 배경이랑 맞출 수 없어요.'라는 질문을 하시는 분들이 계십니다.

'라이트 환경'은 씬 안의 조명관련 이미지일 뿐, 실제 '백플레이트 이미지(배경이미지)'는 아니라는 것입니다. 그렇기 때문에 배경이 같이 돌아간다는 의미는 배경을 적용시키지 않고, 단지, '라이트 환경'만 적용시킨 후 그것이 마치 배경이라는 착각에 빠지신 것입니다. '백플레이트 이미지'를 적용 후에는 배경이 멈추어 있기 때문에 모델 회전 시 같이 돌아가지 않습니다.

그럼, '백플레이트 이미지'의 정확한 위치에 어떻게 모델을 적용시킬까요?
그것은 처음 무엇을 어떻게 렌더링 해야겠다… 라는 단계부터 백플레이트 이미지'를 계획할 수밖에 없습니다.

CHAPTER 05 그라운드

그라운드 섀도우 & 어클루전 그라운드

그라운드 섀도우(Ground Shadows)는 말 그대로 이 옵션이 체크 되어 있을 때 그라운드에 그림자가 생기게 합니다. 아래 그림에서 보면 그림자의 색상을 지정할 수 있습니다(아래 그림 왼쪽).

어클루전 그라운드(Occlusion Ground Shadows)는 쉽게 물체가 빛을 가로 막을 때 생기는 일종의 차단 효과입니다. 이 옵션은 그라운드 섀도우가 체크되어 있을 때 활성화됩니다. 예를 들어 어떤 씬이 구성되고 빛이 직접적으로 닿는 모델이 있는 반면, 빛이 간접적으로 닿는 모델이 있을 것입니다. 간접적으로 닿는 모델에 그림자를 강조함으로써 모델에 입체감을 더 주는 방법입니다. 쉽게 어두운 부분을 강조되어 어둡게 하는 방식이라 생각하시면 됩니다(아래 그림 오른쪽).

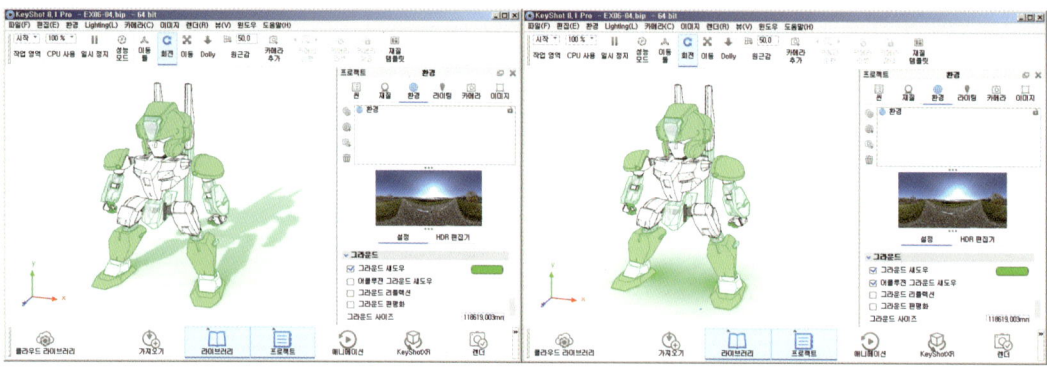

참고 예제샘플 EX06-04.bip로 위와 같은 방법들을 테스트 해 보세요.

그라운드 리플렉션

그라운드 리플렉션(Ground Reflections)은 말 그대로 그라운드에 모델이 반사성을 주는 옵션입니다.

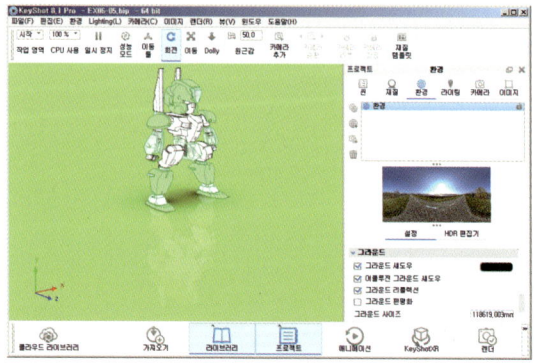

참고 예제샘플 EX06-05.bip로 위와 같은 방법들을 테스트 해 보세요.

그라운드 편평화

키샷에서 바닥에 생성되는 그림자와 반사효과는 눈에 보이지 않는 바닥면에 만들어 지게 됩니다.
그라운드 편평화((Flatten Ground))를 체크할 시 바닥면이 평평해집니다. 아래 왼쪽 그림은 옵션을 언체크한 것이고, 오른쪽 그림은 옵션을 체크한 것입니다.
바닥면이 평평해진다 함은 그림과 같이, 둥근 환경맵이 중앙지점으로 평면화를 이루면서, 하나인 환경맵이 분할하여 수직 또는 수평화를 이룬다는 이야기입니다. 그렇게 됨으로 하나였던 조명이 다수가 이루어 질 수도 있습니다.
예제샘플 EX06-06로 환경맵을 작게하여 테스트해 보시는게 의미에 접근하는 제일 빠른 방식일 것 같습니다.

참고 예제샘플 EX06-06.bip로 위와 같은 방법들을 테스트 해 보세요.

그라운드 사이즈

그라운드 사이즈는 그림자와 반사 효과가 미치는 범위를 정하고 품질에도 영향을 끼칩니다. 아래그림에서 그라운드 사이즈의 슬라이더를 조절해서 크기를 조절할 수 있습니다. 바닥면의 크기는 그림자와 반사효과가 잘리지 않는 범위 한도 내에서 가장 작은 크기로 조절하시는 것이 좋습니다. 바닥면의 그림자를 이해하는 가장 좋은 방법은 개별적인 픽셀로 이루어낸 디지털 이미지와 비교해 보는 것입니다. 픽셀을 구분할 수 있을 정도로 바닥이미지를 확대해 보면 이미지의 해상도는 떨어져 보입니다. 반대로 이미지의 크기를 축소하면 픽셀들이 응집되면서 깨끗한 이미지를 얻을 수 있습니다.

바닥 그림자는 이와 비슷한 방식으로 형성됩니다. 바닥 그림자를 표현하기 위해 사각형 그리느 구조로 이루어저 있는 이는 여러 단계의 음영으로 구성되어 있습니다. 만약 바닥면이 128 x 128의 크기로 설정되어 있고 모델은 단지 8 x 8 정도의 크기에 불과하다면 이는 적합한 크기도 아니며, 그림자도 뭉개져서 표현될 것입니다. 이런 경우 바닥면의 크기를 줄임으로써 해상도를 증가시키고 그림자를 선명하게 하는 효과를 기대할 수 있습니다. 이것이 바닥면의 크기를 최소로 설정하길 권고하는 이유입니다.

아래그림의 첫번째 그림은 바닥의 크기가 크고 큐브는 작은 경우 그림자의 끝이 많이 뭉개져 보이며, 두번째 그림은 바닥면의 크기를 작게 변경하면 첫번째 그림보다 그림자가 좀 더 선명해지며, 사실과 같은 느낌의 그림자를 만들 수 있습니다. 하지만 세번째 그림처럼 바닥면이 너무 작다 보면 그림자의 끝이 짤라지게 보이는 현상이 나타납니다.

CHAPTER 06 환경맵 만들기

키샷에서는 hdz 파일이 환경맵의 확장자입니다. 하지만, 키샷은 HDRI(High Dunamic Range Image)로 된 모든 이미지 파일을 환경맵으로 사용할 수 있습니다. 아마도 가장 많이 사용되는 파일은 hdr 확장자를 가진 이미지 파일일 것입니다.

보통은 고품질 이미지를 가지고 만들고, 또한 이미지의 끝과 끝이 자연스럽게 연결될 수 있는 이미지를 얻기가 힘들기 때문에 자연스러운 환경맵을 만드기는 쉽지만은 않지만, 나만의 환경맵을 만들 때도 있어야 합니다. 그럴 때를 위해, 포토샵과 기타 프로그램을 이용하여 환경맵 만드는 것을 알려드리고자 합니다.

Section 01 포토샵 이용하기

일단 HDRI에 적용할 이미지를 포토샵에서 불러옵니다. 이미지는 위에서 말했듯이 해상도 및 이미지의 끝과 끝이 연결되어 있으면 더욱 좋지만, 그렇지 않을 시 포토샵에서 개개인이 수정을 하여 만들어도 되겠지요.
포토샵에서 이미지를 불러왔으면, 포토샵의 상단메뉴에서 'Image(이미지) 〉 Mode(모드)'로 들어 갑니다. jpg파일의 경우 보통은 8bit로 표시되어 있습니다. 8bit를 32bit로 수정해 줍니다. 위에서 설명했듯이 '키샷의 HDRI 이미지는 큰 구형의 내부에 맵핑한 것처럼 인식되는 32bit 이미지입니다.'라고 설명 드렸습니다. 그렇게 때문에 '8bit 〉 32bit'로 수정하는 것입니다.

32bit로 수정되었으면 Save as(다른이름으로 저장)을 눌러 줍니다. 이 때 파일 형식 Radiance(*.HDR;*.RGBE;*.XYZE)로 지정하여 저장해 줍니다.

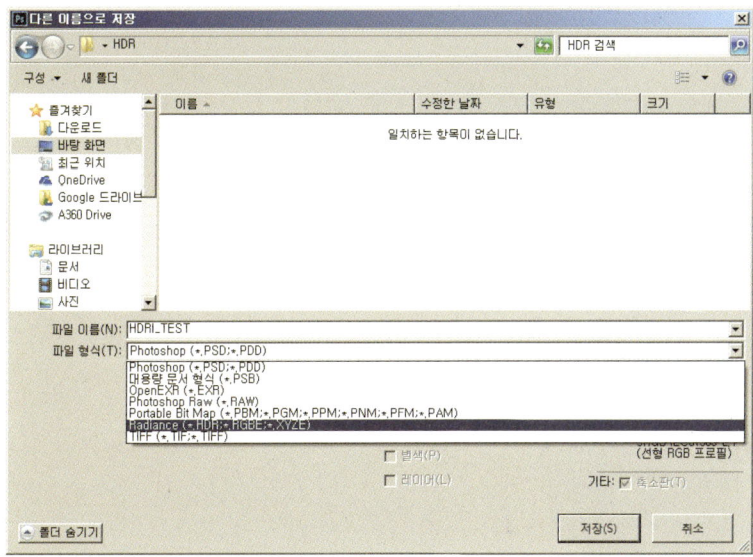

다른 이름으로 저장을 하면 hdr 파일로 저장됩니다. 그 파일을 키샷 실시간 창으로 'Drag & Drop'하여 사용해 봅니다. 아래 그림과 같이 키샷에 환경맵이 적용된 것을 확인하실 수 있습니다.

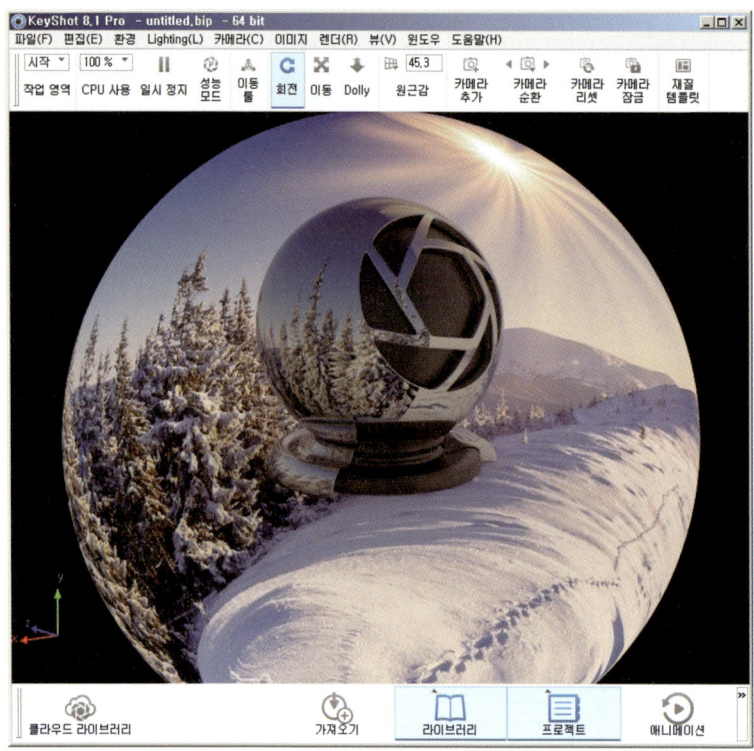

LMB을 눌러 좌우로 움직이시면 HDRI 이미지가 움직이는 것을 확인할 수 있을 것입니다.
아래 그림과 같이 '프로젝트 > 백그라운드 색상'를 흰색으로 조절한 뒤, 모델에만 환경맵이 적용됨을 보실 수 있습니다.

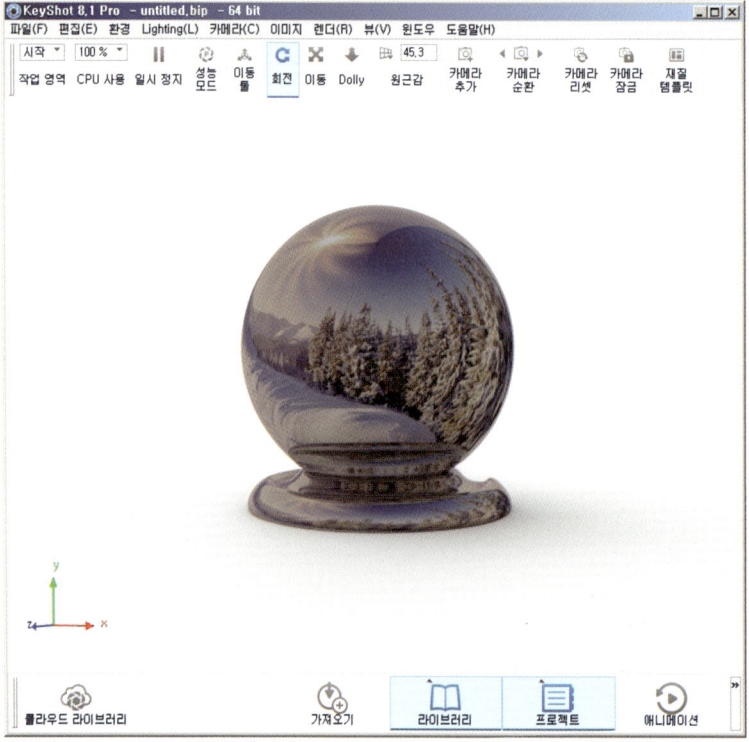

Section 02 HDRI 프로그램 이용하기

HDRI를 만드는 프로그램은 서치를 해보시면 쉽게 찾으실 수 있습니다.

대표적으로 'HDR SHOP'이라는 프로그램이 있습니다. 사용방법은 환경맵으로 만들 이미지를 프로그램에서 가져온후 아래 그림과 같이 감마값 등을 조절하여 기본적인 이미지를 수정한 후, 저장 시 Radiance format(*.HDR;*.PIC)로 저장하여 키샷에서 사용하면 됩니다.

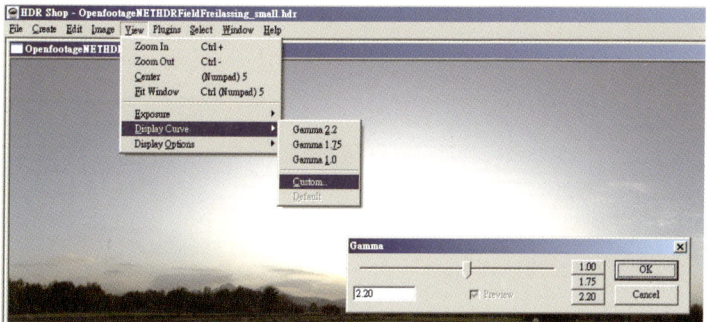

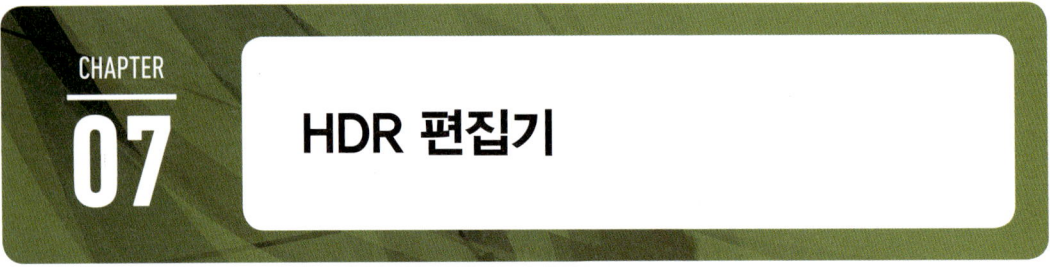

CHAPTER 07
HDR 편집기

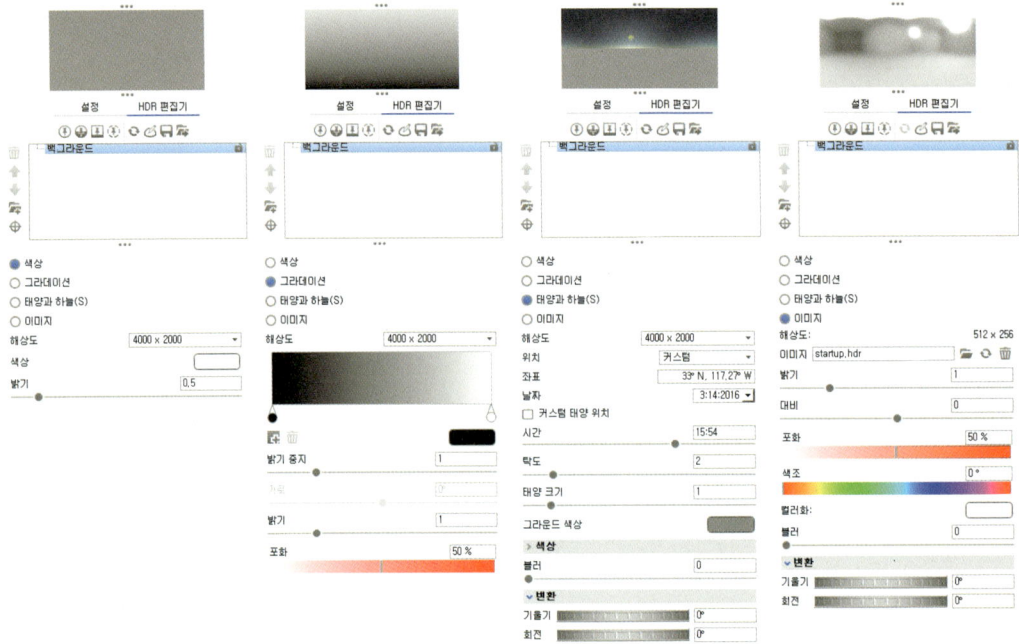

HDR 편집기는 조명 환경을 조정하거나 자신만의 HDR을 편집하여 만드는 간단한 편집기입니다.
HDR 편집기는 색상, 그라데이션, 태양과 하늘, 이미지 등의 옵션을 제공합니다.
전 버전과는 틀리게 '프로젝트 > 환경' 탭에 함께 포함되어 있는 구조로 되어 있습니다.

HDR 편집기의 핀(Pin)이란?

핀은 HDRI에 배치하여 이미지 파일을 더욱 향상시키고, 대상 장면에 원하는 조명 효과를 줄 수 있는 광원입니다.

핀 옵션

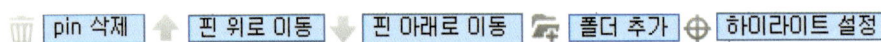

- **핀 삭제** : 활성화 된 핀을 삭제할 수 있습니다.
- **핀 위(아래)로 이동** : 핀의 순서를 변경할 수 있습니다. 이는 핀이 겹쳐 질 수 있으므로 상황에 맞게 조절해야 합니다.
- **폴더 추가** : 핀 폴더를 사용하여 사용되었던 모든 핀을 하나의 폴더 안에서 구성할 수 있습니다. 폴더 추가 후 핀을 폴더로 'Drag & Drop' 방식으로 폴더에 핀을 넣을 수 있습니다.

- **하이라이트 설정 :** 하이라이트 설정 옵션을 사용하면 강조 표시하려는 모델에서 영역을 선택하여 핀을 만들 수 있습니다. 실시간 창에서 모델 표면의 아무 곳이나 실시간 뷰에서 'Ctrl + LMB' 클릭 만하면 표면의 해당 점을 향한 핀이 생성됩니다. 완료되면 "완료"를 클릭하십시오.
이렇게 추가된 핀은 정상적으로 편집할 수도 있습니다.
기존 하이라이트를 설정하려면 "하이라이트 설정"을 클릭한 다음 아래 그림처럼 '실시간 창' 또는 '편집기 창'에서 기존 핀을 선택하십시오. 개체를 클릭하여 선택한 핀을 사용하여 강조 표시를 설정하고 마우스 왼쪽 버튼 누른 상태에서 사용하여 원하는 위치로 끕니다.

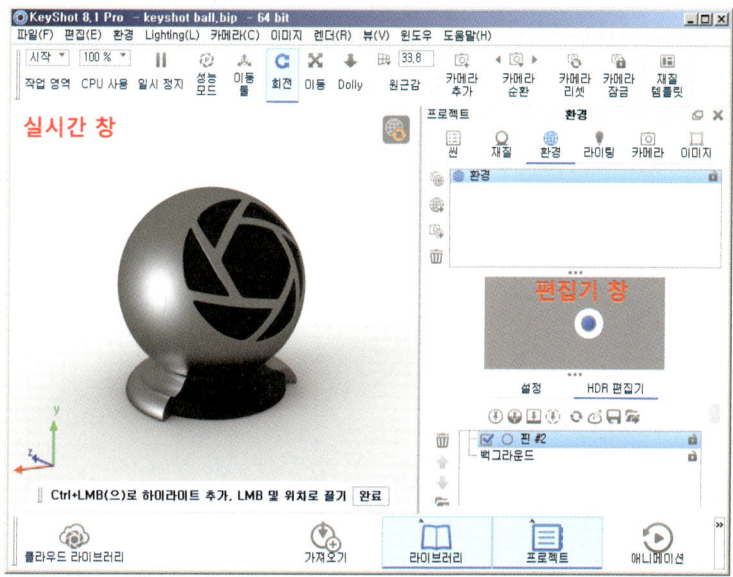

핀 타입

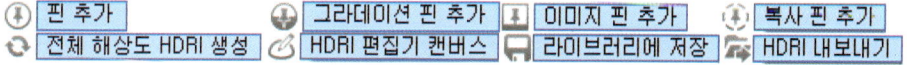

핀 목록 위에 있는 옵션 중 하나를 클릭하여 핀을 추가하려면 핀 추가, 그라데이션 핀 추가, 이미지 핀 추가 및 복사 핀 추가가 있습니다.

- **핀 추가 :** 핀 추가는 펼쳐진 HDRI의 중앙(편집기 창)에 핀을 생성합니다. 원하는 위치에 드래그하여 놓으세요.
- **그라데이션 핀 추가 :** 그라데이션 핀을 사용하면 색상 및 불투명도가 다른 광원을 배치 할 수 있습니다.
- **이미지 핀 추가 :** 이미지 핀을 사용하면 HDR, HDZ, EXR, JPG, PNG, JPEG 및 BMP를 핀으로 사용할 수 있습니다. 이 핀에는 특정 반사 만들기, 조명 배열 시뮬레이션, 다른 HDR과 함께 HDR의 일부 사용 등 무한한 용도가 있습니다. 이미지 핀을 추가할 때 사용할 이미지를 선택하라는 메시지가 표시됩니다. 조정 슬라이더를 사용하여 이미지 핀을 편집 할 수 있습니다. 이 슬라이더는 일반 핀 슬라이더와 유사합니다.

- **복사 핀 추가 :** 이 옵션을 선택하면 기존 적용 된 환경 맵이 새 핀으로 사용됩니다. 아래 그림을 보시면 청색 핀과 복사 원점(노란색 점)이 편집기 창에 나타납니다. 이 청색핀 주변을 보시면 원형으로 기존 적용된 환경 맵이 핀 주변을 감싸는 것을 볼 수 있습니다.

복사 핀을 생성한 후 마우스를 사용하여 핀과 복사 원점(노란색 점)을 움직여 원하는 위치에 놓습니다. 복사 원점(노란색 점)을 움직이면 청색핀 주변의 작은 환경맵이 상하좌우로 움직임을 알 수 있습니다. 일반 핀과 비슷한 조정 슬라이더는 동일한 효과로 사용할 수 있습니다.

- **전체 해상도 HDRI 생성 :** 핀을 편집하는 동안 환경에서 빠른 미리보기 모드를 사용합니다. 이 모드에서는 변경 사항의 전체효과를 볼 수 없습니다. 이 아이콘을 클릭하시면 전체 해상도로 적용됩니다.
- **HDRI 편집기 캔버스 :** 아래 그림과 같이 편집기창을 확대 팝업 되어, 수정하기가 용이합니다.

- **라이브러리에 저장 :** 새로 편집한 HDRI 맵을 키샷 라이브러리에 저장할 수 있습니다. 개인 폴더를 만들어 저장 후 다른 렌더링 때 사용하시면 됩니다.
- **HDRI 내보내기 :** 확장자 HDZ로 내보내기를 할 수 있습니다.

핀 조정

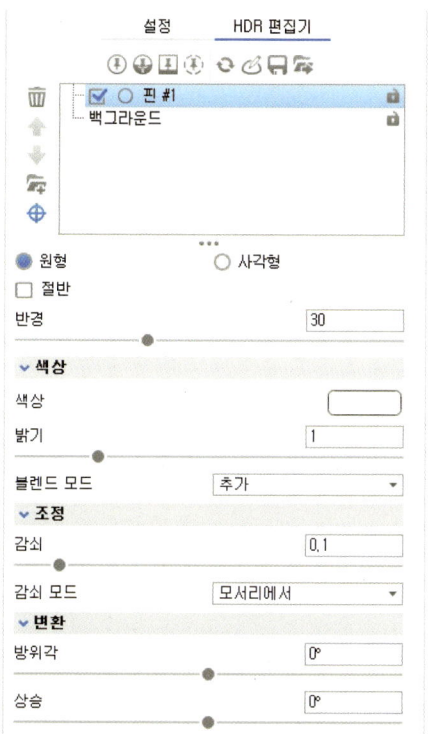

- **핀 모양(원형/직사각형/절반)** : 이것은 핀의 모양을 변경할 수 있습니다.. 이것은 렌더링에서 매우 특정한 모양과 반향을 만들 때 매우 중요합니다.
- **반경** : 이것은 원형 핀의 크기를 결정합니다.
- **색상** : 핀이 투사 할 색상을 설정합니다. 정확한 실제 조명을 위해서는 kelvin값을 사용하세요.
- **감쇠** : 이 옵션을 사용하여 핀의 감쇠값이 다른 핀들을 서로 섞어 상호 작용힐 수 있는 여러 가지 방법을 선택할 수 있습니다. 이 기능으로 핀 순서가 매우 중요합니다. 또한, 감쇠값이 틀린 핀들을 적절히 사용하면 스튜디오에서 사진을 찍을 때 여러 조명을 사용하는 것처럼 다양한 효과를 낼 수 있습니다.
- **감쇠모드** : 핀의 중앙에서 빛이 떨어지는 것을 제어합니다. 모드에 따라 행동이 다릅니다. 실시간 창뿐만 아니라 에디터에서도 다양한 모드의 효과를 볼 수 있습니다. 모드에는 모서리에서/선형/이차/지수/원형이 있습니다.
- **방위각/상승** : 방위각은 핀을 좌우로 움직여 주며, 상승은 핀을 상하로 움직여 줍니다.

그 밖에도 HDR 편집기는 색상, 그라데이션, 태양과 하늘, 이미지 등의 옵션을 제공한다고 이야기했습니다.
이 옵션에서만 사용되는 여러가지 옵션 값이 있지만, 직관적으로 되어 있기 때문에 설명은 하지 않습니다. 단 한가지 덧붙이자면 태양과 하늘 옵션에서는 위치좌표와 날짜 등을 사용하여 태양의 고도를 HDRI 할 수 있습니다. 이는 인테리어나 익스테리어 분야에서 일조량 등을 렌더링 할 때 사용하면 좋을 듯합니다.

PART

라이팅

CHAPTER 01 실시간 창

실시간 창에 관한 설정은 '프로젝트 > 라이팅'에서 이루어 집니다. 라이팅 탭의 항목들은 실시간 창에서 실시간으로 보이게 되는 이미지의 품질 및 기타 설정에 관한 내용을 포함하고 있습니다. 하지만, 이 곳의 Setting 값이 너무 높게 잡으면 키샷의 최고 장점인 실시간 렌더링이 너무나 많은 시간이 소요되고, 또한, CPU성능을 많이 차지하겠습니다. 따라서, 작업자의 모델에 따라 적정선으로 설정 값을 조절하고, 대략의 렌더링 형태를 본 후, 실제 렌더 창에서 품질의 조절을 하는 것이 바람 직 합니다. 특히 조명이 들어가거나 빛을 투과하는 재질을 사용시에는 필히 렌더 창을 사용해야 합니다. 실시간 창과는 많은 차이가 있습니다. 한가지 더 이야기하자면, 아래 그림과 같이 렌더링 시 화면에 검은 점이 생겼다가 일정시간이 지난 후에 없어진다 이야기하시는 분이 있습니다. 실시간 창은 말 그대로 실시간으로 렌더링이 이루어지며, 이 창은 최종 렌더링이 이미지가 아닙니다.

실시간 렌더링이 이루어지기 때문에 아주 미세한 입자들이 계속적으로 렌더링하고 있으며, 일정 시간 후에 그 검은 점들이 가라 앉지만, 모델을 회전 또는 이동 시 다시 렌더링이 되도록 화면이 움직이는 것입니다. 다시 한번 말씀드리지만, 여러분이 최종 이미지를 원하신다면, 실시간 창이 아닌, 렌더 창을 이용하여 렌더링을 하셔야 합니다.

CHAPTER 02 라이팅

씬(또는 실시간 창)에서의 조명은 크게 '환경맵' 및 '광원 재질'이 있습니다. '프로젝트 〉 라이팅'에서 씬의 조명 해석을 제어할 수 있습니다. 위에서 이야기하는 '환경맵(HDRI)'은 키샷에서 제일 중요한 조명 방법입니다. 다른 렌더링 프로그램은 조명을 하나하나를 세팅해야 하지만, 키샷은 '환경맵' 하나로 조명 세팅이 끝날 때가 많습니다(특히 제품디자인분야).

또한, '광원 재질'은 지오메트리 조각(모델 또는 파트)을 로컬 광원으로 바꿀 수 있습니다. 이는 기존 렌더링 프로그램과는 완전히 다른 방식으로 씬에서 정확하게 빛을 렌더링 할 수 있는 유연성을 제공합니다.

보통 이러한 '광원 재질'은 키샷에서 네가지 유형으로 구분합니다.

첫째, 영역조명(Area Light Diffuse). 파트 또는 모델을 면 광원으로 변환합니다. 실시간 창에서 위치를 보고 조정하게 됩니다. 와트 또는 루멘을 사용하여 빛의 강도를 제어합니다.
둘째, 점조명(Point Light Diffuse). 파트 또는 모델을 점 광원으로 변환합니다.
셋째, IES조명(Point Light IES Profile). 파트 또는 모델을 점 광원으로 하되, 방향과 빛이 나오는 각도를 변환합니다. 실시간 창에서는 메시형태로 IES프로파일 모양으로 구성되어 있습니다. 참고저으로 IES의 약자는 Illuminating Engineering Society(미국조명기술자협회)입니다.
넷째, 스포트라이트(Spotlight). 파트 또는 모델을 점 광원으로 하되, IES조명과 같이 방향과 빛이 나오는 각도를 변환하여 사용하지만, IES조명보다 훨씬 선명합니다. 예를 들어 벽면 가까이에 IES조명과 스포트라이트 조명을 설치하면 벽면에 지는 빛이 스포트라이트 조명이 훨씬 더 선명하게(빛의 각도가 보이면서) 맺힙니다. 반면 IES조명은 벽면에 지는 빛이 은은하게 퍼져서 보입니다.

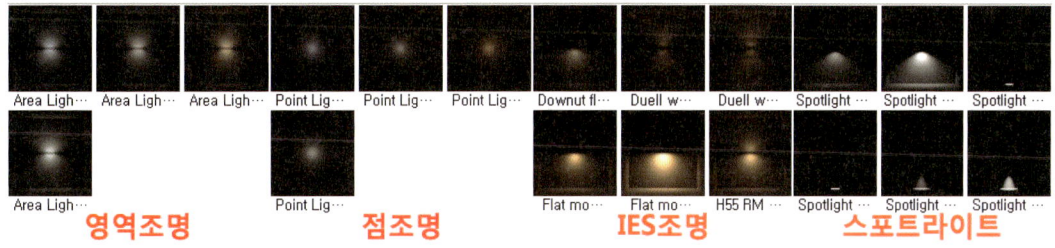

Section 01 라이팅 프리셋

'프로젝트 〉라이팅' 탭에서 씬의 조명을 설정할 수 있습니다. 키샷에는 글로벌 라이트 설정을 보다 빨리 적용할 수 있는 사전 설정이 6가지 있습니다.

성능모드(Performance)

이 설정은 가장 빠르게 렌더링 할 수 있는 모드로 반사 및 모든 그림자를 사용하지 않습니다. 씬의 설정 및 빠른 조작에 유용합니다.

기본(Basic)

이 설정은 기본 씬과 빠른 성능을 위해 그림자와 간단한 직접조명을 제공합니다. 환경에 약간 영향을 받는 간단한 모델을 렌더링하기에 유용합니다.

제품(Product)

이 설정은 직간접 조명을 제공합니다. 이 모드는 환경 및 조명이 사용되는 모델에 유용합니다. 개인적으로 산업제품을 많이 모델링하다보니 제품모드를 선호합니다.

인테리어(Interior)

이 설정은 인테리어(실내) 조명에 최적화 되도록 그림자 및 직간접조명을 갖추고 있습니다. 이는 간접조명과 복잡한 내부 조명을 위한 것입니다. 간단히 생각해 실내에 둥그런 안 보이는 강력하고 조그만 조명이 존재해 있는 것이라 생각하시면 됩니다. 그렇게 때문에 따로 조명설치를 안해도 실내가 밝게 보이며 웬만한 노이즈가 발생되지 않게 보입니다.

보석(Jewelry)

이 설정은 그라운드 간접조명(Ground Illumination) 방식으로 인테리어 프리셋에서 레이 바운스(Ray bounces)와 커스틱스(Caustics)가 추가 된 모드라 생각하시면 됩니다.

커스텀(Custom)

간단히 사용자가 지정하여 만드는 모드라 생각하시면 됩니다.

Section 02 환경 라이팅

섀도우 품질(Shadow quality)

이 설정 값을 조절하여 섀도우 품질 수치를 높이면 그림자의 품질은 좋아지지만, 그만큼 렌더링 시간은 증가하게 됩니다. 만약, 그림자가 뭉개져 보인다면 이 수치 값을 높여서 품질의 향상을 꾀할 수 있지만, 그보다는 '프로젝트 〉 환경 〉 그라운드 사이즈'의 크기를 우선적으로 적절하게 조절하는 것이 더 좋은 방법입니다. 아래 그림에서 왼쪽 이미지는 Shadow quality(섀도우 품질)값을 1로 주었으며, 오른쪽 이미지는 Shadow quality(섀도우 품질)값을 3으로 지정한 예입니다.

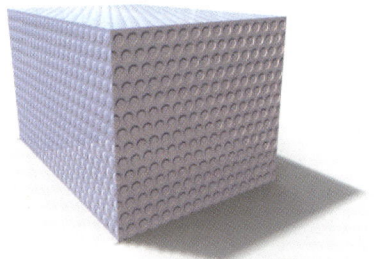
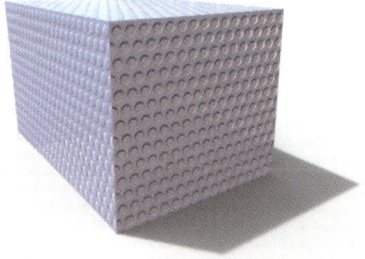

그라운드 간접조명(Ground Illumination)

이 옵션을 체크하면 그라운드에서 빛을 받고 이 빛을 다시 반사시키는 간접조명 방식입니다.
Global Illumination과 개념은 같지만, 이 옵션은 오직 바닥에만 적용된다는 차이가 있습니다. 모든 테스트는 Global Illumination를 체크하고 테스트합니다.

아래 그림에서에서 왼쪽 이미지는 옵션이 언체크된 상태이고, 오른쪽 이미지는 옵션이 체크된 상태입니다. 옵션을 체크하면 사각박스 모델 자체는 바닥면에 의한 간접광의 영향을 받고 있는 상태로 바닥면에 사각박스의 색상이 묻어져 나옵니다.

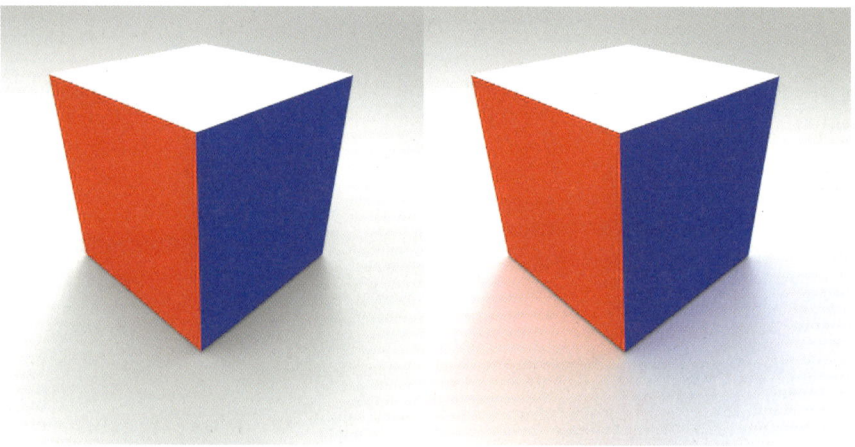

아래그림에서 왼쪽 이미지는 옵션은 언체크 된 상태라서 바닥면이 검정색으로 보이며, 오른쪽은 옵션이 체크된 상태에서 바닥면은 흰색으로 보입니다. 단, 글로벌 일루미네이션의 옵션이 체크되어 있어야 합니다.

참고 예제샘플을 확인할려면 EX07-01.bip를 참고하세요

자체 섀도우(Self Shadows)

모델 자체에 생기는 그림자를 유무를 선택할 수 있는 옵션입니다.
왼쪽 이미지는 언체크하여 자체 그림자가 안 생기게 하는 것이며, 오른쪽 이미지는 옵션을 체크하여 자체 그림자가 생기게 한 것입니다.

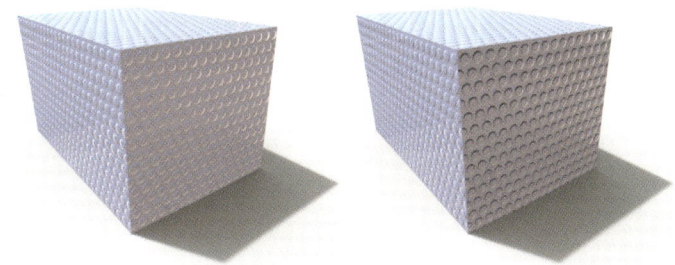

Section 03 일반 라이팅

레이 바운스(Ray bounces : 빛 반사)

레이 바운스는 씬내에서 빛의 반사 횟수를 결정하는 옵션입니다.
실제로는 거의 무한정으로 빛의 반사가 이루어지지만, 렌더링에서는 이러한 횟수를 제한해서 사용해야 합니다. 여기서 말하는 bounce(반사)는 빛이 투명한 재질을 통과하여 굴절이 일어나거나 반사의 속성을 가지고 있는 물체의 표면에 반사되는 빛을 말합니다.

예를 들어, 서로 마주보고 있는 두 개의 거울이 있다면 각각의 거울에는 반대편의 거울이 반사되어 보일 것이고, 또한, 그 형상이 맞은 편으로 반사되어 서로서로가 반복되어 반사체에 서로의 모양이 나타날 것입니다. 또는, 다이아몬드에 빛을 비추면 빛은 다이아몬드 표면을 통과하면서 굴절과 반사가 복잡하게 일어나게 될 것이고, 이러한 빛의 효과에 의해 다이아몬드 고유의 재질 특성을 구현할 수 있게 됩니다. 빛이라는 존재는 투명한 객체를 통과하게 되면서 굴절(Refract)현상을 일으키게 됩니다.

자동차의 헤드라이트, 보석, 또는 반사와 투명도를 동시에 지니고 있는 재질이라면 레이 바운스 항목은 사실적인 재질 표현을 위해 매우 중요합니다.

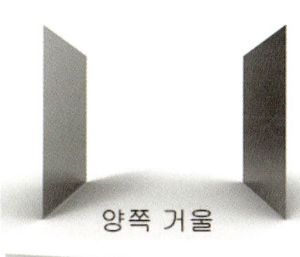

글로벌 일루미네이션(Global Illumination)

씬 내에서 파트 또는 모델 간에 간접 광선이 반사되는 것입니다. 또한 글로벌 일루미네이션 바운스는 레이 바운스처럼 반사값의 양을 조절하는 옵션입니다. 좀 더 자세히 이야기하자면, 글로벌 일루미네이션은 일명 GI라고 하여, 현실세계의 빛처럼 빛의 반사가 이루어지며, 사실적인 이미지를 얻어내기 위한 기법 중 하나입니다.

옵션을 언체크하면 3D 모델간의 간접광이 표현되지 않습니다. 또한, 어떤 모델이 투명한 재질의 뒤에 위치하고 있다면 간접광의 영향을 받지 못하기 때문에 검은색으로 보입니다.

아래그림은 바닥면에 사각박스가 놓여 있고 그 위에 Gem 재질의 돔이 감싸고 있습니다. 왼쪽 이미지는 옵션이 언체크 되어 있으므로 유리안에 있는 모델(바닥과 사각박스)이 어둡게 보이며, 오른쪽 이미지는 옵션이 체크되어 유리를 통과한 빛에 의해서 내부의 모델도 잘 보이게 됩니다. 단, 유리의 재질은 일반 유리재질이 아닌 굴절률이 있는 Gem 재질을 사용하시기 바랍니다(그라운드 간접 조명은 언체크 상태임).

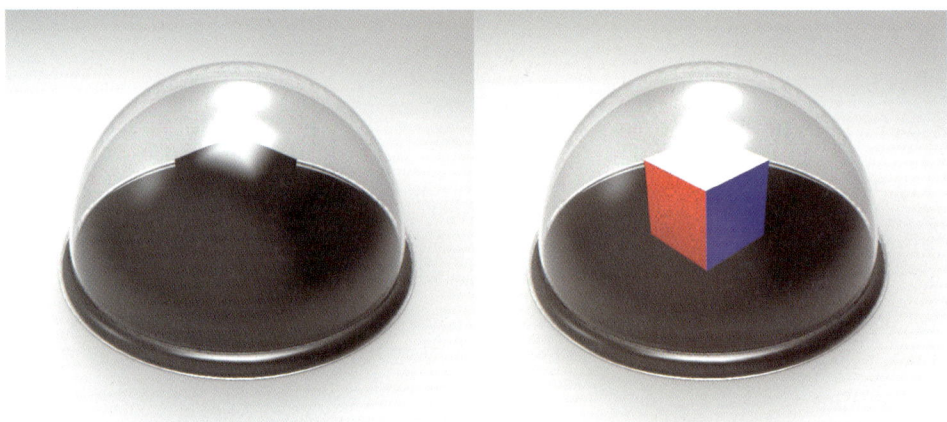

참고 예제샘플을 확인할려면 EX07-02.bip를 참고하세요

커스틱스(Caustics)

키샷에서의 커스틱스라 함은 빛의 집중화라 이야기합니다. 빛의 굴절에 따른 이리저리 빛이 튀는 객체가 좀 더 잘 보인다…라고 생각하는게 맞을 것 같습니다. 이 옵션은 굴절률이 있는 투명 재질을 렌더링 할 때 유용합니다.

그 밖에 렌더링 기법은 여러 시나리오에 맞게 최적화되어 있습니다. 제품모드는 카메라가 외부에 있는 모델을 볼 때 가장 적합하며, 인테리어 모드는 내부 밀폐된 공간에 최적화된 기법입니다.

CHAPTER 03 스튜디오

키샷 스튜디오를 사용하면 씬, 모델, 다중재질 변형을 하나의 파일로 결합하고 저장할 수 있어 신속하게 제작하고 프레젠테이션 할 수 있습니다. 스튜디오에는 카메라, 환경, 이미지 스타일, 모델 세트 또는 다중 재질의 모든 조합이 포함될 수 있습니다.

Section 01 스튜디오 창

스튜디오 창은 3가지 방식으로 실행할 수 있습니다.
첫째, 메뉴바에서 '윈도우 〉 스튜디오…'
둘째, 리본메뉴의 '스튜디오 추가' 또는 '스튜디오' 아이콘 클릭(여러분의 리본에서 스튜디오 관련 아이콘이 안 보일 수도 있습니다. 그럴 때는 리본에 마우스를 대고 우클릭을 하시면 체크메뉴가 활성화되고, 활성화 시 스튜디오 관련 아이콘을 체크하여 활성화할 수 있습니다.
셋째, 단축키 'U' 중에 하나를 선택하여 실행할 수 있습니다.

Section 02 스튜디오 세팅

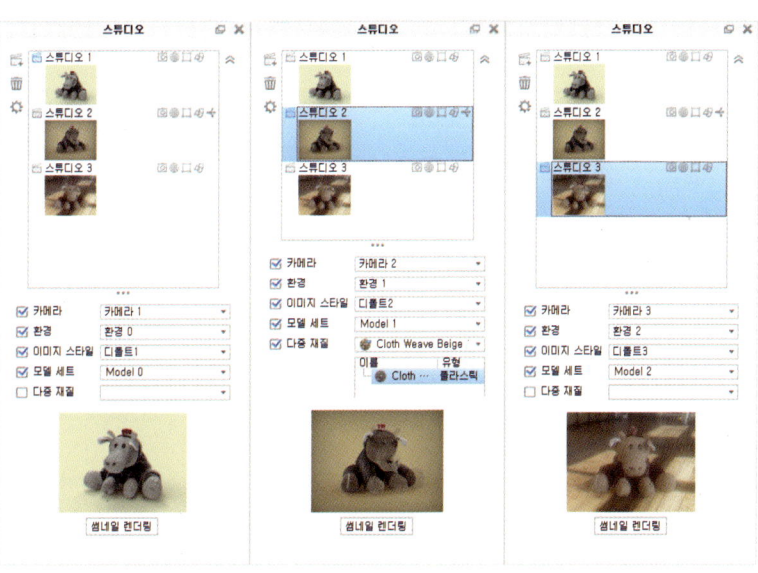

참고
예제샘플을 확인하려면
EX07-03.bip를 참고하세요.

위 그림에서 스튜디오를 사용하여 3가지의 스튜디오를 구성했습니다.
스튜디오 안에서 모든 것이 꾸며지는 것은 아닙니다. 예를 들어 카메라를 잘 보시면 카메라1, 카메라2, 카메라3을 보실 수 있을 것입니다. 이것은 '프로젝트 〉 카메라' 탭에서 미리 카메라가 3대를 저장 시켜줘야 한다는 이야기입니다. 이는 스튜디오를 꾸밀 때 카메라, 환경, 이미지 스타일, 모델 세트, 다중 재질에 대해 원하는 환경을 먼저 구성해야 한다는 이야기입니다.

스튜디오를 처음 꾸밀 때는 선진행해야 할 부분들이 있습니다.
첫째, '프로젝트 〉 씬' 탭에서 모델세트를 원하는 만큼 만들어 주세요. 예제의 경우 Model 0, Modle 1, Model 2와 같이 3가지의 모델세트를 만들었습니다. 이 모델세트에 각각의 맵핑을 진행하여 주세요(모델세트에 대한 것은 본 책의 Part 4 〉 Chapter4 〉 Section1. 씬탭을 참조하시면 됩니다.).
둘째, 첫째의 각 모델세트에서 다중 재질이 있으면 만들어 주세요. 만약, 안 만들었다고 해도 별 상관은 없습니다.
셋째, "프로젝트 〉 카메라' 탭에서 카메라의 위치를 저장하여 주세요. 예제에서는 카메라1, 2, 3 로 세가지 카메라만 지정했지만, 여러분이 원하는 각도의 카메라를 마음껏 만드시면 됩니다.
넷째, '프로젝트 〉 환경' 탭에서 각각 다른 환경을 만들어 저장하세요.
다섯째, "프로젝트 〉 이미지' 탭에서 이미지 스타일을 만들어 주세요(아래 이미지 참조).

이렇게 각 스튜디오의 구성을 먼저 선진행 해야지만, 스튜디오를 쉽게 꾸밀 수 있습니다.
이렇게 선진행한 다음에 위의 그림처럼 스튜디오 창을 열고, 스튜디오를 추가한 뒤, 선진행 요소들을 불러와 나만의 스튜디오를 만들 수 있습니다. 참고적으로 모두 적용했지만, 스튜디오 창에서 썸네일 렌더링이 적용이 안될 시에는 '썸네일 설정 〉 환경 썸네일로 모두 리셋'을 클릭하여 최신으로 갱신해 주시기 바랍니다.
이러한 스튜디오 기능은 예를 들어 자동차에 여러가지 색상을 입히고 PT를 보면서 할 때, 또는 제품에 대해 환경적 요소를 바꿔가면서 사람들에게 보여주고 싶을 때, 또는 하나의 키샷파일로 여러 연출을 해보고 싶을 때 사용하면 좋겠습니다.

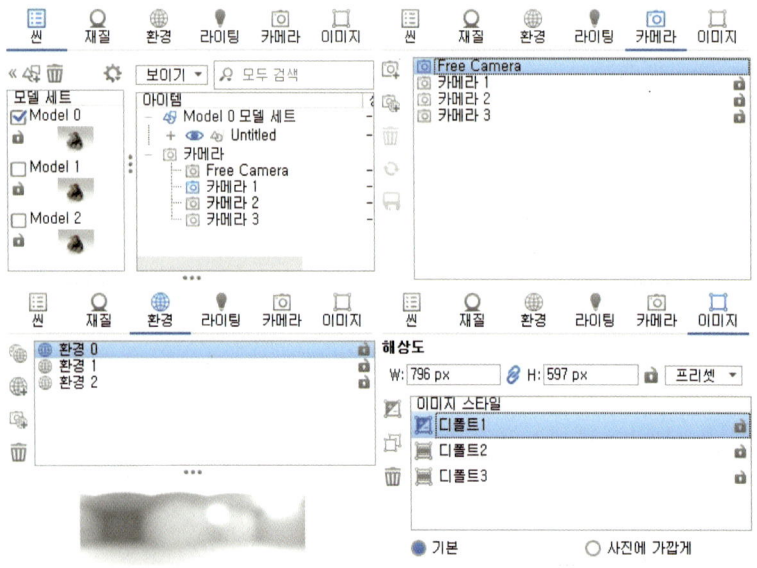

MEMO

PART

8

렌더

CHAPTER 01 렌더 출력

씬에 대한 모든 설정을 마치면 마지막으로 이미지 또는 애니메이션 등으로 최종 결과물을 만들어야 할 것입니다. 이를 수행하는 툴바의 렌더 아이콘을 클릭하던가, 메뉴바에서 '렌더 〉 렌더…'를 클릭, 또는 'Ctrl + P'를 사용하여도 됩니다.

렌더링 출력에는 스틸 이미지, 애니메이션, KeyShotXR, 구성기 등 네가지로 구성됩니다.
설정할 항목들이 여러 가지가 있으며, 최종 결과물에 따라 다양한 설정 값들을 조절하여 렌더링을 실행합니다. 만약 지나치게 높은 옵션을 높게 설정하면 최종 결과물의 품질은 별로 차이 나지 않은 채 렌더링 타임만 몇 배 증가하는 결과를 만들 수 있습니다. 이 옵션에서는 어떻게 시간을 절약하면서도 품질은 유지하면서 렌더 옵션을 설정하는가를 배워보겠습니다.

Section 01 스틸 이미지

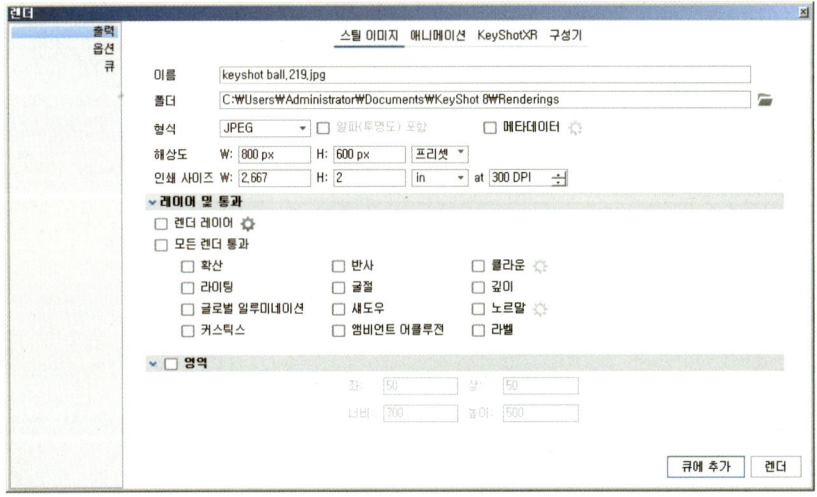

이름
렌더링 파일의 이름을 설정합니다. 입력하지 않으면 기본 파일 이름에 넘버링이 붙으면서 자동 생성 됩니다.

폴더
저장되는 위치를 지정합니다. 특정폴더를 지정하지 않으면, 기본적으로 지정된 'KeyShot 8 Resources 〉 Rendering' 폴더에 저장 됩니다.

포멧

PNG, JPEG, EXR, TIFF, TIFF 32bit, PSD 및 PSD 16, 32bit를 선택할 수 있습니다. JPG이외의 형식은 알파채널을 포함할 수 있습니다. PSD 포멧은 단일 레이어 PSD파일로 출력할 수 있습니다.

메타데이터

이 옵션을 사용하면 파일이 스틸 이미지와 함께 출력됩니다. 메타 데이터는 장면 이름, 카메라 이름 및 속성, 환경 이름 및 속성, 활성 모델 세트, 활성 스튜디오, 조명 설정, 재질 이름 및 렌더링 품질 설정과 같은 유용한 참조 정보를 제공합니다. .xmp > 이 파일은 텍스트 편집기에서 읽을 수 있으며 Adobe 응용 프로그램으로 가져올 수도 있습니다.
단순(.meta) > 이 파일은 읽기 쉽도록 형식이 지정됩니다.

해상도

렌더링 이미지의 해상도를 설정합니다. 이 해상도는 지정된 해상도를 선택하거나 따로 입력해도 됩니다.

인쇄사이즈

최종 출력물을 인쇄할 경우, 설정된 정확한 DPI로 업데이트 됩니다.

렌더 레이어

일반적 렌더 출력은 모든 씬 안의 파트와 모델들이 렌더링 출력물이 됩니다. 이 옵션은 파트와 모델을 렌더 레이어에 할당하여 그 할당된 렌더 레이어를 출력할 수 있습니다. 레이어 출력을 사용하려면 모든 렌더 레이어 확인란을 선택합니다. 렌더 레이어는 '프로젝트 > 씬' 탭의 트리구조에서 만들 수 있습니다.
예를 들어 자동차가 있고, 그 자동차의 엔진 부분만 검정색으로 렌더링하고 싶을 때 엔진 부위의 파트와 모델을 새로운 렌더 레이어에 포함되게 만든 후, 엔진 부위만 렌더링 할 때 사용됩니다. 또한, 알파 모드들은 렌더 출력물을 가지고 포토샵 등의 후보정 시 자연스러운 이미지가 연출되도록 해주는 옵션입니다. 기어 아이콘을 선택하여 아래와 같은 레이어의 알파(투명도) 모드를 선택할 수 있습니다.

스트레이트 알파 - 테두리 없음(Straight Alpha - Unmatted)

이 알파 모드는 렌더 레이어의 가장자리에 있는 색상을 안티 에일리어싱 가장자리의 반투명 픽셀로 확장합니다. 이렇게 하면 후보정에서 렌더링 레이어를 합성할 때 검은 얼룩이 생기는 것을 방지할 수 있습니다. 이 알파 유형은 대부분의 상황에서 최상의 결과를 제공하므로 기본값입니다.

미리 곱한 알파 - 검은색 테두리(Premultiplied Alpha – Matted with Black)

이 알파 모드는 안티 에일리어싱으로 인해 반투명 픽셀을 검정색으로 혼합하여 이미지를 미리 만듭니다. 이미지 편집 응용 프로그램에서 검은 색 매트 색상 지정 및 조정을 지원하지 않으면 렌더 레이어를 합성 할 때 검은 얼룩이 생길 수 있습니다. Photoshop에서는 'Image> Matting' 아래에 있는 Matting 옵션 중 하나를 사용하여 문제를 해결할 수 있습니다.

알리아싱 - 주변부 불투명(Aliased – Opaque Fringe)

이 알파 모드는 렌더 레이어의 가장자리에서 색상을 확장하고 완전히 불투명한 가장자리를 만듭니다. 이렇게 하면 후처리에서 렌더 레이어를 합성할 때 인접한 렌더링 레이어 간의 투명 간격을 피할 수 있습니다. 고해상도에서 렌더링하면 에일리어싱이 눈에 띄지 않게 됩니다.

모든 렌더 통과(Render Pass Output)

모든 렌더 통과가 무슨 뜻이지 하는 분들이 있을 것입니다. 간단히 영어로 보면 렌더 패스 출력이 더 이해하기 쉬울 것입니다. 아래에서는 모든 렌더 패스라는 표현으로 이야기 드리겠습니다.

렌더 패스 출력을 사용하려면 '모든 렌더 통과' 앞의 체크란을 체크하여 전체를 렌더 출력하던가 또는 각각의 패별 유형 앞에 있는 체크란을 체크하여 원하는 것만 선택하여 출력합니다. 이렇게 하면 출력 탭에 지정된 원본 이미지 형식과 함께 선택한 패스가 렌더링 됩니다. 포맷 드롭 다운 메뉴에서 PSD 또는 PSD 32 비트 옵션을 선택하여 PSD에 추가 확인란을 활성화하십시오. 이렇게 하면 모든 패스가 하나의 PSD 파일로 컴파일 됩니다.

영역

아래 그림과 같이 전체 이미지 화면에서 원하는 부분만 따로 지정해서 부분적으로 렌더링을 수행할 수 있습니다. 이 옵션은 이미 큰 사이즈의 렌더링을 완료한 상태에서 작은 부분만 수정하고 수정된 부분만 다시 렌더링하고자 할 때 유용하게 사용됩니다.

부분 렌더링 기능을 사용하고 싶다면 영역 옆의 체크박스를 체크한 후, 아래 그림과 같이 영역을 지정하고, 렌더 버튼을 누르시면 됩니다. 단위는 픽셀 단위입니다.

Section 02 애니메이션

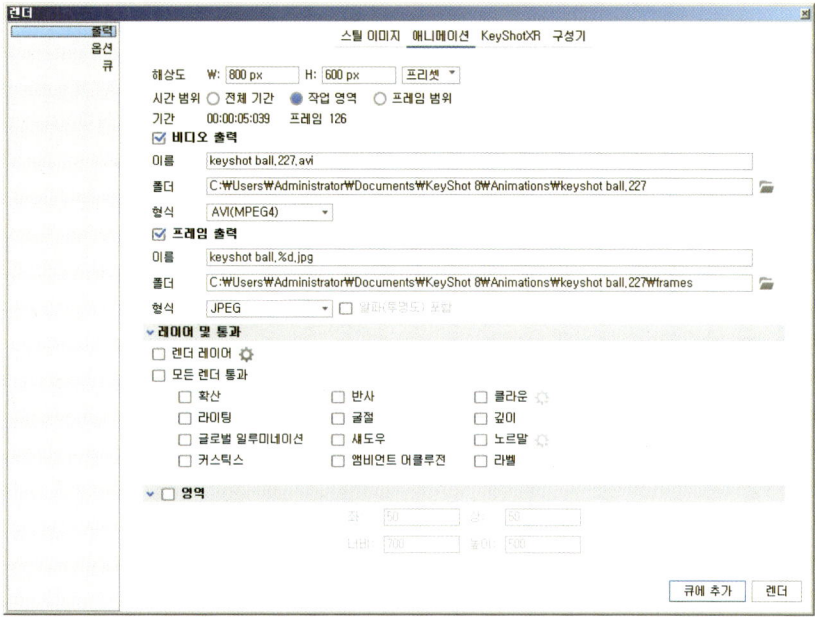

해상도

애니메이션 되는 애니메이션의 해상도를 설정합니다. 미리 지정 된 해상도를 선택하거나 사용자 정의에 따라 지정할 수 있습니다.

시간범위

애니메이션이 범위를 지정합니다. 기본값은 '전체기간(시간)'입니다. 또한, 애니메이션 작업영역을 선택하여 그 영역에 따라 렌더링이되며, 특정 프레임 범위에서 지정할 수도 있습니다. 시간범위에 따른 기간이 자동적으로 기재되어집니다.

비디오출력

이름과 폴더를 지정할 수 있으며, 포멧은 MP4(H.264), AVI(MPEG4), AVI(비압축), MOV(Quicktime), FLV(플래시 비디오), 애니메이션 GIF로 지정할 수 있다.

프레임출력

이름과 폴더를 지정할 수 있으며, 포멧은 PNG, JPEG, EXR, TIFF, TIFF 32Bit, PNG, PSD, PSD 16-bit, PSD 32-Bit로 형식을 지정할 수 있다. 프레임 출력 시 이름을 보시면 "%d"라는 접미사가 추가 되어 있습니다. 이 접미사를 사용하면, keyshot ball.1.jpg 〉 keyshot ball.2.jpg 〉 keyshot ball.3.jpg…으로 저장이 됩니다.
위의 접미사를 "%04d"로 변경시키면 keyshot ball.0001.jpg 〉 keyshot ball.0002.jpg 〉 keyshot ball.0003.jpg…형식으로 저장됩니다.

Section 03 KeyShotXR

KeyShotXR 출력 옵션은 KeyShotXR 추가 기능이 설치된 경우 사용할 수 있습니다. KeyShotXR의 설정 및 출력은 물론 렌더링 레이어 및 렌더링 패스의 옵션도 제공합니다.

KeyShotXR 마법사에서 설정 한 대부분의 매개 변수는 KeyShotXR Render Output 옵션에서 편집할 수 있습니다. 또한 파일 형식, 파일 크기 및 iOS 출력을 iOS 장치에서 볼 수있는 다른 옵션도 있습니다. 또한 KeyShotXR 제어, 사용자 정의 및 FTP를 통해 웹 사이트에 직접 업로드하기위한 고급 옵션이 있습니다.

이름

KeyShotXR에 이름을 지정하세요. 프레임은 같은 이름의 폴더에 있습니다.

폴더

대상 폴더에 KeyShotXR파일을 설정합니다. 이 위치에서 .html 파일은 모든 이미지 파일 등을 포함하는 새 폴더 옆에 추가됩니다.

뷰 해상도

해상도를 설정합니다.

형식

프레임에 대해 JPEG 또는 PNG를 선택하십시오. .PNG이미지의 투명도를 원하면 알파 채널을 체크하세요.

파일 사이즈

파일 사이즈는 출력 되는 사이즈의 품질을 이야기합니다. '미리보기' 버튼을 클릭하면 품질에 대한 압축된 단일 파일 사이즈 및 모든 파일에 대한 예상 출력 사이즈를 계산하여 줍니다. 파일 크기가 커지면 브라우저에서 KeyShotXR을 로드하는 시간이 늘어날 수 있습니다.

iBooks 위젯 생성

이 기능을 사용하면 iBooks Author를 사용하여 iBook에 삽입할 수 있는 KeyShotXR과 동일한 폴더에 HTML5 위젯이 출력됩니다.

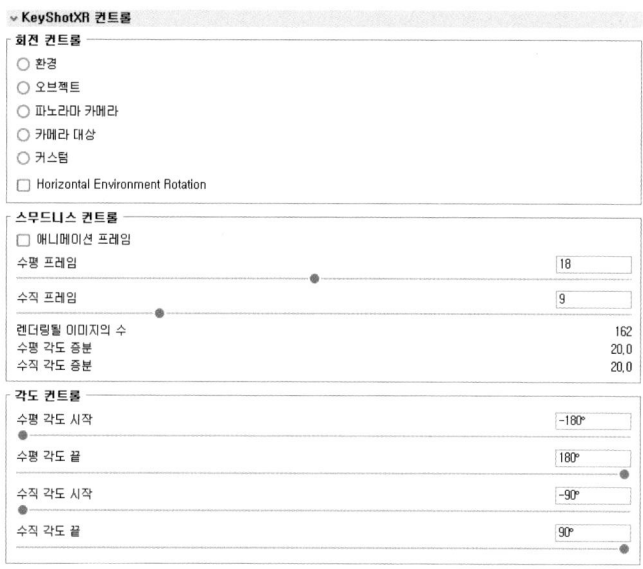

〈회전 컨트롤〉

환경

씬 중심에서 회전 중심을 설정합니다.

오브젝트

씬의 객체를 회전의 중심으로 설정합니다.

파노라마 카메라

스마트폰 카메라에서 파노라마를 찍듯이 사진기의 축이 중심으로 설정됩니다.

카메라 대상

현재 카메라 설정을 사용하여 회전 중심으로 사용합니다.

커스텀

이 옵션을 사용하면 씬 트리 항목에서 회전 중심을 선택할 수 있습니다.

Horizontal Environment Rotation(수평 환경 회전)

KeyShotXR로 환경을 회전시키려면 이 옵션을 활성화하십시오.

〈스무드니스 컨트롤〉

애니메이션 프레임
애니메이션이 씬에 적용되면, 이 애니메이션에서 KeyShotXR을 만들 수 있습니다. 이 애니메이션의 KeyShotXR 활성화된 경우 추가 매개 변수가 표시됩니다.

수평 프레임
수평 프레임은 "X"방향의 프레임 수를 제어합니다. 프레임 수가 많을수록 모델이 더 부드럽게 회전합니다.

수직 프레임
수직 프레임은 "Y"방향의 프레임 수를 제어합니다. 프레임 수가 많을수록 모델이 더 부드럽게 회전합니다.

렌더링될 이미지의 수
수평 및 수직 프레임 수를 기준으로 렌더링 할 이미지 수를 표시합니다.

수평 각도 증분 / 수직 각도 증분
각 프레임 사이의 각도를 보여줍니다. 이 값은 수직 및 수평 프레임 수와 시작 및 종료 각도에 따라 달라집니다.

〈각도컨트롤〉

이것은 마법사의 KeyShotXR Mode의 사용자 정의 설정과 동일하며, KeyShotXR의 가능한보기 각도를 제어합니다. 사전 설정을 사용하려면 마법사를 사용하십시오.

수평 각도 시작 / 끝
"X"평면에서 회전의 시작과 끝을 제어합니다.

수직 각도 시작 / 끝
"Y"평면에서 회전의 시작과 끝을 제어합니다.

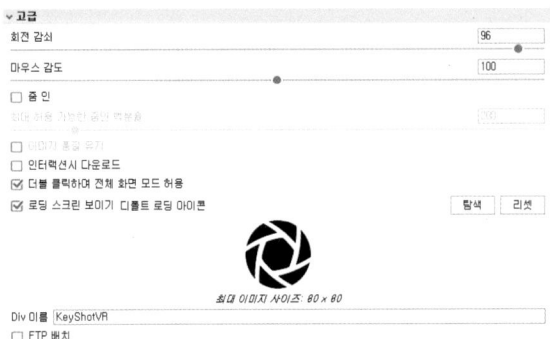

KeyShotXR의 고급 설정은 사용자 정의 설정과 동일한 창에 있는 드롭 다운 메뉴에 있습니다. 이 메뉴는 KeyShotXR이 웹 브라우저에서 상호 작용하는 방식을 제어합니다.

회전 감쇠
이 값을 높이면 웹 브라우저에서 패닝 할 때 카메라가 부드럽게 회전합니다.

마우스 감도
이 옵션은 KeyShotXR의 전체 마우스 감도를 제어합니다. 이 값을 높이면 마우스 움직임이 적으면서 모델 이동이 증가합니다.

줌인
줌인 기능을 사용하면 브라우저 내부에서 KeyShotXR을 확대할 수 있습니다. '최대 허용 가능한 줌인 백분율' 슬라이더를 사용하여 사용자가 KeyShotXR을 확대할 수 있는 양을 제어하십시오.

이미지 품질 유지
확대할 때 최적의 이미지 품질을 위해 더 큰 해상도로 프레임을 렌더링하려면 이 옵션을 활성화하십시오. 그러면 렌더링 된 프레임 해상도를 확대하여 확대할 때 이미지 품질이 보존됩니다. 이것은 각 프레임의 뷰포트 해상도 설정과는 별개입니다. 이것은 또한 KeyShotXR 파일 크기를 증가시킵니다.

인터랙션시 다운로드
이 옵션을 사용하면 사용자가 KeyShotXR과 상호 작용한 후 이미지를 브라우저에 불러오도록 KeyShotXR을 설정합니다.

더블 클릭하여 전체 화면 모드 허용
마우스 인쪽 버튼을 더블 클릭하면 선제 화면 모드로 진환됩니다.

로딩 스크린 보이기 디폴트 로딩 아이콘
이 기능을 사용하면 불러오기 아이콘이 표시됩니다. KeyShotXR이 브라우저에 불러오기 중에 나타납니다. 이 이미지는 '탐색' 버튼을 선택하고 선호하는 이미지 파일을 탐색하여 변경할 수 있습니다.

Div 이름
이것은 HTML 코드에서 KeyShotXR 섹션을 정의합니다.

FTP 배치
키샷이 렌더링 된 이미지를 불러올수 있게 하려면 이 옵션을 활성화하십시오. KeyShotXR을 FTP 주소에서 직접 가져옵니다.

Section 04 구성기

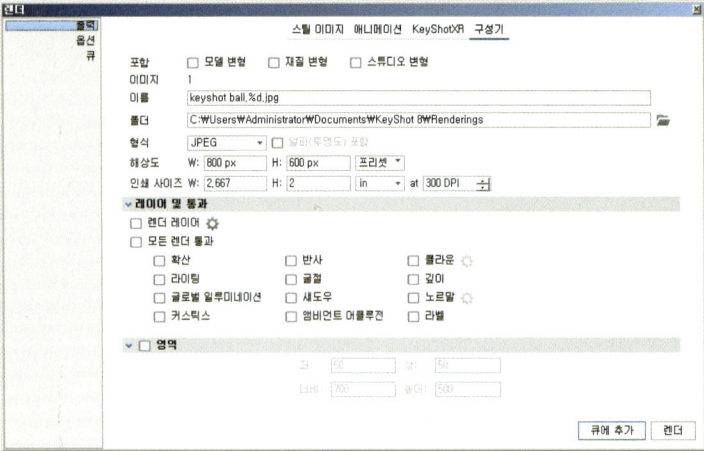

포함
이 옵션을 사용하면 구성자 출력에 모델/재질/스튜디오 등 포함될 변형을 지정할 수 있습니다.

이미지
이 값은 포함된 변형에 의해 결정되는 출력 이미지의 총 수를 표시합니다. 포함 체크 박스가 표시되고 선택 해제되면 값이 자동적으로 업데이트됩니다.

이름
텍스트 필드에 렌더링의 파일 이름을 설정합니다. 입력하지 않으면 기본 이름이 장면 이름이 됩니다. '%d'를 유지하는 것이 중요합니다. 이렇게 하면 각 유사 콘텐츠에 점차적으로 수정 추가됩니다.

폴더
렌더링이 저장될 위치를 선택하십시오. 특정 폴더를 선택하지 않으면 기본 렌더링 폴더에 저장됩니다.

형식
JPG, TIF, OR, TIFF 32 bit, PNG, PSD 및 PSD 32 비트 중에서 선택하십시오. JPG 이외의 모든 형식에는 알파 채널이 포함될 수 있습니다.

해상도
렌더링의 해상도를 설정합니다. 입력하거나 사전 설정에서 지정하세요.

인쇄 사이즈
최종 출력물이 인쇄 품질을 위해 원하는 DPI는 물론 인쇄 크기의 크기를 입력하십시오. 크기를 설정하면 해상도가 올바른 크기로 업데이트됩니다.

Section 05 렌더 레이어 및 모든 렌더 통과

본 Part의 Section1에서 대략적으로 설명 드렸지만, 본 section에서는 예제를 들어 설명 드리겠습니다.

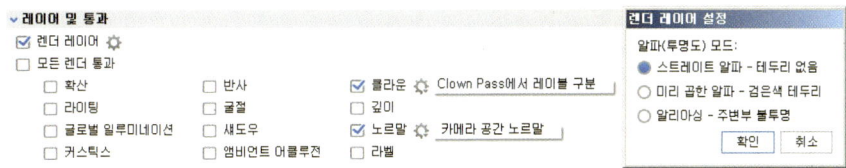

렌더 레이어

일반적 렌더 출력은 모든 씬 안의 파트와 모델들이 렌더링 출력물이 됩니다. 이 옵션은 파트와 모델을 렌더 레이어에 할당하여 그 할당된 렌더 레이어를 출력할 수 있습니다. 레이어 출력을 사용하려면 모든 렌더 레이어 확인란을 선택합니다. 렌더 레이어는 '프로젝트 > 씬' 탭의 트리구조에서 만들 수 있습니다.

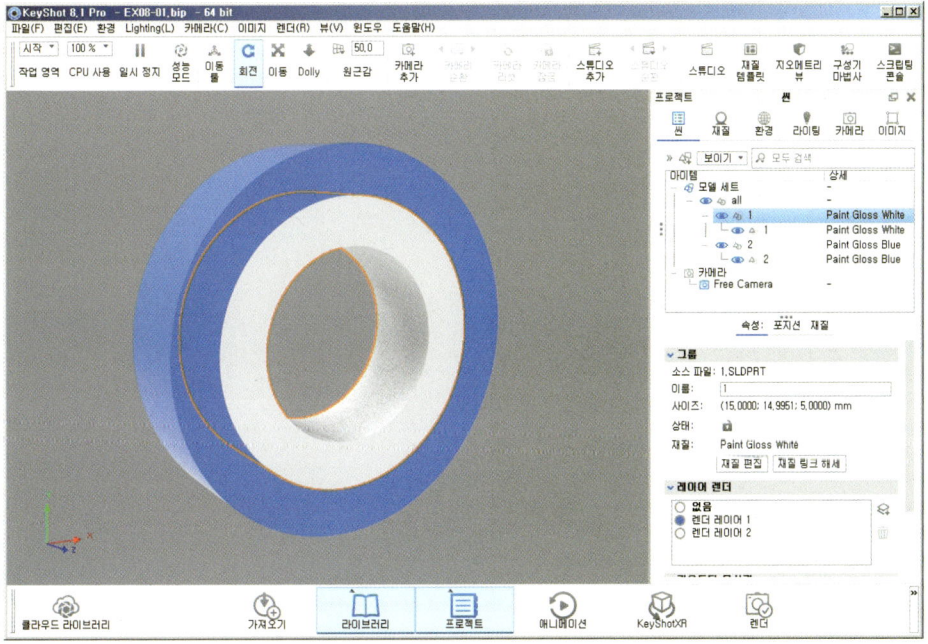

참고 예제샘플을 확인할려면 EX08-01.bip를 참고하세요.

위의 그림처럼 모델 1를 렌더 레이어 1로 구성하고, 모델 2를 렌더 레이어 2로 구성합니다.
이렇게 구성하여, 3가지 옵션에 대해 렌더링을 각각 걸어 봅니다. 각각 모델링을 걸면 JPG파일과 알파값을 가진 PNG 모델 각각 2가지로 표현되며 아래 폴더 이미지와 같이 총 9장의 렌더링이 출력 됩니다.

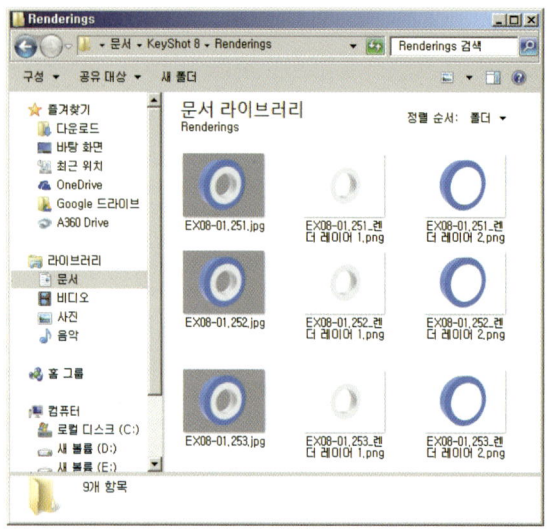

3가지 옵션의 jpg값을 비교하였을 때는 모두 같아 보이나, png를 합성하였을 때는 아래와 같은 결과치가 나옵니다(합성치를 잘 보이기 위해 회색 배경색을 사용하였습니다.).

스트레이트 알파 - 테두리 없음 (Straight Alpha - Unmatted) 〉이 옵션을 사양하면 객체의 가장 자리에 띠가 거진 생기지 않으며, 회색 배경색이 살짝 흐려집니다.	
미리 곱한 알파 - 검은색 테두리 (Premultiplied Alpha - Matted with Black) 〉이 옵션을 사용하면 가장 자리에 검정색 띠가 생깁니다.	
알리아싱 - 주변부 불투명 (Aliased - Opaque Fringe) 〉이 옵션을 사용하면 가장 자리에 불투명 띠가 생깁니다.	

모든 렌더 통과(Render Pass Output)

모든 렌더 통과가 무슨 뜻이지 하는 분들이 있을 것입니다. 간단히 영어로 보면 렌더 패스 출력이 더 이해하기 쉬울 것입니다. 아래에서는 모든 렌더 패스라는 표현으로 이야기 드리겠습니다.

렌더 패스 출력을 사용하려면 '모든 렌더 통과' 앞의 체크란을 체크하여 전체를 렌더 출력하던가 또는 각각의 패별 유형 앞에 있는 체크란을 체크하여 원하는 것만 선택하여 출력합니다. 이렇게 하면 출력 탭에 지정된 원본 이미지 형식과 함께 선택한 패스가 렌더링 됩니다(모든 렌더 통과에 사용된 이미지는 키샷 매뉴얼의 그림을 인용하였음을 알려드립니다.).

확산(Diffuse Pass)

라벨을 포함하여 장면의 모든 재질의 확산 색상을 포함하는 이미지를 만듭니다.

라이팅(Lighting Pass)

씬에서 조명의 직접 구성 요소만 포함하는 이미지를 만듭니다. 또한 이 패스에는 재질의 확산 색상이 더해집니다.

글로벌 일루미네이션(Global Illumination Pass)

씬에서 조명의 간접 구성 요소만 포함하는 이미지를 만듭니다. 또한, 이 패스에는 재질의 확산 색상이 더해집니다. Cf〉 '프로젝트 〉 라이팅 〉 일반 라이팅'에서 글로벌 일루미네이션을 언체크하면 글로벌 일루미네이션 패스로 인해 완전히 검은 색 이미지가 나타납니다.

커스틱스(Caustics Pass)

씬에서 빛의 집중화 현상을 나타내는 이미지를 나타냅니다. Cf〉 '프로젝트 〉 라이팅 〉 일반 라이팅'에서 커스틱스를 언체크하면 커스틱스 패스는 완전히 검은 색 이미지가 됩니다.

반사(Reflection Pass)

씬의 모든 반사 재료의 반사를 포함하는 이미지를 만듭니다.
Cf) 반사에는 광원 재질의 반사가 포함되지 않습니다.

굴절(Refraction Pass)

씬의 모든 굴절 물질의 굴절을 포함하는 이미지를 만듭니다.

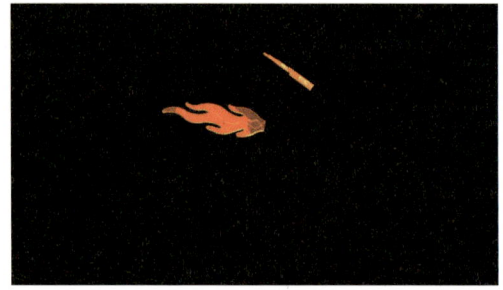

섀도우(Shadow Pass)

씬의 모든 광원(HDRI조명 및 광원)의 그림자를 포함하는 이미지를 만듭니다.

클라운(Clown Pass)

이미지 에디터등을 쉽게 선택하고 마스킹 할 수 있도록 각 재질을 평면 색상으로 표시하는 이미지를 만듭니다. 클라운 체크하면 'Clown Pass에서 레이블 구분' 옵션을 선택할 수 있습니다.

클라운은 아래와 같은 규칙을 따릅니다.
기본 RGB 색상이 먼저 할당된 다음 보조 색상이 할당되고, 그 다음 3 차 색상이 할당됩니다.
색상은 현재 활성 모델 세트에 표시되도록 설정된 객체들 사이에서만 분산됩니다. 즉, 더 적은 수의 재료를 사용하면 광대 결과가 좋을 것입니다.

'Clown Pass에서 레이블 구분' 비활성화 이미지

'Clown Pass에서 레이블 구분' 활성화 이미지

앰비언트 어클루전(Ambient Occlusion Pass)

교차되지 않은 서페이스가 흰색으로 채워지고 교차 된 서페이스가 검은색 이미지를 만듭니다. 이 패스는 틈새 및 내부 모델 가장자리를 강조하기 위해 합성에 사용할 수 있습니다.

깊이(Depth Pass)

카메라에 대한 서페이스의 거리와 관련된 정보가 포함된 이미지 깊이값를 만듭니다. 깊이값은 Adobe Photoshop 및 Adobe After Effects와 같은 다른 응용 프로그램에서 사용되어 피사계 심도와 같은 효과를 시뮬레이션 합니다.

노르말(Normals Pass)

노멀은 보통 법선맵이라고도 합니다.
씬의 표면 법선을 사용하여 각 픽셀이 기하학의 방향을 나타내는 이미지를 만듭니다. 기본적으로 법선은 월드 공간에서 생성됩니다(씬과 관련됨). 노멀이 활성화되면 '카메라 공간 노르말'을 활성화할 수 있습니다.
노멀 패스는 씬을 다시 렌더링 할 필요 없이 게시물의 신속한 재라이팅에 유용할 수 있습니다.
Cf> '카메라 공간 노르말' 활성화 이미지는 법선맵으로 직접 사용할 수 있습니다.

'카메라 공간 노르말' 비활성화 이미지

'카메라 공간 노르말' 활성화 이미지

라벨(Labels Pass)

이 기능을 사용하면 모든 라벨이 알파가 포함 된 단일 이미지로 출력됩니다.

CHAPTER 02 렌더 옵션

Section 01 모드

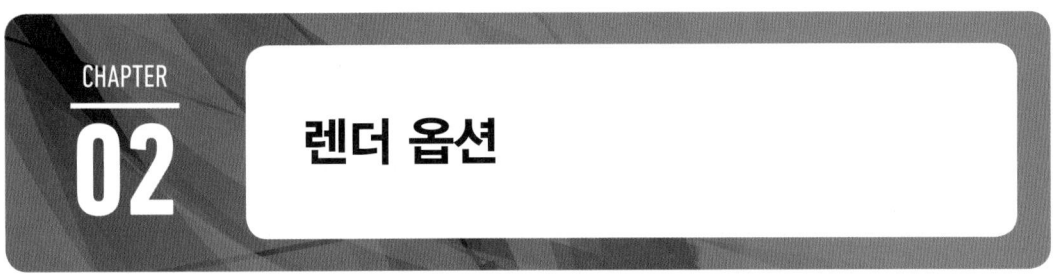

디폴트(Default)

기본 렌더 모드는 렌더링 출력 설정을 조정한 직후 렌더링하거나, 키샷 프로를 사용하는 경우 렌더링 큐에 렌더링을 보내도록 허용합니다.

백그라운드(Background)

백그라운드 모드 옵션을 사용하면 백그라운드에서 렌더링을 실행하고 작업을 계속할 수 있습니다.
cf) 실시간보기는 렌더링이 시작될 때 기본적으로 일시 중지됩니다. 실시간보기를 사용하지 않으려면 렌더링을 선택하고 실시간 렌더링 일시 중지를 선택 취소하고 계속 작업하십시오.

네트워크로 보내기(Send to Network)

키샷 네트워크 렌더링을 사용하는 경우 네트워크로 전송 렌더링 모드를 사용하여 렌더링을 키샷 네트워크 렌더링 모니터로 보낼 수 있습니다. 네트워크에 렌더링 할 작업을 보내려면 모니터가 설치되어 실행 중인지 확인하시기 바랍니다.

CPU 사용(CPU Usage)

기본 및 배경 렌더링 모드의 경우 CPU 사용 설정을 사용하면 프로젝트 렌더링에 사용할 CPU 코어 수를 지정할 수 있습니다. '실시간 CPU 사용(설정) 사용'을 선택하면 키샷 리본에 정의된 CPU 사용설정이 사용됩니다.

Section 02 최대 샘플

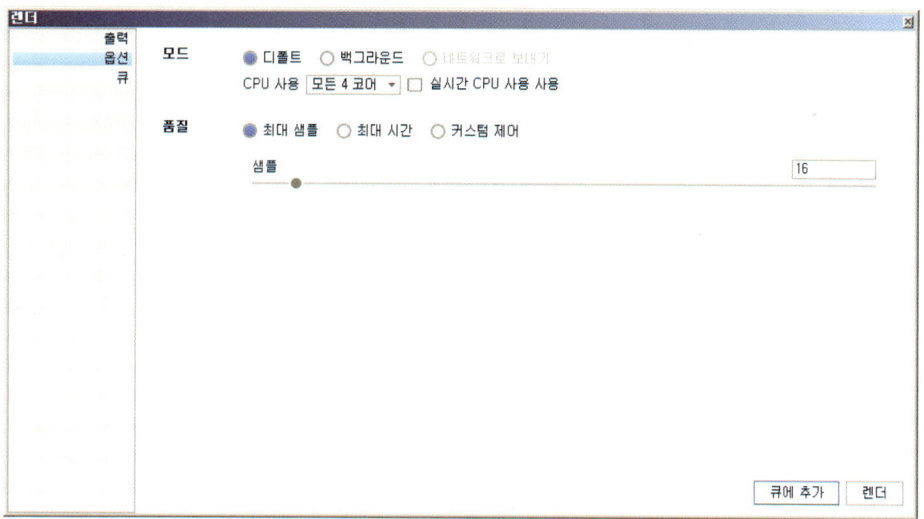

렌더링 이미지 또는 애니메이션의 출력에 얼마나 많은 sample을 할당할 것인지 설정해 렌더링하는 모드입니다. 샘플이 추가로 더 많이 할당 받게 되며, 이미지의 노이즈나 뭉개짐 현상이 개선됩니다. 이 모드는 실시간 창의 설정값을 그대로 렌더링에 사용하게 됩니다.

샘플은 렌더링 과정에서 하나의 픽셀에 해당하는 빛의 양을 설정합니다. 즉, 이미지의 각각의 픽셀들이 좀 더 빛의 양을 정교하게 설정하여, 픽셀들을 정교하게 만듭니다. 하지만, 정교하게 하기 위해서는 렌더링 시간에 보다 많은 시간이 사용됩니다. 너무 낮은 값을 입력하면 이미지에 노이즈 현상이 발생할 것입니다. 하지만, 필요이상의 수치로 무작정 올린다면 렌더링 품질이 계속해서 높아지지는 않는다는 점을 기억하시기 바랍니다. 필요한 수치 이상으로 수치를 높인다는 것은 결국 렌더링 시간만 증가시키는 결과로 초래될 것입니다.

샘플은 각각의 픽셀이 색상을 계산하는데 사용되며, 위에서 설명했듯이 필요이상의 샘플을 할당하는 것은 렌더링 타임만 증가시킬 뿐, 더 이상의 정교한 렌더링 품질을 의미하지는 않습니다. 이미지 전체에서 차지하는 픽셀의 크기와 그 픽셀을 계산하는 샘플과의 관계에서 중요한 것은 이미지의 해상도를 증가하면 상대적으로 픽셀의 크기는 더 작은 면적을 차지하게 된다는 것입니다.

즉, 똑 같은 샘플 값을 가진 두 가지 이미지에서, 해상도가 배가 높은 쪽의 해상도가 노이즈 등 픽셀이 더 정교해짐을 알 수 있습니다. 예를 들어, 1픽셀이 10x10이라면, 배로 높은 쪽의 해상도를 가진 1픽셀은 20x20이 되며, 단위 면적으로는 전자보다 후자가 4배의 공간을 차지하게 되는 것이라, 좀 더 섬세한 이미지를 얻게 되는 것입니다.

최대 샘플 모드는 각각의 프레임이 똑 같은 품질로 렌더링 된다는 점에서 애니메이션 출력에 이상적인 방법입니다. 애니메이션이 재생되는 동안 재질에 노이즈 및 그림자의 깜박임 같은 현상은 나타나지 않습니다.

애니메이션이 진행되는 동안 복잡하게 변하거나 더 디테일한 부분은 그만큼 실제적으로 렌더링 타임을 더 소모하게 되지만, 결국 모든 프레임이 동일한 품질로 렌더링 된다는 점 때문에 이 방법은 애니메이션을 출력하는 방법으로 최대 시간방법보다는 좀 더 나은 결과를 보장합니다. 복잡한 애니메이션의 경우 최대 시간방법으로 출력하게 되면 더 많은 노이즈가 발생하게 됩니다.

Section 03 최대시간

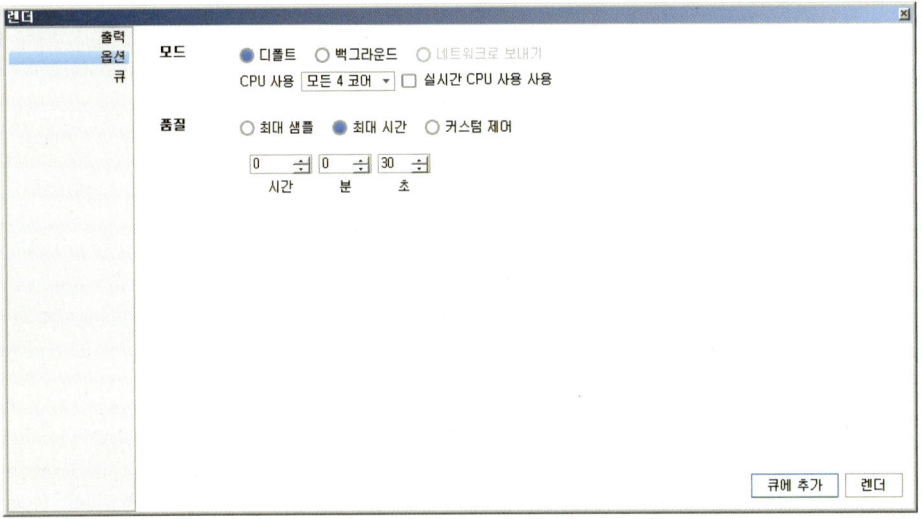

이 옵션은 렌더링 이미지 및 애니메이션을 출력하는데 있어 진보한 방식의 렌더링입니다. 이 옵션에서는 실시간 창의 설정 값을 그대로 렌더링에서 사용하게 됩니다.

여기서 설정한 최대시간에 맞추어 렌더링 이미지 품질을 결정해서 렌더링하게 됩니다. 애니메이션의 경우에는 각 프레임별로 시간을 설정하거나 또는 전체 렌더링 시간을 설정해서 그 시간 안에 렌더링을 끝내게 설정할 수 있습니다.

Section 04 커스텀 제어

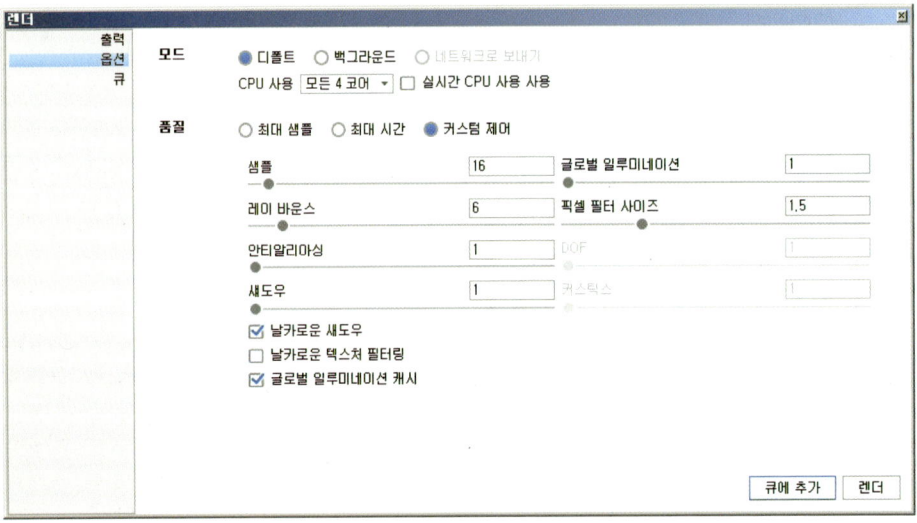

샘플(Samples)

이 옵션은 최종 렌더링 과정에서 하나의 픽셀에 해당하는 빛의 양을 설정합니다. 재질에 따라 차이는 있지만, 일반적으로 8~16사이의 값을 사용합니다.

일반적으로 샘플 값을 높여서 렌더링을 하면 더 부드럽고 노이즈가 적은 이미지를 얻을 수 있습니다. 그 이유는 똑같은 샘플의 수를 할당하더라도 샘플 수치가 높아지면 그만큼 더 정교하게 각 픽셀들의 색상정보를 처리하기 때문입니다. 아래 그림에서 왼쪽 이미지는 '샘플 값 〉8'로 맞추고, 오른쪽 이미지는 '샘플 값 〉24'로 맞춘 상태에서 렌더링한 이미지입니다. 오른쪽의 이미지가 왼쪽의 이미지보다 보라색 페인트 표면의 노이즈가 적게 나타나는 것을 확인할 수 있습니다.

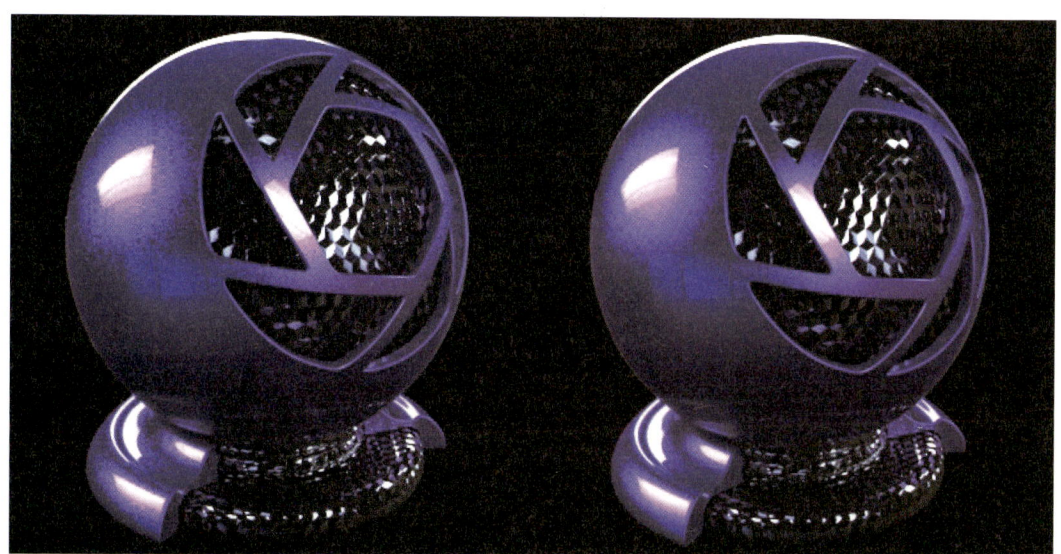

레이 바운스(Ray bounces/빛 반사)

레이 바운스는 씬 내에서 빛의 반사를 몇 번까지 처리할 것인가를 설정합니다.

안티 알리아싱(Anti aliasing)

안티 알리아싱은 렌더링 이미지를 표현할 때 픽셀이라는 작은 사각형을 최소 단위로 합니다.
이에 픽셀이 모여 만들어진 이미지는 가장 자리가 톱니 모양으로 생기게 되며, 이러한 톱니 모양처럼 생긴 픽셀의 가장자리에 생기는 계단과 같이 단 모양이 생기는 데 이러한 현상을 계단 현상이라 하며, 이러한 계단 현상을 좀 더 부드럽게 처리하기 위한 방법입니다. 각각의 픽셀은 사각형 모양이기 때문에 픽셀까지 만나는 가장자리에는 계단 현상이 발생합니다. 기본적으로 1정도의 값이면 이런 현상을 줄이기에 적합한 수치입니다.

섀도우(Shadow quality)

섀도우는 바닥에 생성되는 그림자의 품질을 설정하는 곳입니다. 어느 정도의 값이 적절한지는 슬라이더를 조절하여, 실시간 창을 통해 확인할 수 있습니다.

글로벌 일루미네이션(Global illumination quality)

위에서 몇 번 설명 드렸듯이 현실세계에서 빛처럼 빛의 반사와 난반사가 이루어지며 이러한 간접광들을 렌더링 상에서 나타내는 것을 GI 즉 글로벌 일루미네이션이라고 했습니다. 이 값을 높게 설정하면 렌더링 시간이 많이 증가할 수 있습니다. 이 설정을 10이상으로 설정하는 경우는 특별한 경우를 제외하고는 없습니다.

또한, 조명을 사용할 때나 화이트 재질을 사용 시 어떻게 하든 안 잡히는 노이즈들이 있습니다. 이러한 노이즈를 잡을 때는 GI 값을 30이상 설정 후 렌더링을 해 보시면 노이즈가 감소됨을 알 수 있습니다. 단 GI값은 렌더링 시간을 많이 소요하게 합니다.

픽셀 필터 사이즈(Pixel filter size)

날카롭게 된 렌더링 이미지를 약간 Blur(흐리게)하게 만들기 위해 사용됩니다. 높은 값을 적용하면 이미지는 더욱 흐려질 것입니다. 그러나, 옵션 수치를 너무 늘린다고 해서 렌더링 타임이 증가하지는 않습니다.

DOF 품질

DOF(Depth of Field / 피사계 심도)의 품질을 조절하는 곳입니다. 이 옵션의 수치를 높이면 렌더링 타임이 증가합니다. 최종 결과물에 적합한 설정값은 3~5정도가 적당합니다. 또한, '프로젝트 > 이미지' 효과 > 비네팅 세기'를 활성화 할 때만, 이 옵션을 사용할 수 있습니다. 예를 들어 심도를 넣은 렌더링을 진행할 때 흐릿하게 초점이 안 맞는 부위가 이쁘게 흐릿하지 않고 뭉개지 듯 렌더링 될 때가 있습니다. 이럴 때 DOF 품질 값을 올리며 입자가 곱게 뭉개집니다.

커스틱스

이 값을 늘리면 샘플 및 커스틱스의 품질을 향상시킬 수 있습니다. '프로젝트 > 라이팅'탭의 커스틱스를 체크 해야지만, 이 옵션이 활성화 됩니다. 입력할 수 있는 최대 값은 50입니다. 값을 늘리면 메모리 소비가 늘어납니다.

날카로운 섀도우(Sharp shadow)

3D 모델에 생성되는 그림자를 좀 더 선명하게 하는 옵션입니다. 기본적으로 체크되어 있으며, 가급적 이 옵션은 해제 하지 않기를 권장합니다.

날카로운 텍스쳐 필터링(Sharper texture filtering)

Grazing Angle(지표각 : 입사파와 입사점에서의 경계면이 이루는 각. 즉, 입사각이 50도로 들어와 반사각이 40도로 될 때, 두각의 합이 총 90도의 각에서 남은 40도의 여각을 이야기한다.)의 뷰에서 재질의 정밀도를 표출하고자 할 때 사용됩니다. 예를 들어, 나무재질이 적용된 테이블을 눈높이와 동일 높이의 카메라를 설정했다면 나무결이 제대로 보이지 않는 현상이 발생하게 되는데, 이러한 현상이 발생했을 때 이를 개선하기 위해 체크하는 옵션입니다.

글로벌 일루미네이션 캐시(Global illumination cache)

얼룩진 그림자와 검은 반점에 대한 GI 품질을 증가 시켜 노이즈를 감소 시킵니다. 옵션값을 늘리면 노이즈를 감소시키는데 도움이 될 것 입니다.

CHAPTER 03

큐(Render queue)

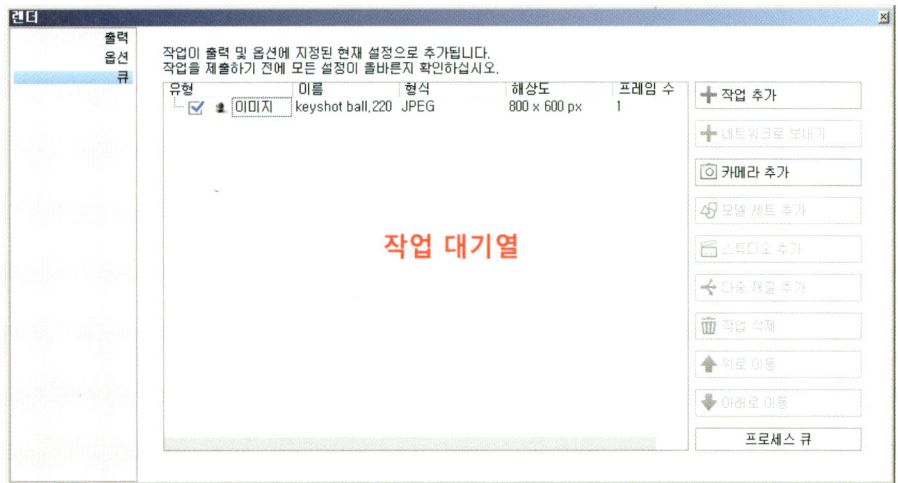

큐(작업 대기열)은 스틸 이미지, 애니메이션, KeyShotXR 및 구성자 렌더링 작업을 일괄 처리하는 데 사용됩니다. 대기열 목록에는 작업 유형, 이름, 형식, 해상도 및 프레임 수가 표시됩니다. 작업 위에 마우스를 올리면 더 큰 축소판 미리보기, 작업 추가 시점, 렌더링 모드 및 샘플 수를 볼 수 있습니다.

작업 추가 / 작업 삭제

대기열 목록에서 작업을 추가 및 제거하려면 이름이 써 있는 버튼을 사용하십시오. 작업은 출력 및 옵션에 지정된 현 새 설정으로 추가됩니다. 각 작업에는 고유 한 설정이 있을 수 있습니다.

네크워크로 보내기

키샷 네트워크 렌더링이 설치되어 있으면, '네트워크로 보내기' 옵션을 사용할 수 있습니다. 대기열에서 하나 이상의 작 업을 선택 / 강조 표시하고 네트워크로 보내기 버튼을 클릭하십시오.

카메라 추가

저장된 카메라를 렌더링 대기열로 보냅니다. 이 버튼은 둘 이상의 카메라가 있는 경우 활성화됩니다. '카메라 추가' 버 튼을 클릭하여 카메라 대기열 창을 열고 대기열에 추가하려는 카메라를 선택합니다.

모델 세트 추가

저장된 모델 세트를 렌더링 대기열에 보냅니다. 이 버튼은 둘 이상의 모델 세트가 있는 경우 활성화됩니다. 모델 세트 추가 단추를 클릭하여 모델 세트 대기열 창을 열고 대기열에 추가할 모델 세트를 선택하십시오.

스튜디오 추가

저장된 스튜디오를 렌더링 대기열로 보냅니다. 이 버튼은 둘 이상의 스튜디오가 있는 경우 활성화됩니다. '스튜디오 추가' 버튼을 클릭하여 대기창을 열고 대기열에 추가할 스튜디오를 선택하십시오.
실제 작업열에 추가할 작업은 카메라/모델세트/스튜디오 추가입니다.

다중 재질 추가

선택한 다중 재질의 모든 하위 재질을 렌더링 큐에 보냅니다. 씬에 하나 이상의 다중 재질이 있는 경우에 버튼이 활성화됩니다. '다중 재질 추가 단추'를 클릭하여 다중 재료 대기열 창을 열고 대기열에 추가 할 각 다중 재료의 변형을 선택하십시오.

위로 이동 / 아래로 이동

목록에서 작업을 선택하고 '위로 이동' 또는 '아래로 이동' 버튼 클릭하여 대기열에서 작업 순서를 변경할 수 있습니다. 맨 위의 작업이 먼저 렌더링 됩니다.

프로세스 큐

큐를 시작할 대기열이 준비가 되면 '프로세스 큐' 단추를 클릭하십시오. 파란색 체크 표시가 있는 모든 작업이 처리됩니다. 오른쪽 클릭 메뉴를 통해 여러 작업을 활성화 / 비활성화 할 수 있습니다.

MEMO

PART

9

재질
고급 사용법

CHAPTER 01 재질 기본개념

키샷의 재질은 각 재질별로 사용 가능한 옵션들과 함께 사용하기 쉽게 배치되어 있습니다. 예를 들어, 금속은 금속질감을 표현하는데 필요한 속성들을 조절할 수 있는 고유의 옵션을 가지고 있고, 플라스틱에는 플라스틱 재질을 표현하기 위한 고유의 옵션을 가지고 있습니다.

키샷의 재질은 숙련된 사용자가 아니더라도 사실적인 재질감을 표현할 수 있도록 설계되어 있기 때문에 이러한 복잡한 개념들을 모두 이해할 필요는 없습니다. 그러나, 작업 전반에 걸쳐 재질이 어떤 식으로 동작하는가에 대한 깊은 이해를 원한다면 참조하시기 바라며, 또한, 나만의 재질을 만들 수 있는 것은 키샷의 고수로 한발짝 다가설 수 있는 방법입니다.

이 재질의 설정은 라이브러리에 있는 재질을 가지고 수정하여 만들 수도 있지만, 궁극적인 것은 '프로젝트 〉 재질 〉 재질유형'에서 아래 그림과 같이 재질 세부로 들어가 수정하여 자신만의 재질을 만드는 것입니다.

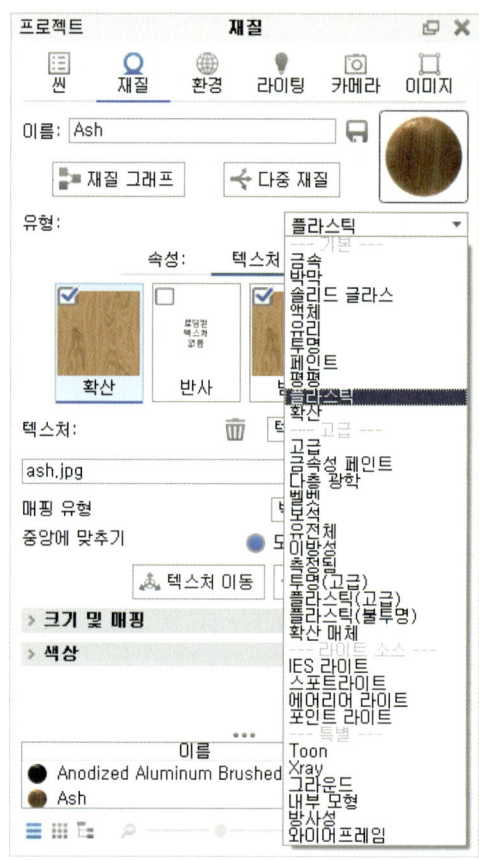

Section 01 산란 매개변수(Diffuse parameter)

이 산란(Diffuse)의 재질은 가장 기본적인 재질의 매개변수라보시면 됩니다.

산란(Diffuse)라는 단어는 'scattered'와 'Spread Out'으로 다시 정의할 수 있습니다. 풀어서 이야기하면 빛이 어떤 물체의 표면에 도달했을 때 그 빛이 분산(scattered)과 확산(Spread)되는 물리적인 현상으로 인해 우리는 물체의 색을 인지할 수 있습니다. 이러한 빛의 속성은 재질의 표면이 가지는 특성에 의해 다르게 나타납니다.

좀 더 자세히 들어가 예를 들자면 거울과 같은 매끈한 표면을 가진 물체라면 빛은 정반사의 속성을 띄게 되며, 이럴 때 재질의 표면에 선명한 하이라이트와 주위의 물체를 거울처럼 반사해 보여주게 됩니다. 반대로 콘크리트 같이 거친 재질이라면 빛은 불규칙적으로 난반사를 이루게 되며, 그에 따라 반짝임과 반사등의 특성이 나타나지 않게 됩니다.
산란(Diffuse) 항목은 아래 그림과 같이 왼쪽 경우처럼 울퉁불퉁한 면에 빛이 부딪쳐서 빛이 사방으로 흩어져, 난반사 되는 항목이라 이해하시면 됩니다.

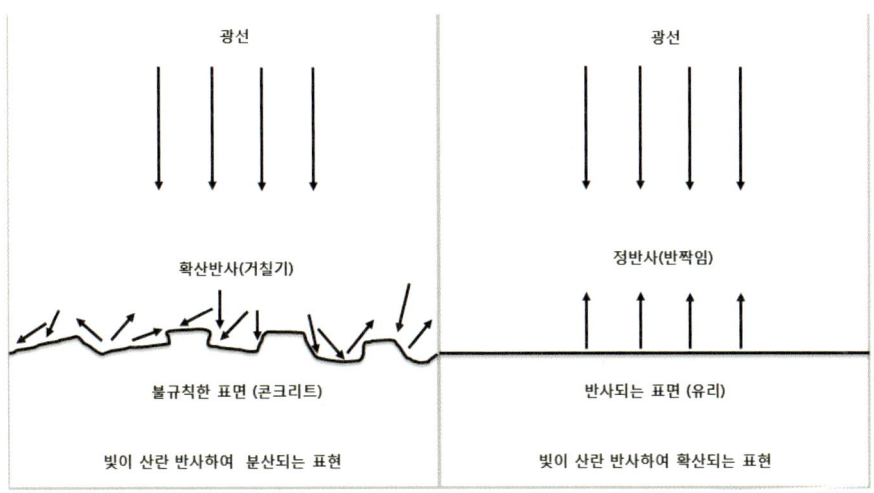

Section 02 반사 매개변수(Specular parameter)

반사(Specular) 속성도 여러 가지의 재질 타입에서 볼 수 있는 속성 중 하나입니다.

반사(Specular)는 반사의 속성 중에서도 표면이 매끈한 거울 같은 재질에서 보이는 정반사를 의미합니다. 난반사가 아닌 앞의 그림 오른쪽 이미지와 같이 정반사라 생각하시면 됩니다. 색상이 검은색으로 설정되어 있으면 반사가 이루어지지 않고 흰색으로 설정되어 있으면 100% 반사한다는 의미입니다.

금속 재질의 경우 별도의 산란(Diffuse) 속성 없이 전적으로 반사(Specular) 속성에 의해 반사된 색상만 설정하게 됩니다. 플라스틱 같은 경우는 흰색으로 설정된 반사(Specular) 속성값을 가집니다.

반사(Specular)의 값을 조절한다는 것은 반사되는 색상과 반사의 강도를 설정한다는 의미입니다.

Section 03 굴절률(Refraction index)

굴절(Refraction) 항목도 여러 가지 재질에서 볼 수 있는 속성 중 하나입니다 굴절(Refraction) 이라는 단어는 생소할 수 있지만 실제로 우리가 실생활에서 흔히 볼 수 있는 물성입니다. 수영장이나 목욕탕에서 물속에 잠긴 팔이 휘어져 보이는 현상, 또는 컵 속에 빨대가 휘어져 보이는 것들 모두 굴절(Refraction)의 좋은 예입니다. 이러한 굴절은 빛이 서로 다른 매질을 통과할 때 발생하는 빛의 속도 차이 때문에 발생하는 것입니다.

이러한 굴절률은 숫자로 표현되며, 기준은 진공상태의 빛의 속도를 1로 보고 그 숫자들이 정해집니다.

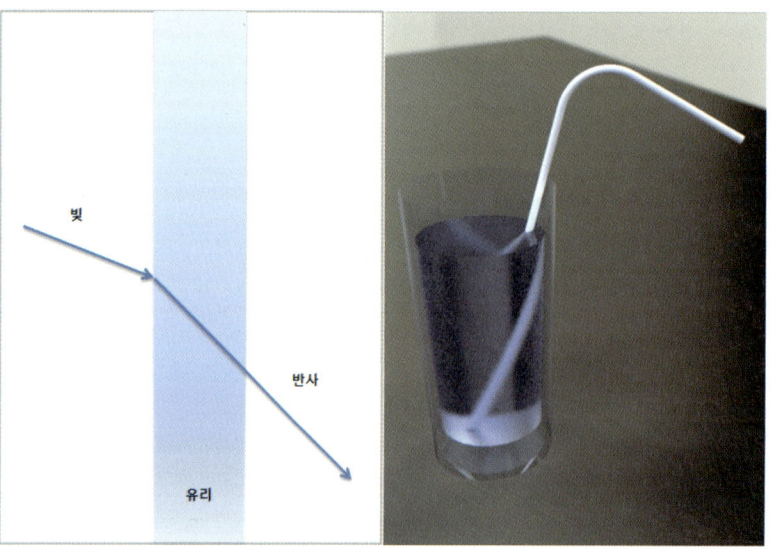

대표적인 재질에 따른 일반적인 굴절률의 값은 아래 표와 같습니다.

재질	굴절률	재질	굴절률
Vacuum	1.0	Glass	1.517
Air	1.00029	Emerald	1.57
Ice	1.309	Ruby	1.77
Alcohol	1.329	Sapphire	1.77
Water	1.33	Crystal	2.0
Glycerin	1.472	Diamond	2.417

Section 04 거칠기/샘플(Roughness/Samples)

거칠기(Roughness)

거칠기(Roughness)는 여러 가지 재질타입에서 볼 수 있는 재질의 특성입니다.

거칠기로 번역해서 그렇지 실제로는 현미경 수준으로 확인이 가능한 정도의 재질 표면의 요철이라 이해하시는 게 더 정확하겠습니다. 거칠기(Roughness) 속성을 추가하면 빛이 재질의 표면에서 반사될 때 정반사(Specular)처럼 깨끗하게 반사되지 않고, 표면의 요철에 의해 난반사가 일어나게 됩니다. 반사 값을 주더라도 거칠기(Roughness) 숫자를 조절하면 흐릿한 상이 반사 면에 맺히게 됩니다.

샘플(samples)

복잡한 렌더링 처리순서를 거치기 때문에 키샷이 좀 더 정확하게 재질의 특성을 표현하기 위해서 좀 더 많은 빛의 입자를 재질의 표면에 할당하고 추적해야 하며, 이러한 과정을 샘플링(Sampling)이라고 하며, 이 때 사용되는 입자를 광택 샘플(Glossy sample)이라고 합니다. 아래 그림은 하나의 픽셀에서 서로 다른 샘플의 숫자를 할당할 때를 도식화한 그림입니다. 이러한 샘플은 인테리어모드에서는 효과가 없으며, 제품모드에서 효과가 나타납니다.

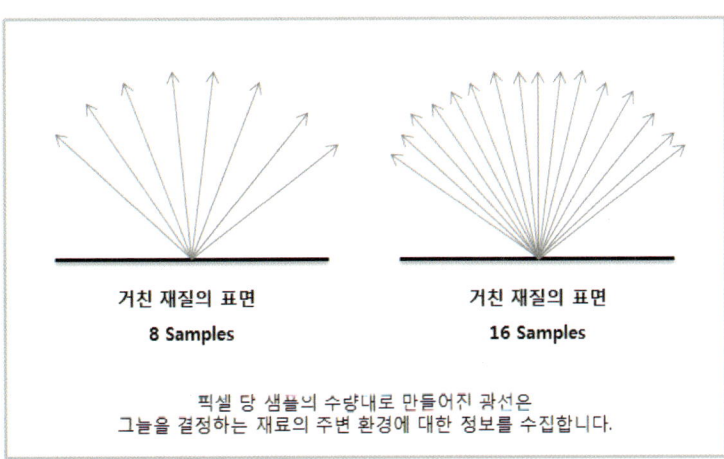

CHAPTER 02 재질 타입(기본)

재질 타입은 크게 아래 표와 같이 총 4가지로 분리됩니다.

기본(Basic)	고급(Advanced)	라이팅 소스(Light Sources)	특별(Special)
금속	고급	IES 라이트	Toon
박막	금속성 페인트	스포트라이트	Xray
솔리드 글라스	다층 광학	에어리어 라이트	그라운드
액체	벨벳	포인트 라이트	내부 모형
유리	보석		방사형 와이어프레임
투명	유전체		
페인트	이방성		
평평	측정됨		
플라스틱	투명(고급)		
확산	플라스틱(고급)		
	플라스틱(불투명)		
	확산매체		

또한, 재질 타입을 선택하려면, 왼쪽 이미지와 같이 '프로젝트 > 재질'에서 유형 탭을 클릭하시면, 선택할 수 있게 펼쳐집니다.

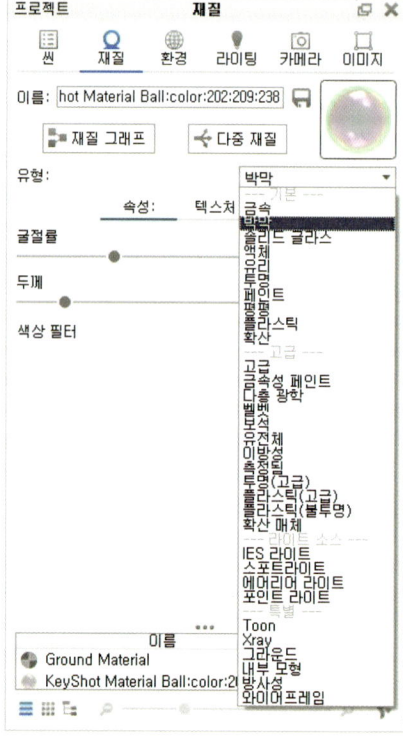

Section 01 금속(Metal)

금속(Metal) 재질은 광택이 나거나 또는 거친 표면의 금속재질을 간단하게 만들 수 있는 재질입니다. 단지 색상과 거칠기 두 가지 설정으로만 간단하게 금속재질을 표현할 수 있습니다.
참고적으로 이미지에 텍스처를 넣는 것은 이 재질이 맵핑의 제한을 알아보려 한 것이니 참조하시기 바랍니다.

색상(Color)

금속 재질의 표면에 반사되는 빛의 색상을 이야기합니다.

거칠기(Roughness)

이 값을 증가시키면 금속재질의 표면에 현미경 수준이 아주 미시힌 거칠기를 추가하게 됩니다. 만약 0값으로 설정한다면 매끈하고 부느러운 광택의 금속재질로 표현되며, 수치를 증가시키면 표면에 반사되는 빛이 퍼져 보이게 됩니다.

거칠기비교

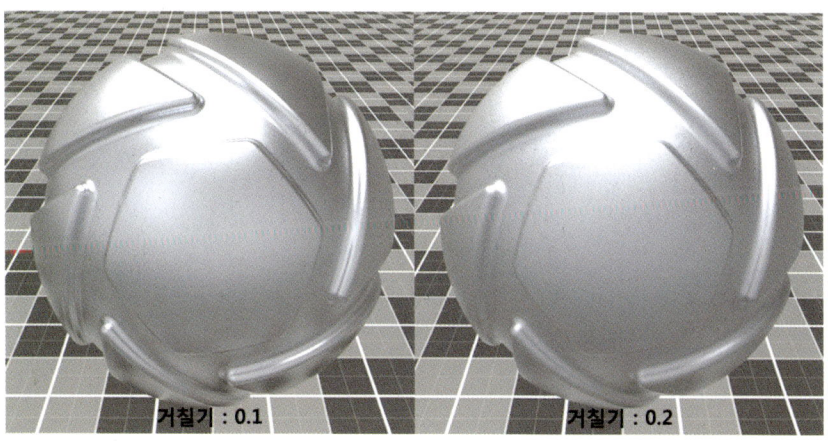

Section 02 박막(Thin Film)

박막(Thin film)재질은 비눗 방울에서 볼 수 있는 Iridescent(보는 각도에 따라 색깔이 변하는)재질을 만들 때 사용됩니다.

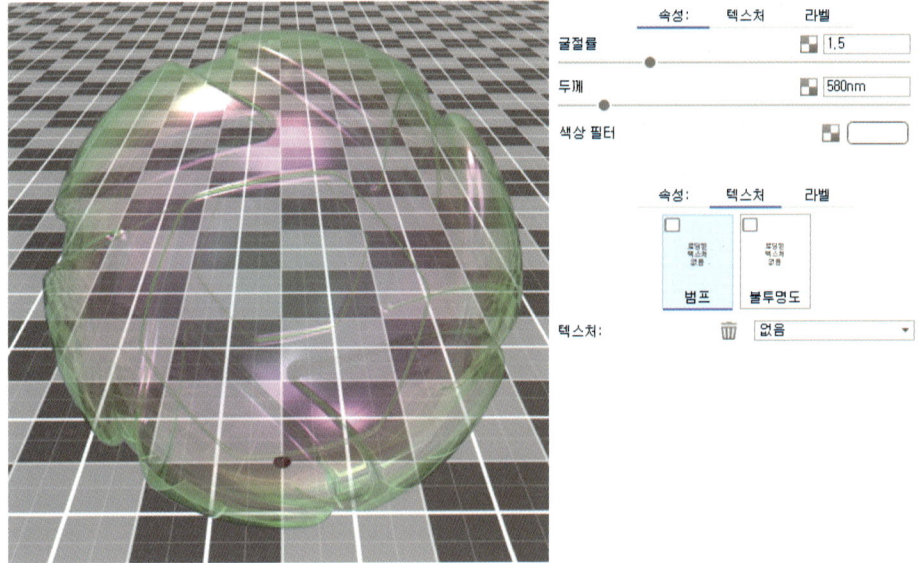

굴절률(Refraction Index)

이 옵션은 굴절률을 조절하면 재질 표면의 반사강도에 영향을 미치게 됩니다. 값을 증가하면 반사가 더 많이 일어나게 될 것입니다.

표면에 나타나는 컬러도 굴절률에 의해 영향을 받게 될 것입니다. 그러나, 다음 두께(Thickness) 속성으로 색상을 조절할 수 있으므로, 여기에서는 적정한 반사 값을 일으키는 굴절률을 맞추는 데에 더 핵심을 두어야 합니다.

두께(Thickness)

두께를 조절하면 표면에 보이는 재질의 색상을 조절할 수 있습니다. 이 값을 매우 높게 설정하게 되면 표면에 층층이 쌓이는 색의 고리 현상(물결의 파장처럼, 각각의 색들이 파장처럼 흩어져 퍼짐이 나타납니다.

일반적으로 100~1000사이의 값으로 설정하면 원하는 효과를 얻을 수 있습니다.

색상 필터

임의의 색상 필터를 추가하여 색상을 변형 시킬 수 있습니다.

Section 03 솔리드 글라스(Solid Glass)

솔리드 글라스(Solid glass)지질은 물리적으로 정확한 속성을 지닌 유리재질을 만들어 낼 수 있습니다. 일반 유리재질과 비교하면 두께에 따른 유리의 컬러를 정확히 표현할 수 있는 장점이 있습니다

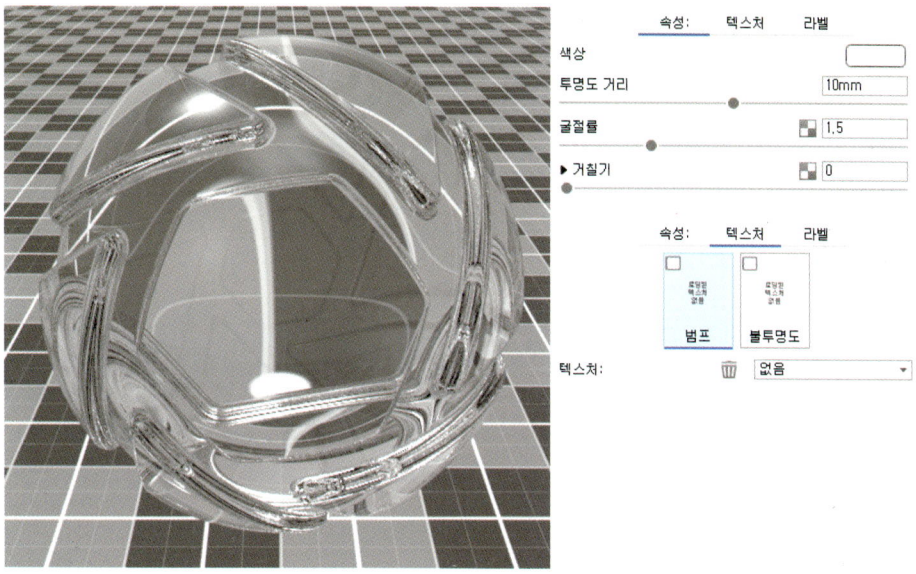

색상(Color)

이 옵션은 전체적인 재질의 색상을 결정합니다. 빛이 재질의 표면을 통과할 때 여기서 설정한 색상으로 보이게 됩니다.

투명도 거리(Transparency Distance)

이 옵션은 재질이 적용된 모델의 두께에 따라 색상(Color) 항목에서 설정한 색상이 얼마나 반영이 될지를 결정하는 옵션입니다. 물리적으로 정확한 이 옵션은 깊은 바다의 짙은 푸른색에 비해 해변의 얕은 바다색이 어떻게 다른지 관찰할 수 있을 것입니다. 만약, 이 옵션이 없나면 수영장 바닥과 심해의 바닥이 같은 색으로 보일 것입니다(이전 버전에서는 '색밀도'라고 함).

색상(Color) 설정에서 색상을 설정한 다음 이곳에서 좀 더 진하거나 옅게 보이도록 설정하게 됩니다. 값을 낮게 설정하면 모델의 두께가 얇은 곳에서 좀 더 진하게 보이고 반대로 설정하면 좀 더 연하게 표현됩니다.

아래그림에서 두가지 재질은 모든 항목은 동일하게 설정하고, 색밀도(Color density)값만 상이하게 적용한 이미지입니다. 왼쪽이미지는 3값으로, 오른쪽이미지는 1값으로 입력한 예입니다.

또한, 왼쪽이미지는 두께에 따라 색상의 변함도 알 수 있습니다. 위쪽은 밝은 녹색인데 반해, 아래쪽 바닥면과 닿은쪽은 짙은 녹색으로 보입니다.

굴절률(Refraction Index)

이 옵션은 빛이 매질을 통과할 때 빛이 얼마나 많은 굴절이 일어날지를 결정하는 옵션입니다. 유리의 굴절률은 1.5이지만 효과를 강조하기 위해 설정 값을 좀 더 높게 설정하기도 합니다.

거칠기(Roughness)

이 옵션은 불투명재질에서 하이라이트의 표현을 제어하는 방법과 유사하며, 이는 재질을 통과해서 빛이 확산되는 경우에도 비슷하게 적용됩니다. 줄로 불투명유리와 같은 재질을 표현하는데 사용됩니다.

거칠기(Roughness) 글씨 옆의 작은 삼각형을 클릭하면 샘플(Sample) 수치를 조절할 수 있는 슬라이더가 나옵니다.

Section 04 액체(Liquid)

액체(Liquid) 재질은 외부 굴절률을 조절할 수 있는 기능이 추가된 솔리드글라스(Soild glass) 재질의 변형이라고 볼 수 있습니다. 유리용기에 담긴 물과 같은 경우 그 접촉면에 Liquid(액체) 재질을 적용할 수 있습니다. 그러나 좀 더 정확하게 표현하기를 원하거나 또는 색상 액체의 경우 액체(Liquid) 재질보다 유전체(Dielectric) 재질을 사용하는 것이 좋습니다.

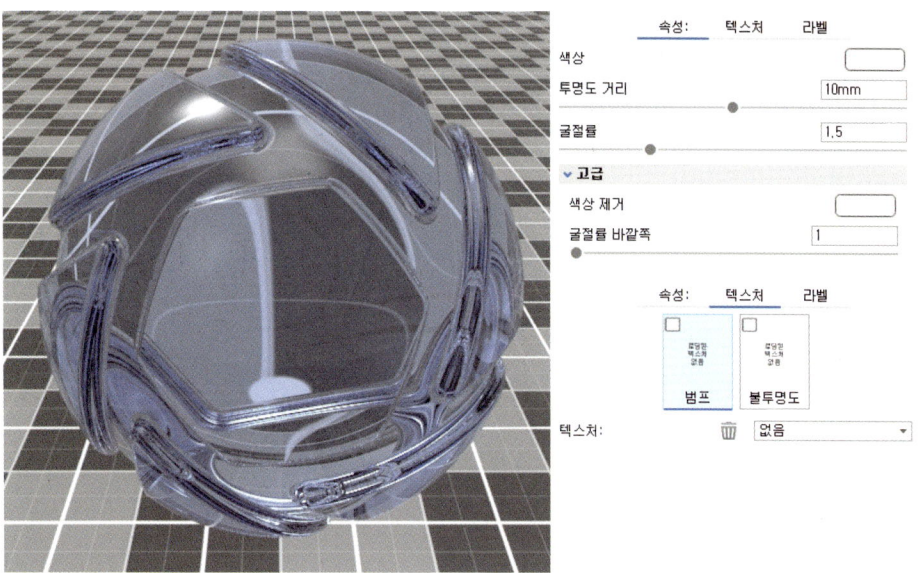

색상(Color)

재질의 전체적인 색상을 설정합니다. 표면에 빛이 닿으면 여기서 설정한 색상이 보이게 됩니다. 여기서 설정한 색상 값은 투명도(Transparency) 설정에 크게 영향을 받게 됩니다. 만약, 설정한 색상보다 화면에 보이는 색이 지나치게 옅다면 투명도(Transparency) 설정을 조절하시기 바랍니다.

투명도 거리(Transparency Distance)

이 옵션은 재질이 적용된 모델의 두께에 따라 색상(Color) 항목에서 설정한 색상이 얼마나 반영이 될지를 결정하는 옵션입니다. 물리적으로 정확한 이 옵션은 깊은 바다의 짙은 푸른색에 비해 해변의 얕은 바다색이 어떻게 다른지 관찰할 수 있을 것입니다. 만약, 이 옵션이 없다면 수영장 바닥과 심해의 바닥이 같은 색으로 보일 것입니다.

색상(Color) 설정에서 색상을 설정한 다음 이곳에서 좀 더 진하거나 옅게 보이도록 설정하게 됩니다. 값을 낮게 설정하면 모델의 두께가 얇은 곳에서 좀 더 진하게 보이고 반대로 설정하면 좀 더 연하게 표현됩니다.

색상제거

이 옵션은 재질 외부의 라이트 색상을 제어합니다. 고급스럽고 복잡한 설정이지만 액체로 투명그릇을 렌더링 할 때 필요합니다. 물과 유리의 예에서는 액체와 유리가 만나는 곳에 전용 표면이 있어야합니다. 이 표면에서 전송 출력 설정으로 유리의 색을 설정하고 전송 설정으로 액체의 색을 제어해야 합니다.

유리와 액체가 모두 맑은 경우 색상과 색상제거를 모두 흰색으로 설정하십시오.

굴절률 바깥쪽

두 가지 굴절 재료 사이의 인터페이스를 정확하게 시뮬레이션 할 수 있는 강력한 설정입니다. 가장 일반적으로 사용되는 것은 액체가 담긴 용기(예 : 물 유리)에서 작업 할 때입니다. 그런 장면에서는 유리와 물이 만나는 곳을 나타내는 한 면이 필요합니다. 이 표면에는 액체가 "내부"에 있으므로 굴절률을 1.33 정도로 설정해야 하며, "바깥 쪽"에는 유리가 있으며, 굴절률을 1.5 이상으로 설정해야 합니다.

그림과 같은 좋은 예제가 있습니다. 원래 키샷 데모 씬(₩KeyShot 8₩Scenes₩ice-water.bip)에 있는 예제로 위 굴절률에 대한 예제를 적절히 적용한 예제라 할 수 있습니다. 하지만, 이 굴절률 바깥쪽 옵션만이 아니고, 여러분께서는 '프로젝터 〉 라이팅' 및 기포재질의 '재질 그래프' 옵션도 잘 보아주시기 바랍니다. 보통 이러한 유리컵에 있는 물이 바닥 그림자로 잘 비춰주려면 '커스틱' 및 '인테리어 모드'를 활성화시켜줘야 합니다. 또한, 물의 기포 표현도 재질 그래프를 가지고 어떻게 설정하였나를 보아주시기 바랍니다. 마지막으로 인테리어 모드시에는 렌더 옵션이 최대 샘플로 제어되어야 하는 것은 명심해 두시기 바랍니다.

참고

예제샘플을 확인할려면 EX09-01.bip를 참고하세요
(위에 이야기 드린 바, 본 예제샘플은 키샷의 데모 씬에 있는 예제입니다.).

Section 05 유리(Glass)

유리(Glass) 재질을 만드는 데 사용되는 간단한 재질입니다. 솔리드 글라스에 비해 거칠기나 투명도 거리를 설정하는 부분이 빠져 있습니다. 두께가 없는 재질이 반사, 투명 등의 속성을 가지고자 할 때, 양면(Two-sided) 옵션으로 구현할 수 있습니다. 단, 굴절은 갖지 못하며, 주로 자동차의 유리 같은 재질을 표현할 때 사용합니다.

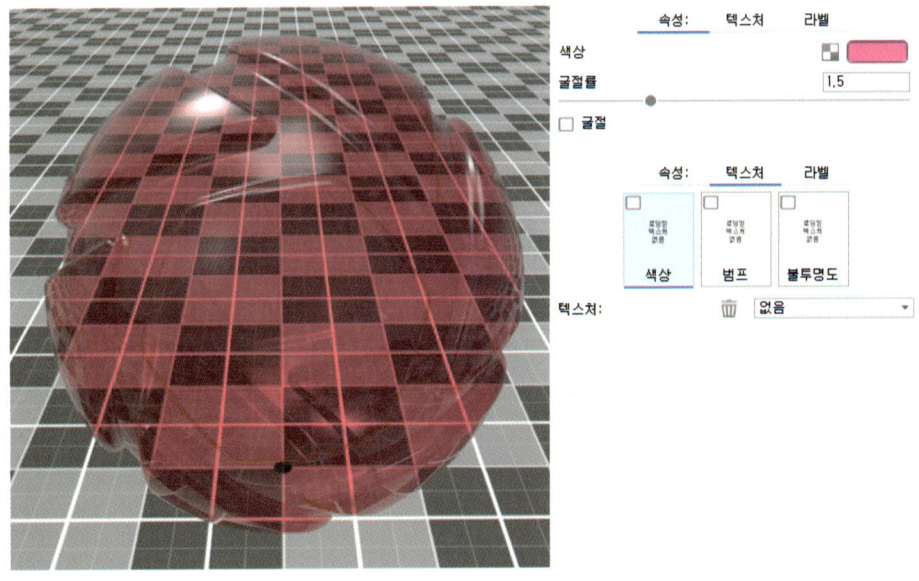

색상(Color)

이 옵션은 유리 재질의 전체적인 색상을 결정하는 옵션입니다.

굴절률(Refractive index)

이 옵션은 빛이 매질을 통과할 때 빛이 얼마나 많은 굴절을 나타낼지 결정하는 옵션입니다. 유리의 굴절률이 1.50이지만, 효과를 강조하기 위해 수치를 좀 더 높게 설정하기도 합니다.

굴절(Refractive)

이 옵션은 재료의 굴절 특성을 활성화 또는 비활성화 할 수 있습니다. 활성화되면 재질이 굴절을 나타냅니다. 언체크 시, 모델은 굴절시키지 않으며, 표면에 반사가 보이고 표면이 투명하지만 빛이 표면을 통과할 때 구부러지지 않습니다. 이 옵션을 비활성화하면 굴절에서 왜곡된 효과없이 서페이스 뒤에 있는 것을 보려는 경우 매우 유용합니다.

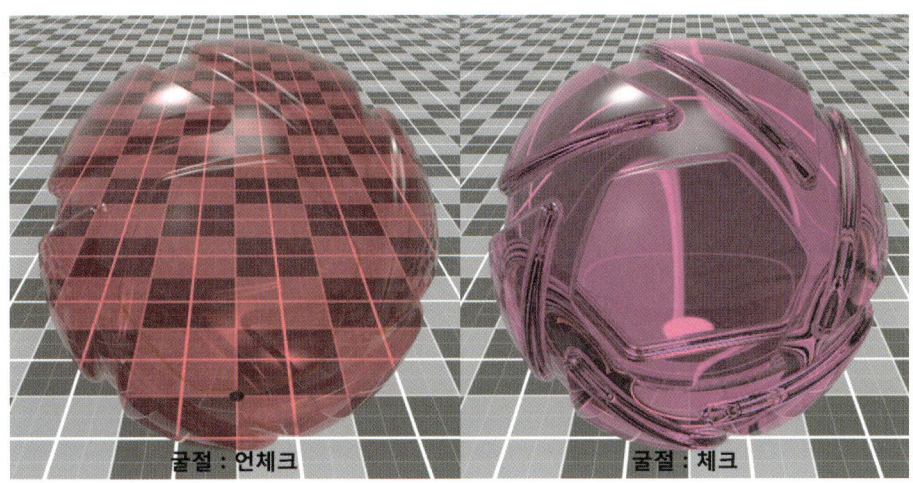

Section 06 투명(Translucent_반투과성)

투명(Translucent_반투과성)재질은 플라스틱이나 비누, 피부 같은 반 투과 재질을 만드는데 사용됩니다.

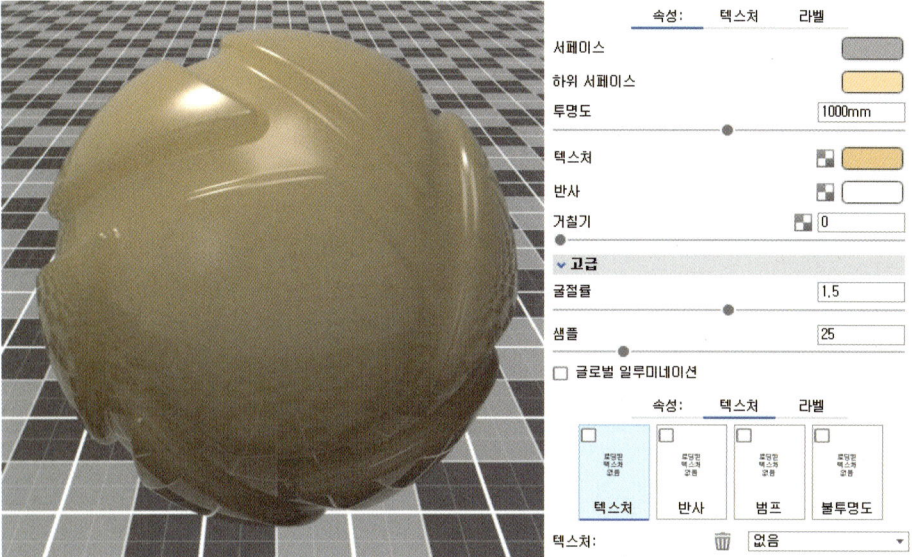

서페이스(Surface Color)

이 옵션은 재질 외부 표면의 색상을 조절하게 됩니다. 전체적으로 보여지는 색상을 고려해서 이 항목을 조절해야 합니다.

하위 서페이스(Subsurface Color)

이 옵션은 재질의 표면을 투과한 빛이 최종적으로 어떤 색상으로 보이게 될지를 설정합니다.
사람의 피부를 생각해 보면 이러한 재질의 속성을 보다 쉽게 이해하실 수 있습니다. 한낮의 태양빛을 손으로 가려보면 빛이 피부를 투과하는 동안 산란이 일어나고, 그 결과로 붉은 색으로 보이게 되는 것을 확인할 수 있습니다. 이러한 빛과 재질의 특성을 바로 Translucent(반투과성)라고 합니다.

빛이 재질의 표면을 통과할 때 불규칙적인 방향으로 산란이 일어나게 되고, 그 결과로 인해 유리를 통과한 빛의 굴절보다는 훨씬 부드러운 느낌의 반투과 효과가 나타내게 됩니다.

플라스틱과 같은 재질의 경우 이 항목을 Surface Color 색상과 아주 비슷하게 설정하기도 하며, 이런 경우에 살짝 더 밝은 톤의 컬러를 설정하면 자연스러운 효과를 연출할 수 있습니다.

투명도(Translucency_투과도)

이 옵션은 빛이 얼마나 깊게 투과하게 될지를 설정하게 됩니다. 이 설정 값이 높을수록 하위 서페이스 색상(Subsurface Color)이 더 많이 나타나게 될 것이고, 좀 더 부드러운 느낌의 재질을 만들 수 있습니다.

아래그림의 차례대로 투명도(Translucency)값을 1, 500, 1000mm 기준으로 준 결과물입니다.
옵션값이 올라갈 수록 빛을 많이 투과함으로 인해 매우 부드러워 보이는 재질이 만들어지는 것입니다.
단, 이 재질의 렌더링 시간은 상당히 오래 걸립니다(물론, 컴퓨터 사양에 따라 틀리겠습니다.).

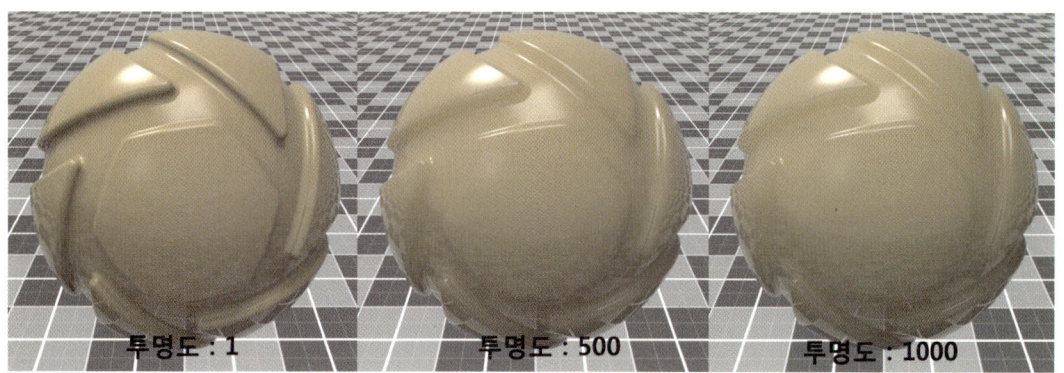

기타 옵션

텍스트(Texture Color_텍스트 색상)는 전체적으로 볼 때, '(서페이스 + 하위서페이스 + 텍스처'의 색상 배합이 나옵니다. 아래 그림에서 보는 바와 같이 '(빨간색 + 흰색) + 노란색'은 주황색의 배합은 결과 이미지처럼 빨간주황색이 나옵니다.

반사(Specular Color_반사색상)는 하이라이트 부분에서 반사되는 색상을 나타내 줍니다. 아래그림에서 하이라이트 되는 부분에 연약하게나마 연두색이 보입니다.

거칠기(Roughness)의 값을 증가시키면 표면에서 일어나는 반사가 넓게 퍼져 보이게 되고, 그로 인해 무광처럼 보이기도 합니다.

굴절률(Refraction Index)과 샘플(Samples)은 기존에 많이 서술되어 넘어가겠습니다.

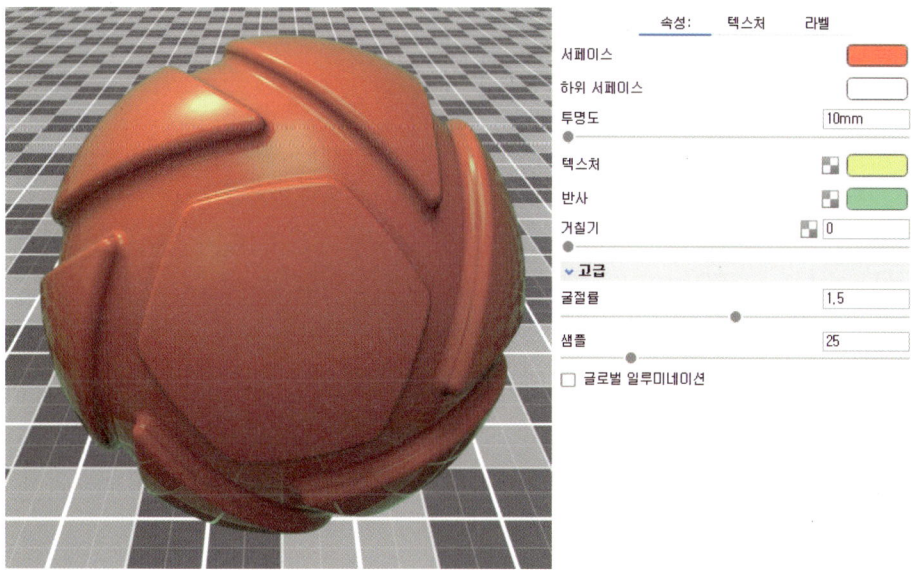

Section 07 페인트(Paint)

페인트Paint(페인트) 재질은 금속재질의 효과가 불필요하거나, 간단한 광택효과가 필요할 때 사용됩니다. 베이스 색상을 조절한 다음 그 위에 Clear-coat(투명코팅)한 다음, 마무리를 조절하는 간단한 방법으로 만들 수 있습니다.

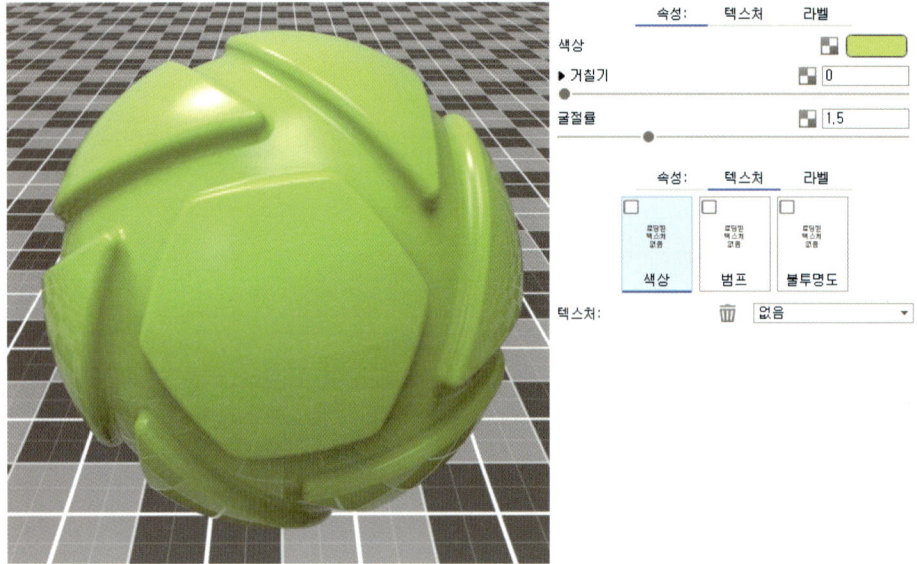

색상(Color)

색상은 베이스색상과 재질의 전체적인 색상을 의미합니다. 색상을 클릭하면 색상표에서 원하는 색상을 선택할 수 있습니다.

거칠기(Roughness)

이 옵션은 재질의 표면에 현미경 수준의 거칠기를 추가합니다. 설정 값이 0이면 재질은 완벽히 부드러운 광택을 보여주게 됩니다. 만약, 이 값을 증가시키면 재료의 표면은 더 거칠게 표현되고 그에 따라 반사되는 빛도 넓게 퍼져 보이게 됩니다.

결국 이 설정 값을 0으로 설정한다는 것은 완벽한 Clear-coat(무광코팅)효과를 주겠다는 의미이고, 값을 높이면 Satin(고운 직물)이나 무광 페인트와 같은 효과를 주겠다는 의미가 됩니다.
Sample 값을 80이하로 설정하면 노이즈가 발생할 수 있습니다. 이 항목을 높일수록 렌더링 품질은 높아지지만 그만큼 렌더링 시간이 증가하는 요인이 됩니다.

아래그림은 모든 설정이 동일하고 왼쪽 이미지만 거칠기 값을 0.2로 설정한 결과물입니다. 하이라이트가 선명하게 맺히는 오른쪽 이미지와는 달리, 왼쪽 이미지는 반사되는 빛이 넓게 퍼지고 재질 전체의 반사 값도 퍼져 보이게 됨을 알 수 있습니다.

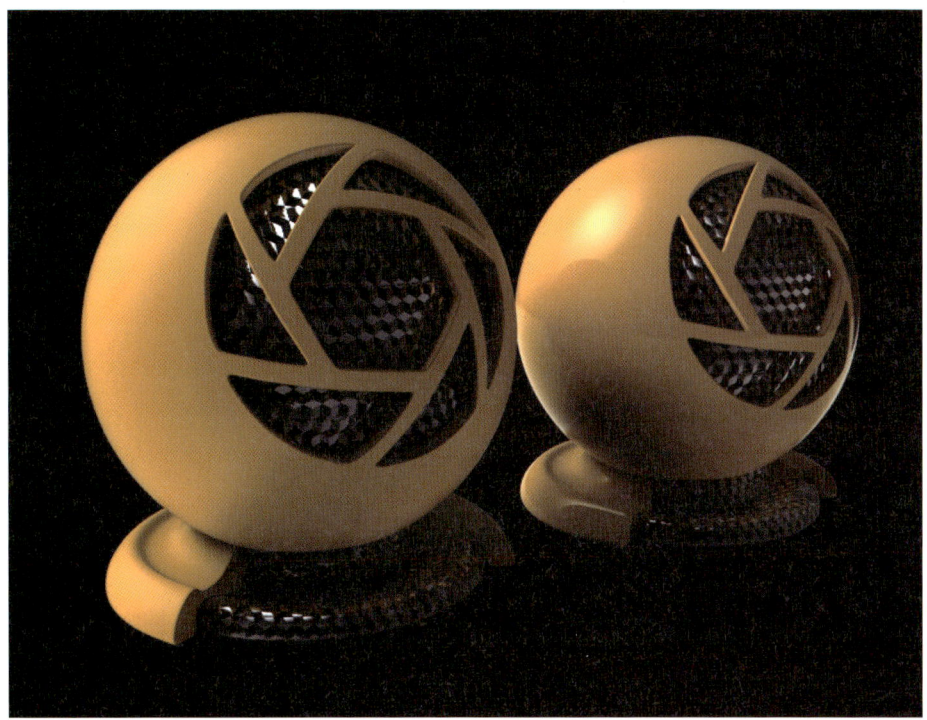

굴절률(Refraction Index)

이 옵션은 Clear-coat(무광코팅)의 굴절률 강도를 조절합니다. 1.5는 적절한 굴절률을 찾는 좋은 출발점이 될 수 있습니다. 만약, 굴절률의 효과를 더 주고자 한다면 설정 값을 올려주면 됩니다. 만약 값을 1로 설정할 Clear-coat(무광코팅)이 되지 않아, 굴절률이 없어 반사효과를 주지 않겠다는 의미가 됩니다(하지만, 베이스 색상에 코팅이 된다는 개념이어서 베이스 색상의 반사는 생기게 됩니다. 무광 페인트효과를 내거나 Meralic flake(금속조각) 효과가 들어간 플라스틱 재질을 표현할 때 사용할 수 있습니다.

Section 08 평평(Flat)

평평재질…재미 있는 표현이네요. 평평(Flat_평판)재질은 그늘이 지지도 않고, 평면처럼 보이며, 색상만 부여하는 재질입니다. 평평(Flat_평판)재질은 종종 자동차 그릴의 뒷면이나 다른 메시 구조 뒤의 어두운 부분을 만드는데 유용하게 사용됩니다.

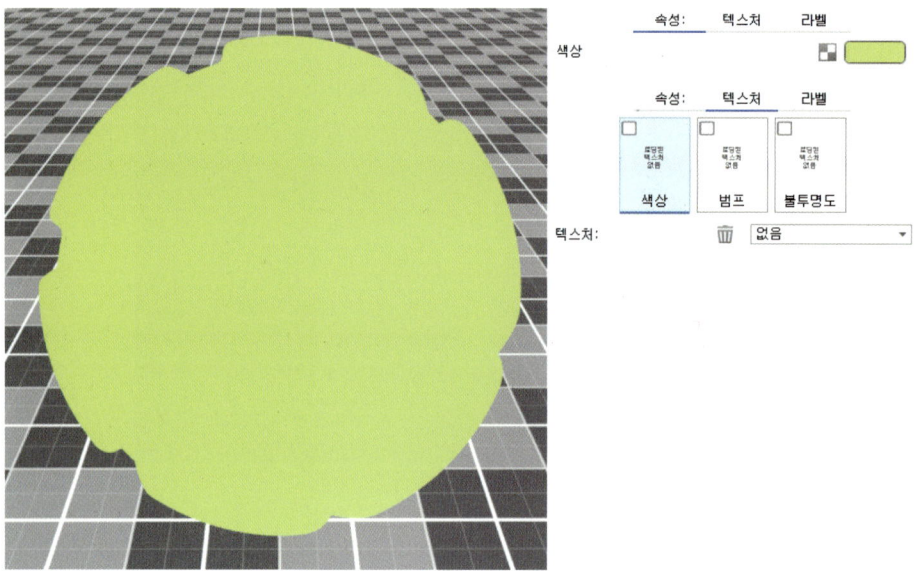

색상(Color)

색상의 미리보기 색상을 클릭하면 Color picker(색상표)를 불러올 수 있습니다. 평평(Flat_평판)재질은 Shading(명암)이나 기타 재질 표면 특성에 영향을 받지 않으며, 색상을 적용한 파트 전체에 단색으로 표현될 뿐입니다.
이미지 편집 프로그램에서 각각의 재질을 선택하기 편하도록 아래그림의 오른쪽과 같이 'Clown pass(단순음영)'이미지를 만드는데도 유용하게 사용될 수 있습니다.
왼쪽 이미지는 일반적인 렌더링 이미지에 바닥그림자를 주었지만, 오른쪽 이미지는 바닥에 그림자 옵션을 언 체크하여 평평(Flat_평판)재질의 효과를 극대화시켰습니다.

Section 09 플라스틱(Plastic)

플라스틱(Plastic)재질은 간단한 재질을 만드는데 기본적인 옵션을 제공합니다. 디퓨즈(Diffuse)을 설정하고, 반사값을 설정한 다음 거칠기를 조절하면 됩니다. 이 재질은 콘크리트부터 나무재질까지 폭 넓게 사용될 수 있는 재질입니다.

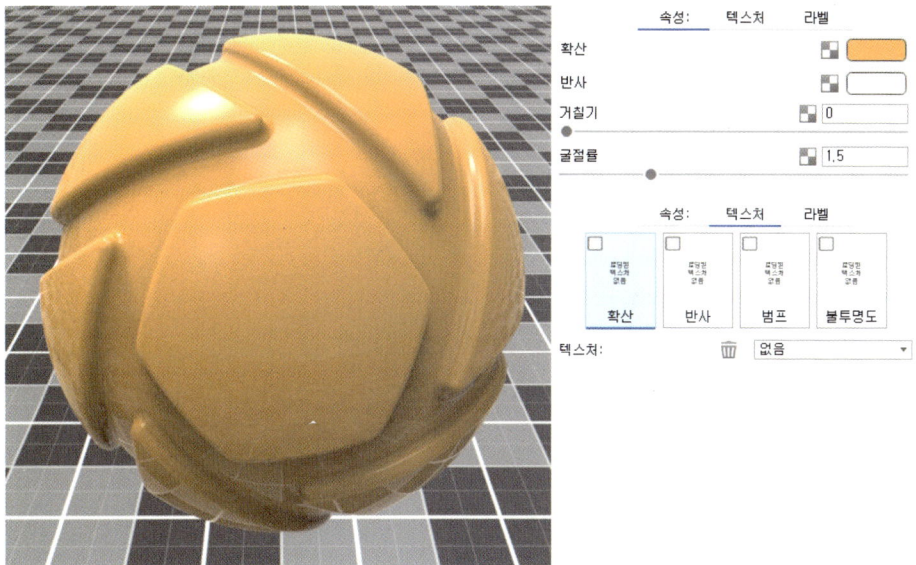

확산(Diffuse)

이 옵션은 전체 색상으로 이해하시면 됩니다. 투명 재질은 이 항목의 영향을 아주 적게 받거나 거의 받지 않는다고 보시면 됩니다.

반사(Specular)

이 옵션은 반사되는 빛의 강노와 색상을 의미합니다. 검은색은 반사가 일어나지 않으며, 흰색으로 가까울수록 매우 반짝이는 플라스틱의 재질을 만들 수 있습니다.

현실세계의 플라스틱은 반사 값에 아무런 색상을 지니지 않으므로 일반적으로 이 항목은 무채색을 사용하게 됩니다. 만약, 여기에 색상을 추가하게 되면 플라스틱 재질에 금속효과나 페인팅 효과를 줄 수 있습니다.

거칠기(Roughness)

이 옵션은 재질의 표면에 현미경 수준의 거칠기를 추가합니다. 0으로 설정하면 재질표면은 미끈하고 부드러운 광택이 잘 표현됩니다. 만약 이 값을 증가시키면 재료의 표면은 더 거칠게 표현되고 그에 따라 반사되는 빛도 넓게 퍼지게 됩니다.

결국 이 값을 0으로 설정하면 완벽한 Clear-coat(투명코팅)효과를 주겠다는 의미이고, 값을 높이면 Satin(고운 직물)이나 무광 페인트 같은 효과를 주겠다는 의미가 됩니다.

아래의 이미지는 모든 설정이 동일하고 오른쪽 이미지는 거칠기 값이 0, 왼쪽 이미지는 거칠기 값이 0.1로 설정한 것입니다.

Section 10 확산(Diffuse)

확산(Diffuse) 재질은 색상을 설정하는 단 하나의 설정 값을 가지고 있습니다. 광택이 없고, 반사가 일어나지 않는 재질을 만들 때 간단히 사용됩니다.
이 옵션은 재질의 기본개념에서 설명했듯이, 무광에 색상만 조절하는 재질로 알고 있으면 됩니다.

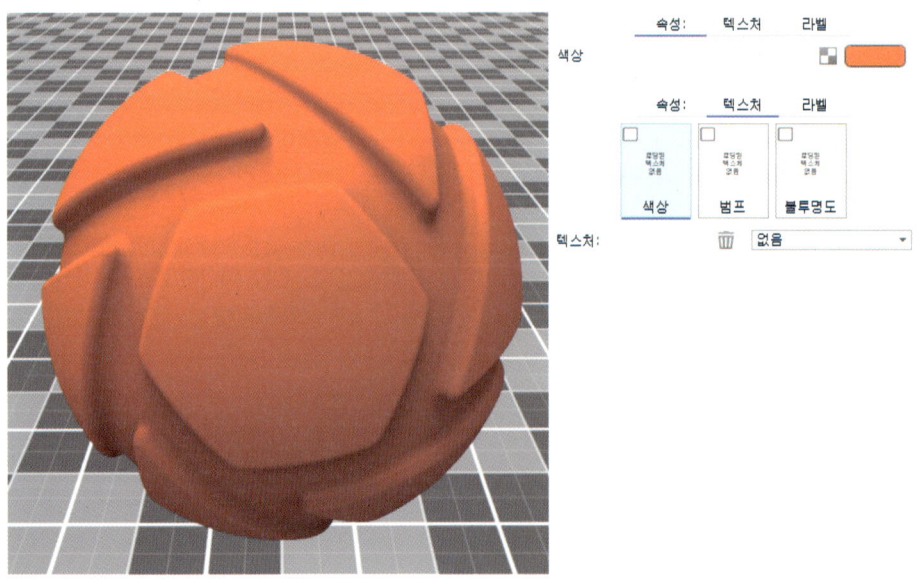

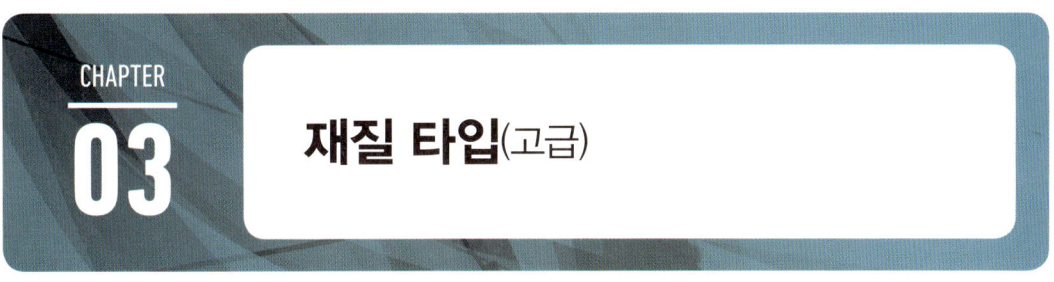

CHAPTER 03 재질 타입(고급)

Section 01 고급(Advanced)

고급(Advanced) 재질은 키샷 재질타입 중 가장 다양한 특성을 가진 재질입니다.

다시 설명하자면 고급사용자들이 설정 값을 다양하게 사용할 수 있는 재질이기 때문에 다양한 재질을 만들어 내는데 사용할 수 있지만, 반투과성(Translucent) 재질 및 금속성 페인트(Metalic Paint) 재질의 속성은 만들 수 없습니다.

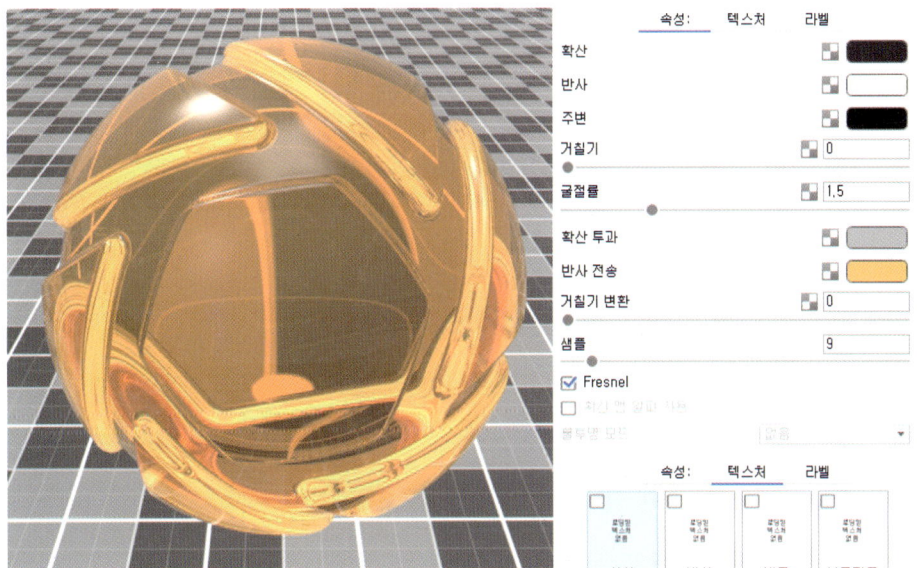

확산(Diffuse)

위에서도 설명했듯이 확산은 단순히 재질의 색상이라고 생각하시면 됩니다. 투명재질의 경우 확산 속성이 재질에 미치는 영향이 없거나 아주 적습니다. 금속재질의 경우에는 확산 색상에 영향을 받지 않고, 반사 색상에 의해 색이 결정됩니다.

반사(Specular)

씬 내의 광원에 의해 재질 표면에서 반사되는 색상과 강도를 의미합니다. 검은색은 반사가 일어나지 않으며, 흰색은 100%의 강도로 반사가 일어난다는 의미입니다.

주변(Ambient_환경그림자)

이 항목은 직접광의 영향이 미치지 않는 재질에 Self Shadowing(자체그림자) 색상을 설정하는 기능입니다. 이 Self Shadowing(자체그림자)이라는 기술은 게임캐릭터 분야에 많이 사용되는 개념이며, 스스로 그림자를 생성하는 기술입니다. 특수한 분야가 아닌 이상 이 설정을 건드리는 것은 비현실적인 효과의 결과물이 나오므로, 검은색으로 두고 사용하기를 추천합니다.

아래그림에서는 모든 속성은 같고 왼쪽 이미지만 Ambient(주변) 색상을 오렌지로 설정한 경우입니다

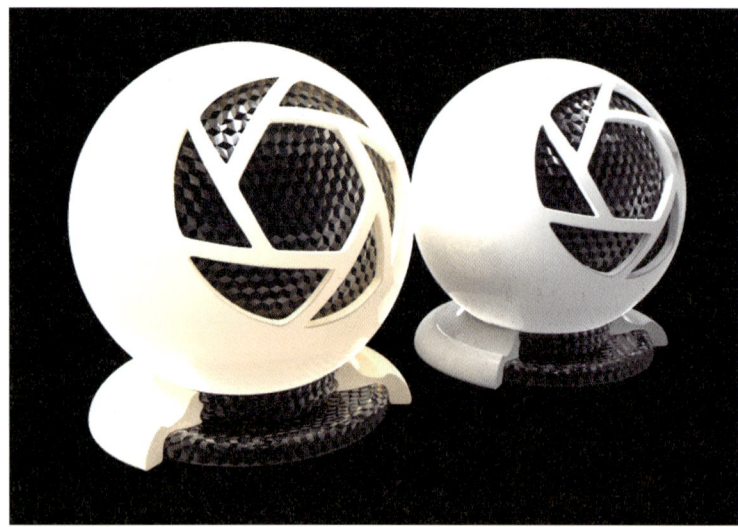

참고
예제샘플을 확인할려면 EX09-02.bip를 참고하세요.

거칠기(Roughness)

이 옵션은 재질의 표면에 미세한 거칠기를 형성합니다. 설정값이 0으로 되어 있으면 완벽하게 매끄러운 광택을 가진 재질이 됩니다. 반대로 설정값을 올리게 되면 빛이 재질의 표면에서 분산되면서 더 거친 결과물을 얻게 됩니다.

아래그림은 모든 속성은 같고 왼쪽 이미지만 Roughness(거칠기)의 값을 0.1로 설정한 경우입니다

참고
예제샘플을 확인할려면 EX09-03.bip를 참고하세요.

굴절률(Refraction index)

이 옵션은 굴절의 값을 조절합니다. 위에서 굴절률의 값에 대한 표에 적었던 실제 굴절률을 입력하여 원하는 굴절률을 만들어 냅니다. 아래그림에서 모든 속성은 같고 왼쪽 이미지의 굴절률을 2.4(다이아몬드 굴절률)로 주었으며, 오른쪽 이미지의 굴절률을 1.0(진공의 굴절률)으로 주어 테스트한 것입니다.

확산투과(Diffuse transmission)

위에서 설명한 투명(Transmission)이 유리나 플라스틱에 적용되는 투과의 개념이라면 확산투과(Diffuse transmission)는 반투명 물체에 적용되는 투과의 개념입니다. 여기서 말하는 반투명은 에칭유리 같은 것이 아닌, 양초, 비누, 사람의 피부와 같은 재질로 빛이 통과는 하는데 매질을 지나면서 빛이 산란되어 비치게 하는 재질을 말합니다.

단, 렌더링 연산과정에서 시간을 증가시키는 요인이 되므로, 보통의 경우에는 검은색으로 설정해 두고 사용하시기 바랍니다.

아래 그림에서 확산투과(Diffuse transmission)항목을 흰색을 사용하여, 위에서 설명한 양초 느낌으로 렌더링을 해 본 것입니다. 단, 실시간 창에서 이러한 느낌을 낼 수 없으며, 기본적 옵션으로 실제 렌더링 해야지만, 이러한 느낌이 나오게 됩니다.

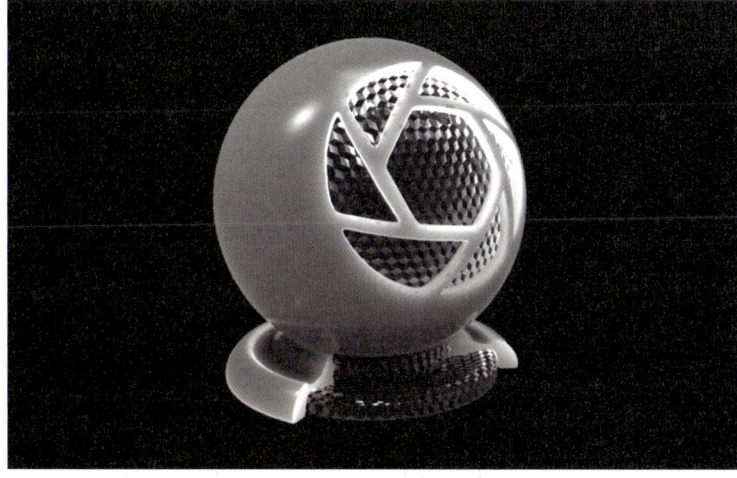

> **참고**
> 예제샘플을 확인할려면 EX09-04.bip를 참고하세요.

반사 전송(Specular Transmission)

투과(Transmission)는 유리나 투명한 플라스틱 같은 경우 약간의 빛 만을 반사하고 나머지는 대부분의 광선을 그대로 통과시킵니다. 이렇듯 반사되는 재질의 특성을 재질로 하여금 투과시켜 반사를 약하게 하는 항목입니다.
또한, 검은색은 100% 불투명하고, 흰색은 100% 투명하다는 것을 의미하지만, 색상을 넣을 수도 있고, 색상의 명암에 따라 투명과 불투명을 유지할 수 있습니다.

만약, 투명한 유리나 플라스틱을 만들고자 한다면 확산(Diffuse)와 관련된 색상을 검정색으로 설정하고, 반사(Specular) 항목을 흰색으로 설정하면 됩니다. 반사 전송(Specular transmission) 색상을 완전 검은색이 아니라 회색 또는 밝기가 있는 색상 정도로 조절하면 흐릿한 유리나 플라스틱 재질을 만들 수 있습니다.

거칠기 변환(Roughness Transmission)

이 옵션은 투명한 재질이 있을 시 내부에 거칠기를 표현할 때 사용합니다. 다시 이야기하자면 모델의 두께 내에서 거칠기가 표현되고자 하는 것입니다. 또한, 이 거칠기는 재질의 내부에 생기므로 굴절이 생겨 표출됩니다. 이것은 표면은 매끄럽게 표현되지만, 내부에서의 거칠기를 표현하고자 할 때 사용됩니다. 값이 높을수록 거칠기는 더욱더 거칠어집니다.

아래그림에서 모든 속성은 같고 왼쪽 이미지만 Roughness Transmission(거칠기 투과)의 값을 0.4로 설정한 경우입니다

참고
예제샘플을 확인할려면 EX09-05.bip를 참고하세요.

샘플(samples)

광택(또는 거칠기)의 반사의 정확성을 유무를 체크합니다.
아래그림에서 모든 속성은 같고 왼쪽 이미지는 샘플(samples) 값을 32로하여 반사가 잘 이루어지게 한 것이고, 오른쪽 이미지는 샘플(samples) 값을 1로 주어 반사가 일어나더라도 희미하게 일어난 이미지입니다. Environment(환경) 맵이 모델에 적용될 때 값이 작으면 반사되는 이미지가 뭉그러져 보입니다. 그러나 재질에 따라 틀리기 때문에 제가 한 예제는 그다지 큰 차이는 없어 보이나, 그림을 확대해 보면 오른쪽 체크한 이미지가 반사된 것이 섬세하게 표현됨을 알 수 있습니다.

> **참고**
> 예제샘플을 확인할려면 EX09-06.bip를 참고하세요.

Fresnel(pronounced frah-nel)

이 옵션은 카메라가 수직일 때, 반사의 강도 유무를 체크합니다. 현실세계에서 직접 눈으로 보던가 또는 카메라로 모델을 볼 때, 그 모델은 중심영역보다 모델의 가장자리 주변에 많은 반사를 일으킵니다.

그러한 현실의 모델처럼 이 옵션은 기본적으로 체크되어 있으며, 체크가 된다는 것은 빛을 감쇠 시키면서 또한, 빛을 모델의 정중앙으로 비추지 않는 것입니다. 또한, 재료에 따라 이 Fresnel 값은 틀려집니다.

아래 그림에서 모든 속성은 같고 왼쪽 이미지는 Fresnel를 체크하여 반사를 없앤 것이고, 오른쪽 이미지는 중심영역에 반사가 생기게끔 Fresnel를 체크한 이미지입니다.

> **참고**
> 예제샘플을 확인할려면 EX09-07.bip를 참고하세요.

확산 맵 알파 사용(Use Diffuse Map Alpha)

이 옵션을 사용하려면 일단 텍스처에 확산 맵이 적용되어 있어야 합니다. 확산 맵을 적용시키면 이 옵션이 활성화되어 체크하시고, 불투명 모드에서 없음/알파/색상/색상 반전의 4가지 옵션을 선택하여 사용할 수 있습니다. 아래 그림은 각각의 옵션을 선택한 예제입니다.

참고) 예제샘플을 확인할려면 EX09-08.bip를 참고하세요.

Section 02 금속성 페인트(Metallic Paint)

재질에 3겹으로 칠해지는 페인트 작업을 구현할 수 있습니다. 첫번째 베이스를 칠한 다음, 두번째는 금속분말의 양을 결정하여 뿌리고, 세번째는 반사를 담당하는 코팅과정을 거칩니다.

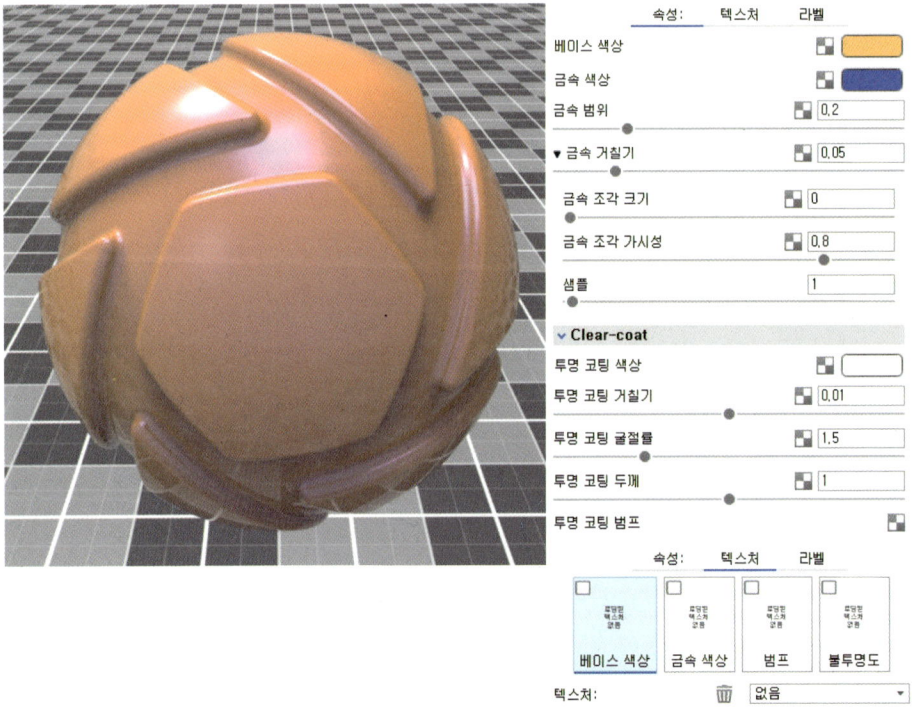

베이스 색상(Base Color)

금속성 페인트(Matallic paint)재질의 기본 색상입니다.

금속 색상(Mater Color)

이 옵션은 기본색상이 도색된 위에 뿌려지는 금속분말의 색상이라 생각하면 됩니다. 미묘한 금속 분말효과를 얻으려면 기본 색상과 비슷한 색상을 선택하면 됩니다.

금속 색상(Matal Color)를 흰색이나 회색으로 설정하면 일반적으로 사용되는 사실적인 페인트처럼 표현됩니다.
재질의 밝은 부분에서는 금속 색상(Matal Color)의 색상이 더 많이 나타나게 되며, 그만큼 베이스 색상(Base Color)의 색상은 덜 나타나게 됩니다.

아래 이미지의 오른쪽 이미지는 베이스 색상(Base Color)과 금속 색상(Matal Color)을 같은 연두색으로 한 것이며, 왼쪽이미지는 금속 색상(Matal Color)를 노란색으로 바꾼 것입니다. 왼쪽 이미지에서 베이스 색상 (Base Color)과 금속 색상(Matal Color)을 다르게 했을 때 흥미로운 결과물을 얻을 수 있습니다. 특히, 하이라이트 근처에서 금속 색상(Matal Color)인 노란색이 더 많이 보이고 멀어질수록 베이스 색상 (Base Color) 더 많이 나타나는 것을 확인할 수 있습니다.

> **참고**
> 예제샘플을 확인할려면 EX09-09.bip를 참고하세요.

금속 범위(Matal Coverage)

이 옵션은 금속 색상(Mater Color) 대비 베이스 색상(Base Color)의 비율을 조정합니다. 0으로 설정하면 베이스색상(Base Color)만 나타나게 되며, 1로 설정하면 금속 색상(Mater Color)만 보이게 됩니다.
키샷 라이브러리에 있는 대다수의 금속성 페인트(Matelic Paint)재질은 이 값이 0에 가깝게 미리 설정되어 있으며, 만약 새로운 금속성 페인트(Matelic Paint)재질을 만든다면 값을 0.2정도 놓고 조금씩 수치를 조절하시기 바랍니다.

금속 거칠기(Matal Roughness)

재질의 표면에 나타나는 금속성 페인트(Matelic Paint)의 확산 정도를 조절합니다. 이 수치를 낮게 설정하면 하이라이트 주변으로 좁은 지역만 금속성 페인트(Matelic Paint)로 보이게 되며, 높게 설정하면 전체 표면에 고르게 분산되어 보여지게 됩니다.

0.1의 값은 시작점으로 적당합니다. 금속 거칠기(Matal Roughness)앞의 작은 삼각형을 클릭하면 페인트 표면의 금속 분말의 크기를 조절합니다. 값을 높게 설정하면 표면에 보이게 되는 분말입자가 더욱 선명하게 보이게 되고, 낮게 설정하면 조밀한 형태를 띄게 됩니다. 왼쪽 이미지는 0.2으로 값을 넣은 것이며, 오른쪽은 0.02의 값을 가진 이미지입니다.

참고
예제샘플을 확인할려면 EX09-10.bip를 참고하세요.

금속 조각 크기(Metal flake size)

이 옵션은 페인트 표면의 금속 조각 분말의 크기를 조절합니다. 값을 높게 설정하면 표면에 보이게 되는 분말입자가 더욱 선명하게 보이게 되고, 낮게 설정하면 조밀한 형태를 띄게 됩니다.

금속 조각 가시성(Metal Flake Visibility)

스케일 0~1사이에서 금속 조각의 불투명도를 제어하는 옵션입니다.

샘플(Sample)

샘플(Sample) 값을 조절함에 따라 불완전하거나 노이즈가 발생하기도 하고, 부드럽고 매끈하게 효과를 낼 수도 있습니다. 만약, Pearl(펄)효과처럼 보이고 싶다면 이 수치를 높게 설정하는 것이 좋습니다.

Clear-Out(투명 코팅)

이 옵션은 맨 상단의 코팅 레이어를 제어합니다. 베이스 코팅쪽의 영향을 주지 않는 범위에서 범프맵을 적용할 수 있습니다.

투명 코팅 색상(Clear-coat Color)

맨 상단 투명도 층의 색상을 설정합니다. 색상이 가벼울수록 클리어 코팅이 가볍게 느껴집니다. 기본값은 흰색 (투명 코팅)입니다

투명 코팅 거칠기(Clear-coat Roughness)

금속성 페인트(Matelic Paint)의 마지막 처리는 기본적으로 깨끗하고 완벽한 반사 값을 가진 Clear-coat(투명코팅)입니

다. Sation(흩뿌리는 기법)이나 Matte(무광) 페인트효과를 원한다면 여기서 거칠기 값을 높이면 됩니다. 무광으로 보이는 재질의 표면에 반사되는 영역이 퍼져 보이게 됩니다.

투명 코팅 굴절률(Clear-coat Refraction Index)

Clear-coat(투명코팅)의 반짝임의 강도를 조절합니다. 1.5정도로 설정하고 조금씩 조절하는 것이 좋습니다. 만약 좀 더 반짝이는 재질이 필요하다면 이 수치를 증가시키면 됩니다. 만약, 1이하로 설정하게 되면 투명 코팅(Clear-coat)의 광택은 사라집니다. 무광 처리된 재질이나 또는 금속분말로 처리된 플라스틱 재질 등을 만들 때 사용합니다.

투명 코팅 두께(Clear-coat Thickness)

Clear-coat(투명코팅)의 두께를 설정합니다. 이것은 텍스처링 할 수 있는 두께 승수로 설정됩니다. 값이 높을수록 Clear-coat(투명코팅)가 어두워집니다. 이 설정은 설정 옆에 있는 텍스처 아이콘을 클릭하여 텍스처링 할 수 있습니다. 그러면 값이 무시되고 선택한 텍스처 유형에 대한 추가 설정이 제공됩니다. 텍스처링은 Clear-coat(투명코팅)의 각각의 옵션에서 적용됩니다.

투명 코팅 범프(Clear-coat Bump)

Clear-coat(투명코팅)에 텍스처를 추가하려면 아이콘을 클릭하여 주세요.

Section 03 다층 광학(Multi-Layer Optics)

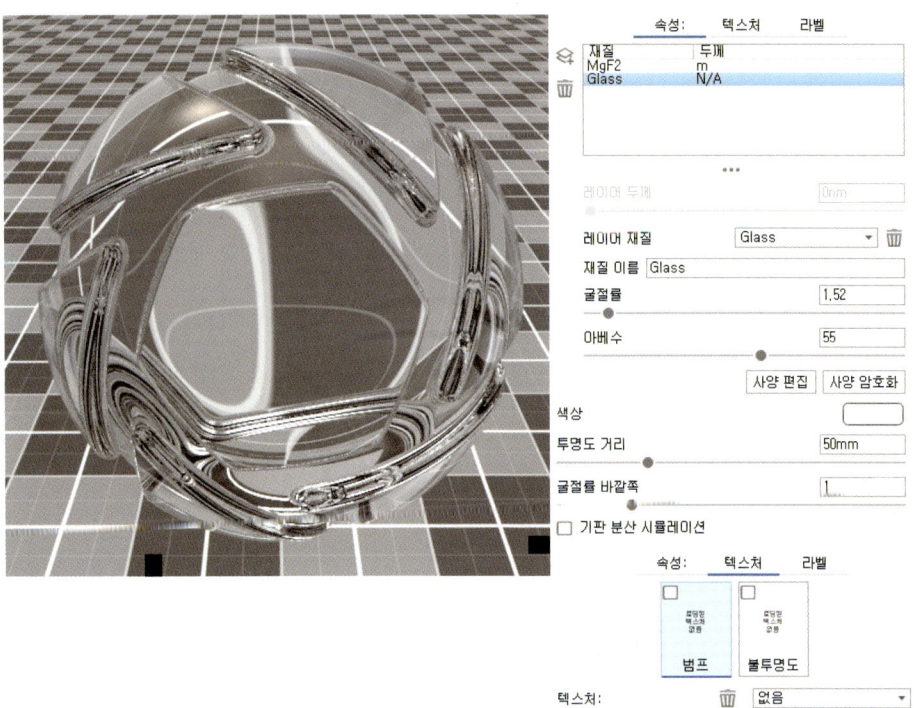

다층 광학 재질은 다음에 나올 유전체(유리계열)와 비슷한 옵션이지만, 이 재질은 박막의 층을 레이어 구조로 꾸며 사용할 수 있습니다. 이 레이어 구조는 각층에 굴절률에 따라 색상이나 굴절률을 변경시켜 마치 스포츠 고글처럼 알록달록한 색상을 만들어 낼 수 있습니다.

위 예시는 키샷의 '라이브러리 〉 재질 〉 Multi-Layer Optics'의 재질을 사용했습니다.
실질적으로 이 재질에 대해서는 따로 많이 공부해야 할 사항이 많이 있습니다.

예를 들어 아래 설명에서 사양 편집 시에 편집 모드에서 각 옵션의 값들을 조합하여 멀티 재질을 만들 수 밖에 없으며, 'Dielectric mirror' 재질 같은 경우 7개의 레이어의 특성을 가지게 한 후, 굴절률의 옵션을 가지고 색상을 정합니다.

따라서, 다층 광학 재질에 대해서는 옵션에 대해 간략히 설명 드리며, 키샷 라이브러리의 재질을 가지고 공부를 더해야 할 것 같습니다.

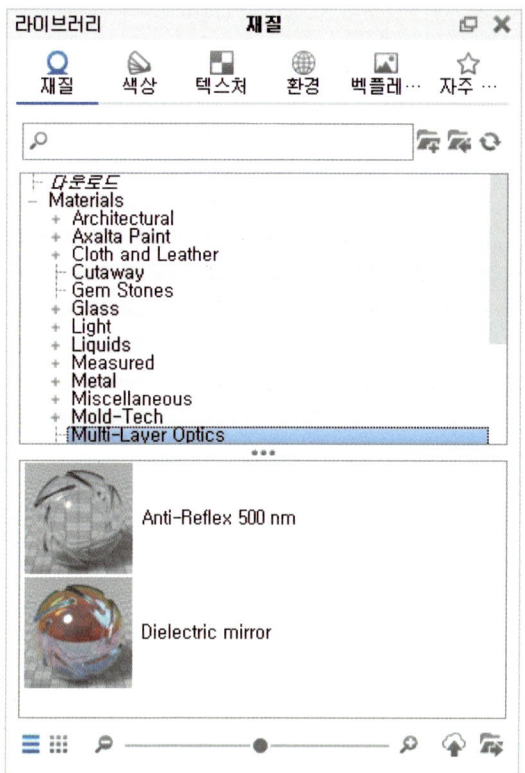

레이어 목록(Layer list)

재료의 모든 레이어를 나열합니다. 첫 번째 레이어는 기본 레이어(유전체)입니다. 레이어 추가 아이콘으로 먼저 레이어(유전체)를 추가해 줍니다. ior, nk, csv 확장자를 추가합니다. 대표적으로 ior확장자는 굴절 렌더링 지수 파일입니다. 이 말은 굴절 및 렌더링에 관한 지수 또는 상수를 가진 파일을 가져와 다층 광학 재질을 만든다는 이야기입니다.

레이어 두께(Layer Thickness)

레이어(유전체)의 두께를 설정합니다(기본 50nm). 제 1층의 두께는 부품의 주 레이어이기 때문에 설정할 수 없습니다. 제 2층의 두께부터 조정할 수 있습니다.

레이어 재질(Layer material Select)

이 옵션에는 목록에 있는 모든 재질과 삭제된 계층의 자료가 포함되어 있습니다. 재질을 Drap & Drop 후 현재의 옵션이 삭제되고 재질이 대체됩니다.

재질 이름(Material Name)

여기에서 재질의 이름을 편집할 수 있습니다. 이름이 레이어가 아닌 재질의 이름으로 변경합니다.

굴절률(Refractive index)

이 슬라이더는 재료를 통과할 때 굴절 또는 굴절시킬 광도를 제어합니다. 대부분의 유형의 유리를 시뮬레이션 할 경우 기본값인 1.5가 정확합니다.

아베수(Abbe Number)

아베 수(Abbe Number) 슬라이더는 표면을 통과한 빛의 분산을 조절해서 프리즘 효과를 만들어 냅니다. 이러한 프리즘 효과는 보석류의 렌더링 시 조절하여 'Gemstone Fire(보석가공술의 한 종류)' 효과를 만들어 냅니다.
설정 값을 0으로 설정하면 효과가 전혀 발생하지 않으며, 값을 낮게 설정하면 더 많은 분산효과를 볼 수 있으며, 값을 높이면 효과가 좀 더 미묘하게 변화됩니다. 35~55사이의 값으로 설정해 두고 조금씩 수치를 변경하면서 미묘한 차이를 조절하는 게 좋습니다.

사양 편집(Edit specification)

평평한 텍스트의 모든 레이어를 포함하여 전체 자료를 입력/편집할 수 있습니다.

사양 암호화(Encrypt Specification)

재질의 사양을 보호하려면 암호화할 수 있습니다. 이렇게 하면 재질의 레이어에 대한 정보가 숨겨져 재질을 더 이상 편집할 수 없습니다.

색상(Color)

이 옵션은 이 재질 유형의 전체 색상을 제어합니다. 표면에 빛이 들어오면 여기에 설정된 색상이 적용됩니다.

투명도 거리(Transparency Distance)

이 옵션은 재질이 적용된 모델의 두께에 따라 색상(Color) 항목에서 설정한 색상이 얼마나 반영이 될지를 결정하는 옵션입니다. 물리적으로 정확한 이 옵션은 깊은 바다의 짙은 푸른색에 비해 해변의 얕은 바다색이 어떻게 다른지 관찰할 수 있을 것입니다. 만약, 이 옵션이 없다면 수영장 바닥과 심해의 바다가 같은 색으로 보일 것입니다(이진 버진에서는 '색밀도'리고 힘).

굴절률 바깥쪽(Refractive Index Outside)

이 슬라이더는 두 개의 서로 다른 굴절 재료 사이의 인터페이스를 정확하게 시뮬레이션 할 수 있는 고급옵션이면서, 강력한 설정입니다.

기판 분산 시뮬레이션(Simulate Substrate Dispersion)

이 기능을 활성화하면 투명한 재질인 경우 기본 재질의 확산성을 시뮬레이션 합니다.

Section 04 벨벳(Velvet)

벨벳(Velvet)재질은 독특한 빛깔을 가진 부드러운 직물 재질을 만드는데 사용합니다. 일반적으로 벨벳이라 불리는 섬유재질을 생각하시면 되겠습니다. Plastic(플라스틱)이나 Advanced(고급)재질로도 충분히 섬유재질을 표현할 수 있겠지만, 다른 재질 옵션에서 제공하지 않는 몇 가지 독특한 설정을 제공합니다.

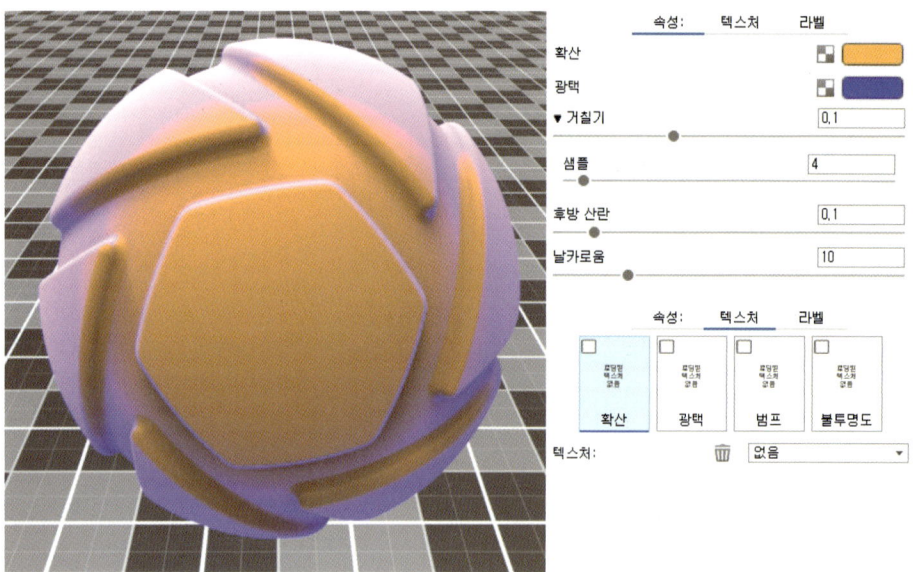

확산

전체적으로 산란되어 있는 색상이라고 생각하시면 됩니다.

광택(Sheen)

광택(Sheen)의 색상은 마치 재질의 뒷면에서 표면으로 비치는 백라이트처럼 보이게 됩니다.
이 설정은 Edginess(직물에 있어 기모가 두껍게 서 있고, 적게 서 있게 보이는)설정과 함께 재질 전체에 영향을 미치는 부드러운 광택(Sheen) 효과를 조절하게 되며, Backscatter(후방산란)도 광택(Sheen) 색상에 영향을 받습니다.
확산에서 설정한 색상과 상당히 유사하지만, 좀 더 밝은 톤으로 설정하는 것이 일반적입니다.

거칠기(Roughness)

거칠기(Roughness)효과가 표면에서 확산되는 정도를 조절하게 됩니다. 낮은 값으로 설정하면 뒷면에서 확산된 빛이 좋고 선명하게 보일 것이고, 높게 설정하면 객체 전체에 걸쳐 빛이 퍼져 보이는 효과를 나타냅니다.

후방 산란(Backscatter)

후방 산란(Backscatter)이란 모델 전체에 퍼져서 나타나는 빛이며, 이는 객체의 어두운 부분에서 더욱 도드라지는 특징이 있습니다. 표면 전체가 부드럽게 보이는 효과를 담당하여 빛의 색상은 광택(Sheen) 설정에서 설정한 색상이 보이게 됩니다.

날카로움(Edginess)

이 옵션은 표면에 영향을 미치는 광택(Sheen) 효과를 거리에 따라 제어할 수 있습니다. 낮은 값으로 설정할수록 광택(Sheen) 효과가 서서히 사라지게 될 것이고, 높은 값으로 설정하면 표면에 생성되는 광택(Sheen) 효과 주위로 밝은 띠가 만들어 지게 됩니다. 또한, 0으로 설정하면 광택(Sheen)효과를 사용하지 않겠다는 의미입니다.

Section 05 보석(Gem)

보석(Gem)재질은 솔리드 글라스(Soild glass), 유전체(Dielectric), 액체(Liquid) 재질과 관련 있습니다. 설정은 귀금속을 렌더링 시 최적화되어 있습니다. 특히, 아베수(Abbe number)을 조절하여 'Gemstone Fire(보석가공술의 한 종류)'를 표현할 수 있다는 장점이 있습니다. Internal culling설정은 다른 재질에서는 볼 수 없는 Gem(보석) 재질만의 특징입니다.

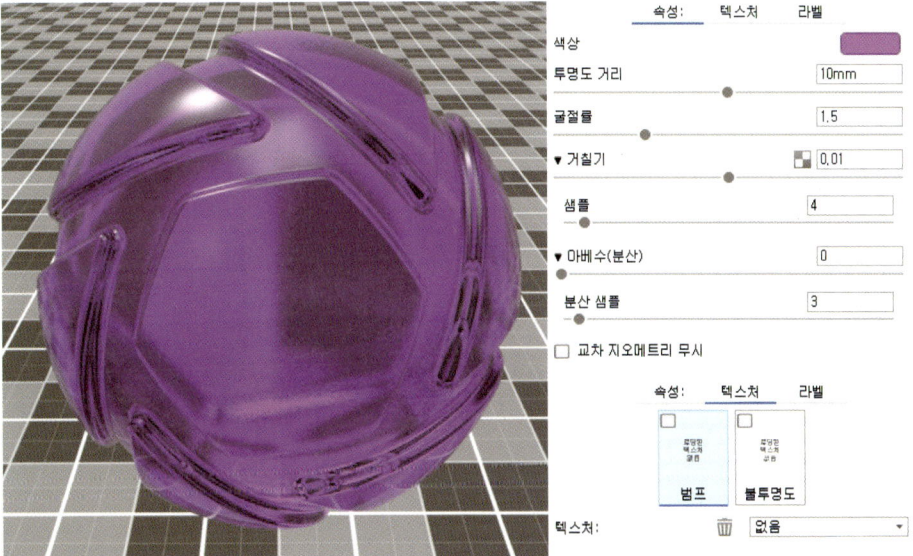

색상(Color)

재질의 전체적인 색상을 설정합니다. 표면에 빛이 닿으면 설정한 색상이 보이게 됩니다. 여기서 설정한 색상은 투명도 거리 설정에 크게 영향을 받게 됩니다. 만약, 설정한 색상보다 화면에 보이는 색이 지나치게 옅다면 투명도 거리 설정을 조절하시기 바랍니다.

투명도 거리(Transparency Distance)

이 옵션은 재질이 적용된 모델의 두께에 따라 색상(Color) 항목에서 설정한 색상이 얼마나 반영이 될지를 결정하는 옵션입니다. 물리적으로 정확한 이 옵션은 깊은 바다의 짙은 푸른색에 비해 해변의 얕은 바다색이 어떻게 다른지 관찰할 수 있을 것입니다. 색상(Color) 설정에서 색상을 설정한 다음 이곳에서 좀 더 진하거나 옅게 보이도록 설정하게 됩니다. 값을 낮게 설정하면 모델의 두께가 얇은 곳에서 좀 더 진하게 보이고 반대로 설정하면 좀 더 연하게 표현됩니다.

굴절률(Refractive index)

이 옵션은 재질을 통과한 빛이 얼마나 내부에서 굴절되는지를 설정하게 됩니다. 기본적으로 설정된 1.5는 유리의 굴절률로 대부분의 유형을 표현하는데 무리가 없지만, 더 극적인 효과를 위해 굴절률을 높이기도 합니다. 또한, 보석류는 대부분 1.50이상의 높은 굴절률을 가지고 있습니다.

거칠기(Roughness)

이 옵션은 불투명 재질에서 하이라이트의 표현을 제어하는 방법과 유사하며, 이는 재질을 통과해서 빛이 확산되는 경우에도 비슷하게 적용됩니다. 주로 Frosted glass(불투명 유리)같은 재질을 표현하는데 사용합니다.

거칠기(Roughness) 글씨 앞쪽의 삼각형을 클릭하면 샘플 수치를 조절할 수 있는 슬라이더가 나타나며, 샘플 수치를 낮게 설정하면 노이즈가 생길 수 있으며, 수치를 높게 하면 한결 부드러운 결과를 만들 수 있습니다.

아베수(Abbe Number)

아베수(Abbe Number) 슬라이더는 표면을 통과한 빛의 분산을 조절해서 프리즘 효과를 만들어 냅니다. 이러한 프리즘 효과는 보석류의 렌더링 시 조절하여 'Gemstone Fire(보석가공술의 한 종류)' 효과를 만들어 냅니다.
설정 값을 0으로 설정하면 효과가 전혀 발생하지 않으며, 값을 낮게 설정하면 더 많은 분산효과를 볼 수 있으며, 값을 높이면 효과가 좀 더 미묘하게 변화됩니다. 35~55사이의 값으로 설정해 두고 조금씩 수치를 변경하면서 미묘한 차이를 조절하는 게 좋습니다.

아베수 글씨 앞에 삼각형을 클릭하면 분산샘플 수치를 조절할 수 있는 슬라이더가 나타납니다. Sample(샘플) 값을 낮게 설정하면 노이즈가 발생될 수 있으며, 값을 높이면 좀 더 부드러운 결과물을 만들 수 있습니다.

왼쪽 이미지는 아베수(Abbe Number)값을 20으로 설정되어 모델의 가장자리 빛이 확산됨을 알 수 있으며, 오른쪽 이미지는 설정 값을 0으로 해 놓아, 아무런 빛의 확산 효과도 발생하지 않고 가장자리가 투명하고 깨끗하게 표현됩니다.

교차 지오메트리 무시(Ignore intersecting geometry)

이 옵션은 Gem(보석) 재질과 다른 재질이 교차하는 부분에서 다른 재질로 인해 Gem(보석) 재질의 특유의 색상 또는 속성이 안 나올 때 사용됩니다. 옵션을 체크하면 교차부분 곳에 다른 재질의 굴절을 무시하고, Gem(보석)특성만을 살릴 수 있는 옵션입니다. 하지만, 모델링 때문에 생기는 명암 때문에 어둡게 보일 수 있습니다.

아래그림의 왼쪽 이미지는 옵션을 언 체크한 것으로, Gem(보석)재질이 교차되는 다른 재질을 굴절하여 표출하기 때문에 밝은 색이 납니다. 오른쪽 이미지는 옵션을 체크하여 Gem(보석)재질이 다른 재질의 굴절 등을 무시하고 자신의 굴절만 갖게 되어 보석처럼 보입니다.

문제는 다른 재질이 반사적인 굴절요소를 가지고 있지 않을 때 생깁니다. 다른 요소를 무광 재질로 사용했을 시, Gem(보석) 재질의 색상에 어둡게 또는 각도에 따라 밝게 나옵니다. 이 때 옵션을 체크하여 일괄적인 Gem(보석) 재질로 나타날 때 사용되는 옵션입니다.

참고 예제샘플을 확인할려면 EX09-11.bip를 참고하세요.

Section 06 유전체(Dielectric_유리계열)

유전체(Dielectric) 재질은 유리재질을 만드는 데 좀 더 다양한 옵션을 추가할 수 있는 재질입니다. 기존 Glass 재질과 비교하면 아베수(Abbe number) 그리고, 유리와 액체를 구별하는 좀 더 자세한 옵션들을 제공합니다.

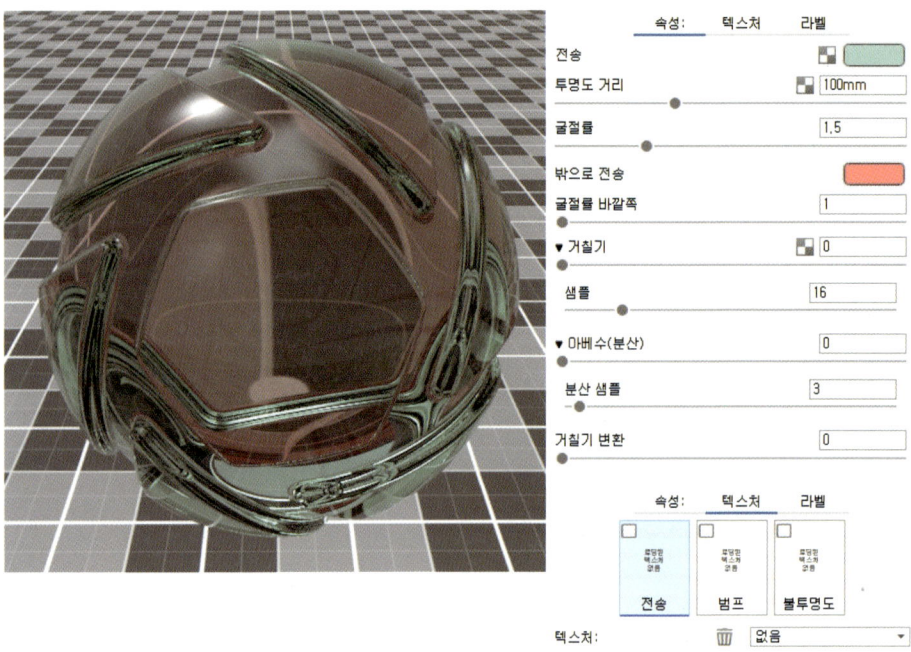

전송(Transmission_투과)

이 옵션은 유전체(Dielectric) 재질의 색상을 결정하는 항목입니다. 빛이 표면을 투과할 때 여기서 설정한 색상이 표면에 나타날 것입니다. 만약, 여기서 설정한 컬러가 화면상에서 너무 연하게 나타날 경우 아래옵션의 투명도 거리를 조절해야 합니다.

투명도 거리(Transparency Distance)

이 옵션은 재질이 적용된 모델의 두께에 따라 색상(Color) 항목에서 설정한 색상이 얼마나 반영이 될지를 결정하는 옵션입니다. 물리적으로 정확한 이 옵션은 깊은 바다의 짙은 푸른색에 비해 해변의 얕은 바다색이 어떻게 다른지 관찰할 수 있을 것입니다. 색상(Color) 설정에서 색상을 설정한 다음 이곳에서 좀 더 진하거나 옅게 보이도록 설정하게 됩니다. 값을 낮게 설정하면 모델의 두께가 얇은 곳에서 좀 더 진하게 보이고 반대로 설정하면 좀 더 연하게 표현됩니다.

굴절률 (Refraction index)

이 옵션은 빛이 모델을 통과할 때 빛의 굴절률을 결정하는 항목입니다. 유리의 굴절률은 1.50이지만 효과를 강조하기 위해 수치를 좀 더 높게 설정하기도 합니다.

밖으로 전송(Transmission Out)

이 옵션은 재질 외부에 맺히는 빛의 색상을 조절하는 항목입니다. 고급사용자를 위한 옵션이기는 하지만, 액체가 담긴 용기를 렌더링 하는데 필요합니다. 예를 들어 물이 담긴 유리잔을 표현하고자 할 때 물과 유리가 만나는 면은 별도의 재질로 처리할 필요가 있습니다. 이 만나는' 밖으로 전송'값으로 유리면에 닿는 색상을 설정하고, '전송' 값으로 액체의 색상을 설정할 수 있습니다.
만약, 유리와 액체가 둘 다 투명하다면 '전송'값과 '밖으로 전송' 값의 색상이 모두 흰색으로 설정하면 됩니다.

굴절률 바깥쪽

두 가지 굴절 재료 사이의 인터페이스를 정확하게 시뮬레이션 할 수 있는 설정입니다. 가장 일반적으로 사용되는 것은 액체가 담긴 용기(예 : 물 유리)에서 작업 할 때입니다. 그런 장면에서는 유리와 물이 만나는 곳을 나타내는 한 면이 필요합니다. 이 표면에는 액체가 "내부"에 있으므로 굴절률을 1.33 정도로 설정해야 하며, "바깥 쪽"에는 유리가 있으며, 굴절률을 1.5 이상으로 설정해야 합니다.

거칠기(Roughness)

이 옵션은 재질의 표면에 미세한 거칠기를 형성합니다. 설정값이 0으로 되어 있으면 완벽하게 매끄러운 광택을 가진 재질이 됩니다. 반대로 설정값을 올리게 되면 빛이 재질의 표면에서 분산되면서 더 거친 결과물을 얻게 됩니다.

샘플(Sample)

샘플(Sample) 값을 조절함에 따라 불완전하거나 노이즈가 발생하기도 하고, 부드럽고 매끈하게 효과를 낼 수도 있습니다.

아베수 분산(Abbe Number)

아베수 분산(Abbe Number) 슬라이더는 표면을 통과한 빛의 분산을 조절해서 프리즘 효과를 만들어 냅니다. 이러한 프리즘 효과는 보석류의 렌더링 시 조절하여 'Gemstone Fire(보석가공술의 한 종류)' 효과를 만들어 냅니다.

설정 값을 0으로 설정하면 효과가 전혀 발생하지 않으며, 값을 낮게 설정하면 더 많은 분산효과를 볼 수 있으며, 값을 높이면 효과가 좀 더 미묘하게 변화됩니다. 35~55사이의 값으로 설정해 두고 조금씩 수치를 변경하면서 미묘한 차이를 조절하는 게 좋습니다.

Abbe Number(분산) 글씨 앞에 삼각형을 클릭하면 분산샘플 수치를 조절할 수 있는 슬라이더가 나타납니다. Sample(샘플) 값을 낮게 설정하면 노이즈가 발생될 수 있으며, 값을 높이면 좀 더 부드러운 결과물을 만들 수 있습니다.

분산 샘플(Dispersion Samples)

샘플 값을 낮게 설정하면 (8 이하) 불완전하고 노이즈가 많은 결과가 나오지만, 높은 값을 지정하면 노이즈 및 입자가 부드러워지고 부드럽게 보입니다.

거칠기변환(Roughness Transmission)

이 옵션은 투명한 재질이 있을 시 내부에 거칠기를 표현할 때 사용합니다. 다시 이야기하자면 모델의 두께 내부에서 거칠기가 표현되고자 하는 것입니다. 또한, 이 거칠기는 재질의 내부에 생기므로 굴절이 생겨 표출됩니다. 이것은 표면은 매끄럽게 표현되지만, 내부에서의 거칠기를 표현하고자 할 때 사용됩니다. 값이 높을수록 거칠기는 더욱더 거칠어집니다.

Section 07 이방성(Anisotropic)

이방성(Anisotropic)재질은 재질 표면에 맺히는 하이라이트를 좀 더 자세히 제어할 수 있는 재질입니다. 이방성이라함은 특정 방향에 따라 상이한 역학적 성질을 나타내는 재질이라 이야기할 수 있습니다.

만약 위에서 살펴본 거칠기(Roughness)항목으로 재질의 거칠기를 표현하면 하이라이트는 모든 방향으로 균일하게 퍼져 보이게 되나, 이방성(Anisotropic)재질에서는 X, Y의 방향으로 거칠기를 조절하여 하이라이트가 맺히는 모양을 조절할 수 있습니다. 헤어라인이나 브러쉬메탈 같은 재질을 표현할 때 사용할 수 있습니다.

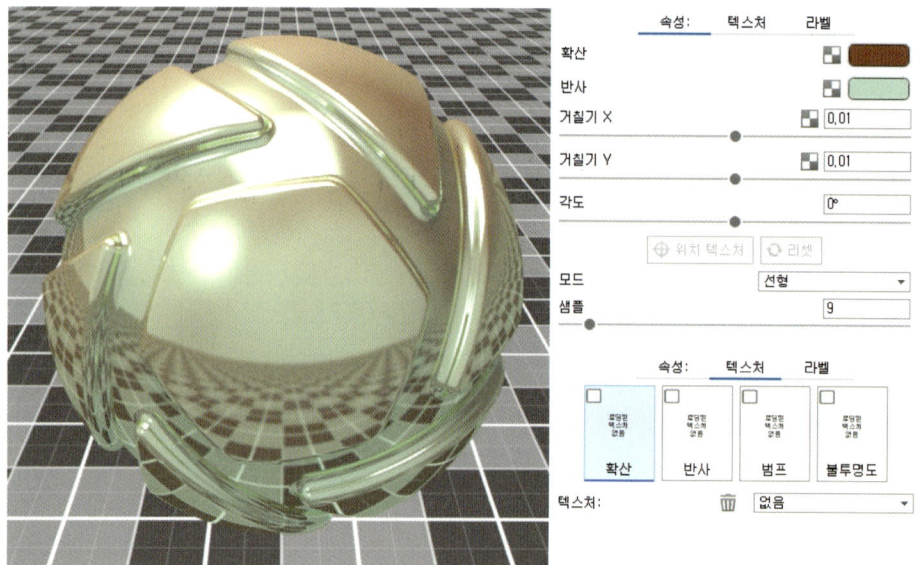

확산

금속재질을 만들고자 한다면 색상은 검정색 또는 회색으로 설정하는 것이 좋습니다. 만약 무채색이 아니라면 재질은 마치 플라스틱처럼 보일 수도 있습니다.

반사

이 옵션은 씬내의 광원에 의해 재질 표면에 반사되는 색상과 강도를 의미합니다. 검은색은 반사가 일어나지 않고, 흰색은 100%의 강도로 반사가 일어난다는 의미입니다.

거칠기 X, Y(Roughness X and Y)

이 옵션은 X, Y 두 방향의 거칠기를 각각 독립적으로 설정할 수 있습니다. 이 값을 조절하여 표면에 맺히는 하이라이트의 형상을 조절할 수 있으며, 만약 같은 값으로 X, Y값을 설정한다면 모든 방향으로 균일하게 분산되는 하이라이트를 얻을 수 있습니다.

아래그림의 왼쪽이미지는 X, Y값을 서로 같게 적용하여 하이라이트가 원형으로 나오며, 오른쪽 이미지는 서로 다른 값을 적용하여(X축 값을 더 크게) 하이라이트가 X축으로 타원형으로 나타나는 이미지입니다.

> **참고**
> 예제샘플을 확인할려면 EX09-12.bip를 참고하세요.

각도(Angle)

X, Y의 설정으로 인해 생성된 하이라이트의 방향을 회전하는 기능이며, 0~360도 사이의 값을 사용할 수 있습니다. 아래그림은 위 그림예제에서 오른쪽이미지만 각도를 45도로 수정하여 만든 이미지입니다.

> **참고**
> 예제샘플을 확인할려면 EX09-13.bip를 참고하세요.

모드(Mode)

이방성(Anisotropic) 설정 모드는 하이라이트가 퍼지는 방법에 대한 설정을 조절할 수 있습니다. 세가지 독특한 모드를 제공하고 있습니다.

모드에서 선형으로 설정하면 하이라이트가 선형으로 퍼지며 모델의 UV맵핑과는 독립적으로 작동하며, 모드의 래디얼은 CD 뒷면이나 냄비바닥처럼 원형으로 퍼지는 재질을 표현할 수 있으며, UV로 설정하면 UV좌표에 영향을 받아 모델링 프로그램에서 UV좌표를 조작했을 경우 이 모드를 사용합니다.

샘플(Samples)

샘플(Samples) 값을 높여서 렌더링을 하면 더 부드럽고 노이즈가 적은 이미지를 얻을 수 있습니다. 샘플값을 80이하로 설정 시 표면에 노이즈가 보이게 될 것이지만, 그 이상으로 올릴 시 균일한 조도로 인해 노이즈가 감소함을 알 수 있습니다.

Section 08 측정됨(Measured)

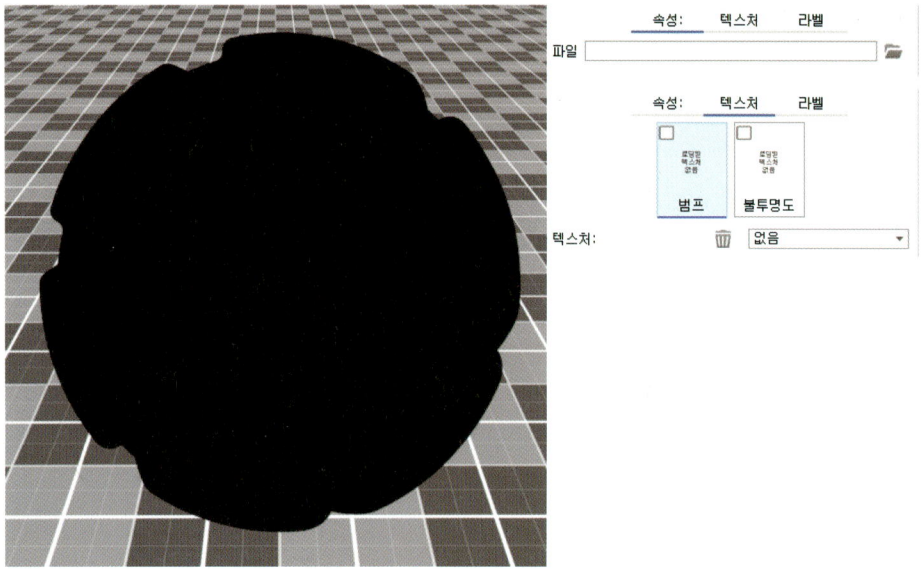

측정 재질 유형은 X-Rite Appearance 교환형식(*.AxF) 및 Radiance BSDF(광선의 양방향 반사 분포함수)형식의 가져오기를 지원합니다. 이 형식에는 특정 물리적 재료에 대한 광 산란 특성을 포착하는 공급 업체 중립 디지털 자료 표현이 포함됩니다.

기본적으로 재질을 지정하면 위의 그림처럼 검정색으로 모델이 표현되며, 속성에 파일을 불러오게 되어 있습니다.

참고〉 https://www.xrite.com/axf/sample-library 에서 *.AxF 파일을 다운 받을 수 있습니다.

AxF파일은 X-Rite社에서 개발한 디지털 파일 형식으로 표준화된 외관 표현을 제공합니다. AxF재질은 AxF파일에서 정확한 디지털 재료 사양을 포착하고 생성하는 X-Rite TAC7 스캐너를 사용하여 스캔한 물리적 재질 샘플로 작성됩니다. AxF 파일은 PatoneLIVE Cloud와 같은 디지털 자료 카탈로그에서 액세스 할 수 있으며 측정된 자료 유형을 사용하여 KeyShot으로 직접 가져올 수 있습니다.

참고〉 AxF파일이 궁금하시다면 xrite.com/axf/에서 AxF를 만드는 방법에 대해 자세히 알아보시면 됩니다.

측정된 재료 가져 오기

'프로젝트 〉재질' 탭에서 재질을 편집하는 동안 재질 타입을 드롭 다운에서 '측정됨' 재질을 선택하면 파트가 검은 색으로 표시되고 속성 탭에 파일 불러오기 아이콘이 나타납니다. 측정된 파일 형식을 선택하려면 폴더 아이콘을 선택하십시오. .axf 및 .xml 파일 확장명이 모두 지원됩니다.

> **참고**
>
> 참고적으로 책을 구매하시면 예제 파일이 웹하드에 올라가 있습니다. 웹하드에 'WEXWAxF'에 AxF파일을 미리 받아 사용해 본 이미지가 아래의 이미지입니다. 16개의 AxF파일들이 있으니 적용해 보시기 바랍니다.

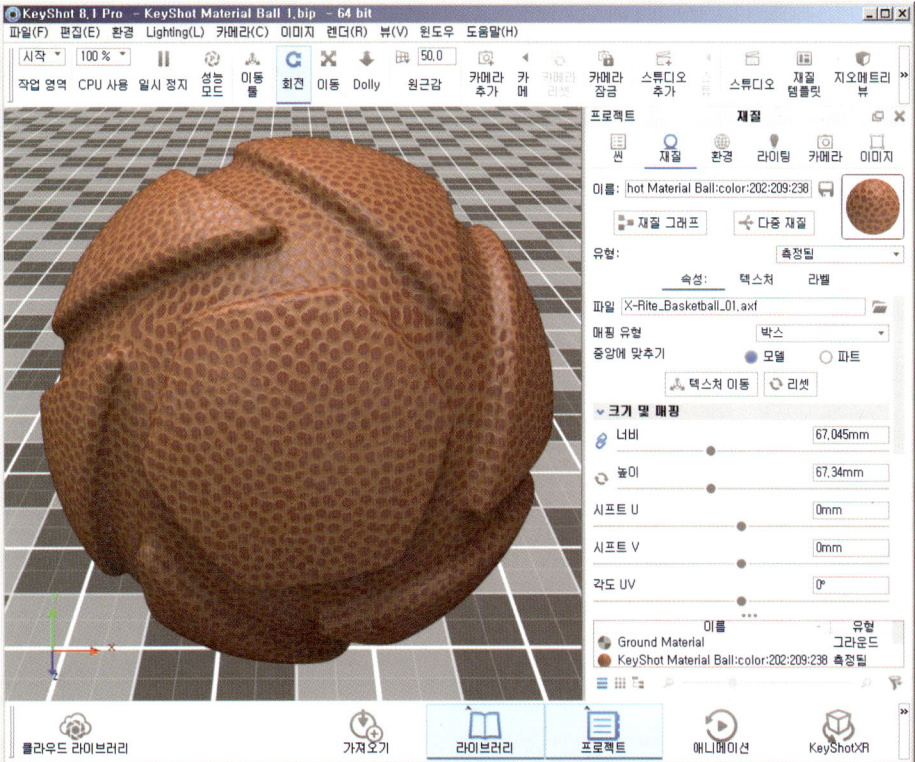

> **참고** 예제샘플을 확인할려면 EX09-14.bip를 참고하세요.

Section 09 투명_고급(Translucent_ Advanced)

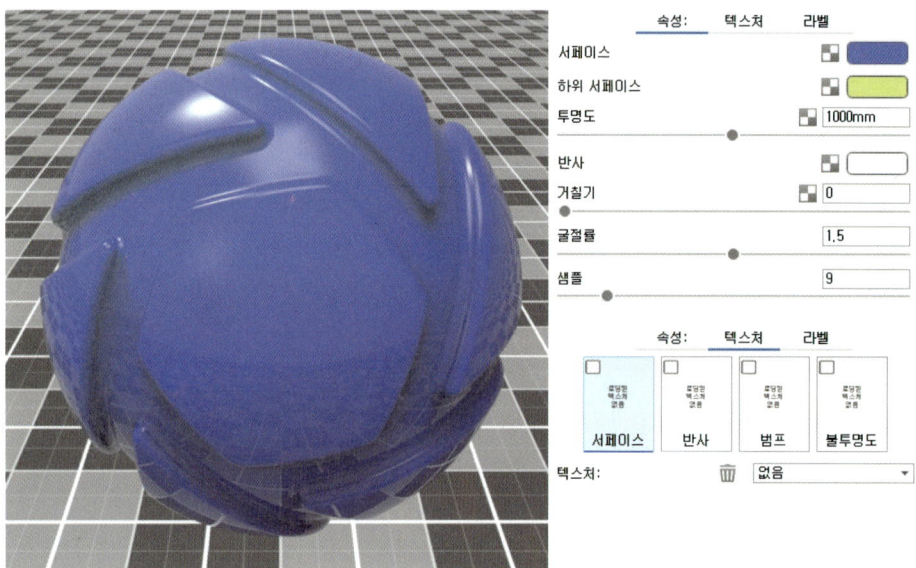

투명_고급 재질 유형은 스킨, 플라스틱 및 기타 재료에서 표면 아래 산란 속성을 제어합니다. 기존 배우신 'Part9 > Chapter2. 재질 타입(기본) > section6. 투명'보다도 옵션이 더 적어 빨리 적용시킨다고 하지만, 그래도 개인적으로는 기존 투명 재질이 보다 더 고급적으로 재질을 표현할 수 있다 생각하여 이 재질은 보통 사용하지 않습니다.

서페이스(Surface Color)

이 옵션은 재질 외부 표면의 색상을 조절하게 됩니다. 전체적으로 보여지는 색상을 고려해서 이 항목을 조절해야 합니다.

하위 서페이스(Subsurface Color)

이 옵션은 재질의 표면을 투과한 빛이 최종적으로 어떤 색상으로 보이게 될지를 설정합니다.
사람의 피부를 생각해 보면 이러한 재질의 속성을 보다 쉽게 이해하실 수 있습니다. 한낮의 태양빛을 손으로 가려보면 빛이 피부를 투과하는 동안 산란이 일어나고, 그 결과로 붉은 색으로 보이게 되는 것을 확인할 수 있습니다. 이러한 빛과 재질의 특성을 바로 Translucent(반투과성)라고 합니다.

빛이 재질의 표면을 통과할 때 불규칙적인 방향으로 산란이 일어나게 되고, 그 결과로 인해 유리를 통과한 빛의 굴절 보다는 훨씬 부드러운 느낌의 반투과 효과가 나타내게 됩니다.
플라스틱과 같은 재질의 경우 이 항목을 Surface Color 색상과 아주 비슷하게 설정하기도 하며, 이런 경우에 살짝 더 밝은 톤의 컬러를 설정하면 자연스러운 효과를 연출할 수 있습니다.

투명도(Translucency_투과도)

이 옵션은 빛이 얼마나 깊게 투과하게 될지를 설정하게 됩니다. 이 설정 값이 높을수록 하위 서페이스 색상 (Subsurface Color)이 더 많이 나타나게 될 것이고, 좀 더 부드러운 느낌의 재질을 만들 수 있습니다.
아래그림의 차례대로 투명도(Translucency)값을 1, 500, 1000mm 기준으로 준 결과물입니다.
옵션값이 올라갈 수록 빛을 많이 투과함으로 인해 매우 부드러워 보이는 재질이 만들어 집니다.

기타 옵션

반사(Specular Color_반사색상)는 하이라이트 부분에서 반사되는 색상을 나타내 줍니다. 아래그림에서 하이라이트 되는 부분에 연약하게나마 연두색이 보입니다.

거칠기(Roughness)의 값을 증가시키면 표면에서 일어나는 반사가 넓게 퍼져 보이게 되고, 그로 인해 무광처럼 보이기도 합니다.

굴절률(Refraction Index)과 샘플(Samples)은 기존에 많이 서술되어 넘어가겠습니다.

Section 10 플라스틱_고급(Translucent_ Advanced)

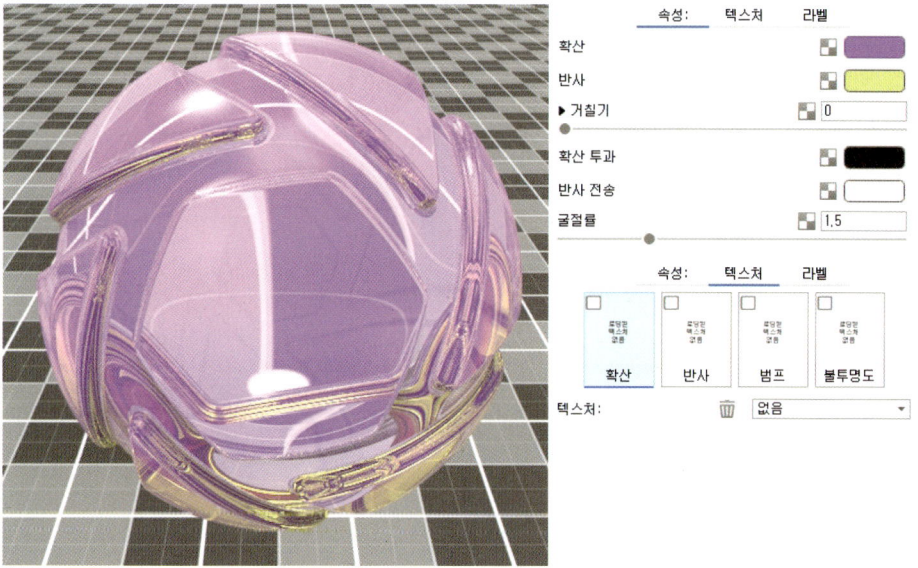

플라스틱_고급 재질 유형은 기존 배우신 'Part9 〉 Chapter2. 재질 타입(기본) 〉 section9. 플라스틱'과 옵션이 비슷합니다. 하지만, 이 플라스틱_고급 재질에는 확산 투과와 반사 전송 옵션이 있어, 투명 또는 반투명 플라스틱 재질을 만들기 용이합니다. 실제 플라스틱_고급이라는 재질이름 대신 플라스틱_투명이라는 재질이름이 맞을 것 같습니다.

확산(Diffuse)

이 옵션은 전체 색상으로 이해하시면 됩니다. 투명 재질은 이 항목의 영향을 아주 적게 받거나 거의 받지 않는다고 보시면 됩니다.

반사(Specular)

이 옵션은 반사되는 빛의 강도와 색상을 의미합니다. 검은색은 반사가 일어나지 않으며, 흰색으로 가까울수록 매우 반짝이는 플라스틱의 재질을 만들 수 있습니다.

현실세계의 플라스틱은 반사 값에 아무런 색상을 지니지 않으므로 일반적으로 이 항목은 무채색을 사용하게 됩니다. 만약, 여기에 색상을 추가하게 되면 플라스틱 재질에 금속효과나 페인팅 효과를 줄 수 있습니다.

거칠기(Roughness)

이 옵션은 재질의 표면에 현미경 수준의 거칠기를 추가합니다. 0으로 설정하면 재질표면은 미끈하고 부드러운 광택이 잘 표현됩니다. 만약 이 값을 증가시키면 재료의 표면은 더 거칠게 표현되고 그에 따라 반사되는 빛도 넓게 퍼지게 됩니다.

결국 이 값을 0으로 설정하면 완벽한 Clear-coat(투명코팅)효과를 주겠다는 의미이고, 값을 높이면 Satin(고운 직물)이나 무광 페인트 같은 효과를 주겠다는 의미가 됩니다.

확산 투과(Diffuse Transmission)

반투명 효과를 시뮬레이션 할 수 있게 모델 표면에 추가 빛이 산란됩니다. 렌더링 시간이 길어지므로 필요하지 않은 경우 검정색으로 두는 것이 좋습니다.

아래 그림에서 기본색은 빨간색으로 놓고 왼쪽 이미지는 확산 투과를 검정색으로 했을 때 모델 표면에 빛이 일반적으로 산란됨을 알 수 있습니다. 오른쪽 이미지의 확산 투과를 노란색으로 했을 경우 빨간색 위로 노란색이 추가되어 확산됨을 알 수 있는 예제입니다.

반사 전송(Specular Transmission)

이 옵션은 재료의 투명도라고 생각할 수 있습니다. 검정은 100 % 불투명 해지고 흰색은 100 % 투명 해집니다. 투명한 유리 또는 플라스틱이 생성되면 확산색은 이 매개 변수에서 파생된 모든 색으로 검정이어야 합니다. 투명한 유리 또는 플라스틱도 흰색으로 설정된 반사를 가져야합니다. 흐린 플라스틱이 필요한 경우, 여기에서 설정된 색상의 매우 어두운 색상으로 설정하여 사용할 수 있습니다.

아래 그림은 왼쪽은 반사 전송 색상이 흰색으로 100% 투명해지는 이미지이고, 오른쪽은 검정색으로 100% 불투명해짐을 알 수 있습니다. 위에서 설명한 것과 같이 회색계열의 색상으로 반사 전송 색상을 설정할 경우 흐린 플라스틱을 표현할 수 있습니다.

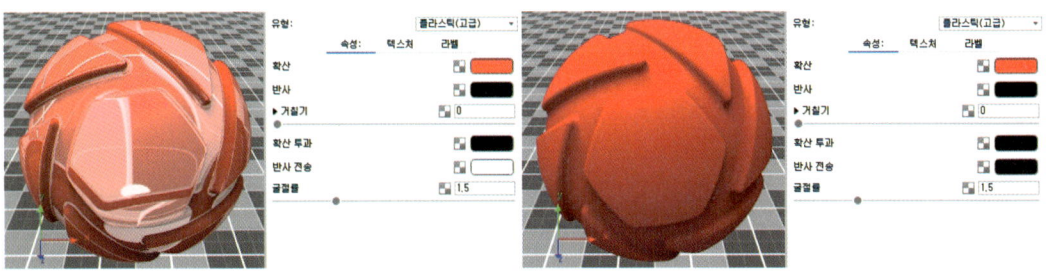

굴절률(Refraction Index)

이 옵션은 빛이 매질을 통과할 때 빛이 얼마나 많은 굴절이 일어날지를 결정하는 옵션입니다. 키샷에서 플라스틱의 기본 굴절률은 1.50이지만 효과를 강조하기 위해 설정 값을 좀 더 높게 설정하기도 합니다.

Section 11 플라스틱_불투명(Translucent_ Advanced)

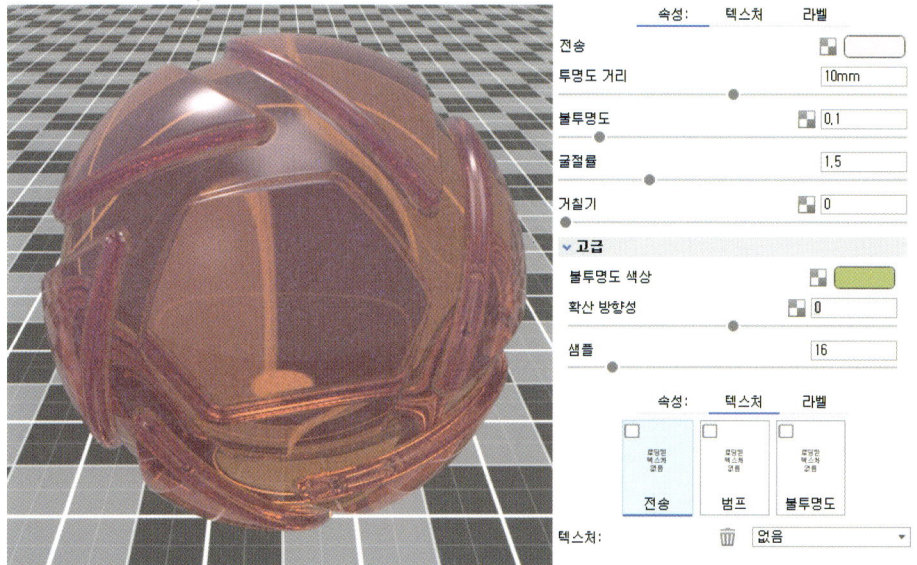

플라스틱_불투명 재질은 폴리 카보네이트 또는 ABS와 같이 복잡하고 과학적으로 정확한 재료를 복제하기 위해 광 산란 입자를 포함합니다.

전송(Transmission)

이 옵션은 흐린 플라스틱 재질의 전반직인 광선 투과율을 설정합니다. 더 밝은 색상은 더 많은 전송을 허용하여투명도가 맑으며, 어두운 색은 전송이 적어 투명도가 어두워집니다. 색상 축소판을 클릭하여 색상 선택기를 팝업 후 원하는 색상을 선택하십시오.

투명도 거리(Transparency Distance)

이 옵션은 재질이 적용된 모델의 두께에 따라 색상(Color) 항목에서 설정한 색상이 얼마나 반영이 될지를 결정하는 옵션입니다. 물리적으로 정확한 이 옵션은 깊은 바다의 짙은 푸른색에 비해 해변의 얕은 바다색이 어떻게 다른지 관찰할 수 있을 것입니다. 전송 설정에서 색상을 설정한 다음 이곳에서 좀 더 진하거나 옅게 보이도록 설정하게 됩니다. 값을 낮게 설정하면 모델의 두께가 얇은 곳에서 좀 더 진하게 보이고 반대로 설정하면 좀 더 연하게 표현됩니다.

불투명도(Cloudiness)

이 옵션은 플라스틱의 전반적인 흐린 정도에 영향을 줍니다. 값 0은 전혀 흐려지지 않습니다.

굴절률(Refraction Index)

이 옵션은 빛이 매질을 통과할 때 빛이 얼마나 많은 굴절이 일어날지를 결정하는 옵션입니다. 키샷에서 플라스틱의 기본 굴절률은 1.50이지만 효과를 강조하기 위해 설정 값을 좀 더 높게 설정하기도 합니다.

거칠기(Roughness)

이 옵션은 재질의 표면에 현미경 수준의 거칠기를 추가합니다. 0으로 설정하면 재질표면은 미끈하고 부드러운 광택이 잘 표현됩니다. 만약 이 값을 증가시키면 재료의 표면은 더 거칠게 표현되고 그에 따라 반사되는 빛도 넓게 퍼지게 됩니다.

불투명도 색상(Cloudiness Color)

이 옵션은 플라스틱의 내부 불투명도에 대한 특정 색상을 설정합니다.

확산 방향성(Scattering Directionality)

빛이 산란되는 방식을 제어합니다. 값 0은 균일한 산란이며, 음의 값은 빛을 뒤쪽으로 산란시킵니다.

샘플(Samples)

샘플(Samples) 값을 높여서 렌더링을 하면 더 부드럽고 노이즈가 적은 이미지를 얻을 수 있습니다. 샘플값을 80이하로 설정 시 표면에 노이즈가 보이게 될 것이지만, 그 이상으로 올릴 시 균일한 조도로 인해 노이즈가 감소함을 알 수 있습니다.

Section 12 확산 매체(Scattering Medium)

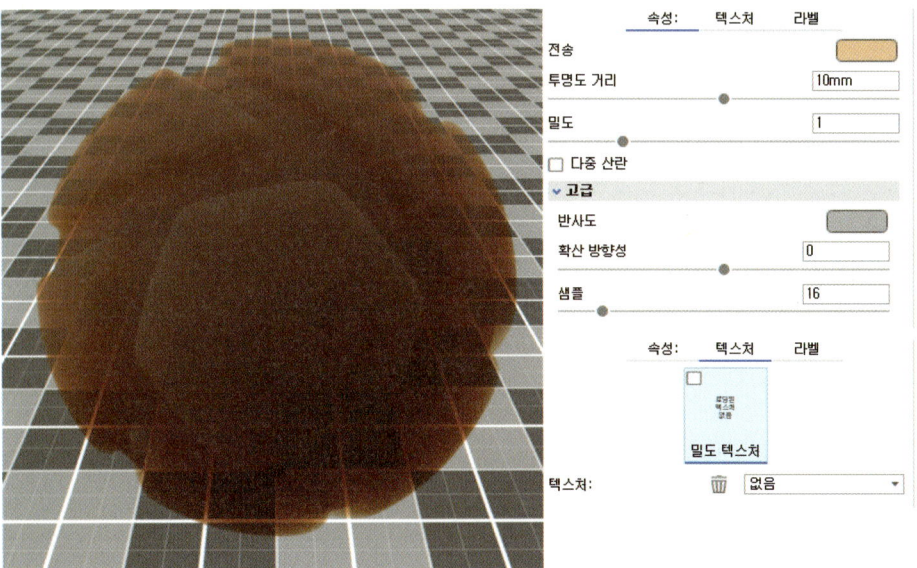

참고 예제샘플을 확인할려면 EX09-15.bip를 참고하세요.

확산(산란) 매체를 사용하면 입자 산란을 시뮬레이션하여 안개, 연기, 빔, 광선 등을 시각화하는 효과를 낼 수 있습니다. 이 맵을 제대로 적용 사용하려면 텍스처에서 볼륨 맵을 선택하거나, 재질 그래프를 사용하여 확산 매체에 밀도 텍스처(Density Texture)를 적용하셔야 합니다.

또한, 정확히 렌더링을 하려면, '프로젝트 〉 라이팅'에서 라이팅 기법을 인테리어 모드로 사용하셔야 합니다.

전송(Transmission)

이 옵션은이 재질 유형의 전체 색상을 제어합니다. 표면에 빛이 들어오면 여기에 설정된 색상이 적용됩니다. 이 재질에서 볼 수 있는 색의 양은 색 농도 설정에도 크게 좌우됩니다. 더 밝은 색상은 더 많은 전송을 허용하여 투명도가 맑으며, 어두운 색은 전송이 적어 투명도가 어두워집니다.

투명도 거리(Transparency Distance)

이 옵션은 재질이 적용된 파트의 두께에 따라 전송 설정에서 선택한 색상의 깊이를 제어합니다. 투명도 거리를 사용하여 전송 색상을 다소 포화 상태로 만듭니다. 설정을 낮추면 모델의 얇은 부분에서 색상이 더 많이 표시되고 높게 설정하면 얇은 부분에서 색상이 희미해집니다.

아래 그림은 투명도 거리(1mm, 10mm, 100mm)에 따른 포화도를 나타내는 예제입니다.

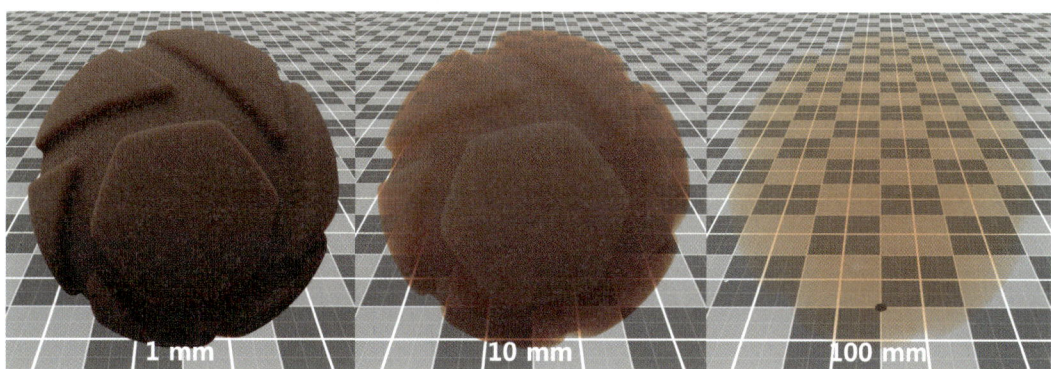

밀도(Density)

입자가 얼마나 밀집되어 있는지 결정합니다. 고밀도 값은 산란 매체를 보다 견고하게 보이게 합니다.

아래 그림은 밀도(0.1, 1, 2)에 따른 견고성을 보이는 예제입니다.

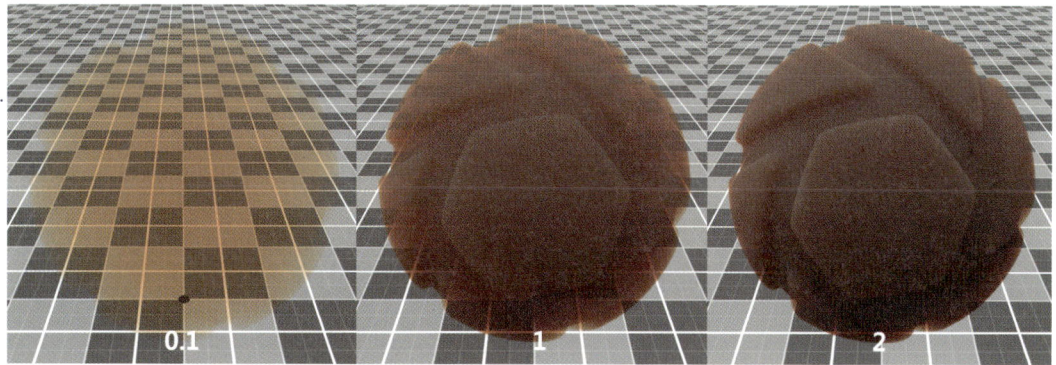

다중 산란(Multiple Scattering)

이 옵션을 선택하면 광선이 형상 내부에서 여러 번 산란되어 나옵니다. 옵션 체크 시 물리적으로 보다 정확한 표현이 만들어지지만 처리 시간에 영향을 미칩니다.

아래 왼쪽 그림은 옵션은 체크하지 않고, 오른쪽 그림은 옵션을 체크한 예제입니다.

반사도(Albedo)

키샷에서는 한글로 반사도라고 적혀 있지만, 정확히는 Albedo라는 이름입니다. Albedo는 산란 매질 안의 작은 입자에 의해 산란되는 빛의 색을 이야기합니다.

다중 산란 매체를 사용하면 매체의 색이 Albedo색의 역수가 될 수 있습니다. 왜냐하면 산란 과정이 광이 매체를 통과하면서 관찰자에게 도달하는 것을 차단할 수 있기 때문입니다.

아래 왼쪽 그림은 Albedo색상을 기본색인 회색으로 하였고, 오른쪽 그림은 Albedo색상을 노란색으로 지정한 것입니다.

 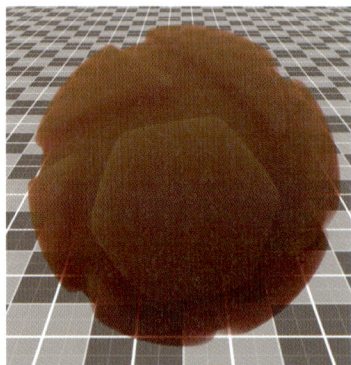

확산 방향성(Scattering Directionality)

빛이 산란되는 방식을 제어합니다. 값 0은 균일 한 산란이며, 음의 값은 빛을 뒤쪽으로 산란시킵니다.

아래 그림은 왼쪽부터 차례대로 -1, 0, 1의 값으로 테스트한 예제입니다.

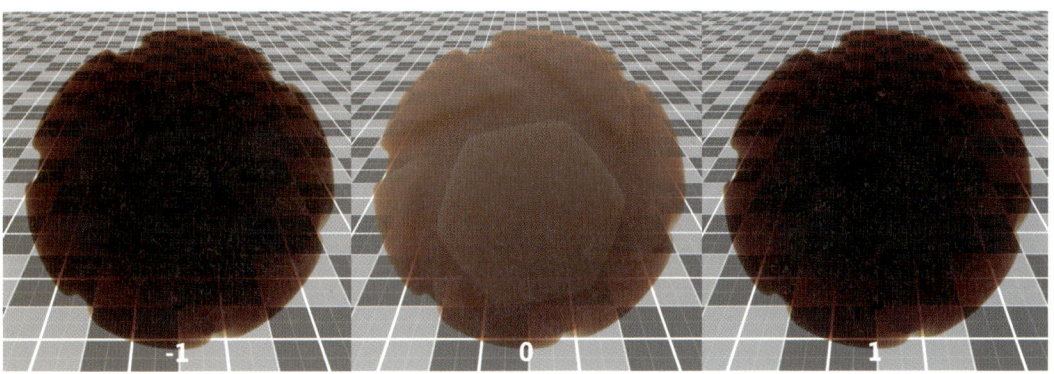

샘플(Samples)

샘플(Samples) 값을 높여서 렌더링을 하면 더 부드럽고 노이즈가 적은 이미지를 얻을 수 있습니다.

예제 1

처음에 이 맵을 제대로 적용 사용하려면 텍스처에서 볼륨 맵을 선택하거나, 재질 그래프를 사용하여 확산 매체에 밀도 텍스처(Density Texture)를 적용하셔야 한다고 했습니다. 예를 들어 텍스처에서 볼륨 맵을 적용시키려 합니다. 볼륨 맵은 vdb확장자를 가지며, 키샷에 포함되어 있습니다.

'\KeyShot 8\Textures\OpenVDB'에 보시면 'wdas_cloud_eighth.vdb' 가 있습니다. 아래 그림은 그 vdb를 사용한 예제입니다.

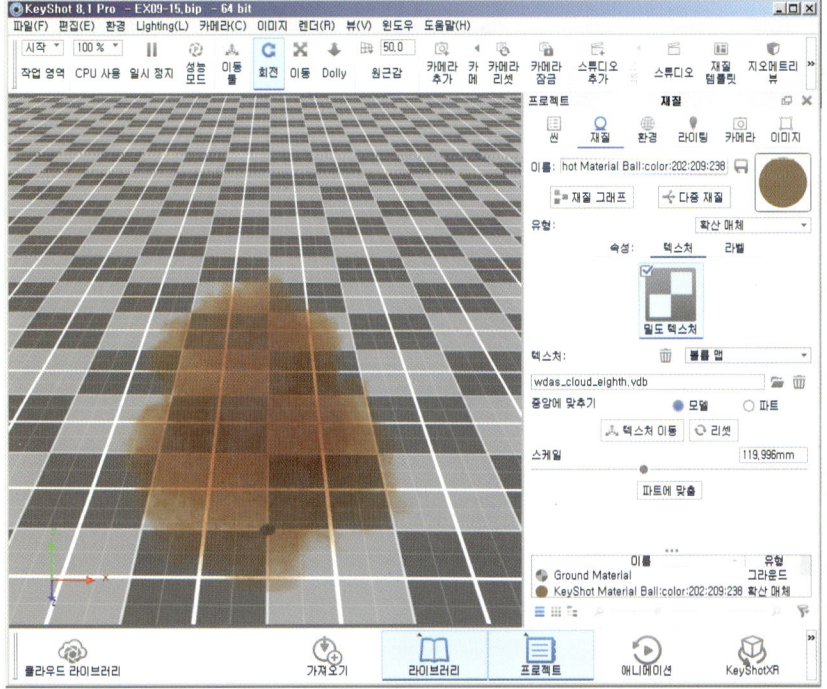

참고 예제샘플을 확인할려면 EX09-16.bip를 참고하세요.

예제 2

아래 이미지는 3D 토끼 모델을 가지고 확산 매체 재질을 적용해 보았습니다. 트리구조에서 보이듯이 모델 세트 One, Two로 나누어 모델링 해 보았습니다.

확산 매체는 안개, 연기, 빔, 광선 등을 시각화하는 효과를 다른 시각에서 보는 재미 있는 예제입니다.

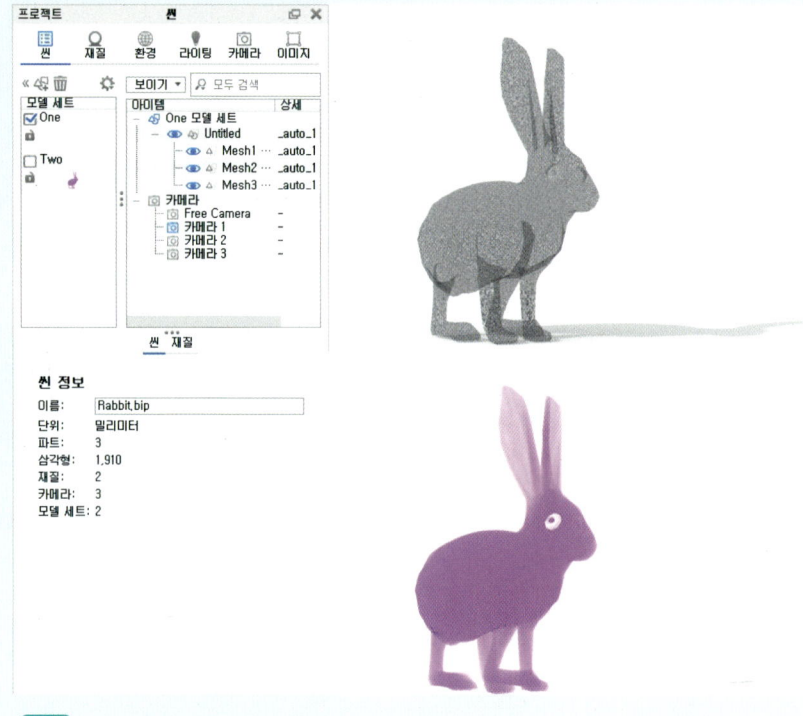

참고 예제샘플을 확인할려면 EX09-17.bip를 참고하세요.

CHAPTER 04 재질 타입(라이팅 소스)

Section 01 IES 라이트

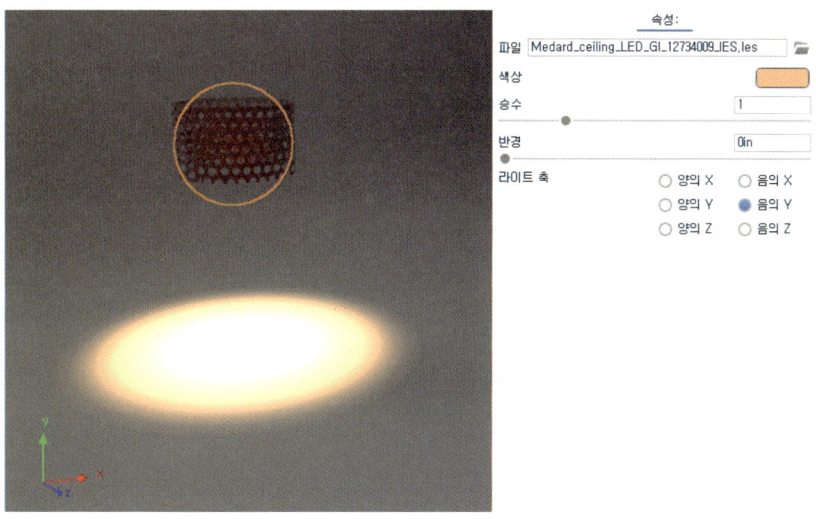

참고 예제샘플을 확인할려면 EX09-18.bip를 참고하세요.

IES는 Illuminating Engineering Society(미국조명기술자협회)의 앞 글자만 따서 약칭으로 불립니다. IES파일이라함은 확장자가 *.ies로 꾸며져 있으며, 조명에 대한 프로파일이 형성되어, 그 프로파일 모양에 따라 렌더링 프로그램안에서 조명의 모양이 꾸며집니다. 또한, 이 확장자를 가진 파일은 배광정보를 포함하고 있으며, 조명을 민드는 제조사 양식에 맞게 내용이 구성되어 있습니다.
키샷에 IES조명을 불러오면 위의 그림과 같이 주황색선으로 IES Profile이 보여집니다.

파일(File)

IES 파일을 불러올 수 있습니다.

색상(Color)

빛의 색을 선택할 수 있습니다. 정확한 색상을 표현하려면 Kelvin온도 값으로 선택하여야 합니다.
아래 이미지는 한가지 색상으로 지정 후 Kelvin온도에 따른 색상의 변화입니다.

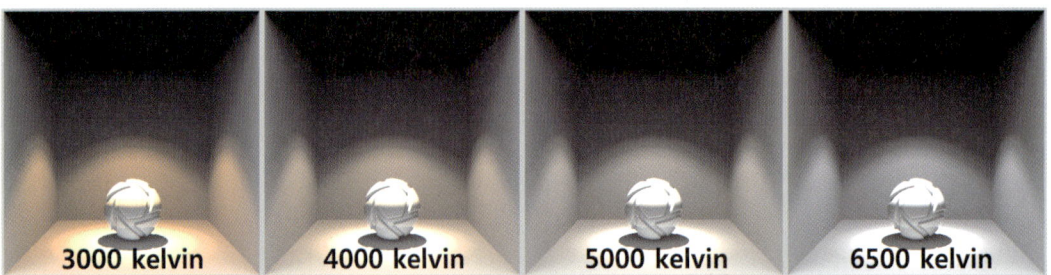

> 참고 예제샘플을 확인할려면 EX09-19.bip를 참고하세요.

승수(Multiplier)

빛의 강도를 조절합니다.
광속(빛의 광속)은 루멘의 값으로 IES 파일 자체에 포함됩니다. 승수는 이 값을 조정합니다. 가장 정확한 결과를 얻으려면 배율기를 1 값으로 두어야합니다. 0과 1 사이의 값을 사용하여 조광기의 동작을 시뮬레이션 할 수 있습니다.

반경(Radius)

빛에서 그림자의 부드러움을 조절하려면 반경을 조정하십시오. 반경이 클수록 부드러운 그림자가 생기고 반경이 작으면 그림자가 더 선명하고 예리한 모서리가 생성됩니다.
아래 이미지는 반경을 0에서 20 mm로 늘리는 효과를 보여줍니다.

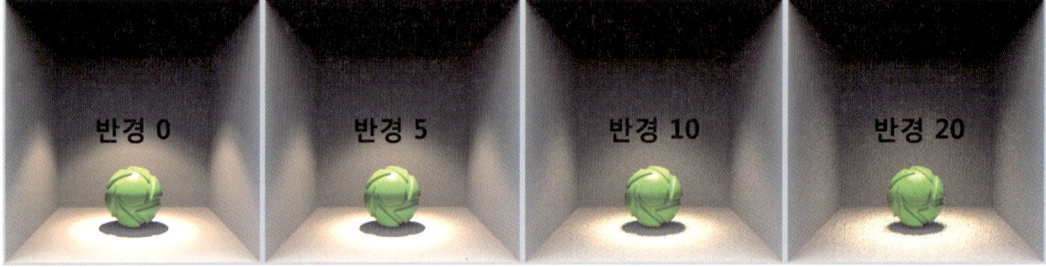

> 참고 예제샘플을 확인할려면 EX09-20.bip를 참고하세요.

라이트 축(Light Axis)

IES 라이트 소스의 축을 제어할 수 있습니다.
아래 이미지는 양의 X 〉 음의 X 〉 양의 Y 〉 음의 Y 〉 양의 Z 〉 음의 Z를 체크한 순서대로 이미지를 나열한 것입니다.

예제 1

책에서 제공되는 IES 라이트 소스를 가지고 사용해 보세요. 웹하드에서 'IES조명예제' 폴더에 IES 라이트 소스가 있습니다. 아래그림과 같이 적용해 보세요.

IES파일 만들기_IES Generator

각각의 렌더링 프로그램에서 IES파일을 만드는 옵션이 있습니다. 대표적으로 손쉽게 IES파일을 만드는 프로그램은 V-ray라 할 수 있습니다. V-ray에 대한 공부는 각자가 알아서 해 주시면 감사하겠습니다.

인터넷 검색을 통해 쉽게 IES파일을 만드는 프로그램에 대해 조사한 바, RIP3D라는 회사에서 만든 IESGen이라는 프로그램입니다. 이 프로그램은 직관적으로 아주 손쉽게 IES를 만들 수 있는 프로그램입니다.
웹하드 'IES조명프로그램' 폴더안에 'ies29'폴더와 'iesgen_4'폴더에 파일이 준비되어 있습니다.

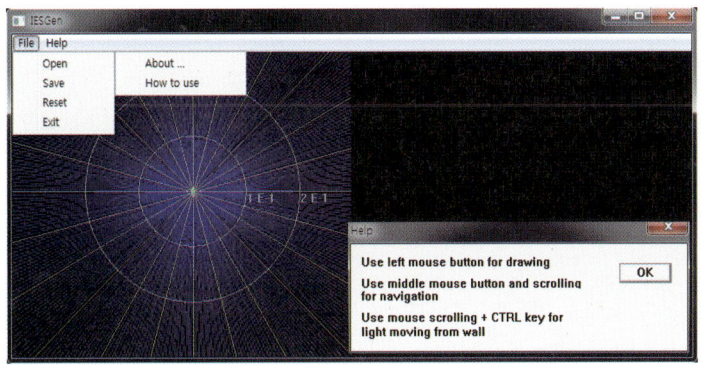

File을 클릭 시 Open(IES파일열기), Save(IES파일저장), Reset(화면초기화), Exit(닫기)가 메뉴의 끝입니다. Help를 눌르면 작동동작에 대해 나옵니다.
작동동작에 나온 이야기들은

> '마우스왼쪽버튼으로 그려서 사용하세요.'
> '마우스 중앙버튼을 스크롤하여 화면을 줌,아웃하세요.'
> '마우스스크롤+CTRL키를 이용하여 벽으로부터 이동하세요'

이 세가지만 알면 IES파일을 만들 수 있습니다.
'IES Generator 4' 프로그램을 실행합니다. 상단메뉴가 있고, 좌측에는 IES를 그릴 수 있는 네비게이션과 우측에는 IES를 그린 결과대로 빛이 보여집니다.
네비게이션에 좌측마우스를 클릭 또는 드레그하여 아래 그림과 같이 그립니다.
좌측과 우측에서 각각 마우스 휠을 돌려주면 이미지가 작게 또는 크게 보여집니다.
이렇게 완성 된 IES파일은 상단메뉴 'File 〉 Save'를 눌러 'EX09-21.ies'로 저장시켜 줍니다.

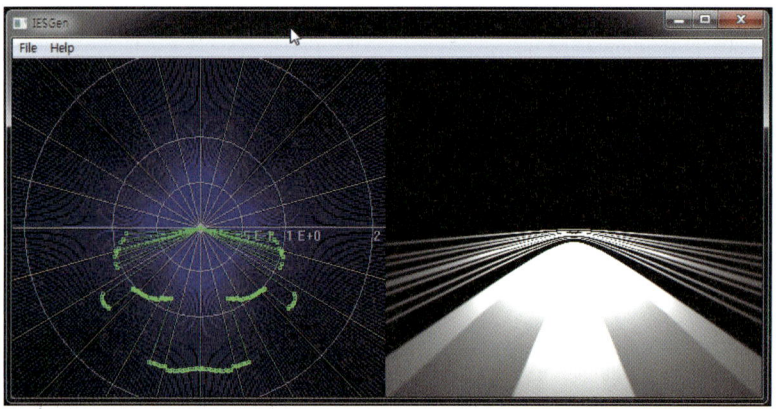

키샷을 열어 적용시킬 파트에 Point Light IES Profile 재질을 선택하면 IES파일을 선택하라 창이 뜹니다. 그 때 위에서 만든 'EX09-21.ies'파일을 불러옵니다.
아래 이미지와 같이 적용된 렌더링 이미지입니다.

참고 예제샘플을 확인할려면 EX09-22.bip를 참고하세요(웹하드 EX폴더에 EX09-21.ies도 같이 있습니다.).

'IES Generator 4'이 정답은 아닙니다. 왜냐하면, IES파일을 만들고 저장시킨 후, 키샷에서 적용 시 빛이 너무 약한 관계로 빛의 강도를 많이 올려줘야 합니다. 또한, 여기서 만들어진 IES파일은 위치값 및 빛의 강도등의 부수적 수치를 가지고 있지 않기 때문에, 'IES Viewer'에서 불어올 때 에러가 생깁니다.

아래 이미지처럼 다른 IES파일 관련 프로그램을 소개시켜 드리겠습니다.
IES파일을 만드는 프로그램은 여러 종류가 있습니다. 대표적으로 GE Light에서 만든 'LightBeams' 같은 종류가 있습니다. 한국 GE Light에서는 다운받을 수 없으나, 구글링을 통해 미국 GE Light에 들어가 Download 카다로그로 들어가면 다운 받으실 수 있습니다. 단, 이 프로그램은 프로파일 구조는 만들지 못하나, 빛의 세기, 각도, 높이 등등을 조절하여 IES파일을 만들 수 있습니다. 아래그림을 참조하시기 바라며, 좀 더 공부해 보고 싶은 분들은 프로그램 안에 사용서도 잘 되어 있으니, 다운 받아 공부해도 좋으실 듯합니다.

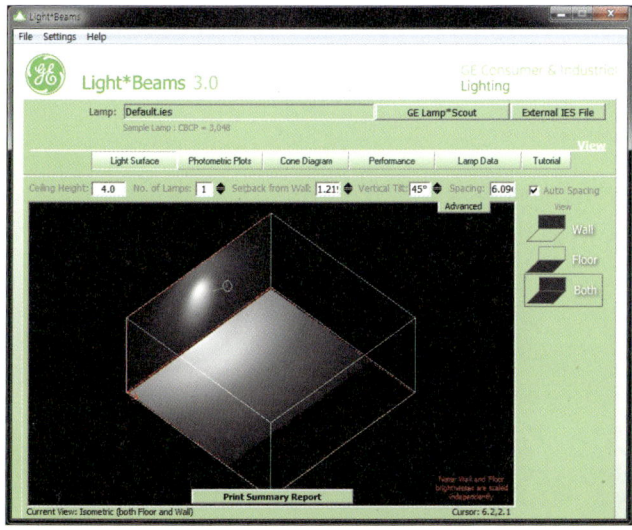

Section 02 스포트라이트(Spotlight)

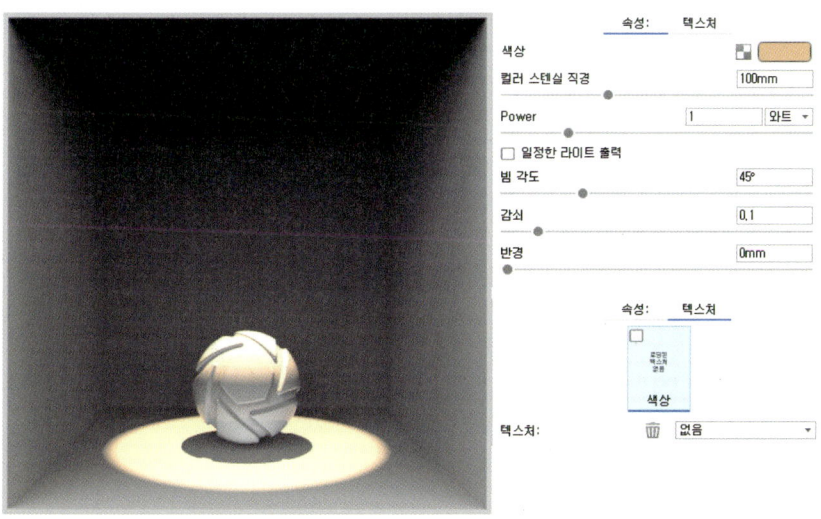

스포트라이트는 광원이 원추형으로 방출되는 점 광원으로 생각할 수 있습니다. 이것은 무대 조명에서 빛의 수영장을 만드는 데 사용되는 스포트라이트와 유사하게 작용합니다.

색상(Color)

이 옵션은 빛의 색을 설정할 수 있습니다. 또한 광원 앞에 텍스처를 배치하여 방출된 빛의 모양과 색상을 제어할 수 있습니다.

컬러 스텐실 직경(Color Stencil Diameter)

스포트라이트에서 텍스처를 사용하는 경우 슬라이더는 항상 스포트라이트의 빔에 정확히 맞는 가상 스텐실 디스크의 너비를 지정합니다. 스텐실 지름은 텍스처의 너비와 관련이 있습니다. 둘 다 같은 너비이면 텍스처가 보에 맞을 것입니다. 텍스처가 스텐실보다 넓으면, 자를 것이며 스텐실보다 작은 텍스처는 반복됩니다.
아래 이미지는 컬러 스텐실의 직경을 10 > 30 > 50 순으로 테스트해 본 이미지입니다.
참고적으로 컬러 스텐실 직경의 텍스처를 사용할 때는 jpg 파일을 사용하시기 바랍니다. png 파일일 경우 적용이 안 되고 있네요. 버그인 듯합니다.

참고 예제샘플을 확인할려면 EX09-24.bip를 참고하세요(텍스트 이미지는 웹하드 EX폴더에 EX09-23.jpg를 사용했습니다.).

Power

광원의 강도를 결정합니다. 와트(Watt) 또는 루멘(Lumen)으로 설정할 수 있습니다. 루멘(Lumen)은 가장 정확한 결과를 위해 권장됩니다.

일정한 라이트 출력(Constant Light Output)

이 체크 박스는 스포트라이트의 물리적 특성이나 정확성을 변경하지는 않지만, 기본 설정 작업 과정에 따라 전원 또는 빔 각도를 조정할 때 편리합니다.

빔 각도(Beam Angle)

광원의 크기를 결정하는 각도를 설정합니다. 각도가 더 넓을수록 각도가 커집니다.
아래 이미지는 45° > 60° > 90°까지 빔 각도를 증가시키는 효과를 보여줍니다.

감쇠(Falloff)

낙하는 광선이 가장자리를 향해 흐려지는 지점을 결정합니다. 숫자가 높을수록 밝음에서 어두움으로의 전환이 부드러워집니다.

아래 이미지는 0.1 > 0.5 > 1 의 순으로 감쇠 값을 변경한 예제입니다.

반경(Radius)

빛에서 그림자의 부드러움을 조절하려면 반경을 조정하십시오. 반경이 클수록 부드러운 그림자가 생기고 반경이 작으면 그림자가 더 선명하고 예리한 모서리가 됩니다.

아래 이미지는 반경을 0 > 10 > 20 mm로 늘리는 효과를 보여줍니다.

Section 03 에어리어 라이트(Area Light)

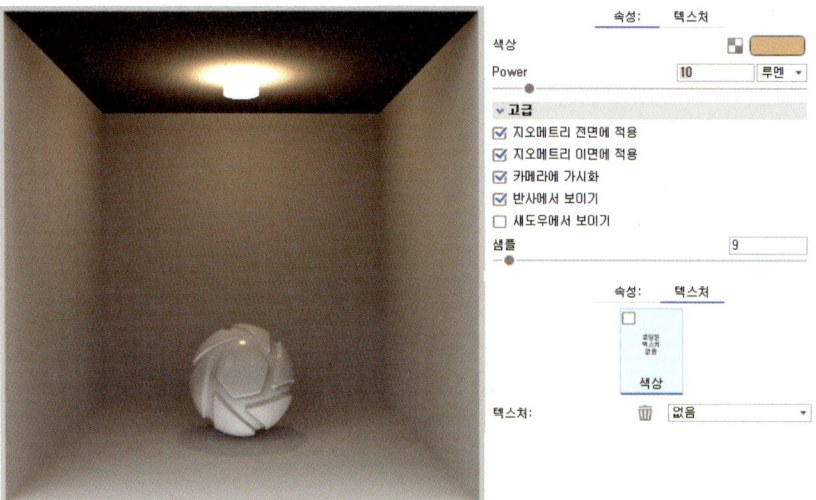

에어리어 라이트(Area Light) 재질은 방사성(Emissive) 재질과 유사하게 보이나 틀린 재질입니다.

방사성(Emissive) 재질은 자체만 발광하고, 주변 환경에는 빛이 산란하지 않지만 에어리어 라이트(Area Light)는 자신도 발광을 하면서 주변에 빛의 영향을 주는 재질입니다. 다른 렌더링 프로그램에서는 평판 조명이라고도 하는 재질로 전체적 밝기를 조율하는데 사용하시면 좋을 듯합니다(단, 사각판의 모델을 만든 후 다른 파트와 간섭이 안 생기게 하고 공중에 띄여서 발광하는게 좋습니다.).

지오메트리 전면에 적용(Apply to front of geometry)

에어리어 라이트(Area Light) 재질이 적용된 파트의 전면에 빛을 발광시키는 유무를 체크합니다.

지오메트리 이면에 적용(Apply to Back of geometry)

에어리어 라이트(Area Light) 재질이 적용된 파트의 이면에 빛을 발광시키는 유무를 체크합니다.

카메라에 가시화(Visible to the eys)

에어리어 라이트(Area Light) 재질이 적용된 파트 또는 모델이 보이게 또는 안보이게 체크를 합니다.

반사에서 보이기(Visible to the reflections)

주변에 반사되는 재질이 있다면 에어리어 라이트(Area Light) 재질이 그 반사되는 재질에 보이게 또는 안보이게 체크합니다.

섀도우에서 보이기(Visible to Shadows)

만약, 에어리어 라이트(Area Light) 재질 말고 발광하는 다른 재질이 있다면, 그 재질로 인해 에어리어 라이트(Area Light) 재질의 모델자체의 그림자 유무를 체크합니다.

아래 그림을 보고 설명하겠습니다.
- **1, 2항**은 지오메트리 전면에 적용(Apply to front of geometry) ~ 섀도우에서 보이기(Visible to Shadows)까지 옵션을 체크한 상태입니다.

3항은 1, 2항 사항에서 지오메트리 전면에 적용(Apply to front of geometry)을 언 체크한 것입니다.

4항은 1, 2항 사항에서 지오메트리 이면에 적용(Apply to Back of geometry)을 언 체크한 것입니다.

5항은 1, 2항 사항에서 카메라에 가시화(Visible to the eys)를 언 체크한 것입니다.

6항은 1, 2항 사항에서 방을 반사재질로 적용하여, 반사에서 보이기(Visible to the reflections)를 체크한 것이며,

7항은 6항 상황에서 반사에서 보이기(Visible to the reflections)를 언 체크한 것입니다.

8항은 메털리얼 볼에서 카메라에 가시화(Visible to the eys)를 언 체크한 것입니다.

9항은 8항에서 카메라에 가시화(Visible to the eys) + 섀도우에서 보이기(Visible to Shadows)를 언 체크한 것입니다.

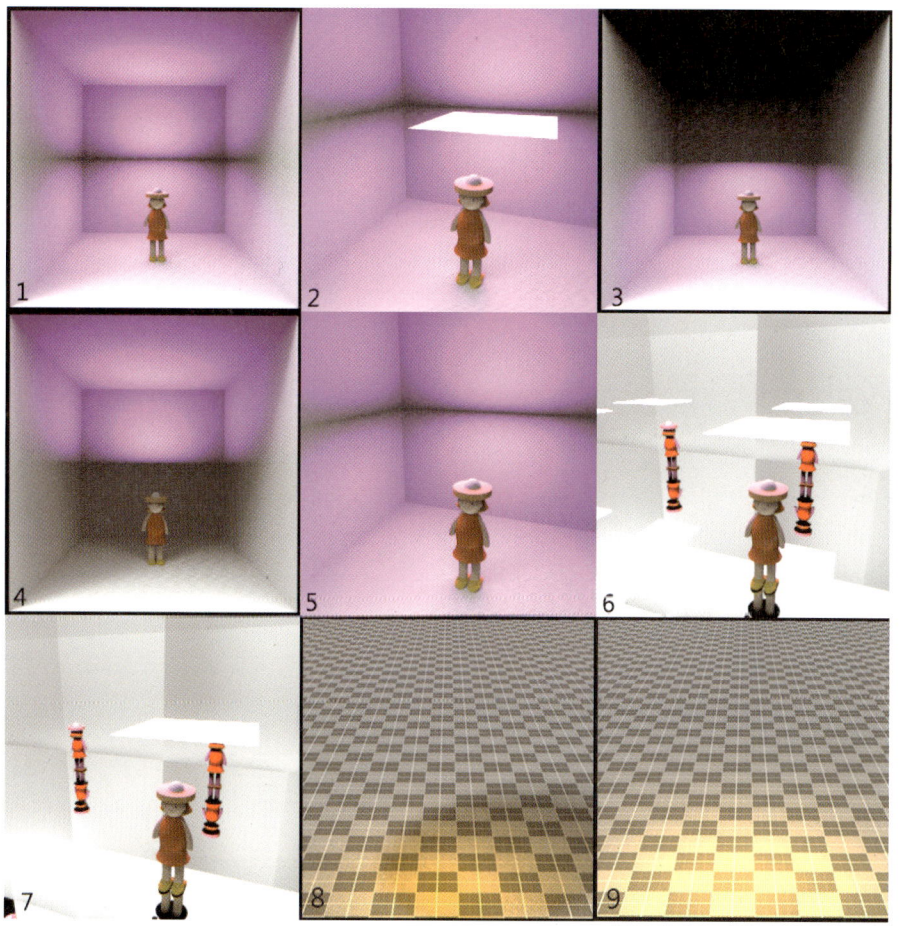

참고 예제샘플을 확인할려면 EX09-25.bip를 참고하세요.

키샷에서 인테리어 모드를 사용하여 실내를 환하게 할 수 있지만, 그렇게 될 경우 '렌더 > 옵션 > 고급제어'를 할 수 없습니다. 그럴 경우 조명들에서 생기는 반점들을 커버하기란 그리 쉽은 점을 염려해 두시기 바랍니다. 또한, 보통 조명에서 이루어진 얼룩 및 점들은 '렌더 > 옵션 > 고급제어'에서 글로벌 일루미네이션 값을 30이상 설정하시면 대다수의 얼룩 및 점들은 사라집니다. 하지만, 30이상의 값을 설정했을 시 많은 시간이 소요됩니다.

Section 04 포인트 라이트(Point Light)

포인트 라이트(Point Light)재질은 어떤 부분에 조명을 줄 때, 거리에 비해 크기를 무시할 수 있는 광원이라고 할 수 있겠습니다. 또한, 모델 또는 파트에 포인트 라이트 재질을 적용하면 부품 중심에 있는 점으로 대체됩니다.

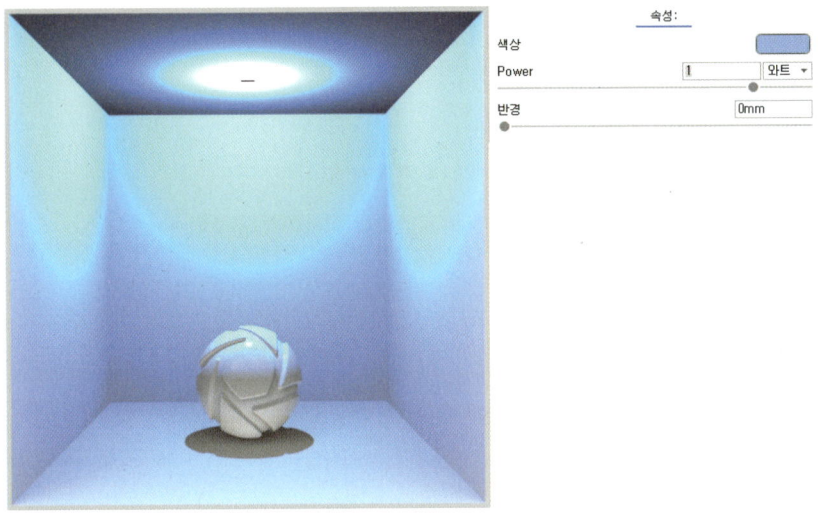

참고 예제샘플을 확인할려면 EX09-26.bip를 참고하세요.

색상(Color)

조명의 색상을 지정합니다.

Power

Power는 빛의 세기를 나타내 줍니다. 값이 올라갈수록 조명은 밝아지게 됩니다. 또한, 키샷에서 조명의 세기를 Watt(와트)와 Lumen(루멘)으로 나타낼 수 있습니다. Watt(와트)는 전력의 단위로 전기의 세기에 따라 밝기가 조절되는 것이며, Lumen(루멘)은 광속의 단위로, 등방성의 점광원에서 단위 입체각 내에 방사되는 광속을 나타냅니다.
아래 그림은 Watt(와트)수를 늘리며 테스트한 이미지입니다.

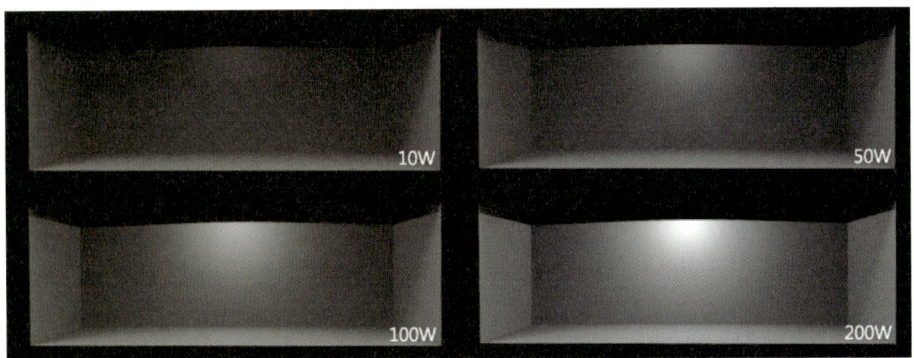

포인트 라이트(Point Light) 재질은 적용 된 모델을 선택하기 힘드실 것입니다. 그럴 때는 프로젝트의 씬트리구조에서 하단에 있는 전체적용 된 재질에서 찾아 주어 설정 값을 바꿔 줘야 합니다.

CHAPTER 05 재질 타입(특별)

Section 01 Toon

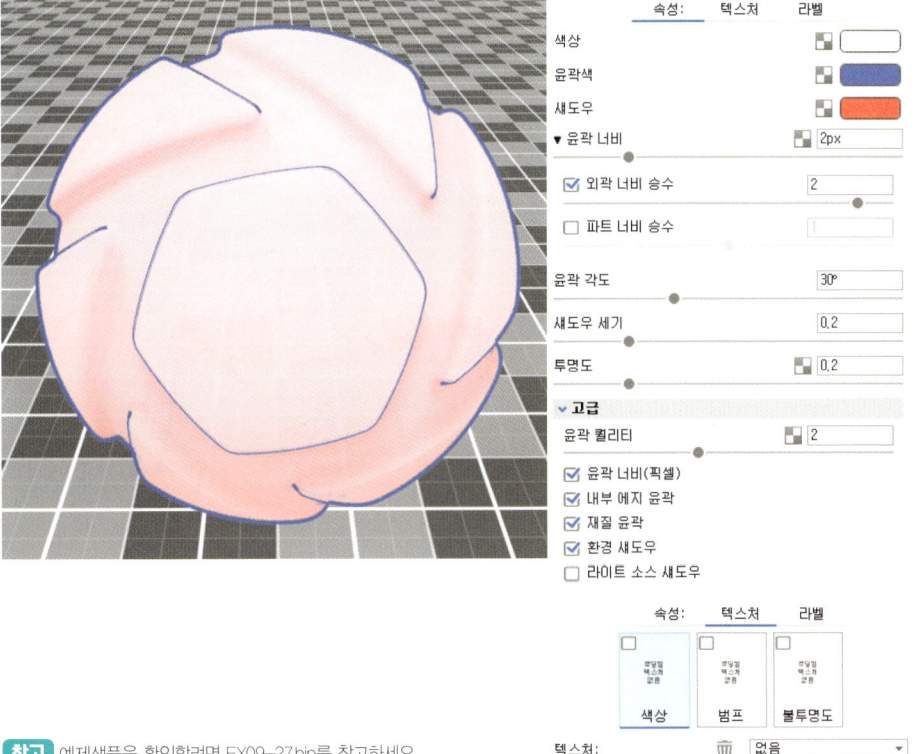

참고 예제샘플을 확인할려면 EX09-27.bip를 참고하세요.

색상(Color)

3D 모델에서 툰 재질이 채워지는 색상을 나타냅니다.

윤곽색(Contour Color)

3D 모델의 윤곽선 색을 나타냅니다.

섀도우(Shadow Color)

이 옵션은 모델의 그림자 색상을 제어합니다. 고급 설정에서 환경 그림자 설정이 활성화되면 활성화됩니다. 질감을 적용하여 그림자의 모양을 제어할 수 있습니다.

윤곽 너비(Contour Width)

윤곽선의 넓이를 얇거난 두껍게 제어해 줍니다.
아래 이미지는 윤곽 너비 값을 차례대로 2 〉5 〉10 을 준 예제입니다.

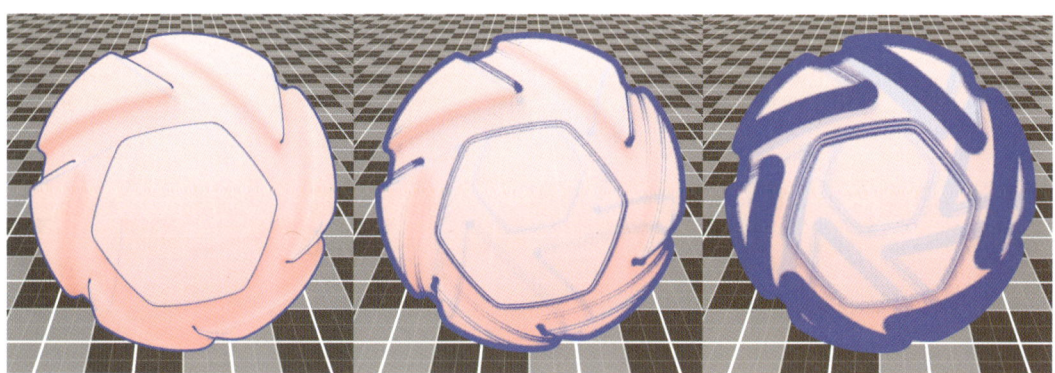

외곽 너비 승수(Outline Width Multiplier)

이 옵션 값을 늘리면 Toon 재질에 "둘레 선"효과가 생성됩니다. 이렇게 하면 장면의 일부를 튀어 나오게 하고 시각적 대비를 강화할 수 있습니다.

파트 너비 승수(Part Width Multiplier)

부품 외부 및 내부 모서리의 선 너비를 두껍게 하려면 이 옵션을 사용하십시오. 파트 윤곽선이 활성화되어 있지 않으면 장면에 영향을 미치지 않습니다.

윤곽 각도(Contour Angle)

이것은 Tonn재질 스케치 내부의 윤곽선의 수를 제어 합니다. 낮은 값은 내부 윤곽선의 수를 증가시키고, 높은 값은 내부 윤곽선 수를 감소시켜 줍니다.

아래 이미지는 윤곽각도를 차례대로 10 〉20 〉30의 값으로 테스트 해 본 이미지입니다.

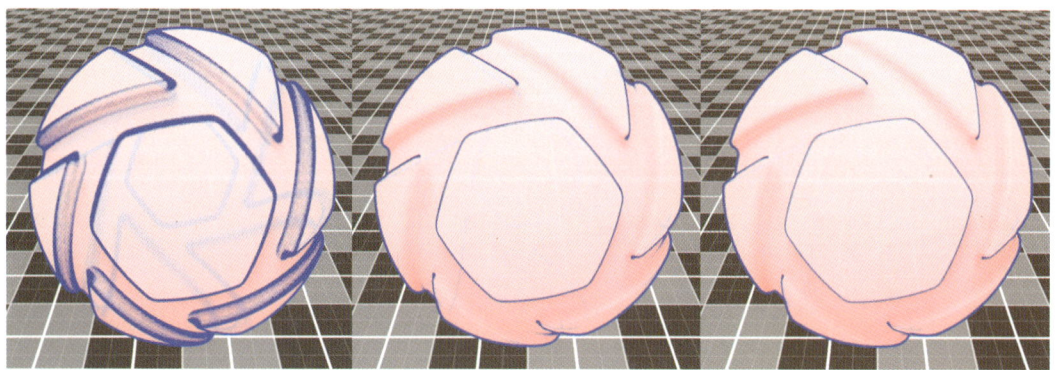

섀도우 세기(Shadow Strength)

환경 섀도우 또는 라이팅 소스 섀도우로 설정이 활성화되면 Toon재질로 된 각 섀도우 유형의 강도를 제어합니다.

투명도(Transparency)

이 옵션 값을 높이면 조명이 모델 또는 파트를 통과합니다. 투명한 부분에 이 기능을 사용하거나 모델의 내부 뷰를 표시합니다.

윤곽 퀄리티(Contour Quality)

이 옵션은 등고선의 품질을 제어합니다. 낮은 값을 사용하여 대략적인 스케치 모양을 얻거나 보다 깨끗하고 정확한 스트로크를 위해 더 높은 값을 사용하십시오.

윤곽 너비(픽셀)(Contour width is in pixels)

이 설정을 사용하면 "윤곽너비"에서 더욱더 정밀한 선으로 만들어 집니다. 만약, 언체크되어 있다면 윤곽선은 더욱더 거칠게 표현됩니다.

내부 에지 윤곽(Interior Edge Contour)

이 옵션을 체크하면 내부윤곽선을 숨깁니다.

재질윤곽(Material Contour)

이 옵션은 각 연결되지 않은 툰 재질을 분리하는 윤곽선을 숨길 수 있습니다. 즉, 툰 재료가 연결되어 있을 때는 설정이 효과가 없습니다.

환경 섀도우(Environment Shadows)

이 옵션은 조명 환경에 따라 그림자를 생성합니다.

라이트 소스 섀도우(Light Source Shadows)

광원(포인트 라이트, IES 라이트 프로파일 또는 에어리어 라이트)에 의해 생성 된 그림자의 가시성을 제어합니다. 섀도우 모양은 광원 실장에 따라 달라집니다.

> **참고**
>
> 개인적으로는 툰재질과 실제 재질을 조합하는 렌더링 방법을 좋아합니다. 이런 기법을 사용하면 렌더링 시간의 감소와 모델만 집중하게끔 만들 수 있기 때문입니다. 아래 그림은 이러한 렌더링 방법을 이용한 예입니다.

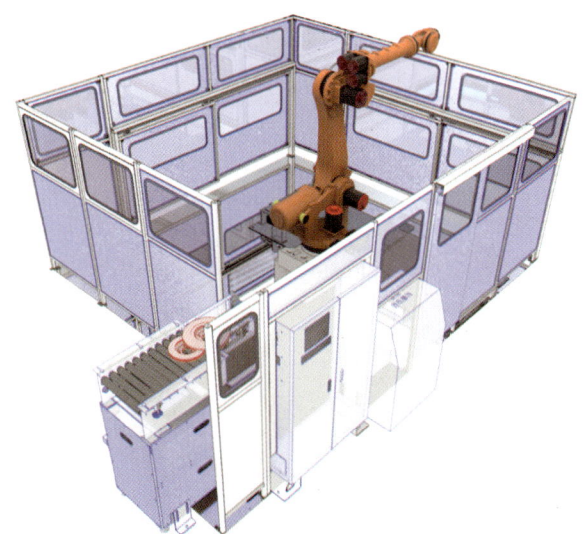

Section 02 Xray

병원에서 영상의학분야에서 X-ray(엑스레이)를 이용하여, 우리의 몸을 촬영했을 때 그 이미지는 여러분이 잘 아실 것입니다. 그러한 이미지는 만들어 내고자 할 때 사용하는 재질입니다. 옵션은 색상을 지정하는 것밖에 없습니다.

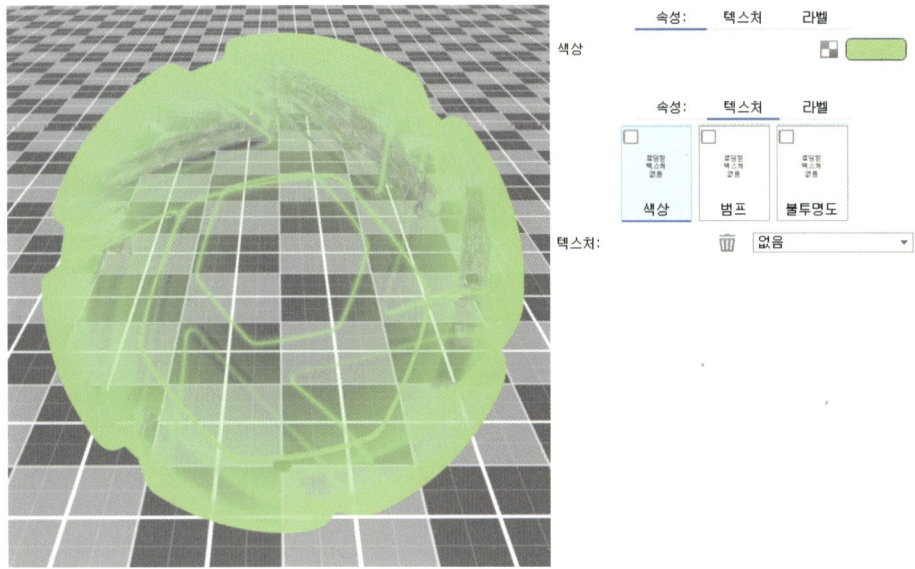

색상(Color)

Xray(엑스레이) 재질의 기본적인 색상을 지정합니다. 같은 계열의 색상이라도 짙게 표현이 되면 색상이 표출되는 범위가 넓어집니다.

아래 그림은 왼쪽이미지는 Gem재질을 사용했고, 오른쪽이미지는 X-ray재질을 적용한 모델입니다.

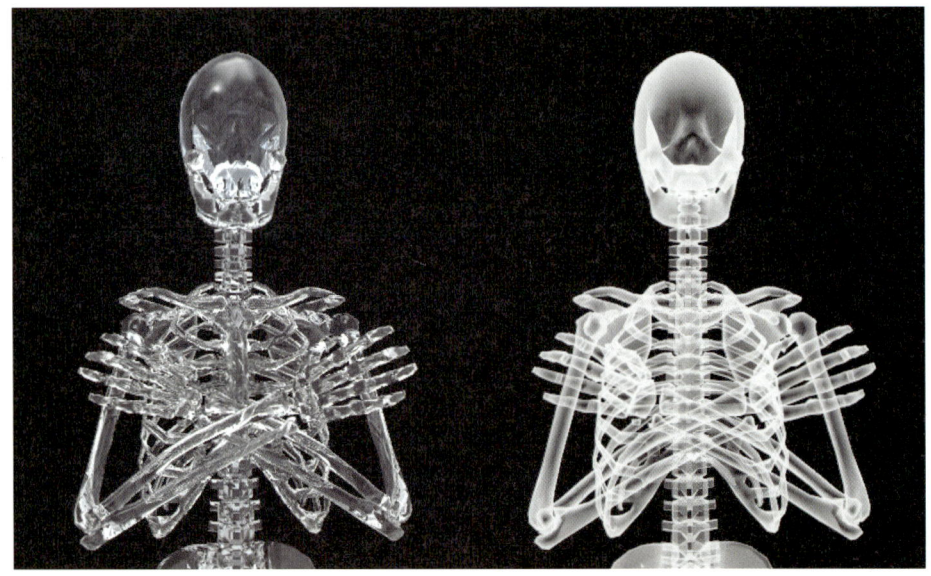

Section 03 그라운드(Ground)

그라운드(Ground)재질은 키샷의 바닥에 적용되는 간단한 유형의 재질입니다. 상단메뉴에서 '편집 〉 지오메트리스 추가 〉 그라운드 플레인 추가'을 선택하면 키샷에 바닥면을 생성을 하거나, 외부에서 불러온 바닥용 모델에 Ground 재질을 적용할 수 있습니다.

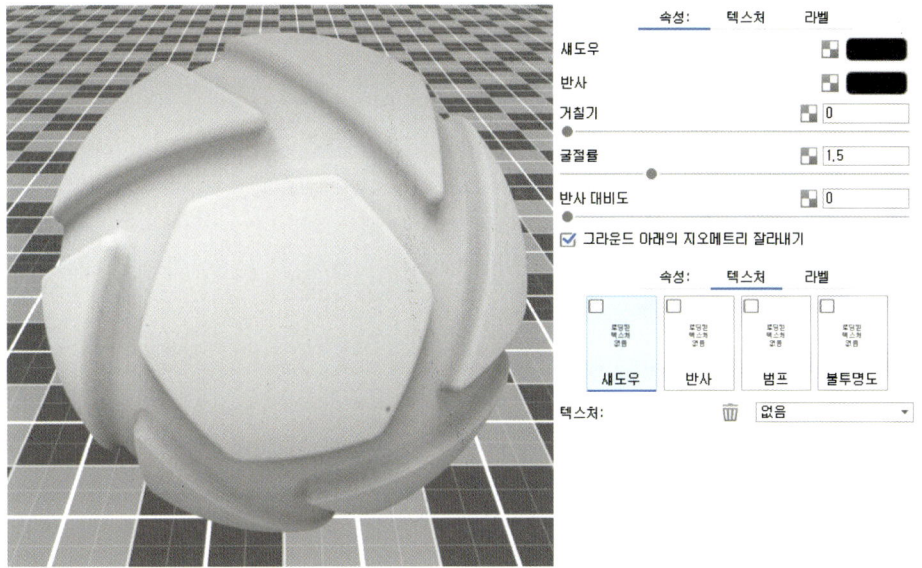

섀도우(Shadow color)

모델에서 생성된 그림자 색상을 설정합니다. 아래 그림에서도 마찬가지로 섀도우 칼라(Shadow Color)를 청색계열로 지정했기 때문에, 그림자 색상이 청색계열로 나타나는 것입니다.

반사(Specular Color)

재질의 반사 광선 색상을 제어합니다. 반사 색상을 검은 색으로 설정하면 재질에 반사가 없으므로 반사 또는 광택이 보이지 않습니다. 반사 색상을 흰색으로 설정하면 해당 재료에 대한 반사율이 100 %가 됩니다.
거칠기와 굴절률은 많이 나와서 설명은 하지 않겠습니다.

반사 대비도(Reflection Contrast)

반사의 대비를 제어합니다. 밝은 배경에서의 반사를 향상시키는 데 사용할 수 있습니다.

그라운드 아래의 지오메트리 잘라내기(Clip geometry below ground)

옵션 체크 시 어떠한 모델이 그라운드 재질 아래에 위치하고 있는 경우 카메라에서 보이지 않습니다. 풀어서 이야기하자면 원래는 그라운드 모델이라는 것은 눈에 보이지 않는 재질입니다. 반사 또는 그림자 등을 통해 바닥면이 있구나… 라고 생각되어 집니다. 그러므로, 어떠한 3D 모델을 아래면에서 보면 그 3D 모델이 보이지만, 이 옵션을 체크하면 바닥면이 가시화되어 집니다. 그래서 3D 모델을 아래면에서 보면 위의 예처럼 보이지 않고 시커먼 바닥면만 보이게 됩니다.

Section 04 내부 모형(Cutaway)

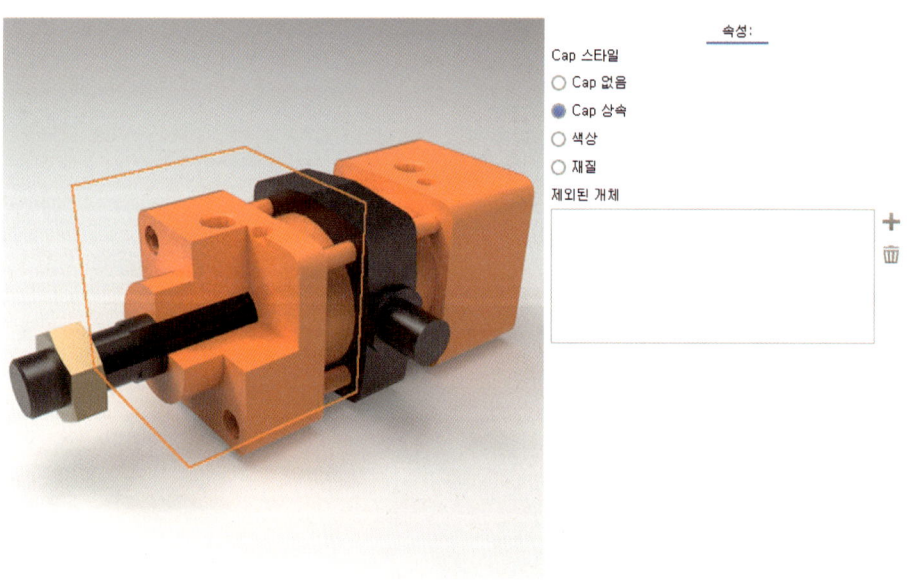

참고 예제샘플을 확인할려면 EX09-28.bip를 참고하세요.

내부 모형 재질 사용하면 모델을 변경하지 않고도 모델에서 일부분을 잘라내어 표시할 수 있습니다.
자르기에 사용할 지오메트리를 추가하고 모델에 잘라내어 잘라낸 재료를 지정하기 만하면 됩니다.

쉽게 설명 드리자면
첫번째로 단면을 만들 모델을 가져옵니다. 위 예제처럼 에어 실린더를 가져옵니다.

두번째로는 상단매뉴바에서 '편집 〉 지오메트리 추가'에서 일정 지오메트리를 추가 합니다. 예제는 큐브를 가져옵니다. 가져온 큐브가 작거나 클 수 있으니, '프로젝터 〉 씬 〉 포지션'의 이동툴에서 크기 및 위치를 지정합니다. 이 큐브는 내부 모형로 재질을 변경하여 자르는 툴이 됩니다.
세번째로 '라이브러리 〉 재질'에 있는 Cutaway 재질을 사용하던지, '프로젝트 〉 재질 〉 속성'에서 내부 모형을 지정하면 됩니다.
네번째로는 단면을 만들 위치에 위의 큐브를 위치하게 합니다.
그렇게 하여 만든 재질은 보이지 않으며, 위의 그림처럼 정사각형의 주황색 테두리로 나타내어집니다.

Cap 없음(No caps)

자른 면이 열린 상태로 유지됩니다.

Cap 상속(Inherit Caps)

자른 면이 재질로 메꾸어 유지됩니다.

색상(Color)

자른 면이 지정한 색상으로 나타내어집니다.

재질(Material)

자른 면이 지정한 재질로 나타내어집니다. 라이브러리의 재질을 '프로젝트 〉 재질'의 재질 속성에 Drag & Drop 해줍니다. 재질 필드를 클릭하여 재질을 편집합니다.

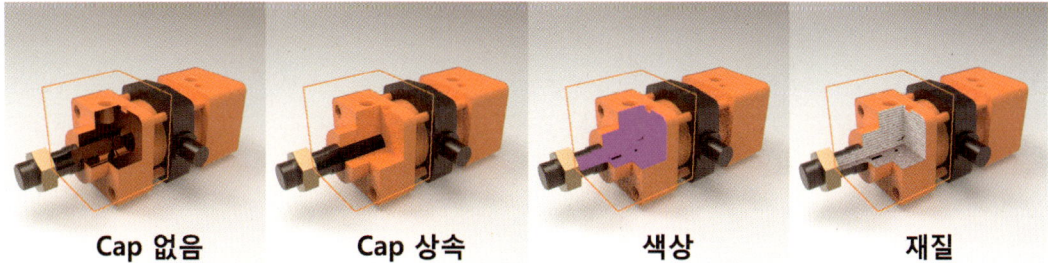

아래 이미지는 위의 속성에 대한 예제 이미지입니다.

제외 된 개체(Excluded objects)

모델의 일부분만 잘라내기를 원하면 절단면에서 대상을 제외할 수 있습니다. 추가 아이콘을 클릭하고 제외할 파트를 선택하십시오. 제외 부분을 제거하려면 목록에서 부품을 선택하고 삭제 버튼을 클릭합니다.

제한사항(Limitations)

장면 전환 대문자의 불투명도 맵은 지원되지 않습니다. Fade 애니메이션은 장면 전환 자료를 지원하지 않습니다.

Section 05 방사형 와이어프레임(Wireframe)

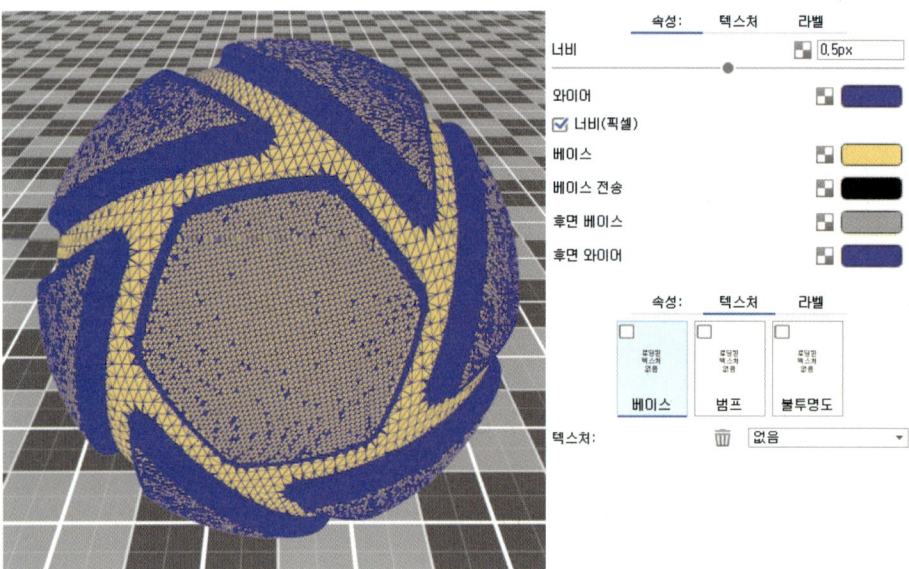

방사형 와이어프레임(Wireframe)은 선으로 모델을 채워 넣는 것입니다. 단지 모델에 색에 입히는 것이 아니라, 선을 입히는 것이라 생각하면 됩니다.

참고로, 실제로는 모델에서 와이어프레임(Wireframe)이란 표면(Surface)에 다각형(Polygon)들이 모여 모델을 구성해 주는 데, 이 다각형(Polygon)의 모임을 와이어프레임(Wireframe)이라고 생각하시면 됩니다. 하지만, 3D CAD프로그램에서는 이러한 Polygon 구조가 기초로 하는 프로그램이 있는 반면에, 단지 Surface 구조로만 되는 3D CAD프로그램이 있다는 것을 참고하시기 바랍니다.

너비(Width)

모델에 표현되는 Polygon(다각형) 선 굵기의 너비 값을 조절합니다. 너비(Width)값이 0이면 와이어프레임(Wireframe)이 나타나지 않으며, 너비(Width)값이 0.50이면 와이어 색상(Wirecolor)으로 모델을 모두 덮어 버립니다. 값을 올리면 와이어프레임(Wireframe)을 구성하는 선의 굵기가 더 굵어져 진하게 보입니다.

와이어(Wire Color)

와이어 색상을 구성하는 선의 색상을 지정합니다.

너비(픽셀)(Width in pixels)

활성화되면 와이어는 픽셀을 사용하여 정의됩니다. 이 설정을 사용하지 않으면 와이어가 씬 단위로 정의됩니다.

베이스(Base Color)

와이어프레임(Wireframe)이 나타나는 모델링의 기본 색상을 지정합니다.

베이스 전송(Base Transmission Color)

기본 투과하는 빛의 색을 나타냅니다. 기본적으로 검정색은 아무것도 투과하지 않습니다.

후면 베이스(Backside Base Color)

모델의 후면에 나타나는 기본 색상을 지정합니다.

후면 와이어(Backside Wire Color)

모델의 후면에 나타나는 와이어프레임(Wireframe)의 색을 지정합니다.
전체적인 설명은 아래 그림을 보시면 이해하기 쉽습니다.

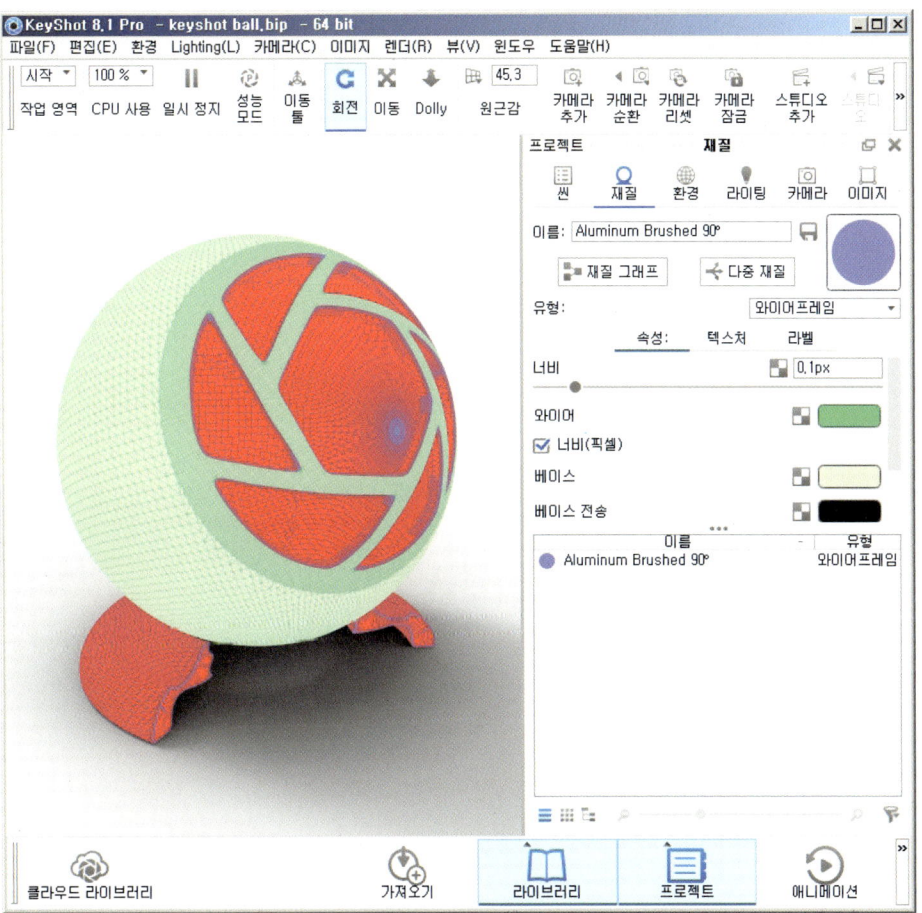

참고 예제샘플을 확인할려면 EX09-29.bip를 참고하세요.

PART

텍스처와
재질그래프

CHAPTER 01 텍스처 개요

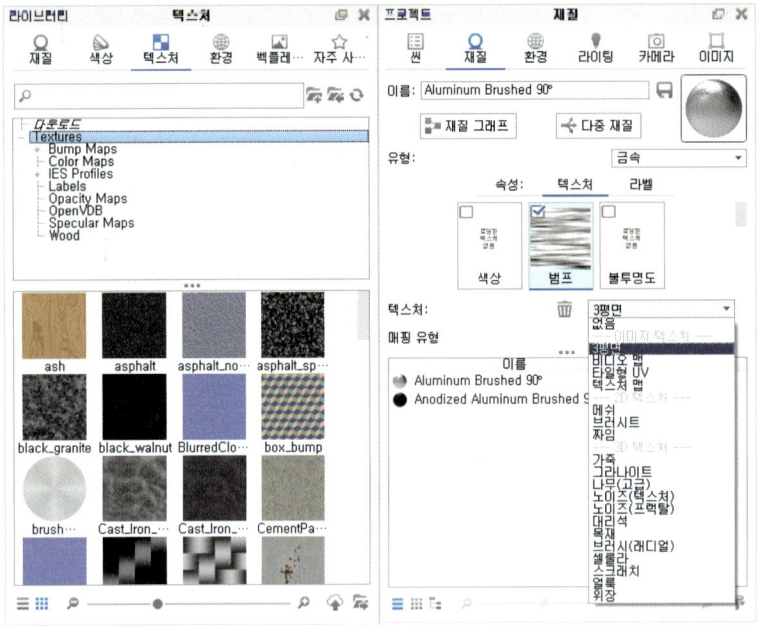

텍스처 맵핑(Texture Mapping)는 3차원 객체가 2차원의 공간의 텍스처로 정의된다고 말할 수 있습니다. 텍스처는 '라이브러리 > 텍스처'에서 Drag & Drop 방식으로 사용할 수 있으며, '프로젝트 > 재질'의 텍스처 Drop-Down 메뉴로도 사용할 수 있습니다.

여기에 있는 텍스처는 반사, 확산, 색상, 범프, 불투명도 등에 사용할 다양한 텍스처를 제공합니다. 물론 재질 파트에서 보았듯이 텍스처를 사용하지 못하는 재질도 있습니다.

라이브러리의 텍스처는 새로운 폴더를 추가하여 자신만의 텍스처를 담을 수도 있고, 또는 가져오기 또는 새로 고침 아이콘을 적용할 수 있습니다. 또한, 텍스처는 크게 이미지 텍스처, 2D 텍스처, 3D 텍스처로 나누어집니다.

이러한 텍스처는 추가된 리얼리즘 또는 자신만의 텍스처를 개발하기 위한 출발점이며, 재질에 텍스처를 빠르게 적용할 수 있는 방법을 제공합니다.

> **참고**
>
> 1. 애니메이션 : 키샷 프로 버전에서 일반 텍스처 유형 외에도 애니메이션을 추가 할 수 있습니다(색상 및 불투명도 맵 한정). > 색상 페이드, 번호 페이드
>
> 2. 2D, 3D 텍스처는 일명 프로시저 텍스처(Procedural Textures)라 합니다. 프로시저 텍스처는 텍스처의 값과 색상을 제어할 수 있는 사용자 정의 가능한 텍스처입니다. 키샷을 사용하면 변경 사항을 실시간으로 볼 수 있는 질감을 만들 수 있습니다. 전통적인 텍스처 매핑과 비교할 때, 프로시저 텍스처는 모델의 모양에 관계없이 이음새를 제거하거나 늘리지 않고 모델 주위를 둘러 씁니다. 텍스처 타입을 Drop-Down을 사용하여 사용하려는 프로시저 텍스처를 선택하십시오.

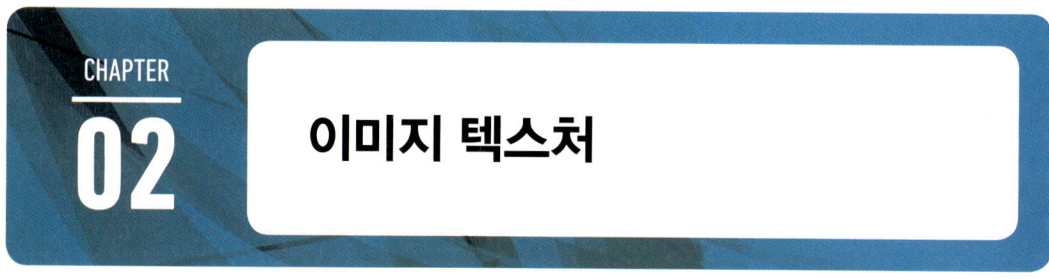

CHAPTER 02 이미지 텍스처

Section 01 3평면(Tri-Planar)

3평면 텍스처는 이미지 텍스처의 한 유형입니다. 3평면 텍스처와 그 설정은 '프로젝트 > 재질 > 텍스처' 탭에서 볼 수 있습니다.

3평면 텍스처를 사용하면 오브젝트의 3면에 서로 다른 텍스처를 가진 재질을 만들 수 있습니다. 이러한 작업은 합판과 같은 재질을 만들 때 유용할 수 있습니다. 이 텍스처 유형은 박스 매핑으로만 사용할 수 있으며, 텍스처 유형의 본질은 X Y Z 평면 각각에 다른 텍스처를 투영한다는 것입니다.

예를 들어 위 이미지에서 프로젝션 X는 조각의 측면을 프로젝션 Y는 조각의 상측면을 각각 매핑하여 조절할 수 있습니다.

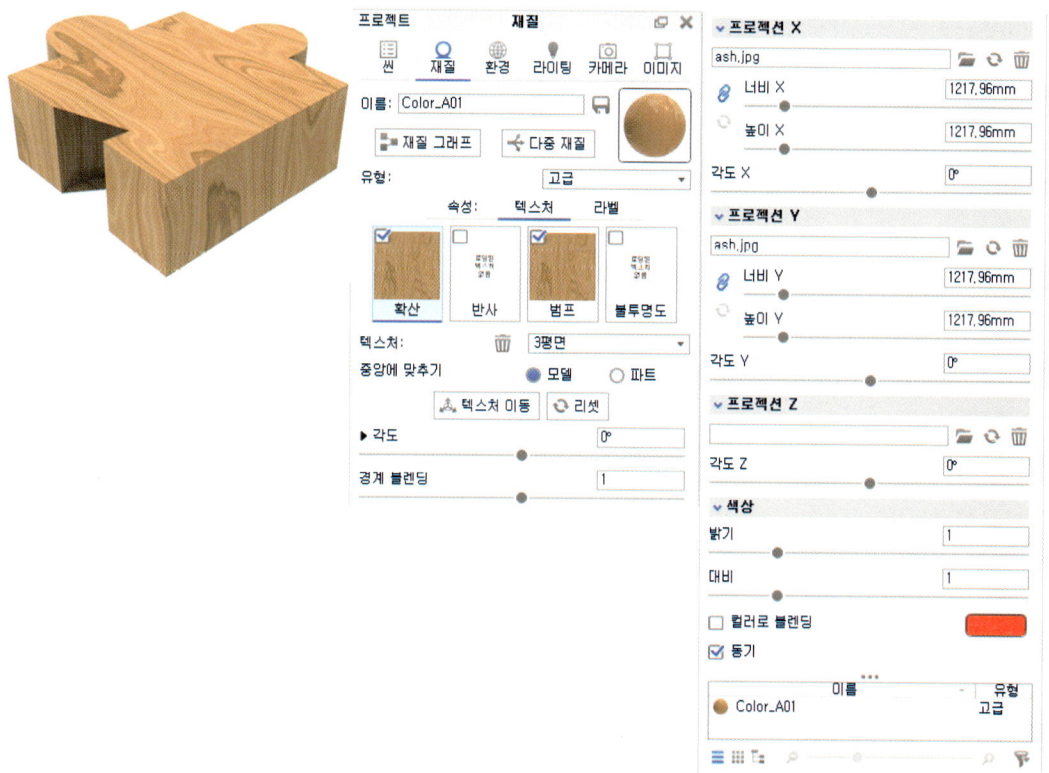

참고 예제샘플을 확인할려면 EX10-01.bip를 참고하세요.

텍스처 이동(Move Texture)

텍스처 이동 도구를 사용하여 축을 따라 이동하려면 각 축에 평행 한 두 텍스처가 이동됩니다(예제 파일을 가지고 움직여 보시면 두 텍스처가 어떻게 움직이는지 이해하실 것입니다.).

각도(Angle)

텍스처의 각도를 지정해 줍니다.

경계 블렌딩(Blend Seams)

평면이 가장자리 끝부분에 두 개의 텍스처를 혼합해야 합니다. 이 때 값을 높이면 두개의 텍스처가 더 부드럽게 혼합됩니다.

프로젝션 X, Y, Z(Projection X, Y, Z)

3평면 X, Y, Z에 대해 각각 옵션값이 주어집니다.

파일(File)

적용할 텍스처를 불러오기, 새로 고침, 삭제 등을 할 수 있습니다. 또는 '라이브러리 > 텍스처'에서 텍스처를 선택 후 Drag & Drop 방식으로 파일 입력단에 넣으면 텍스처가 바로 적용됩니다.

크기(너비, 높이)

텍스처의 너비와 높이를 각각 정해줍니다. 사슬링크 아이콘은 텍스처의 너비와 높이의 스케일을 링크하여 조절하여 주며, 비 활성화될 시 너비와 높이를 각각 지정할 수 있습니다. 새로 고침 아이콘은 원래의 종횡비로 돌아갈 수 있습니다.

밝기(Brightness)

3평면의 모든 텍스처의 밝기를 일괄 조정합니다.

대비(Contrast)

3평면의 모든 텍스처의 대비값을 일괄 조정합니다.

컬러로 블렌딩(Blend with color)

3평명의 모든 텍스처의 색상을 혼합하여 일괄 조정합니다.

동기(Sync)

이 옵션을 체크 시, 텍스처를 다른 텍스처와 동기화 된 상태로 유지하려는 경우에 사용합니다.

아래 이미지는 3평면에 각각 다른 텍스처를 적용한 예제입니다.

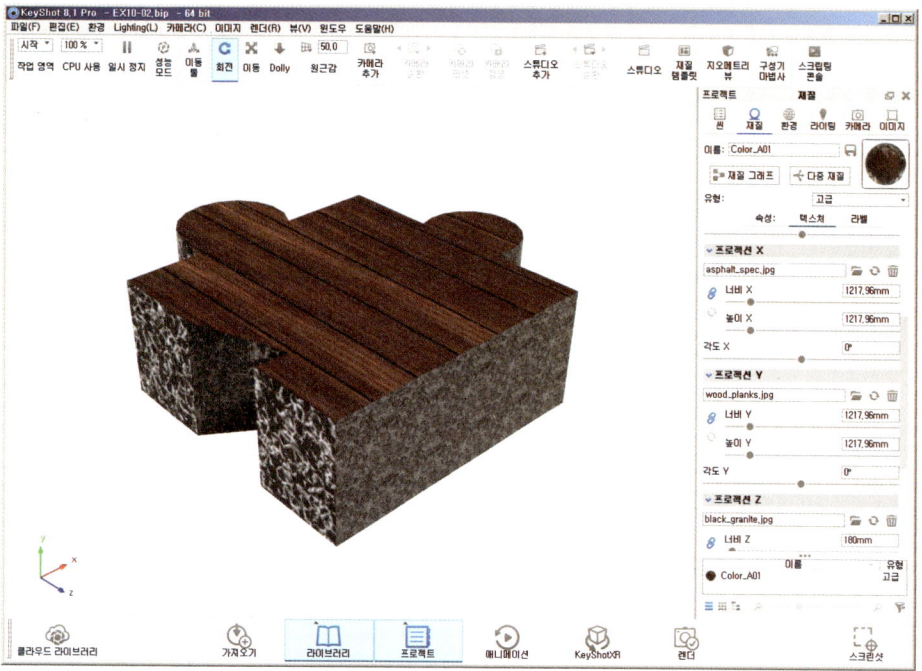

참고 예제샘플을 확인할려면 EX10-02.bip를 참고하세요.

Section 02 비디오 맵(Adding a Video Map)

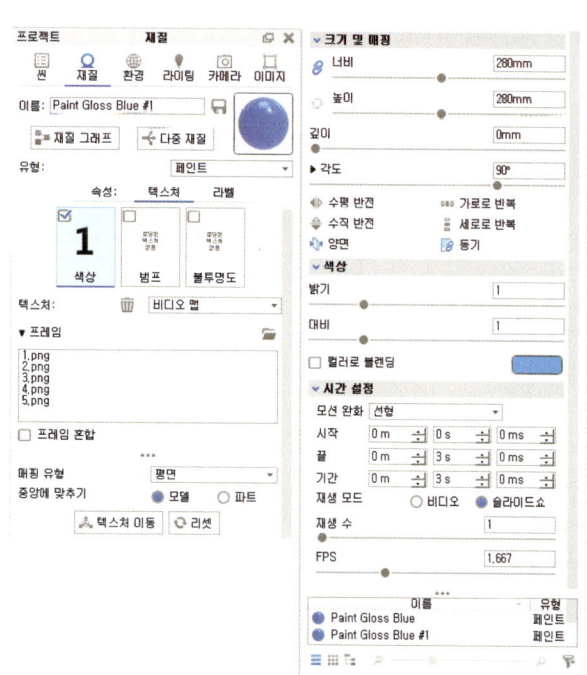

비디오 맵은 이미지 텍스처의 한 유형입니다. 그 설정은 '프로젝트 〉 재질 〉 텍스처' 탭에서 볼 수 있으며, 또는 '프로젝트 〉 재질 〉 라벨'에서 추가 아이콘을 클릭하시면 '라벨 추가(비디오)'를 선택하여도 됩니다.
파일 폴더창에서 이미지 시퀀스를 선택하거나 프레임을 추출할 비디오 파일을 선택합니다. 이렇게 하면 다른 애니메이션 유형과 비슷한 애니메이션을 배치하고 조정할 수 있고 애니메이션 타임 라인이 만들어집니다.

참고 예제샘플을 확인할려면 EX10-03.bip를 참고하세요(이 예제가 원활하게 동작하기 위해서는 웹하드 예제 EX에 있는 하위 폴더도 모두 필요합니다).

프레임(Frames)

프레임을 추가하려면 일련의 이미지를 선택하던가, 비디오를 선택하면 키샷이 프레임을 추출해 줍니다.
위 예제에서는 웹하드의 '₩EX₩Textures₩Count'에 있는 숫자 이미지를 활용하였습니다. 1~5까지의 숫자를 프레임으로 준비하였습니다.

프레임 혼합(Blend Frames)

체크가 되면 한 프레임에서 다른 프레임으로의 전환이 혼합됩니다. 예를 들어 비디오 맵의 FPS(Frames Per Second)가 전체 애니메이션보다 작은 경우 블렌딩 프레임을 사용하면 비디오가 깜박이지 않을 수 있습니다.

매핑 유형

매핑 유형은 기존 'Part 5 〉 Chapter2 〉 Section6. 매핑 유형'과 동일합니다.

크기 및 매핑 & 범프

이 옵션에 대해서는 여러분께서 잘 아시고, 기존에도 설명을 드렸기에 설명하지 않습니다.

모션 완화(Motion Ease)

비디오 텍스처의 가속과 감속을 추가할 수 있습니다. 또한, 시작, 끝, 기간으로 설정할 수 있습니다.

재생 모드(Playback mode)

프레임이 타임 라인에서 분산되는 방식을 결정합니다. 비디오는 모든 프레임이 타임 라인에 균등하게 분배되므로 동일한 시간 동안 볼 수 있으며, 슬라이드 쇼는 마지막 프레임이 타임 라인의 맨 끝으로 이동하고 나머지 프레임이 그에 따라 나열됩니다.
아래 연두색의 프레임 예제는 비디오에 대한 예이며, 하늘색의 프레임은 슬라이드 쇼에 대한 예제입니다. 위의 EX10-03.bip 파일을 열어 애니메이션을 실행해 보면 확인할 수 있습니다.

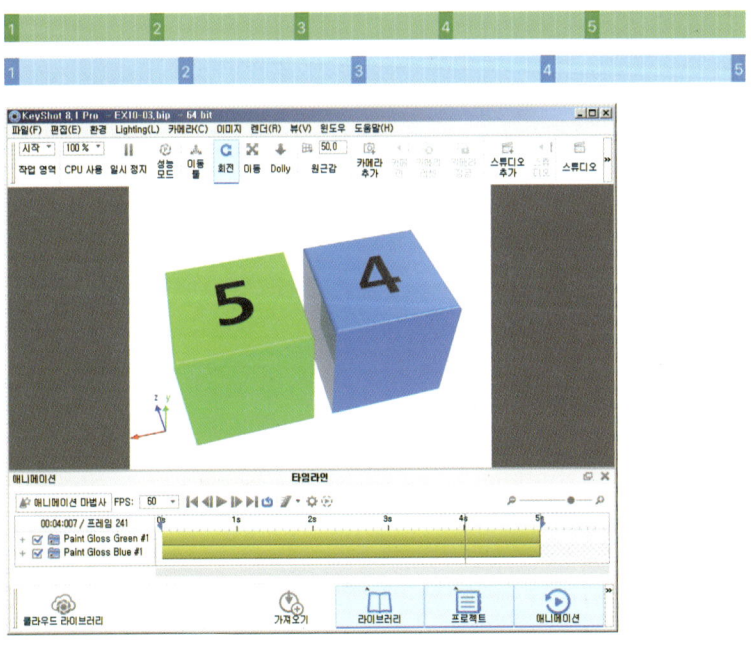

재생수(Playback Count)

동영상이 재생되는 횟수를 설정할 수 있습니다.

FPS(Frames Per Second : 초당 프레임 수)

초당 프레임을 설정합니다. 프레임 속도를 높이면보다 부드러운 비디오가 제공되고, 프레임 속도를 낮추면 흐려 지거나 깜박 거리는 결과가 생성될 수 있습니다.

Section 03 타일형 UV(Tiled UV)

바둑판 식으로 배열된 UV 텍스처는 이미지 텍스처의 한 유형입니다. 바둑판 식으로 배열된 UV 텍스처와 설정은 '프로젝트 〉 재질 〉 텍스처' 탭에서 확인할 수 있습니다.

타일형 UV는 UV 좌표를 사용하여 여러 텍스처가 모델에 배치되는 UDIM 맵에 대한 키샷 접근 방식입니다. 타일형UV 텍스처를 사용하려면 UDIM 맵을 만들 수 있는 모델링 소프트웨어에서 준비해야합니다.

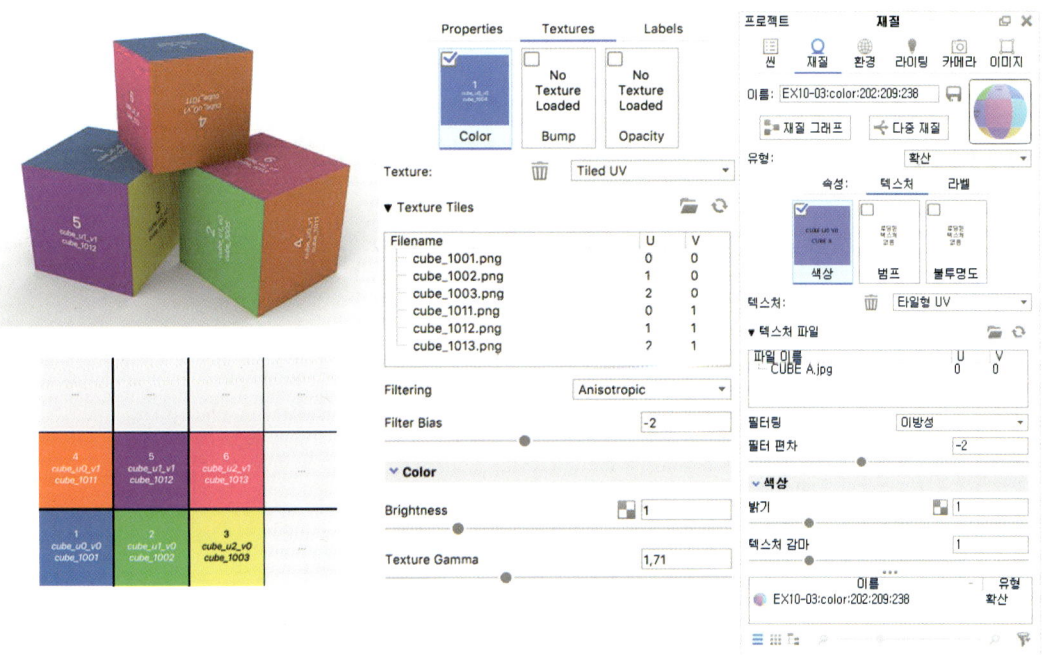

> **참고**
>
> 본 Section은 실제 UDIM 맵을 만들 수 있는 소프트웨어가 있어야 하지만, 저자가 소프트웨어가 없어 기본 개념만 설명하니, 양해 부탁드리겠습니다.

UV 코팅 적용

재질을 선택하고 예를 들어 타일형 UV 텍스처를 추가합니다.
텍스처 타일 중 하나를 찾아 선택합니다. 타일의 이름이 올바르게 지정되면 키샷은 나머지 타일을 인식하여 자동으로 추가합니다.

텍스처 타일

타일이 올바르게 인식되고 배치되도록 하려면 타일은 다음 규칙 중 하나에 따라 이름을 지정해야 합니다(위의 그림은 하나의 예입니다.).
NameuXXvYY – 이름과 U값 및 V 값 사이에 구분 기호를 추가하도록 선택할 수 있게 함(예 : cube_u0_v0, cube_u1_v0 ...).
NameUDIM – 이름과 UDIM 번호 사이에 구분 기호를 추가 할 수 있게 함(예 : cube_1001, cube_1002 ...).

필터링(Filtering)

타일형 UV 텍스처의 경우 각 텍스처에 대한 텍스처 필터링을 직접 제어할 수 있습니다.
삼선형 : 간단하고 빠른 방법이지만 특정 경우에 과도한 흐려짐이 발생할 수 있습니다.
이방성 : 삼선형보다 품질이 우수하며 대부분의 경우 흐려 지거나 선명한 텍스처를 제공해야합니다.
타원형 : 가장 정확한 필터링이지만 상당히 느릴 수 있습니다.

필터 편차(Filter Bias)

필터링 방법을 조정하여 흐린 텍스처 (음수 값) 또는 선명한 텍스처 (양수 값)를 제공합니다.

밝기(Brightness)

텍스처 타일의 밝기를 조정합니다.

텍스처 감마(Texture Gamma)

원본 텍스처의 감마를 지정합니다. 선형 색상 텍스처를 사용하는 경우이 값을 1로 설정하세요. 설정 값이 의심스러운 경우 2.0 또는 2.2 일 가능성이 높습니다. 텍스처의 콘트라스트를 임시 제어로 사용할 수도 있습니다.

> **참고**
> 대부분의 텍스처 맵은 감마 보정되지 않은 32 비트로 생성됩니다. 이것이 기본 감마 값이 1로 설정된 이유입니다.
> 감마 보정 된 텍스처를 사용하는 경우 색상의 올바른 모양을 얻으려면 감마를 조정해야 합니다.

> **참고**
> 텍스처 맵핑은 기본적으로 객체가 3D 공간안에서 3개의 좌표값을 가지고 만들어지며, 객체에 텍스처를 입히려고 하면 2D의 텍스처, 즉 2개의 좌표값을 위의 3개의 좌표값에 매칭 시키게 됩니다. 대표적인 것이 UV 맵핑과 UDIM 맵핑 방법이 있습니다.

UV 맵핑

수평적(U)이고, 수직적(V)인 매칭 방식으로 2D의 텍스쳐에서 3D객체에 각 점을 지정하는 방식입니다. 이러한 UV 맵핑은 0 또는 1이라는 값을 가지고 공간적인 분배에 따라 만들어지게 되며, 0과 1의 값을 벗어나면 반복되는 맵핑이 됩니다.

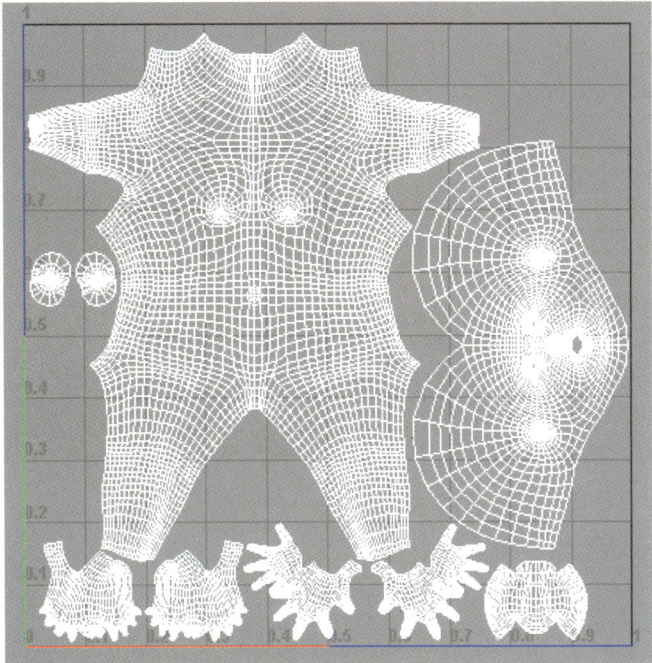

UDIM 맵핑

전통적인 UV 맵핑을 개선한 맵핑 방법이라 생각하시면 됩니다. 기존 UV 맵핑 방식의 주요 문제점은 모델의 각 파트가 다른 해상도를 가질 수밖에 없다는 것입니다. 만약, 전체 모델에 하나의 UV를 가지고 있다면, 모델의 특정한 파트는 아주 세밀하게 묘사를 필요로 할 것입니다. UDIM 맵핑은 위의 이야기처럼 하나의 맵핑이 아닌 모델을 세부적으로 나누어 맵핑 할 수 있는 구조라 생각하시면 됩니다.

아래 그림과 같이 각 파트의 방이 있고, 이 파트의 방에 각각의 맵핑 맵을 할당하게 됩니다.

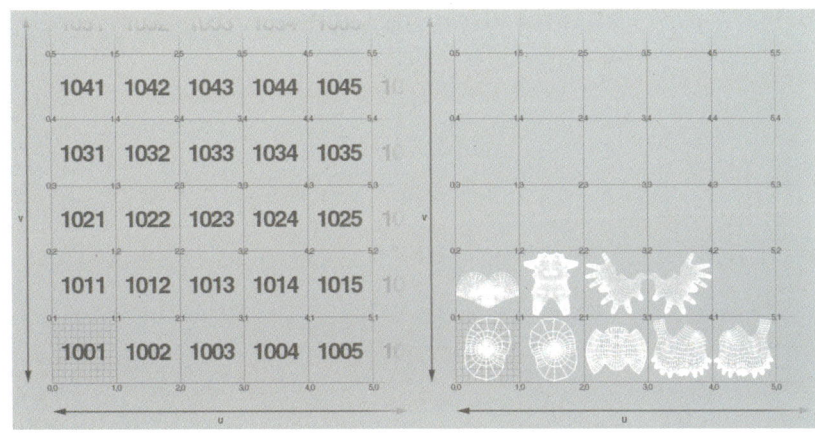

> **참고**
> NEXT LIMIT社의 Maxwall 소프트웨어 텍스처 매핑의 설명과 이미지를 사용했음을 알려드립니다.
> 또한, Maxwall 소프트웨어는 이러한 맵핑이 쉽게 되도록 옵션을 지원하고 있습니다.

Section 04 텍스처 맵(Texture Map)

텍스처 맵은 이미지 텍스처의 한 유형입니다. 그 설정은 '프로젝트 > 재질 > 텍스처' 탭에서 볼 수 있습니다.

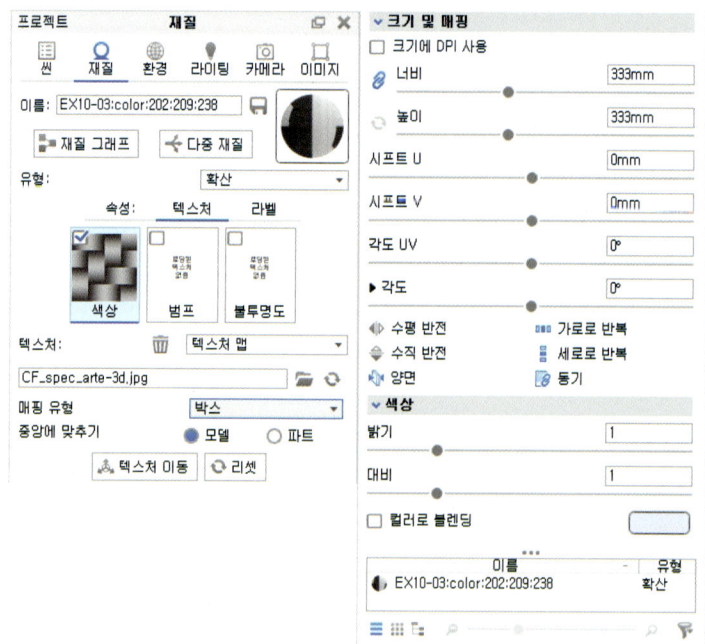

텍스처 맵 추가 및 삭제하기

텍스처를 추가할 텍스처 맵 유형(색상, 범프, 불투명도)을 두 번 클릭합니다. 텍스처 맵으로 적용할 이미지 파일을 선택할 수 있는 창이 열립니다. 텍스처 라이브러리에서 텍스처를 Drag & Drop 할 수도 있습니다. 또한 삭제시에 쓰레기통 아이콘을 클릭하여 삭제할 수도 있습니다.

크기 및 매핑 그리고 색상

크기, 매핑, 색상에 대해서는 기존에 충분히 설명했기 때문에 여기서는 설명하지 않겠습니다.

CHAPTER 03

2D 텍스처

Section 01 메쉬(Mesh)

불투명도 그물망구조에 사용할 수 있는 형태의 패턴을 만들어 줍니다. 불투명도 맵과 같이 사용하시는게 좋습니다.

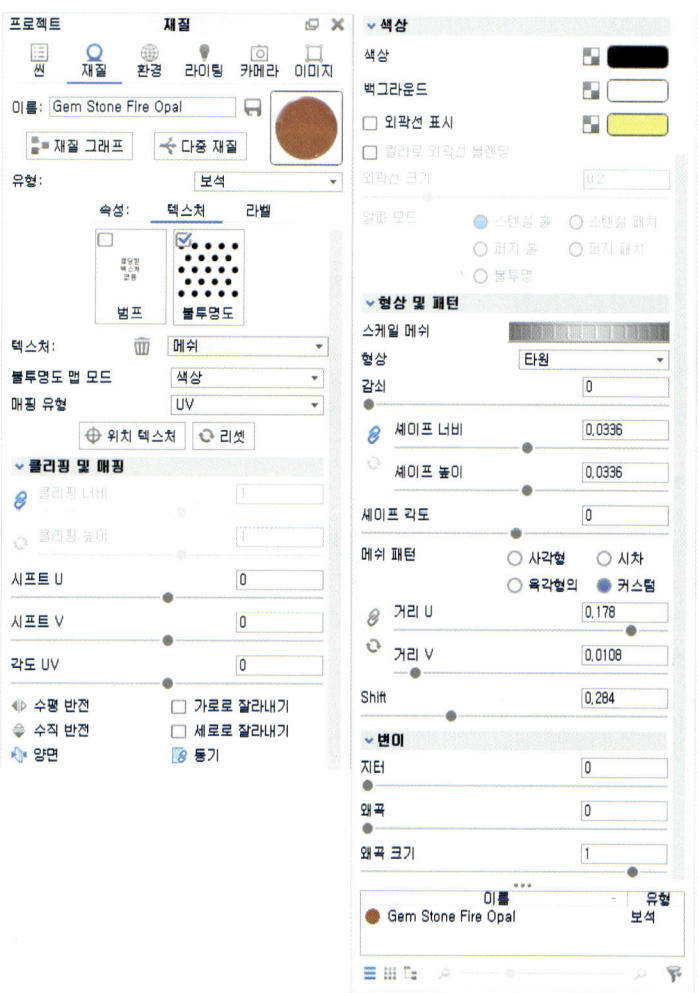

> 참고 예제샘플을 확인할려면 EX10-04.bip를 참고하세요

불투명도 맵 모드

불투명도 맵에는 알파, 색상, 색상 반전을 사용할 수 있습니다(하지만, 버그인지 적용시키는 이미지를 변경할 수가 없네요…).

매핑 유형

평면, 박스, 원통형, UV, 카메라, 노드를 적용시킬 수 있습니다. 위 예제는 구형이라 UV 유형을 적용시켰습니다.

클리핑 및 매핑

이 부분을 설명하지 않겠습니다.

색상(Color)

이 옵션은 모양 색상을 설정합니다. 불투명도 맵으로 텍스처를 사용하는 경우 색상을 검정색으로 설정하여 구멍을 만듭니다. 즉, 검정색일수록 투명해지고, 흰색에 가까울수록 불투명 해집니다.

백그라운드(Background)

배경색을 설정합니다. 불투명도 맵으로 텍스처를 사용하는 경우 색상을 흰색으로 설정하세요.

외곽선 표시(Show Outline)

모델에 색상/질감이 있는 외곽선을 추가할 수 있습니다. 외곽선은 도형의 안쪽 가장자리에 생성됩니다.

컬러로 외곽선 블렌딩(Blend Outline with Color)

활성화 된 경우 외곽선의 색상 / 질감 모양의 색상 / 질감과 혼합됩니다.

형상 및 패턴

메쉬의 크기, 형상, 등을 규칙적으로 조절할 수 있습니다.

변이

형상 및 패턴을 변형시켜 불규칙하게 적용된 맵을 사용할 수 있습니다.

Section 02 브러시트(Brushed)

브러시 효과를 시뮬레이션하는 텍스처입니다. 범프 맵과 함께 구성하는 것이 좋습니다.

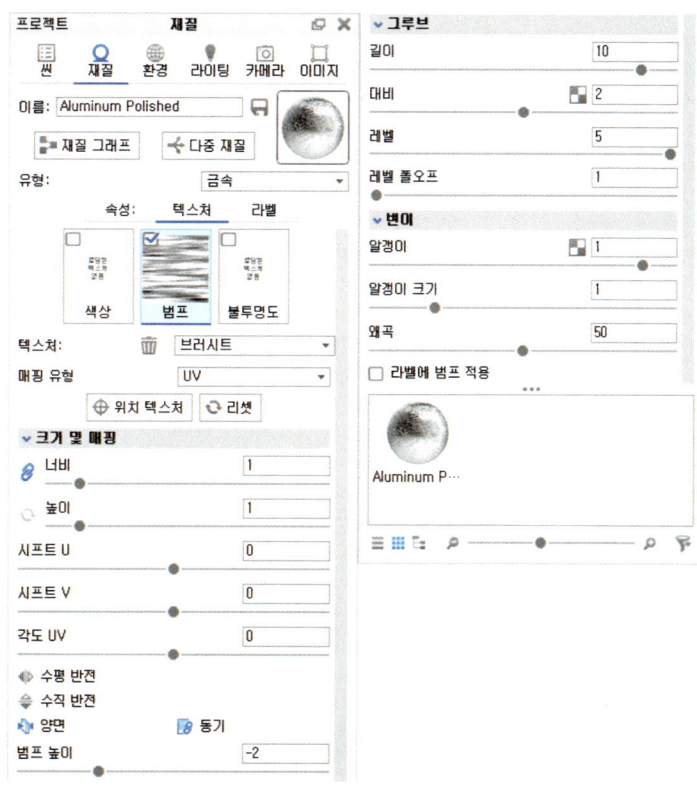

> **참고** 예세샘플을 확인힐러먼 EX10-05.bip를 참고하세요.

매핑 유형 / 크기 및 매핑

이 부분을 설명하지 않겠습니다.

길이(Length)

브러시 스트로크의 길이를 제어하는데 사용합니다.

대비(Contrast)

브러시 스트로크의 대조값을 제어하는데 사용합니다.

레벨(Levels)

브러시 획의 양을 제어합니다.

레벨 폴오프(Levels falloff)

이 기능을 사용하여 각 브러쉬 스트로크가 감소되게 제어할 수 있습니다.

변이

변이는 브러시를 불규칙적으로 변화시킬 수 있습니다. 위 예제는 왜곡을 주어 마치 불규칙적으로 가공한 듯한 느낌을 준 것입니다.

Section 03 짜임(Weave)

짜임 텍스처는 여러 유형의 패브릭과 미세 그물망구조를 시뮬레이션합니다. 범프맵과 함께 사용하시는 게 좋습니다.

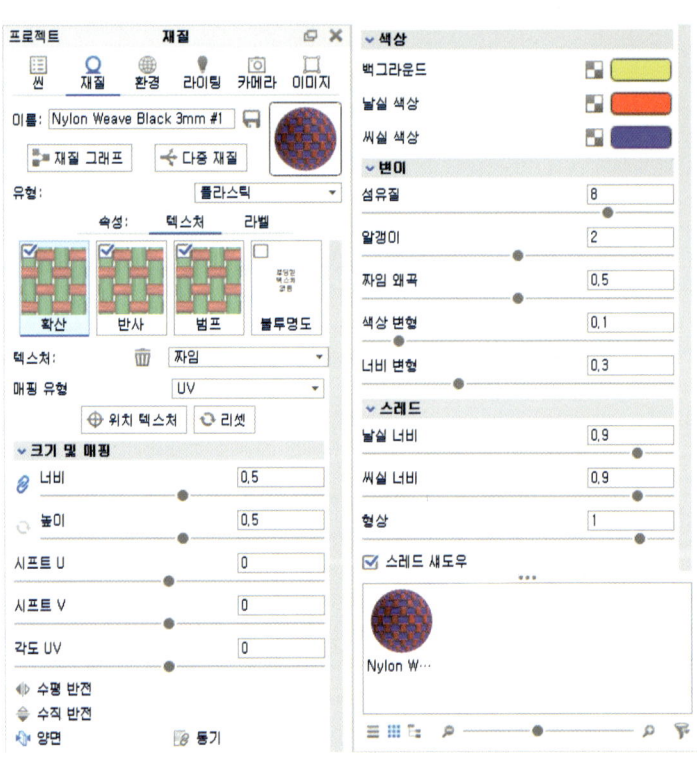

참고 예제샘플을 확인할려면 EX10-06.bip를 참고하세요.

백그라운드(Background Color)

스레드 간의 간격을 설정합니다.

날실 색상(Warp Color) / 씨실 색상(Weft Color)

날실은 직조의 세로줄을 의미하며, 씨실은 직조의 가로줄 색상을 의미합니다.

섬유질(Fibers)

스레드에 섬유 모양을 만드는 스레드에 획 효과를 추가합니다(스레드는 천을 만드는 실이라 생각하시면 됩니다.).

알갱이(Grain)

스레드에 알갱이를 추가합니다.

짜임 왜곡(Weave Distortion)

스레드의 두께가 고르지 않게 합니다.

색상 변형(Color Variation)

스레드 색상 강도에 변형을 추가합니다.

너비 변형(Width Variation)

약간의 실을 더 얇게 만들고 약간 더 두껍게 만들어서 수공예 작품처럼 만듭니다.

날실 너비(Warp Width)

직조 세로줄의 너비를 조정합니다.

씨실 너비(Weft Width)

직조 가로줄의 너비를 조정합니다.

형상(Shape)

이 슬라이더를 사용하여 스레드가 평평 / 둥근 정도를 조정할 수 있습니다. 값 0은 평평한 스레드를 생성하고 1은 둥근 스레드를 제공합니다. 이 설정은 스레드 새도우가 활성화된 경우에만 관련이 있습니다

스레드 새도우(Thread Shadows)

둥근 스레드를 만들 때 그림자를 활성화시켜줍니다.

CHAPTER 04 3D 텍스처

Section 01 가죽(Leather)

가죽 텍스처는 쉽게 가죽 질감의 소재를 복제 할 수 있습니다. 범프 맵과 함께 구성하는 것이 좋습니다.

참고 예제샘플을 확인할려면 EX10-07.bip를 참고하세요.

스케일(Scale)

가죽입자의 크기를 제어합니다.

색상 1(Color 1)

가죽의 짙은 색상(양각)입니다. 현실적인 가죽을 표현할려면 '색상 2'보다 밝아야 하며, '색상 2'에 비슷한 색상으로 설정해야 합니다.

색상 2(Color 2)

가죽의 옅은 색상(음각)입니다.

Section 02 그라나이트(Granite_화강암)

그라나이트 재질은 카운터 또는 바닥의 상판, 타일, 돌등의 질감을 시뮬레이션 할 수 있습니다. 범프 맵과 함께 사용하셔도 좋습니다.

 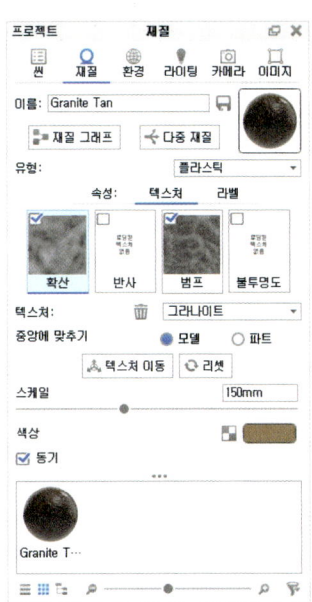

참고 예제샘플을 확인할려면 EX10-08.bip를 참고하세요.

스케일(Scale)

그라나이트 입자의 크기를 제어합니다.

색상(Color)

그라나이트 전체 색상을 지정합니다.

Section 03 나무_고급(Wood_Advanced)

나무(고급) 재질은 기본 나무 텍스처 보다 세밀하게 제어를 제공할 수 있고, 사계절에 대해 더 많은 현실감을 줄 수 있습니다. 사계절 동안 나무에 형성 된 나무는 봄과 여름에 더 밝은 빛을 기본적으로 세팅하며, 성장시기가 끝인 점에는 (예를 들어 나이테) 두꺼운 벽이 있다 생각하고 그 색상을 짙게 세팅합니다.

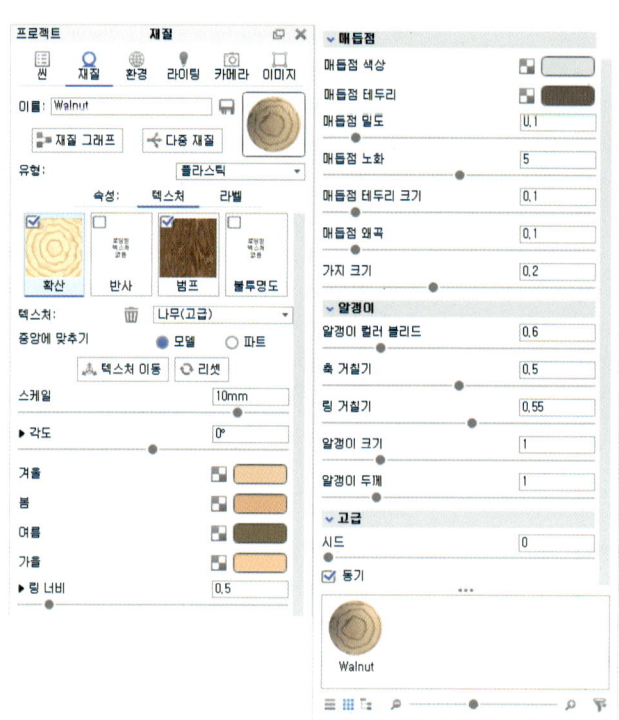

참고 예제샘플을 확인할려면 EX10-09.bip를 참고하세요.

스케일(Scale)

텍스처 맵의 전체 크기를 제어합니다.

각도(Angle)

텍스처 맵의 각도를 제어합니다.

겨울/봄/여름/가을(Winter/Spring/Summer/Fall)

봄과 여름에 나무에 새로운 나무 두께가 생겨 가볍습니다. 성장기가 끝날 무렵, 형성된 새로운 세포는 작아지고 더 두껍고 더 두꺼운 벽을 갖습니다. 색상 견본을 선택하여 계절에 따라 정확하게 색상을 지정하십시오.

링너비(Ring Width)

나무 링의 두께를 조정합니다.

매듭점(옹이) 색상/테두리(Knot Color/Border)

매듭(옹이) 질감의 기본 색상으로 혼합되어집니다. 매듭을 어둡게하려면 회색값을 선택하여야하며, 매듭점(옹이) 테두리는 매듭점(옹이) 색상보다 어둡게 하여야 합니다.

매듭점(옹이) 밀도(Knot Density)

많은 매듭(옹이) 질감을 표시하기 위한 옵션값입니다.

매듭점(옹이) 노화(Knot Age)

매듭점(옹이)에 나타내는 링 수를 늘리기 위한 옵션값입니다.

매듭점 테두리 크기(Knot Border Size)

매듭점(옹이) 테두리의 두께값을 변경하여 줍니다.

매듭점 왜곡(Knot Distortion)

매듭점(옹이)의 변형을 제어하고 모양을 불규칙하게 제어해 준다.

가지 크기(Branch Scale)

매듭점(옹이)의 전체 크기를 제어할 수 있습니다.

알갱이 컬러 블리드(Grain Color Bleed)

이 옵션은 각 링이 양쪽의 링에 혼합되는 색상의 양을 제어합니다. 링을 더 명확하게 정의하거나 링을 더 혼합된 모양으로 지정하려면 줄입니다.

축 거칠기(Axial Graininess)

텍스처를 흐리게 하려면, 이 옵션을 올려 주세요.

링 거칠기(Ring Graininess)

이것은 나무 링의 두께를 조정합니다.

알갱이 크기(Grain Scale)

링 사이의 줄무늬 크기를 조절합니다.

알갱이 두께(Grain Thinness)

이 옵션을 사용하여 알갱이 선의 크기를 제어합니다.

시드(Seed)

이 옵션을 이용하여, 이전 매개 변수 모두에 임의성을 추가하여 더 자연스러운 모양을 만듭니다.

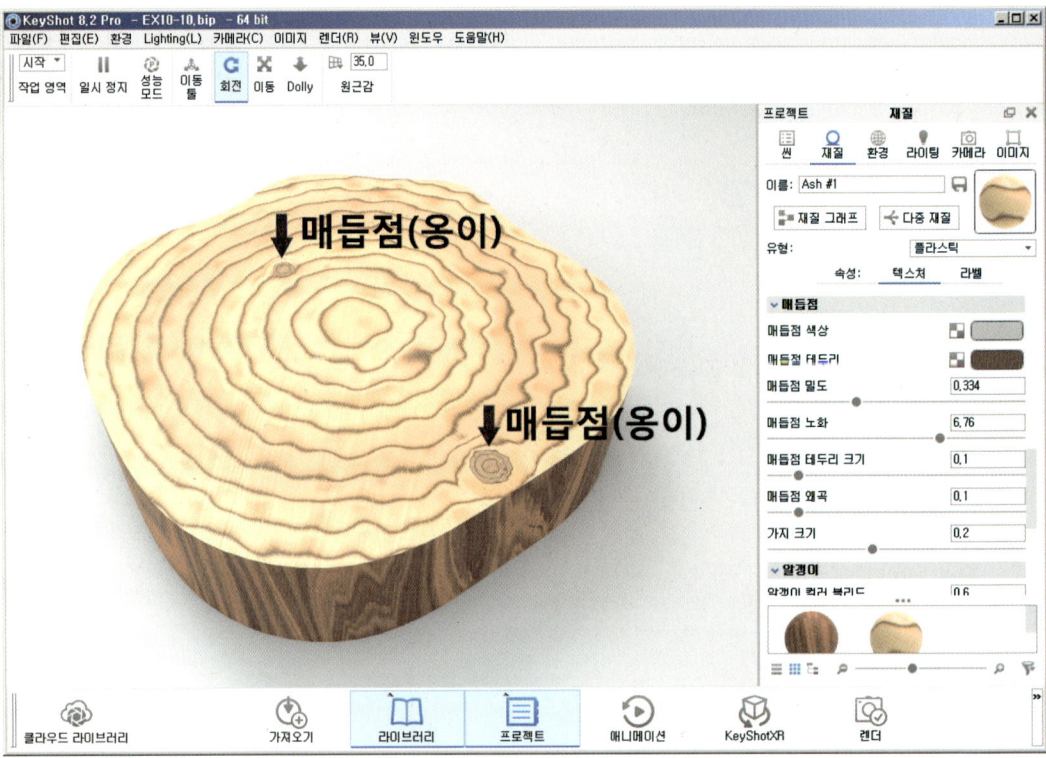

참고 예제샘플을 확인할려면 EX10-10.bip를 참고하세요.

위 이미지 나무(고급) 텍스처는 위의 그림처럼 나이테나 고전 가구에 나이테 무늬를 표현하고자 할 때, 사용하시면 되겠습니다. 또한, 맨 앞단의 볼 모델로는 테스트하기가 어려워서 EX10-10를 첨부하였으니 상기 예제로 테스트하시기 바랍니다

Section 04 노이즈_텍스처(Noise_Texture)

노이즈(텍스처) 텍스처는 노이즈 질감과 매우 유사하고, 범프맵과 같이 사용할 때 액체 물질에 대한 파형을 시뮬레이션 할 수 있습니다.

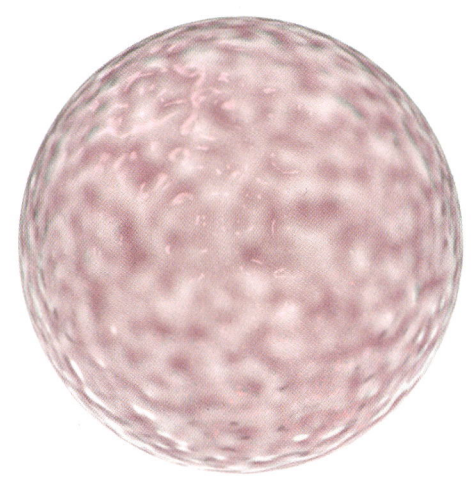
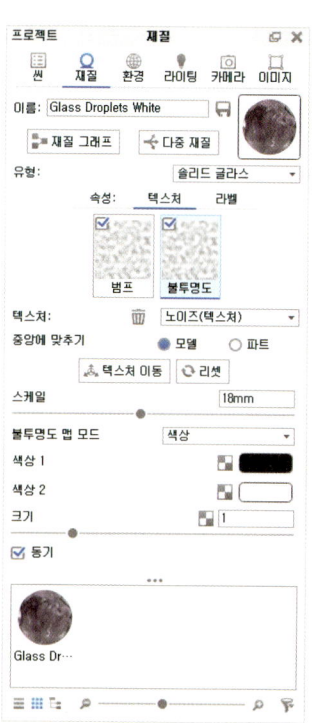

참고 예제샘플을 확인할려면 EX10-11.bip를 참고하세요.

스케일(Scale)

노이즈의 크기를 제어합니다.

색상 1 / 2(Color 1 / 2)

두가지 색상은 노이즈에 대한 색상을 지정할 수 있습니다. 하나는 어두운색 다른 하나는 밝은 색 또는 이와 반대로 설정하여 주시기 바랍니다.

크기(Magnitude)

이 옵션은 '색상 2'의 강도와 두 색상 사이의 대비를 증가시킵니다.

Section 05 노이즈_프랙탈(Noise_Fractal)

노이즈(프랙탈) 텍스처는, 재질에 잔물결을 만들 때, 범프맵과 같이 사용하여 시뮬레이션 할 수 있습니다.

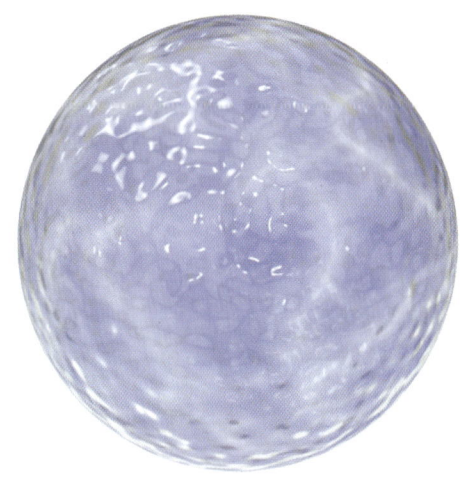
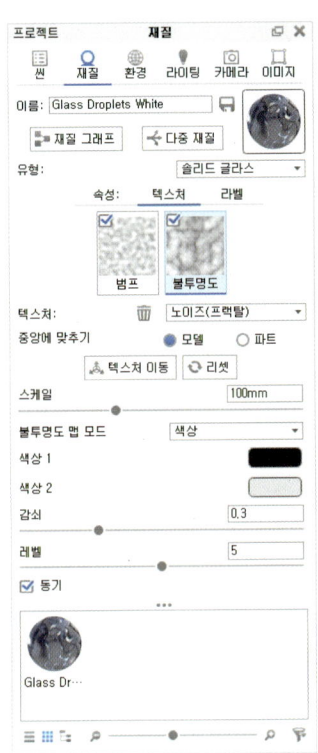

참고 예제샘플을 확인할려면 EX10-12.bip를 참고하세요.

스케일(Scale)

노이즈의 크기를 제어합니다.

색상 1 / 2(Color 1 / 2)

두가지 색상은 노이즈에 대한 색상을 지정할 수 있습니다. 하나는 어두운색 다른 하나는 밝은 색 또는 이와 반대로 설정하여 주시기 바랍니다.

감쇠(Fall-off)

이 옵션은 칼라 밸런스를 제어해 줍니다. 낮은 값은 '색상 2'값을 강조하여 주고, 높은 값은 '색상 1'값을 강조합니다.

레벨(Levels)

프렉탈(물결)을 선명하게 또는 흐리게 해주는 옵션입니다.

Section 06 노이즈_프랙탈(Noise_Fractal)

대리석 텍스처는 타일 또는 돌 같은 대리석 물질을 시뮬레이션 할 수 있습니다.

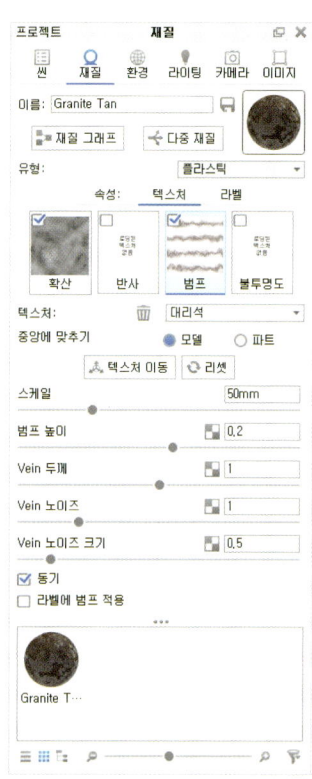

참고 예제샘플을 확인할려면 EX10-13.bip를 참고하세요.

스케일(Scale)

돌결의 전체 크기를 조정할 수 있습니다.

범프 높이

범프의 높이를 조정 할 수 있습니다.

Vein(돌결) 두께

Vein(돌결) 두께를 확산 조정할 수 있습니다.

Vein(돌결) 노이즈

Vein(돌결)의 파형에 임의의 파형을 추가합니다.

Vein(돌결) 노이즈 크기

Vein(돌결) 노이즈 크기를 조정할 수 있습니다.

Section 07 목재(Wood)

목재 텍스처는 나무 재료의 모양을 정의할 수 있습니다. 대부분의 경우 플라스틱 재료와 흰색 반사 색상으로 꾸며집니다(플라스틱 재질에서 디퓨즈맵과 범프맵만을 이용해도 좋습니다.).

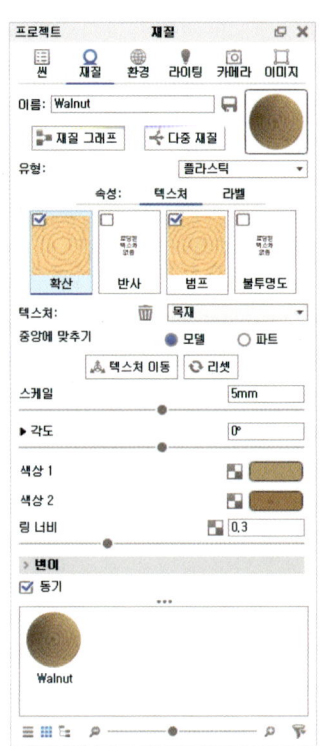

참고 예제샘플을 확인할려면 EX10-14.bip를 참고하세요.

스케일(Scale)

텍스처 맵의 전체 크기를 제어합니다.

각도(Angle)

텍스처 맵의 각도를 제어합니다.

색상 1, 2(Color 1, 2)

'색상 1'은 나무의 기본 색상을 설정하며, '색상 2'는 나무 테의 색상을 설정합니다.

링 너비(Ring Width)

이 옵션은 나이테의 두께를 조절합니다.

Section 08 브러시_래디얼(Brushed Radial)

브러시(래디얼) 텍스처는 회전 브러시공구로 금속을 가공했을 시 임의의 브러시 형상을 시뮬레이션 할 수 있습니다. 또한, 평면에서 범프와 함께 마감하시는게 현실적으로 보입니다.

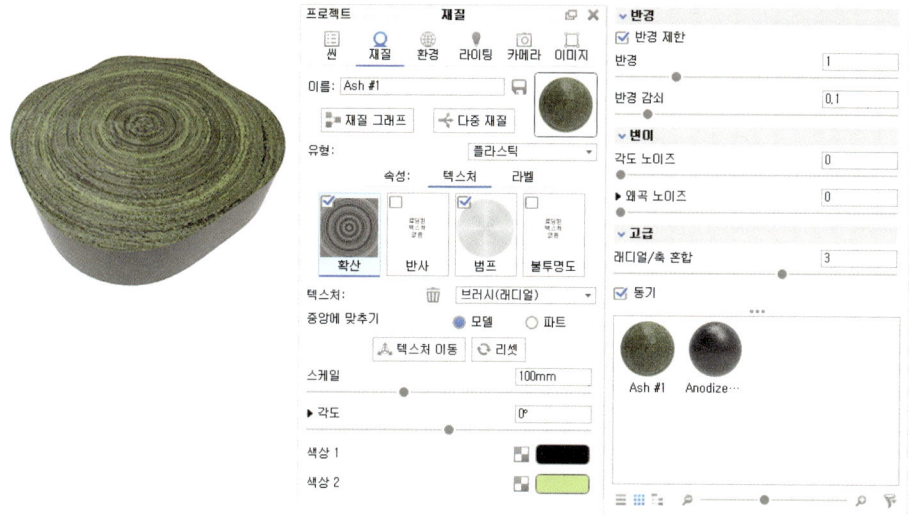

참고 예제샘플을 확인할려면 EX10-15.bip를 참고하세요.

스케일(Scale)

텍스처의 크기를 제어하기 위해 사용합니다.

색상 1 / 2(Color 1 / 2)

링브러쉬 패턴을 만들려면 '색상 1'과 '색상 2'는 대조적인 색상으로 선택해야 합니다.

반경 제한

반경을 아래 그림과 같이 제한 합니다. 왼쪽이미지는 반경 제한이 언체크 된 상태이고, 오른쪽이미지는 반경 제한을 체크한 상태입니다.

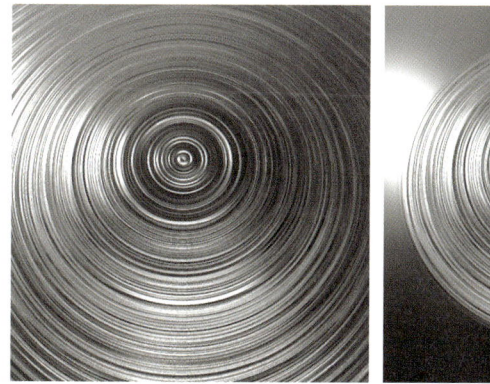

참고 예제샘플을 확인할려면 EX10-16.bip를 참고하세요.

반경(Radius)

링의 형상이 만들어지는 반경을 제어합니다(기본적으로는 모델 전체에 브러시 재질이 적용되지만, 이 반경값을 사용하면 브러시 재질이 적용되는 반경을 지정할 수 있습니다.).

반경감쇠(Falloff)

반경값이 적용 된 상태에서 감쇠를 일으켜 줍니다.

각도 노이즈(Angle Noise)

링의 폭을 변경하려면 이 옵션 값을 늘리세요.

왜곡 노이즈(Distortion Noise)

링을 완벽한 원에서 벗어나려면 이 옵션 값을 늘리십시오. 기계적인 브러쉬 처리의 경우이 매개 변수를 0으로 유지해 야합니다.

래디얼/축 혼합(Radial Axial Blend)

연속된 원통에 연속 질감을 만들 때 사용합니다. 보통의 경우 기본값으로 두십시오.

동기(Sync)

동기화가 활성화된 이 재질 노드의 텍스처는 동시에 크기 조절/이동/조정됩니다.

Section 09 색상 그라데이션(Color Gradient)

칼라 그라디언트는 모델 표면에 두가지정도 별도의 색상을 혼합하여 시뮬레이션 할 수 있습니다. 매핑툴을 이용하여 중앙을 정해 주시면 편하십니다.

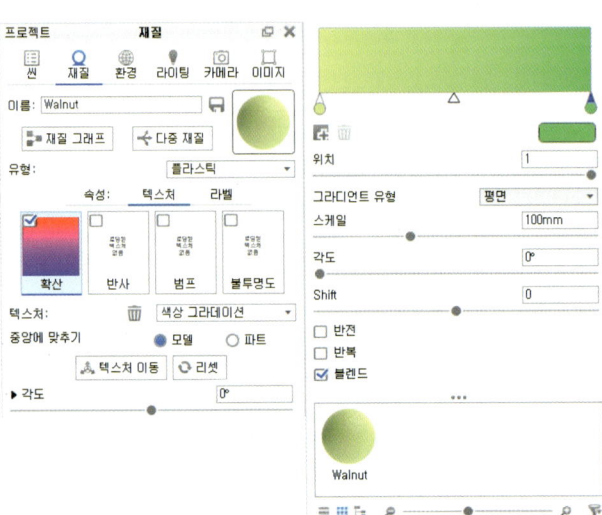

> 참고
> 예제샘플을 확인할려면 EX10-17.bip를 참고하세요.

색상(Color)

포토샵에서 그라디언트를 이용하듯 하시면 됩니다. 막대 색상 그래프 양쪽에 노란 색 또는 연두색을 클릭하여 다른 색상을 지정할 수 있습니다. 또는 +아이콘을 클릭하여 중간에 다른 색상을 넣어 혼합하여 색상을 낼 수도 있습니다.

위치(Location)

이 옵션을 변화시키면 막대그래프에서 각 지정색의 위치를 조정할 수 있습니다.

그라디언트 유형(Gradient Type)

'평면 / 구형 / 원통 / 다이아몬드 / 각도 / View Direction / 커브 / 맵' 등의 옵션을 선택할 수 있습니다.

스케일(Scale)

텍스처의 크기를 조정할 수 있습니다.

각도(Angle)

텍스처의 각도를 조정할 수 있습니다.

Shift

예를 들어 두가지 색이 지정되어 있다면 어느 한쪽이 색상이 더 많게 시프트 해줍니다.

반전(Invert)

그라디언트 색상이 반전 됩니다.

Section 10 셀룰라(Cellular)

셀룰라 텍스처는 모델 표면을 세포처럼 만든다는 개념입니다. 망치로 금 또는 쇠등을 때릴 때나, 오렌지 껍질 표현, 구겨진 종이등을 표현할 때 사용하는 텍스처입니다. 또한, 평면에서 범프와 함께 마감하시는게 현실적으로 보입니다.

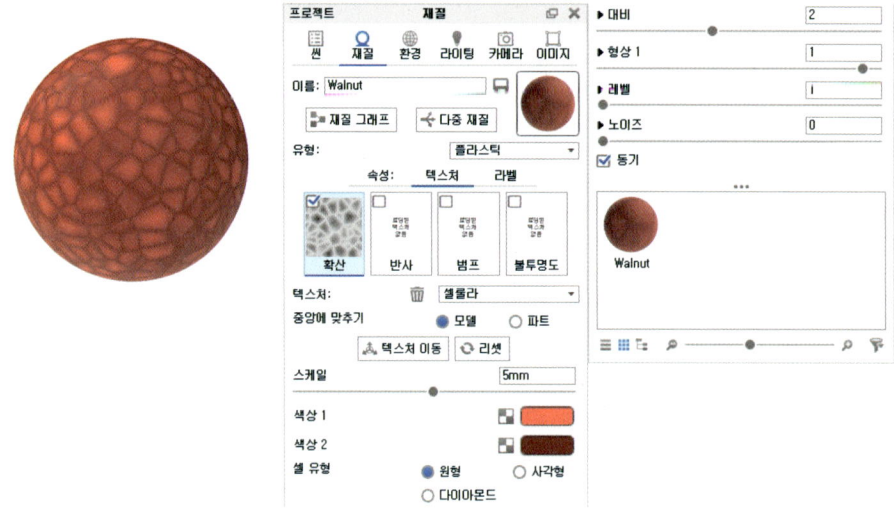

참고 예제샘플을 확인할려면 EX10-18.bip를 참고하세요.

스케일(Scale)

텍스처의 전체적 크기를 설정하는데 사용합니다.

색상 1 / 2(Color 1 / 2)

세포 패턴을 만들려면 색상 1과 2는 같은 계열의 대조적인 색상으로 선택해야 합니다.

셀 유형(Cell Type)

'원형 / 사각형 / 다이아몬드'의 모양으로 변경하실 수 있습니다.

대비(Contrast)

튀어 나온 부분과 들어 간 부분의 대조값을 조절하는데 사용합니다.

형상(Shape)

세포 모양을 미세하게 설정할 수 있습니다.

레벨(Levels)

세포를 자세히 많이 분할할 수 있습니다.

노이즈(Noise)

세포 모양에 더욱 더 많은 얕은 두드림을 표현해 줍니다.

Section 11 스크래치(Scratches)

스크래치 텍스처는 모델 표면에 상처를 해 주는 시뮬레이션 기능입니다. 특히 금속 재질에 잘 맞습니다. 적용시에 확산+범프+불투명도를 이용하셔도 좋은 렌더링 이미지를 얻을 수 있습니다.

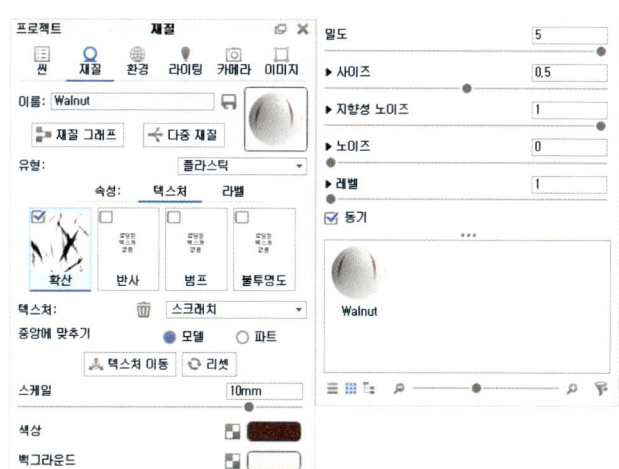

참고 예제샘플을 확인할려면 EX10-19.bip를 참고하세요.

스케일(Scale)

생성 된 스크래치 패턴의 크기를 설정할 수 있습니다.

색상(Color)

스크래치의 색상을 설정합니다. 텍스처가 불투명도 맵에 사용되는 경우 색상은 검정색으로 지정합니다.

배경(Background)

스크래치 이외의 색상을 설정합니다.

밀도(Density)

일정 면적당 스크래치의 발생 수를 제어합니다.

사이즈(Size)

개별 스크래치의 크기를 설정하는데 사용합니다.

지향성 노이즈(Directional Noise)

스크래치의 임의의 방향성을 제어합니다.

노이즈(Noise)

스크래치 끝부분에서 좀 더 불규칙적인 세밀한 스크래치를 생성할 수 있습니다.

레벨(Level)

생성되는 고유한 스크래치의 수를 제어합니다.

Section 12 어믈루젼(Occlusion)

어믈루젼 텍스처를 사용하면 재질에 근접 기반 음영을 추가할 수 있습니다. 재질 그래프와 함께 재질에 캐스팅된 셀프 그림자를 강조하거나 보강하는 데 사용할 수 있으며, 폐색 영역과 비 폐색 영역을 기반으로 흥미로운 텍스처 효과를 만들 수 있습니다.

아래 그림 메터리얼 볼에서 위쪽은 범프를 적용하지 않은 것과 아래쪽은 범프를 적용한 예입니다. 위 설명을 쉽게 설명하자면, 파인 구간의 음영을 확실히 부각하기 위해 사용되는 텍스처라 생각하시면 되겠습니다.

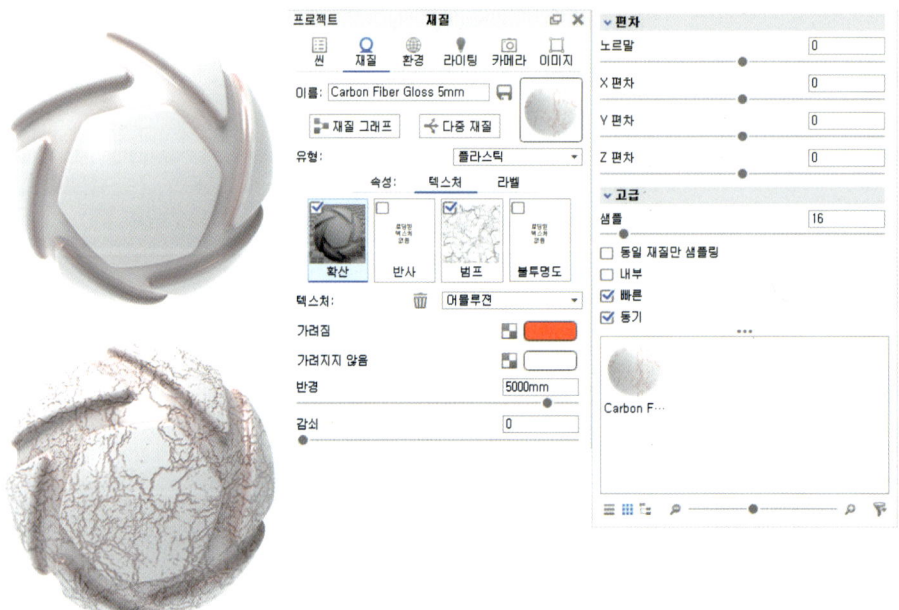

참고 예제샘플을 확인할려면 EX10-20.bip를 참고하세요.

가려짐(Occluded)

서로 가깝게 표면이 있는 곳에 사용될 색상을 선택하십시오. 예를 들어 분리 선, 피부 접은 곳 또는 좁은 골목 일 것입니다. 더 자연스러운 결과를 얻으려면 더 깊은 그림자를 만들기 위해 더 어두운 값인 색상을 선택하시면 됩니다.

가려지지 않음(Unocludded)

서로 가까이 있는 표면의 양이 가장 적은 곳에 사용되는 색상을 선택하세요. 이 절차적인 질감의 다른 창의적인 텍스처가 되지만, 대부분이 기본 색상이 됩니다.

반경(Radius)

이 옵션은 모든 폐색 물체에 대한 최대 거리입니다. 오브젝트가 멀리 떨어져 있으면 텍스처 계산에서 고려되지 않습니다. 이 값은 음영 처리된 '가려짐' 색상이 모델에서 얼마나 멀리 또는 멀리 도달하는지를 제어합니다.

감쇠(Falloff)

'가려짐'과 '가려지지 않음'의 두 색상이 혼합된 정도를 제어합니다.

편차

각 축에 대해서 각각 어물루젼의 강도를 조절할 수 있습니다.

Section 13 얼룩(Spots)

한글이 얼룩보다는 반점이 맞는 듯합니다. 이 얼룩은 모델 표면에 반점들이 분포되어 있는 모습을 시뮬레이션해줄 수 있습니다.

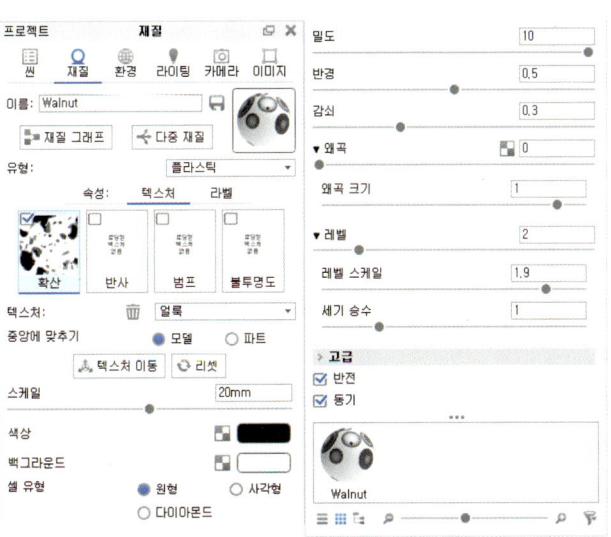

참고 예제샘플을 확인할려면 EX10-21.bip를 참고하세요.

스케일(Scale)

텍스처 맵의 전체 규모를 제어하기 위해 사용합니다.

색상(Color)

얼룩의 색상을 설정합니다. 텍스처가 불투명도 맵에 사용되는 경우 색상은 검정색으로 지정합니다.

배경(Background)

얼룩 이외의 색상을 설정합니다.

셀 유형(Cell type)

얼룩의 유형을 원형/사각형/다이아몬드 형태로 변경할 수 있습니다.

밀도(Density)

표면의 나타나는 얼룩 수를 제어할 때 사용합니다.

반경(Radius)

생성 된 얼룩의 크기를 제어할 때 사용합니다.

감쇠(Falloff)

얼룩 외곽을 감쇠 시켜줍니다.

왜곡(Distortion)

무작위로 얼룩 모양을 왜곡 시켜줍니다.

레벨(Level)

레벨 스케일(Levels Scale)은 얼룩의 번짐에 노이즈를 점 더 준다는 개념이고, 세기 승수(Intensity Modifier)는 값이 낮을수록 점의 선명도가 높아집니다. 레벨은 이 두가지 요소의 값을 혼합하여 제어할 수 있습니다.

반전(Invert)

실루엣 같은 고리 또는 거품 모양을 생성합니다.

Section 14 위장(Camouflage)

일명 개구리복의 위장 패턴을 만들기 위해 사용되는 위장 텍스처입니다. 너무 딱딱한 색상이라 이번에는 칼라풀하게 아래 이미지 처럼 적용해 보니 칼라풀한 직물 패턴도 이러한 형태로 만들수 있다 생각했습니다(왠지 먹음직스럽게 보이는…).

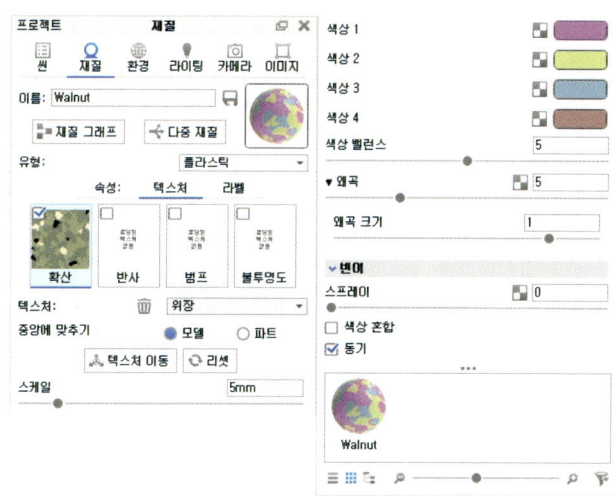

참고 예제샘플을 확인할려면 EX10-22.bip를 참고하세요.

스케일(Scale)

텍스처 전체의 크기를 설정합니다.

색상 1/2/3/4(Color 1/2/3/4)

텍스처에 사용되는 색상을 혼합하여 설정합니다.

색상 밸런스(Color Balance)

색상 1~4에서 순서대로 먼저 정렬되어 보이게 됩니다. 이러한 기본값을 기준으로 색상 균형을 분배 시켜주는 옵션입니다.

왜곡(Distortion)

반점의 모양에 왜곡을 주는 옵션입니다. 또한, 왜곡의 크기를 조절할 수 있습니다.

스프레이(Spray)

가장자리를 감쇠시켜주면서 보다 자연스러운 색상을 표현하게 됩니다.

색상혼합(Mix Colors)

중복적으로 색상이 혼합 할 수 있도록 만드는 옵션입니다.

참고 예제샘플을 확인하려면 EX10-23.bip를 참고하세요.

위에서 먹음직스럽다고 하니, 웬지 아이스크림이 생각나서 한 번 만들어 보았습니다. ^^*

CHAPTER 05 재질 그래프(Material Graph)

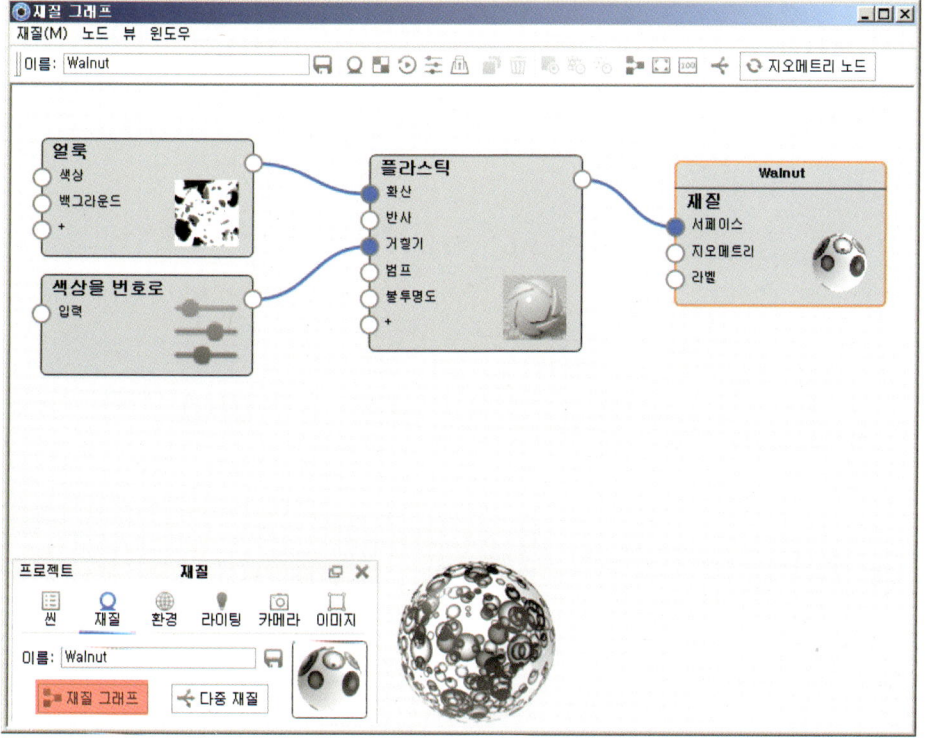

일반 재질편집 보다 키샷의 재질 그래프를 이용하면 보다 고급 재질 편집이 용이합니다.

'프로젝트 〉 재질 〉 재질 그래프' 아이콘을 클릭하면 재질그래프를 시작할 수 있습니다.

위의 그림처럼 재질그래프 아이콘을 클릭하면, 별도의 재질그래프 창이 열립니다. 이 재질 그래프 청에는 재료 내 연결 및 관계를 시각화하여 표시 또는 링크관계를 만들면 됩니다.

Section 01 매뉴바(Menu Bar)

재질 그래프 창에는 다섯가지 요소가 있습니다. 메뉴바, 리본, 작업영역, 재질 속성, 재질 및 텍스트

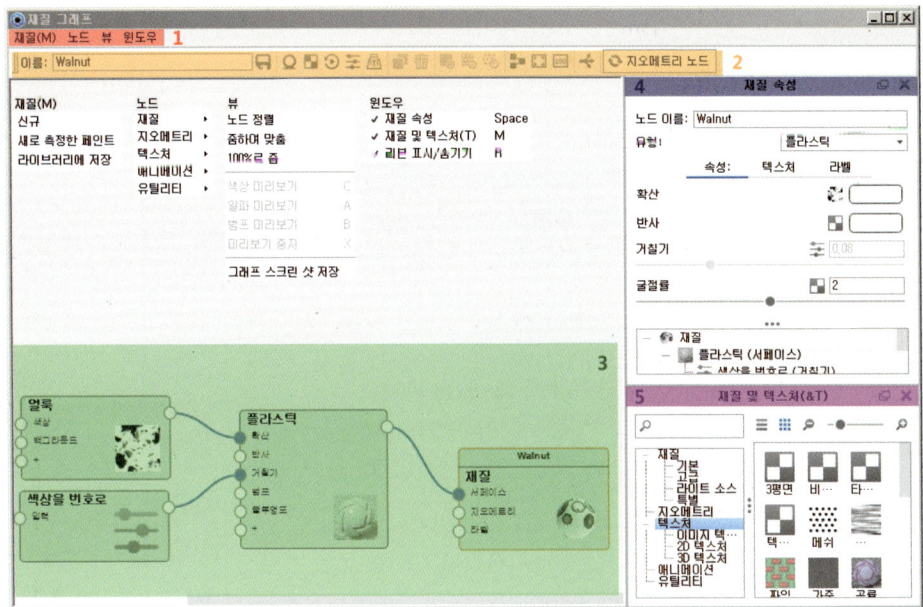

신규(New)

지금까지 작업해 온 재질 작업을 신규로 교체(기존 데이터 삭제)하던가 또는 기본 재질을 신규로 만들어 사용할 수 있습니다.

새로 측정한 페인트

SCI(Specular Component Included : 정반사광 포함)모드는 빛이 물체 표면에 입사가 되어 같은 각도로 반사되어져 나오는 빛을 이야기하며, 이와 반대로 정반대로 정반사가 되지 않고 산란되어 여러 방향으로 반사되는 빛을 SCE(Specular Component Excluded 정반사광 제거)모드라 합니다. 이 새로 측정한 페인트는 SCI & SCE 모드를 제어하는 옵션이 있습니다.

라이브러리에 저장(Save to Library)

기존 키샷 라이브러리에서 사용자가 지정 된 폴더로 재료 작업한 것을 저장할 수 있습니다.

노드(Node)

재질, 지오메트리, 텍스처, 애니메이션, 유틸리티등의 노드를 새로 생성하며, 기존에 있던 노드들을 바꿔 줄 수도 있습니다(여기서 노드란 예를 들어 위 그림에서 '금속성 페인트' 박스를 하나의 노드라 합니다.).

뷰(View)

모든 노드는 복잡하게 얽혀 있는 노드간의 배치를 자동적으로 재배치 해주며, 그밖에 재질그래프 박스내에서 노드들을 화면내 자동적으로 줌 또는 100%로 하여 화면에 재정렬되게 해줍니다.

윈도우(Window)

재질 속성창의 팝업 유무 / 재질 및 텍스처를 모아서 보여주는 새로운 창이 팝업 유무 / 리본 메뉴 팝업 유무

Section 02 리본(Manu Bar)

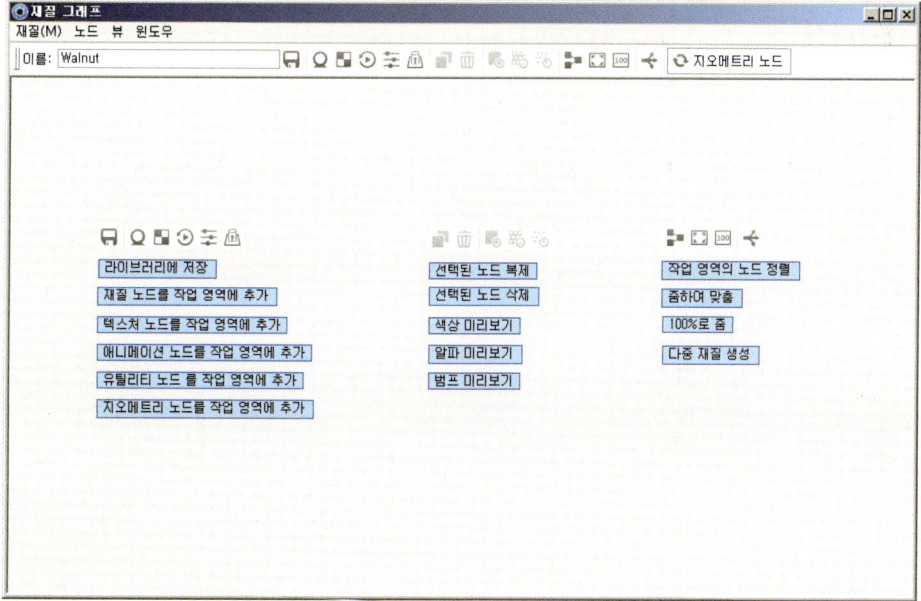

빠른 리본은 기본 노드(재질, 텍스처, 애니메이션, 유틸리티, 지오메트리)를 추가할 수 있습니다.

선택한 노드를 '복제'와 '삭제' 할 수 있으며, 미리보기에서 색상, 알파, 범프등을 클릭하면, 각 노드에서 이러한 성질을 가지고 있으면 주황색으로 노드가 활성화됩니다.

작업영역에서 마우스 우측클릭 시 선택 된 노드를 복제 및 삭제를 할 수 있으며, 재질, 텍스처, 애니메이션, 유틸리티 등을 신규로 생성할 수 있습니다.

Section 03 작업영역(Material Graph Work Area)

작업 영역은 모든 노드의 연결을 그래프보기로 표시합니다.

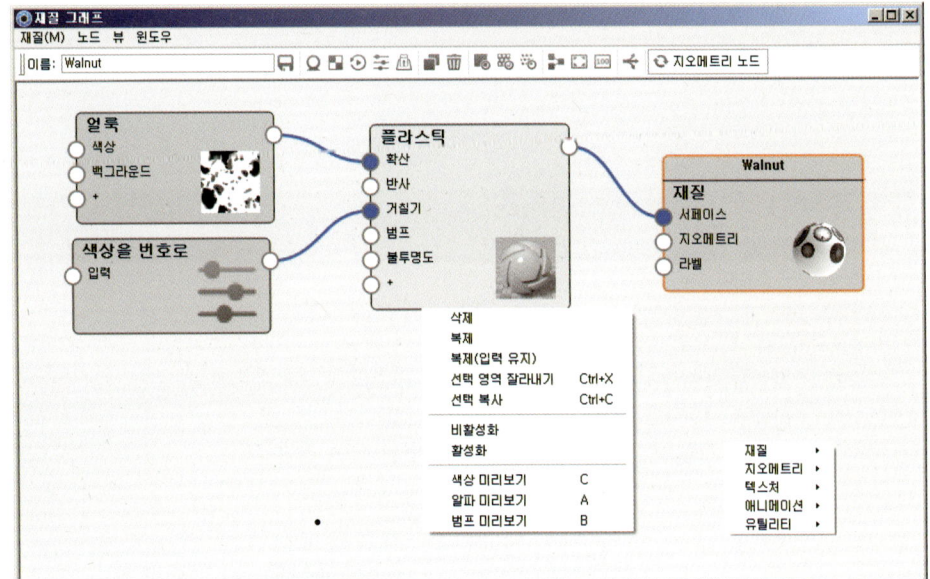

- **노드 선택 또는 연결 :** 왼쪽 마우스 클릭
- **다중 노드 선택 1 :** Ctrl 키를 누른 후 각각 선택
- **다중 노드 선택 2 :** Shift 키 + 왼쪽 마우스 클릭 후 드래그
- **노드 삭제 / 복제 :** 삭제 또는 복제 할 노드에 오른쪽 마우스 클릭 또는 삭제 시 선택 후 Delete 키
- **노드 추가 :** 빈 작업 영업에 오른쪽 마우스 클릭 후 선택 후 재질 / 지오메트리 / 텍스처 / 애니메이션 / 유틸리티에서 선택
- **작업 영역 확대 또는 축소 :** 가운데 마우스 사용
- **작업 영역 이동 :** 노드 선택 후 마우스 이동

Section 04 재질속성

재질 속성 대화 상자는 '프로젝트 〉 재질' 탭과 비슷하지만 노드 유형을 변경하는 옵션이 있는 현재 편집중인 노드의 관련 속성을 표시합니다.

Section 05 재질 노드와 텍스처 노드

재질 및 텍스처 노드는 사용 가능한 모드 노드의 축소판 그림이 표시됩니다.
노드는 작업 영역에서 회색 상자로 표시됩니다. 각 노드는 유형에 따라 다른 입력 및 출력 채널을 갖습니다.
모든 자료에는 자료에 영향을 주기 위해 모든 노드(직접 또는 다른 노드를 통해)가 연결되어야 하는 하나의 루트 노드(두꺼운 경계로 표시)가 있습니다.

채널 연결은 출력 채널을 클릭하고 입력 채널 또는 노드 자체로 직접 끌어 놓습니다. 노드에 놓으면 연결 메뉴에 사용 가능한 모든 채널 옵션이 표시됩니다. 연결되면 두 개의 노드를 연결하는 파란색 선이 나타납니다. 선을 마우스 오른쪽 단추로 클릭하여 연결을 제거하거나 비활성화하십시오.
비활성화 된 연결은 회색 점선으로 표시됩니다. 연결을 선택하면 연한 파란색으로 변합니다.

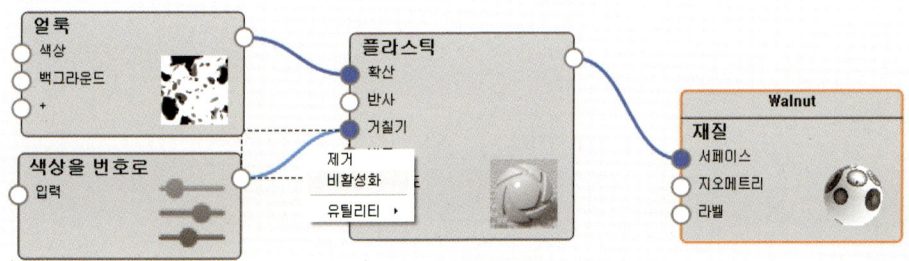

재질 노드 또는 텍스처 노드를 설정하는 것은 처음에는 '프로젝트 > 재질' 탭에서 재질을 설정하는 것과 같습니다.
하지만, Material Graph를 사용하면 노드의 조합을 사용하여 더 많은 고급 재료를 설정할 수 있고, 하나의 작업으로 여러 개의 범프 텍스처를 추가할 수 있습니다. 또한, 유틸리티 노드를 사용하여 보다 다양한 재질을 표현할 수 있습니다

Section 06 지오메트리 노드

지오메트리 노드는 기하학 모양을 비 파괴적인 방식으로 변환합니다. 이렇게 하면 재질을 항상 바꿀 수 있으며 형상이 원래 모양으로 돌아갑니다.

대체 노드

객체의 표면을 변형시키려면 대체 노드를 사용하세요.
대체 노드를 루트 노드의 지오메트리 소켓에 추가하고 대체 노드의 대체 소켓에 텍스처를 추가합니다.

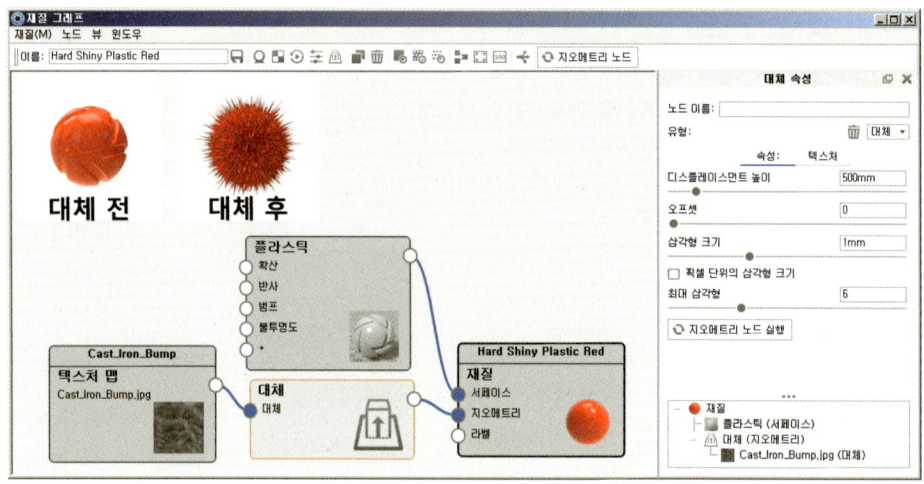

참고 예제샘플을 확인할려면 EX10-24.bip를 참고하세요.

위 예제에서 처음에는 모델에 일반 플라스틱 재질을 적용시킵니다. 그러면 기초 노드와 플라스틱 노드가 생성됩니다. 두번째로는 대체 노드를 추가시킨 후 루트 노드의 지오메트리에 링크를 시켜줍니다. 이 때 텍스처 맵이 추가되지 않았기 때문에 잠시 에러가 발생할 수 있습니다. 세번째로 텍스처 맵을 생성 후 대체 노드에 링크 시켜줍니다. 그러면 위의 그림처럼 대체 후 모습처럼 폭파하는 느낌으로 모델이 생성됩니다

위에서 이야기 드렸듯이 이 대체 노드는 표면을 기하학적으로 만들어 주는 노드입니다. 맵핑 요소의 흰색부분은 튀어 오르는 형상을 취하고, 검은색 부분은 튀어 오르지 않습니다.

표준 이미지 소프트웨어를 사용하여 텍스처 맵을 만든 경우, 텍스처 맵핑이 적용되는 방식에 영향을 줄 감마 보정이 될 가능성이 큽니다. 감마 보정을 보정하려면 변위 텍스처의 대비를 기본값 1에서 0으로 조정해야 할 수도 있습니다.

- **디스플레이스먼트 높이(Displacement Height)**
  텍스처의 흰색 영역은 변위 높이에 설정된 값으로 대체되며 검정 영역은 변위 되지 않습니다.
- **오프셋(Offset)**
  변위의 원점을 조정합니다. 간격 띄우기가 0 (기본값)으로 설정되면 검정 영역이 도형 표면에 표시됩니다
- **삼각형 크기(Resolution)**
  변위를 구성하는 삼각형의 크기를 설정합니다.

- **최대 삼각형(Max Triangles)**
여기에서 변위가 사용할 수 있는 삼각형 수를 제어할 수 있습니다.

방울 노드

모델 안에 거품을 추가하려면 방울 노드를 사용하십시오.
재질이 어느 정도 투명하게 보이는지 확인하십시오. 그렇지 않으면 거품이 보이지 않습니다. 루트 노드에 방울 노드를 추가하십시오.

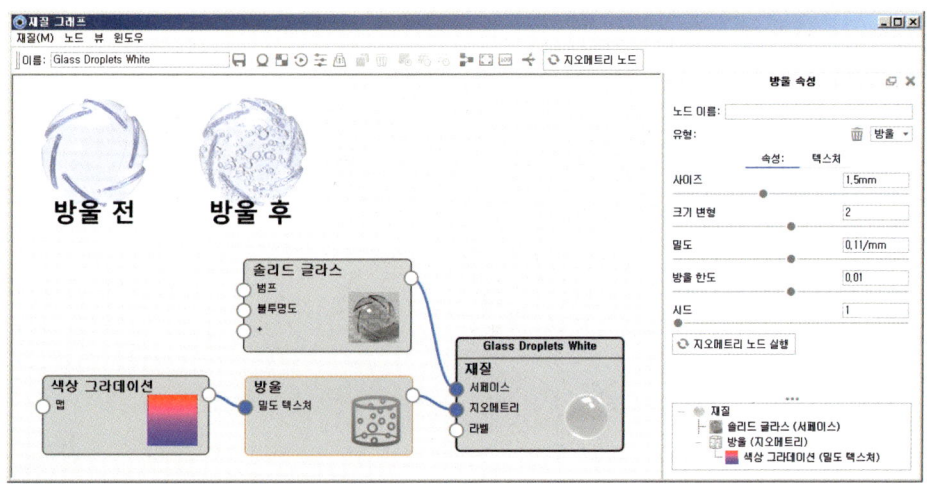

참고 예제샘플을 확인할려면 EX10-25.bip를 참고하세요.

위 예제에서 처음에는 모델에 글라스(유리) 재질을 적용시킵니다. 그러면 기초 노드와 플라스틱 노드가 생성됩니다. 두 번째로는 방울 노드를 추가시킨 후 루트 노드의 지오메트리에 링크를 시켜줍니다. 텍스트 노드를 취향에 따라 추가하던지 아니면 추가하지 않으셔도 됩니다. 그러면 위의 그림처럼 대체 후 모습처럼 거품이 구체 내부에 존재하는 느낌으로 모델이 생성됩니다.

거품이 오브젝트 내부에 골고루 분산되지 않도록 하려면 텍스처(색상 그라데이션)를 추가하여 밀도를 제어할 수 있습니다. 이것은 밀도에 대한 일종의 가면 역할을 합니다. 텍스처가 검은 색이면 아무런 거품도 나타나지 않고 텍스처가 더 밝은 곳에서는 거품의 양이 증가합니다. 텍스처가 흰색 인 경우 밀도는 밀도 변수에 정의된 것과 같습니다.

참고적으로 방울 노드와 조각 노드는 형상이 닫힌 메쉬 구조여야 합니다. 메쉬 구조에 간격이 있으면 노드가 적용되지 못합니다.

- **사이즈(Size)**
전체 거품의 크기를 설정합니다.
- **크기 변형(Size variation)**
확률적으로 거품의 크기를 변형시켜 줍니다.
- **밀도(Density)**
거품끼리의 밀도를 조절 시킵니다.
- **방울 한도(Flake Limit)**
방울 한도 슬라이더를 사용하면 거품 생성에 사용되는 폴리곤의 양을 제한할 수 있습니다.
물체가 아니라 씬 안의 전체 물체를 나타냅니다.

아래그림은 위에서 이야기한 색상 그라데이션을 이용해 거품을 아래로 모이게 하는 예제입니다.

첫번째로 방울 노드에 색상 그라데이션 텍스처를 추가합니다. 이 색상 그라데이션을 검은 색 부분과 흰색 부분으로 만듭니다. 위에서 설명했듯, 흰색 부분은 거품이 많이 생성되고, 검은 색 부분은 거품이 거진 생성되지 않는다 하였습니다. 이 때 객체는 정면을 바라보게 합니다(정면 단축키 : Ctrl + Alt + 1). 그런 다음 텍스처 이동(회전)으로 좌우 그라데이션을 상하 그라데이션으로 바꾸어 아래와 같이 렌더 되게 합니다. 만약, 텍스처 회전을 하지 않고 그라데이션을 준다면은 좌 또는 우측으로 거품이 모여 있는 것을 확인할 수 있습니다.

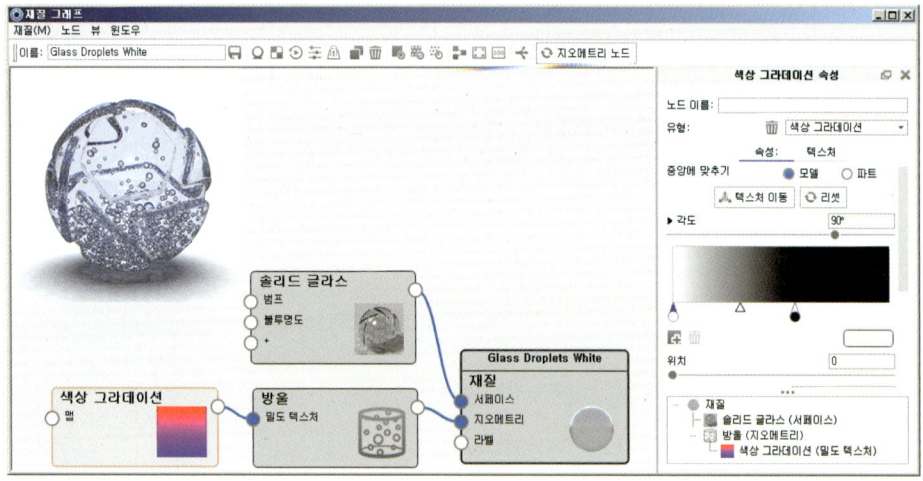

참고 예제샘플을 확인할려면 EX10-26.bip를 참고하세요.

조각 노드

모델이 특정 재질의 조각으로 이루어 지도록 하려면 조각 노드를 사용해 주세요. 조각 노드를 루트 노드의 기하학 소켓에 추가하십시오.

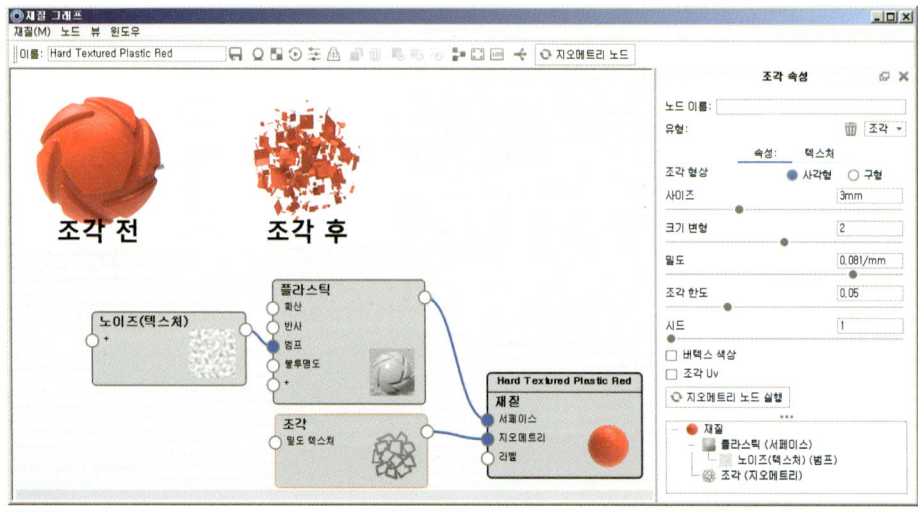

참고 예제샘플을 확인할려면 EX10-27.bip를 참고하세요.

위 예제에서 처음에는 모델에 플라스틱 재질을 적용시킵니다. 그러면 기초 노드와 플라스틱 노드가 생성됩니다. 두번째로는 조각 노드를 추가시킨 후 루트 노드의 지오메트리에 링크를 시켜줍니다. 그러면 위의 그림처럼 조각 후 모습처럼 조각이 존재하는 느낌으로 모델이 생성됩니다.

- **조각 형상**
 조각 모양은 사각형 또는 구형으로 나타낼 수 있습니다.

- **사이즈(Size)**
 전체 조각의 크기를 설정할 수 있습니다.

- **크기 변형(Size variation)**
 확률적으로 조각의 크기를 설정할 수 있습니다.

- **밀도(Density)**
 조각끼리의 밀도를 조절할 수 잇습니다.

- **조각 한도(Flake Limit)**
 조각 한도 슬라이더를 사용하면 조각을 만드는 데 사용된 다각형의 양을 제한할 수 있습니다.
 물체가 아니라 씬의 전체 물체를 나타냅니다.

- **버텍스 색상(Vertex Colors)**
 이 버텍스 색상이란 메쉬에 적용되는 색상입니다. 이 버텍스 색상은 키샷에서 밝고 어두운 음영을 적용시키는 색상이라 보시면 됩니다. 아래 그림처럼 버텍스 색상을 적용 전, 후에 이미지를 넣었습니다. 하지만, 버그인지는 몰라도 실제 버텍스 색상을 체크할 때와 언 체크할 때 차이는 없습니다.

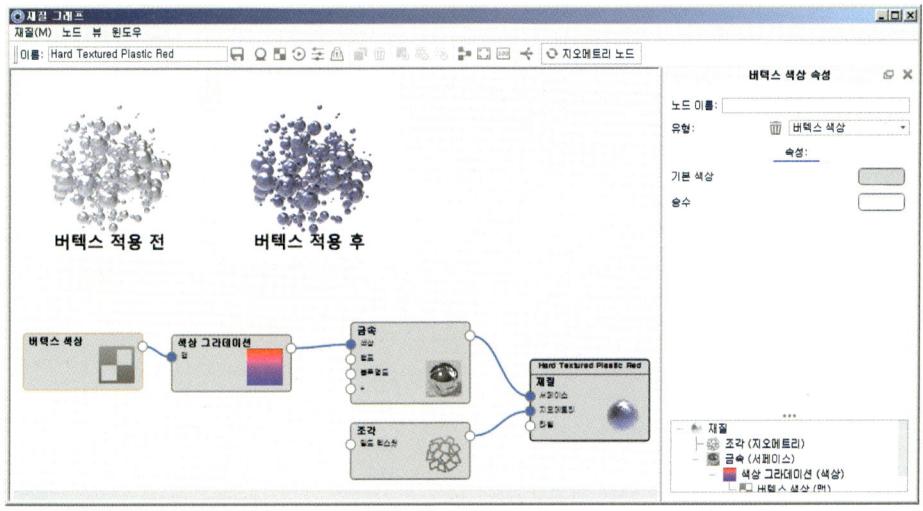

참고 예제샘플을 확인할려면 EX10-28.bip를 참고하세요.

• 조각 UV(Flake UV)

조각 노드에서 UV 맵을 사용할 수 있습니다. 아래 예제에서 키샷 로고는 알파 불투명도 맵과 동일한 텍스처를 사용하여 라운드로 만들어진 각 조각에 UV 맵으로 적용됩니다. 또한, 조각 UV이는 조각형상이 사각형일 때만 가능합니다.

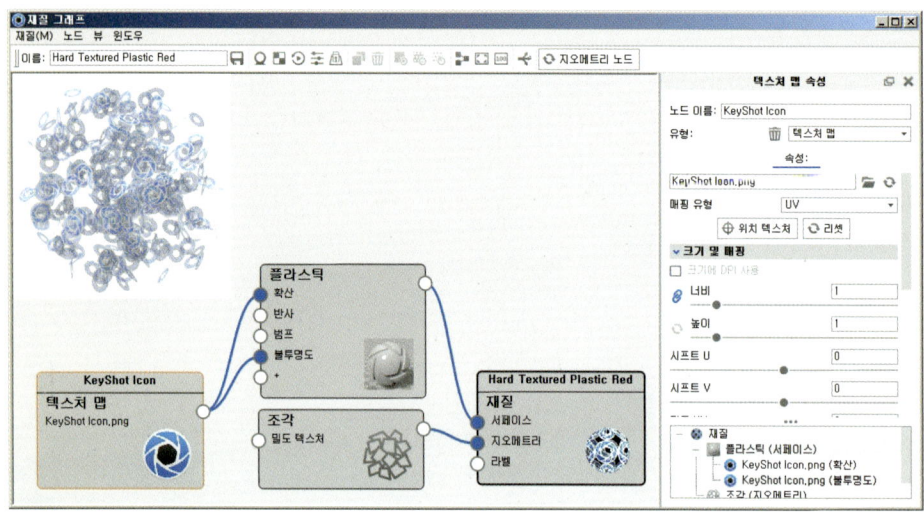

참고 예제샘플을 확인할려면 EX10-29.bip를 참고하세요.

Section 07 애니메이션 노드

애니메이션 노드는 재료의 변화하는 매개 변수를 생성할 수 있다는 점에서 고유합니다. 애니메이션 노드를 재질에 추가하면 자동으로 애니메이션 타임 라인에도 추가됩니다. 노드를 선택하고 애니메이션 속성 창에서 설정을 변경할 수 있습니다.

원래 애니메이션은 Part11에서 자세히 설명되겠지만, 그 전에 노드의 설명을 연결되어 하는지라, Part11을 공부하시고, 애니메이션 노드를 읽어 주시기 바랍니다.

번호 페이드(Number Fade Animation)

번호 페이드를 사용하면 사용자 정의 재질 내에서 숫자 속성의 매개 변수를 변경할 수 있습니다. 특정 노드에 대해 변경할 수 있는 매개 변수를 보려면 번호 페이드를 + 소켓에 연결하십시오…라고 설명 드리지만, 쉽게 부품을 없어졌다가 있게 하는 Fade… 서서히 사라지게 하다…라는 말뜻이라고 생각하시면 됩니다. 또한, 이 번호 페이드는 불투명도와 함께 사용해야 합니다.

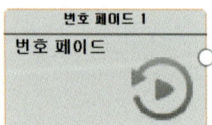

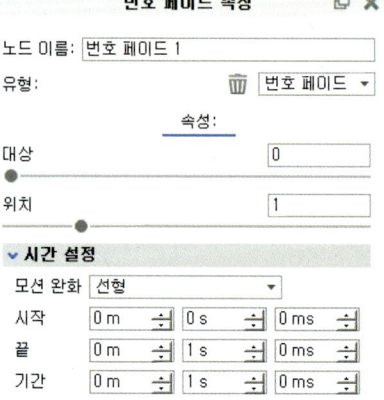

- **대상(From)**

  애니메이션을 시작할 숫자 값을 입력하십시오. 슬라이더를 사용하거나 특정 값을 입력하십시오.

- **위치(To)**

  애니메이션을 끝내려는 숫자 값을 입력하십시오. 슬라이더를 사용하거나 특정 값을 입력하십시오.

  대상과 위치라고 한글로 표현되어서 헷갈릴 수 있습니다. 간단히 애니메이션 페이드가 언제 시작하고 언제 끝나느냐의 숫자라고 생각하시면 됩니다. 예를 들어 시간설정에서 시작과 끝이 0에서 3초를 적용하고, 대상과 위치를 0과 1을 정합니다. 그러면 0초에서는 파트가 안 보였다가 3초에서 완전히 보인다는 이야기입니다. 시간의 개념으로 설명하지만 이 시작과 끝은 위치로도 나타낼 수 있습니다.

- **시간설정**

  애니메이션 시간의 시작과 끝을 지정합니다.

아래의 예제 그림을 보겠습니다. 전체 3초를 지정한 후 대상과 위치를 0, 1로 지정하였습니다. 0초에는 파트가 안보이지만 3초에는 완전히 보이게 해 줍니다. 이러 페이드는 제품의 부품을 내부를 볼 때 사용해도 좋습니다.

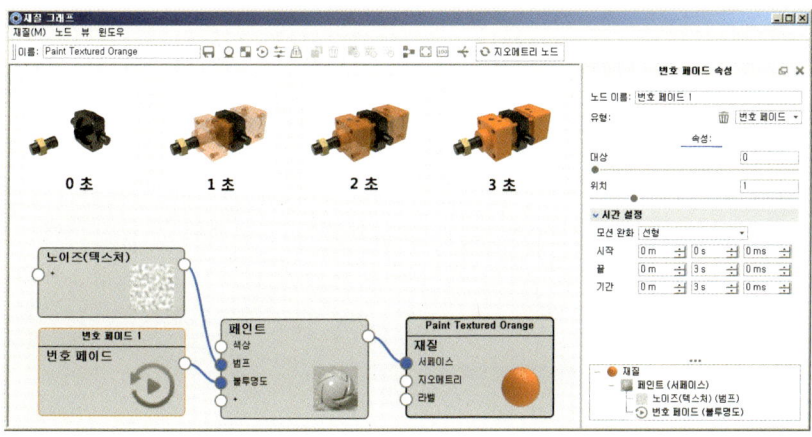

참고 예제샘플을 확인할려면 EX10-31.bip를 참고하세요.

또 다른 하나의 예제를 아래 그림과 같이 설정할 수 있습니다. 색상 그라데이션을 설정 후 번호 페이드와 연동하여 전체적이 아닌 부분적인 페이드를 구현할 수 있습니다.

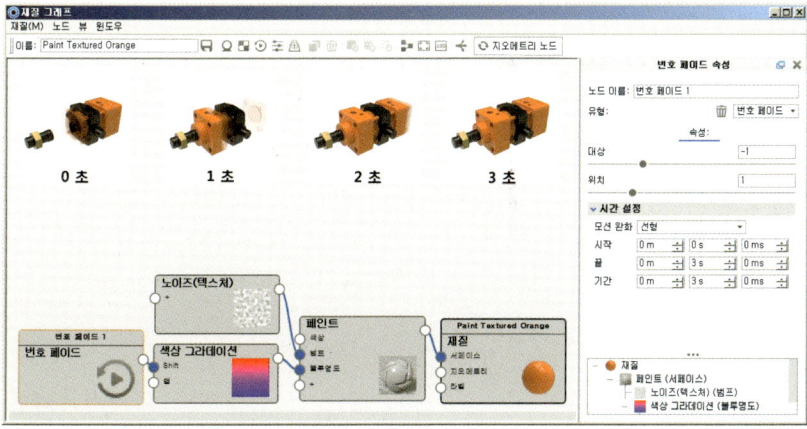

참고 예제샘플을 확인할려면 EX10-32.bip를 참고하세요.

색상 페이드(Color Fade Animation)

색상 페이드를 사용하면 사용자 정의 재질 내에서 색상 속성의 매개 변수를 변경할 수 있습니다. 특정 노드에 대해 변경할 수 있는 매개 변수를 보려면 번호 페이드를 + 소켓에 연결하십시오…라고 설명 드리지만, 쉽게 색상을 바꾸는 것이라 생각하시면 됩니다.

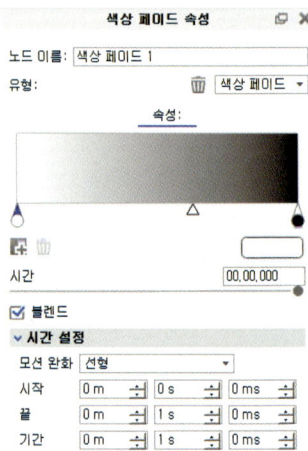

- 컬러바

여기서 한 색상에서 다른 색상으로 변할 때 및 색상을 설정할 수 있습니다. 작은 삼각형은 2가지 색상이 50-50으로 혼합된 위치를 보여주며 혼합된 과정을 제어하기 위해 드래그 할 수 있습니다.

- 시간설정

애니메이션 시간의 시작과 끝을 지정합니다.

아래의 예제 그림을 보겠습니다. 전체 3초를 지정한 후 각 초에 각각 색상을 지정하였습니다. 각각 색상의 중간에는 앞/뒤의 색상이 혼합되어 표출됩니다.

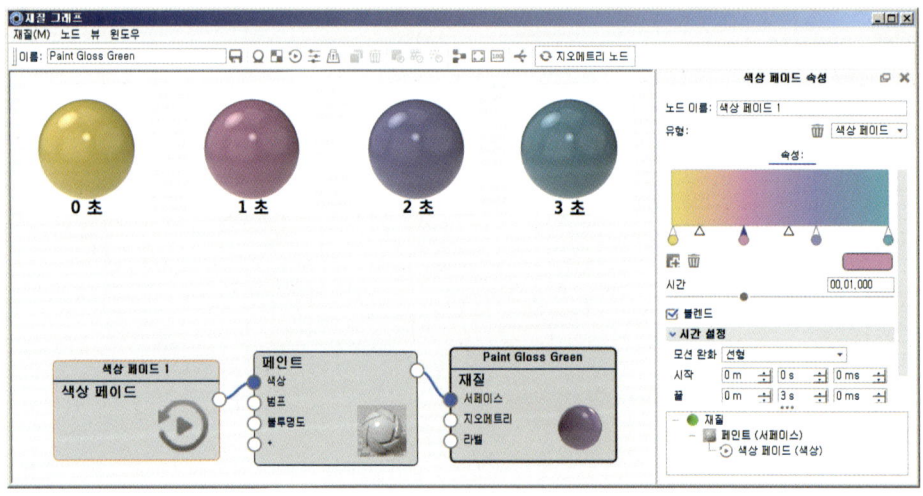

참고 예제샘플을 확인할려면 EX10-33.bip를 참고하세요.

Section 08 유틸리티 노드

유틸리티 노드를 사용하여 다른 노드 유형을 결합하고 추가할 수 있습니다. 경우의 수가 많고 또한 여러가지를 결합하는 테스트가 필요하지만, 이번 섹션에서는 일반적인 것에 대해서 다루겠습니다.

2D 매핑(Mapping 2D)

키샷이 자체적으로 가지고 있는 2D 매핑을 모델에 매핑할 수 있습니다.

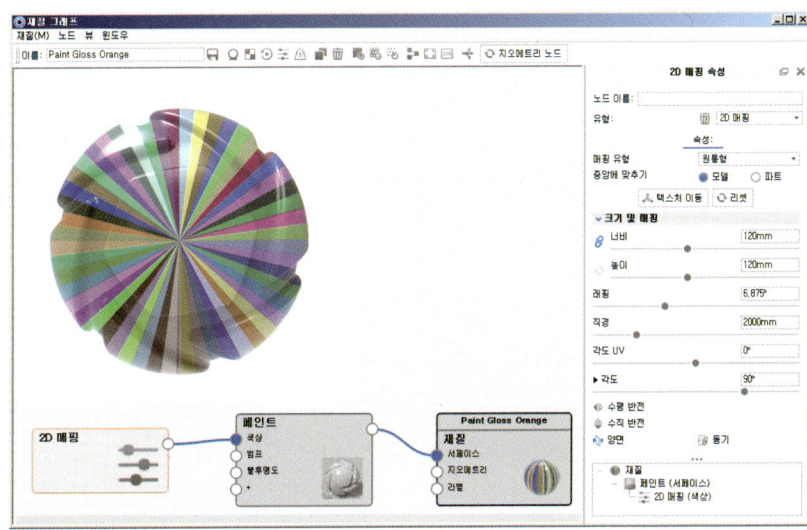

참고
예제샘플을 확인할려면 EX10-34.bip를 참고하세요.

범프 추가(Bump Add)

두 개의 범프 텍스처 맵 또는 프로시저 텍스처를 결합합니다. 두 개의 범프가 보이는 비율과 무게를 정의하여 상호 작용을 제어하십시오.

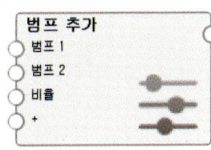

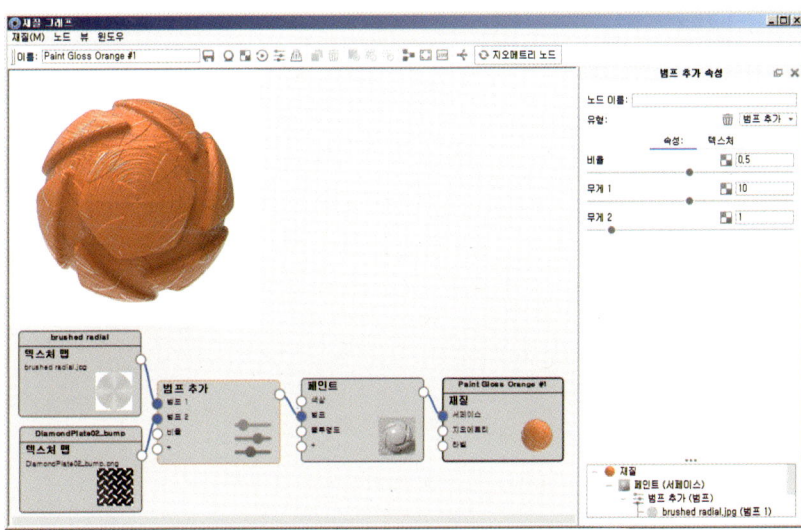

참고
예제샘플을 확인할려면 EX10-35.bip를 참고하세요.

색상 반전(Color Invert)

소스 텍스처나 프로시저 텍스처의 색상을 반전시킵니다.

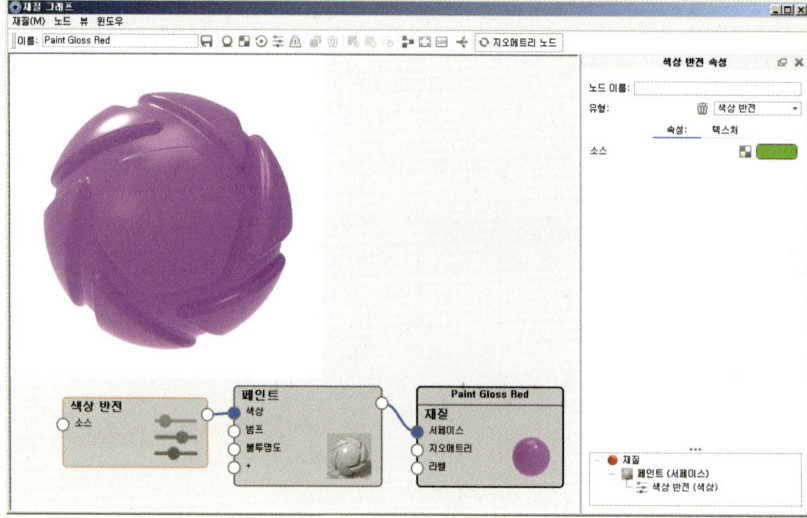

> **참고**
> 예제샘플을 확인할려면
> EX10-36.bip를 참고하세요.

색상 조정(Color Adjust)

색조, 포화, 값 및 대비를 조정하여 텍스처나 프로시저 텍스처의 기존 색상을 컬러화 또는 수정합니다.

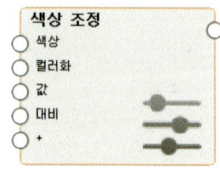

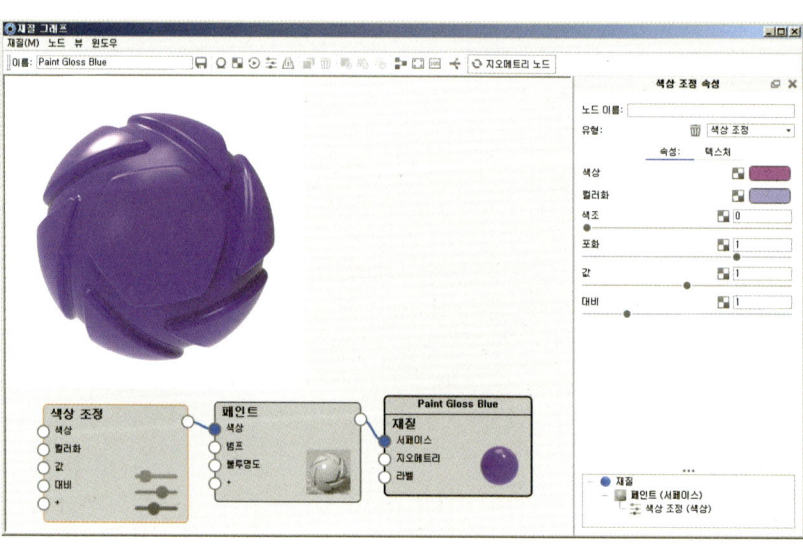

> **참고**
> 예제샘플을 확인할려면
> EX10-37.bip를 참고하세요.

색상 컴포지트(Color Composite)

블렌드 모드 및 알파(투명도)를 제어하여 두 개의 텍스처 맵 또는 프로시저 텍스처를 결합하고 결합합니다.

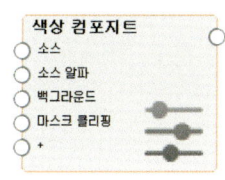
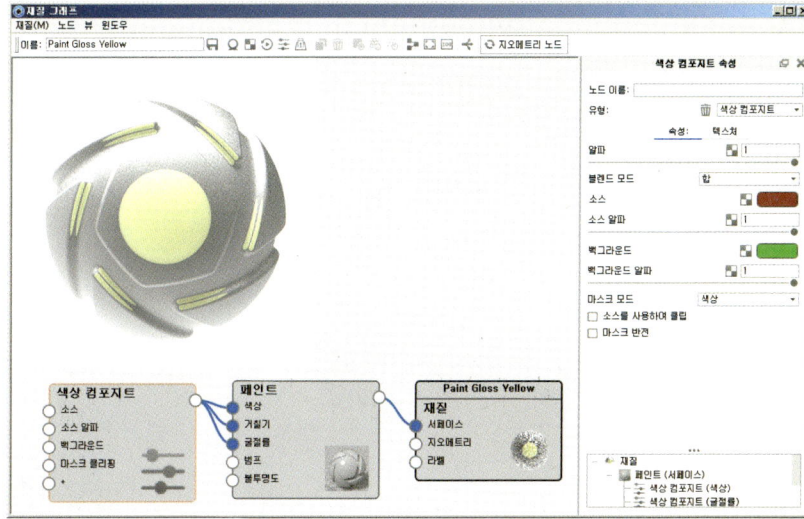

참고
예제샘플을 확인하려면
EX10-38.bip를 참고하세요.

색상 키 마스크(Color Key Mask)

텍스처 맵 또는 프로시저 텍스처에서 색상을 만듭니다.
허용오차 및 흐릿함을 조정하여 마스크의 강도를 제어하십시오.

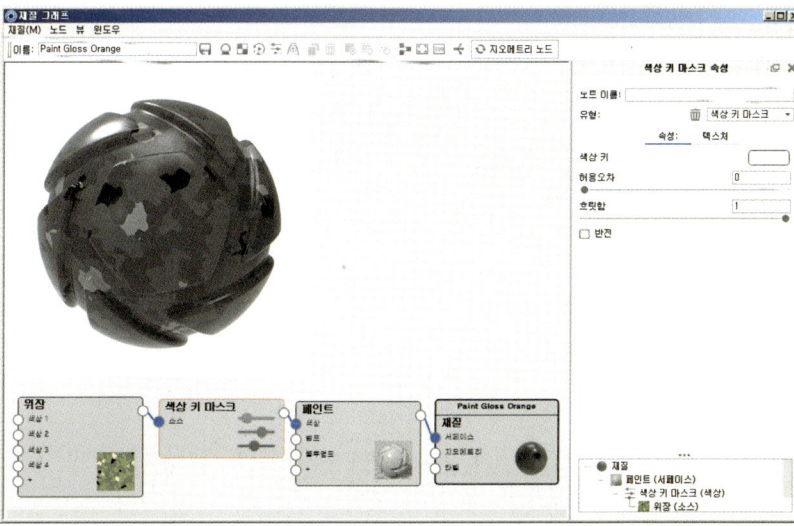

참고
예제샘플을 확인하려면
EX10-39.bip를 참고하세요.

색상을 번호로(Color To Number)

색상을 번호로 노드는 색상을 단일 숫자로 변환합니다. 이것은 보통 검정이 0이고 흰색이 1 인 암시적으로 이루어 지지만 더 많은 제어가 필요한 경우가 있습니다. 색조 번호를 사용하여 예를 들어 흑백 이미지를 쉽게 매핑 할 수 있지만 옵션 치수들이 0.05에서 0.10 사이에서 맵핑할 수도 있어 어려울 것입니다.

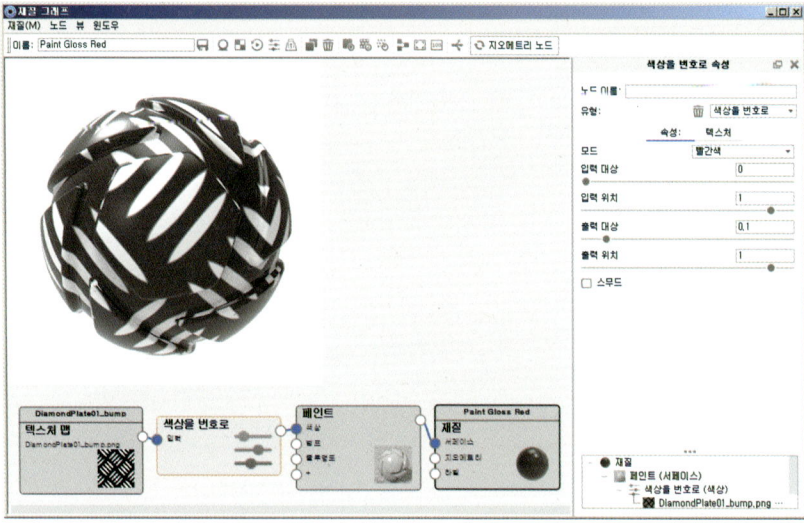

> **참고**
> 예제샘플을 확인할려면 EX10-40.bip를 참고하세요.

MEMO

PART

11

애니메이션

키샷 애니메이션을 사용하면 모델, 재질 및 카메라를 빠르게 애니메이션으로 만들 수 있습니다. 씬 트리에서 해당 파트를 마우스 오른쪽 버튼으로 클릭하고 애니메이션을 선택한 다음 애니메이션 설정을 선택하십시오. 마찬가지로 카메라를 애니메이션으로 만들려면 씬 트리에서 카메라를 마우스 오른쪽 버튼으로 클릭하고 애니메이션 유형을 선택한 다음 원하는 대로 변경합니다. 애니메이션 마법사(애니메이션〉 애니메이션 마법사)를 실행하고 순서대로 따를 수도 있습니다.
키샷의 애니메이션은 애니메이션 타임 라인의 직사각형 막대로 표현되며, 각 막대에는 시작 시간 (왼쪽), 종료 시간(오른쪽) 및 지속 시간 (직사각형의 길이)이 있습니다. 다양한 효과를 내기 위해 주변을 이동하거나, 크기를 조정하거나, 쌓거나, 순서대로 나열할 수 있습니다.

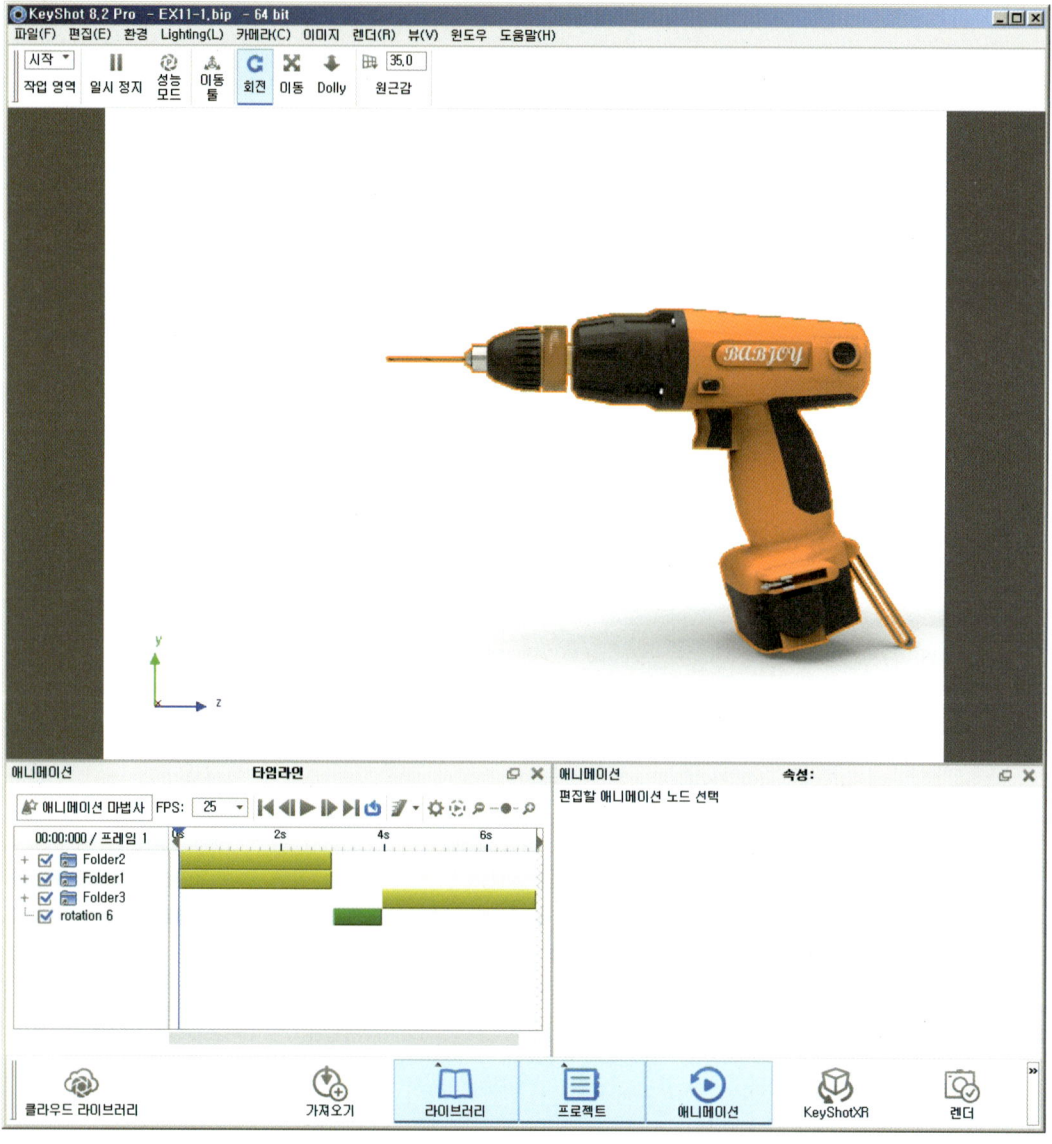

참고 예제샘플을 확인할려면 EX11-01.bip를 참고하세요.

CHAPTER 01
타임라인 사용방법
(Using the timeline)

모든 애니메이션 효과는 이 타임라인에 표시되고, 애니메이션 속성탭에 지정한 이름이 표시됩니다. 타임라인에서 원하는 애니메이션을 더블클릭하면 애니메이션 속성탭이 나타납니다. 각각의 애니메이션은 하나의 폴더로 묶어서 일괄적으로 관리할 수도 있습니다.

폴더도 타임라인에서 지속시간과 시작위치 등을 조작할 수 있으며, 폴더에 속한 모든 애니메이션은 폴더의 속성에 영향을 받게 됩니다.

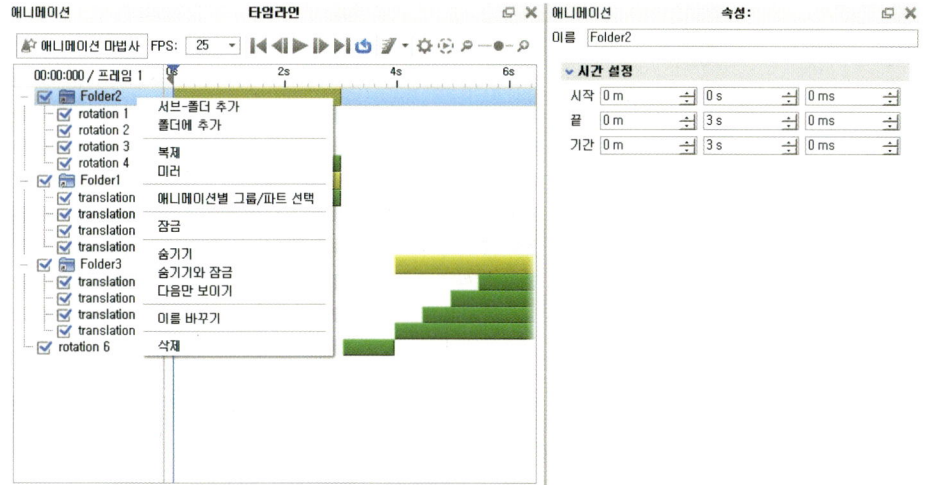

시간의 증대/감소, 시간위치의 변경(Increasing/Decreasing duration, changing timing)

위의 그림와 같이 애니메이션의 지속시간은 애니메이션 막대의 시작 또는 끝부분에 마우스를 대면 ↔의 아이콘이 생기며, 그 아이콘을 마우스 클릭해서 드레그하면, 막대를 늘리거나 줄일 수 있습니다. 애니메이션 막대의 크기를 키우거나 줄이는 것은 곧 지속시간이 늘어나거나 줄어듬을 의미하는 것입니다.

애니메이션의 막대에 마우스를 대면, 손바닥 모양의 아이콘이 생기며, 그 아이콘을 직접 클릭한 상태에서 마우스를 좌우로 이동하면 애니메이션 시간의 전체를 이동시킬 수 있습니다. 어떠한 행위를 하는 막대를 클릭하면 그림 우측과 같이 애니메이션 속성창이 뜨게 됩니다.

애니메이션 삭제(Deleting animations)

애니메이션을 선택하고 마우스 오른 클릭한 다음 Delete(삭제)를 선택하면 해당 애니메이션을 삭제할 수 있습니다.

폴더로 애니메이션그룹화(Grouping animations into folders)

: 애니메이션 그룹은 하나의 폴더로 쉽게 관리할 수 있습니다. 타임라인 왼쪽에 있는 애니메이션 중에서 원하는 것을 마우스로 선택한 다음(1개 또는 다중 애니메이션) 우클릭 후 폴더에 추가(또는 서브폴더 추가)를 선택합니다. 이렇게 하나의 폴더로 묶인 각각의 애니메이션들은 폴더의 크기를 변경하거나 시작점을 이동하면 한꺼번에 영향을 받게 됩니다. 폴더는 열어서 속해 있는 애니메이션들을 독립적으로 편집할 수 있으며, 폴더 내에서 원하는 애니메이션을 Click & Drag로 폴더 밖으로 빼낼 수도 있습니다.

그룹화 된 폴더는 아래그림과 같이 노란막대로 표시되며, 이동(translation),, 회전(rotation) 등은 녹색막대로 표시됩니다.

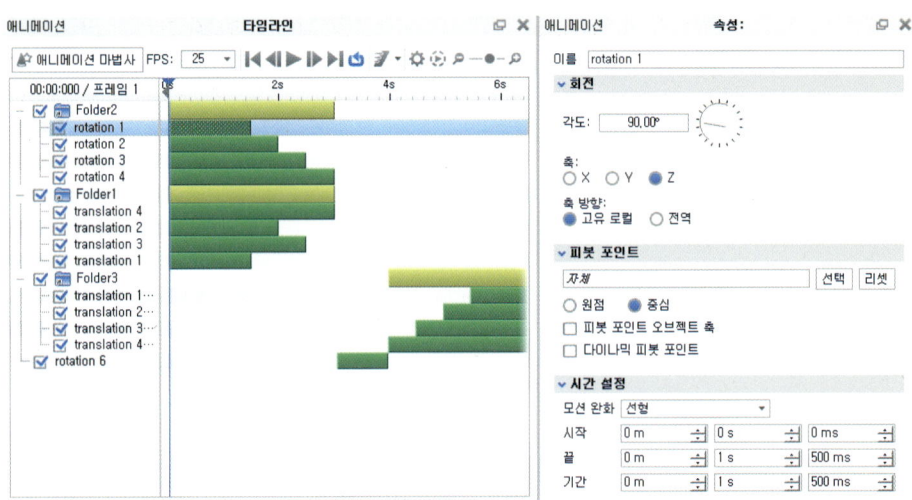

 모션블러

만약, 모션블러 옵션을 사용했다면 이 아이콘을 활성화하여 애니메이션에 모션블러 움직임을 렌더링 해 줍니다(모션블러는 옵션만 선택한다고 되지는 않습니다. 꼭 애니메이션이 생성되어야 모션블러 기능이 활성화 됩니다.).

⚙ 타임라인 설정

타임라인이 설정은 톱니모양의 아이콘을 클릭하면 됩니다. 이곳에서는 미리 보기 동영상의 품질을 설정할 수 있습니다. 아래 그림은는 타임라인 설정 창입니다. 초당 또는 프레임당 동영상프레임의 장수를 조절할 수 있습니다.

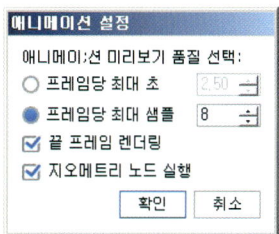

▶ 미리보기

동영상 재생 아이콘을 누르면 애니메이션을 계산하며, 전체 에니메이션을 아래 그림과 같이 미리보기 창이 띄어집니다. 계산이 완료되면, 타임라인의 미리보기 설정에서의 값대로 애니메이션을 구현할 수 있습니다. 위의 파일창을 클릭하던가, 하단 저장 아이콘을 클릭하면 현재 미리보기를 저장할 수 있습니다.

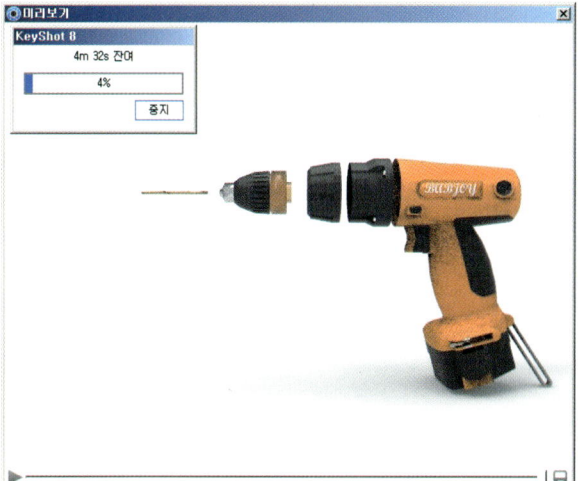

CHAPTER 02

이동(Tanslation)

프로젝트 창의 씬트리 구조에서 원하는 모델 또는 파트를 선택하고, 마우스 RMB을 클릭하여 '애니메이션 〉 이동'을 선택하면 해당 모델 또는 파트를 이동 애니메이션으로 추가할 수 있습니다. 씬트리 구조에서 선택된 모델 또는 부품은 실시간 창에서 오렌지색으로 테두리가 나타나기 때문에 쉽게 구별할 수 있습니다. 아래 그림과 같이 씬트리 구조를 만들려면, 모델의 원본을 만든 3D CAD 프로그램에서 파트, 어셈블리, 블록, 레이어 등의 계층구조를 만들어야 키샷에서 쉽게 컨트롤할 수 있습니다.

이동 애니메이션이 추가되면 기본적으로 타임라인의 Y축으로 1초간 움직이는 애니메이션이 타임라인에 생성됩니다. 이동 애니메이션이 적용되면 씬트리 구조에서 해당 모델 또는 파트 아래에 아이콘으로 추가되어 표시됩니다. 이동 애니메이션의 속성은 아래 그림과 같이 보여지며, 그림에서는 'P4-0006_회전베어링..'이라는 파트가 Z축으로 -40 움직인 것입니다..

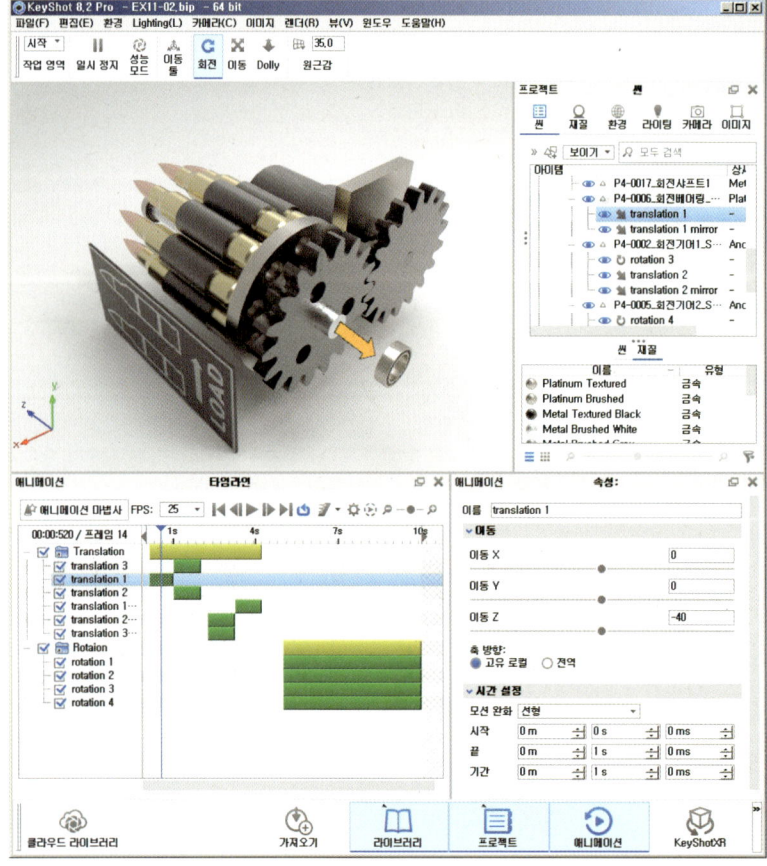

참고
예제샘플을 확인할려면
EX11-02.bip를 참고하세요.

이동 편집(Editing translations)

이동 애니메이션은 씬트리 구조에서 애니메이션 된 것을 선택하여 속성을 변경할 수 있습니다. 선택 시 타임라인에서 속성이 팝업되며, 이름 및 다른 속성 등을 변경할 수도 있습니다.

이동 X, Y, Z속성은 각 슬라이더를 조절하거나 또는 직접 텍스트를 입력할 수도 있습니다. 애니메이션은 하나의 축에 제 받지 않고 복합적으로 구성할 수 있습니다.

축 방향(Axis orientation)

이 항목은 고유 로컬(Local)로 설정할 지, 전역으로 설정하지 선택하는 곳입니다.

모션완화

모델 또는 파트의 가속 또는 감속을 설정할 수 있습니다. 모션완료의 다운 메뉴항목에 마우스를 올려 놓으면 가속 및 감속의 예제가 보입니다. 이 옵션에 대한 자세한 내용은 다음에 자세히 설명 드리겠습니다.

지속시간(Duration)

지속시간은 시작시간과 끝나는 시간을 직접 입력할 수도 있고, 기간(Duration)항목에서 지속시간을 입력할 수도 있습니다. 물론, 이러한 타임라인을 통해서도 실시간으로 실행할 수 있습니다.

CHAPTER 03 회전(Rotation)

프로젝트 장의 씬 트리 구조에서 원하는 모델 또는 파트를 선택하고, 마우스 RMB을 클릭하여 '애니메이션 〉 회전'을 선택하면 회전하는 애니메이션을 추가할 수 있습니다. 씬 트리 구조에서 선택된 것은 실시간 창에서 오렌지색으로 테두리가 나타나기 때문에 쉽게 구별할 수 있습니다. 만약, 모델의 원본을 만든 3D 프로그램에서 파트, 어셈, 블록, 레이어 등의 계층구조를 만들어야 키샷에서 쉽게 컨트롤할 수 있습니다.

회전 애니메이션이 추가되면 기본적으로 타임라인의 X축으로 1초간 움직이는 애니메이션이 타임라인에 생성됩니다. 회전 애니메이션이 적용되면 씬 트리 구조에서 해당 모델 또는 파트 아래에 아이콘으로 추가되어 표시됩니다.

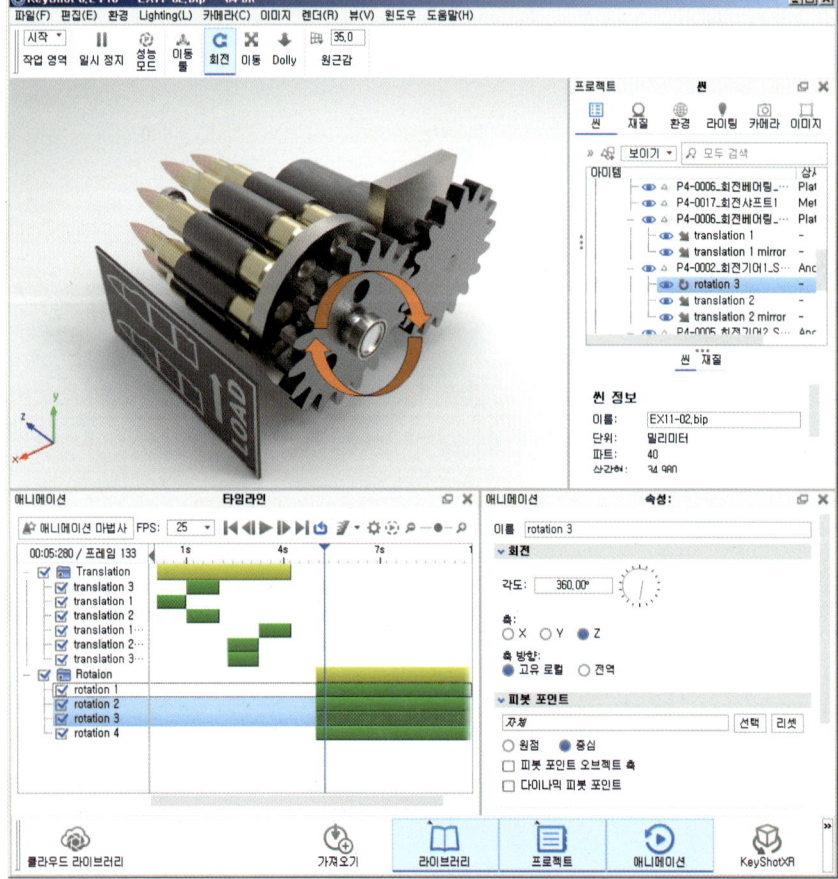

참고
예제샘플을 확인할려면 EX11-02.bip를 참고하세요.

회전 설정(Editing ratations)

회전 애니메이션은 씬 트리구조에서 '애니메이션 〉 회전'을 선택하면 위 그림처럼 속성을 변경할 수 있습니다. 이름에서 원하는 이름을 입력하면 타임라인에 실시간으로 업데이트 됩니다.

회전속성은 각 슬라이더를 조절하거나 또는 직접 텍스트를 입력할 수 있습니다. 회전의 범위는 −360 ~ 360도까지 설정할 수 있습니다. 회전 속성을 한번에 하나의 축을 기준으로만 설정할 수 있지만, 중복해서 회전의 속성을 추가적으로 부여할 수 있습니다(X, Y, Z축으로 동시에 회전시킬 수 있습니다.).

축 방향(Axis orientation)

이 항목은 고유 로컬로 설정할 지, 전역으로 설정하지 선택하는 곳입니다.

Duration(지속시간)

위 그림에서는 안 나왔지만, 이동과 같이 지속시간은 시작시간과 끝나는 시간을 직접 입력할 수도 있고, 지속시간 항목에서 지속시간을 입력할 수도 있습니다. 물론, 이러한 타임라인을 통해서도 실시간으로 실행할 수 있습니다.

CHAPTER 04
피봇 포인트(Pivot point)

피봇 포인트(회전축)는 회전하는 애니메이션 기능을 추가했을 때, 그 회전축의 중심점이 되는 지점을 이야기합니다.

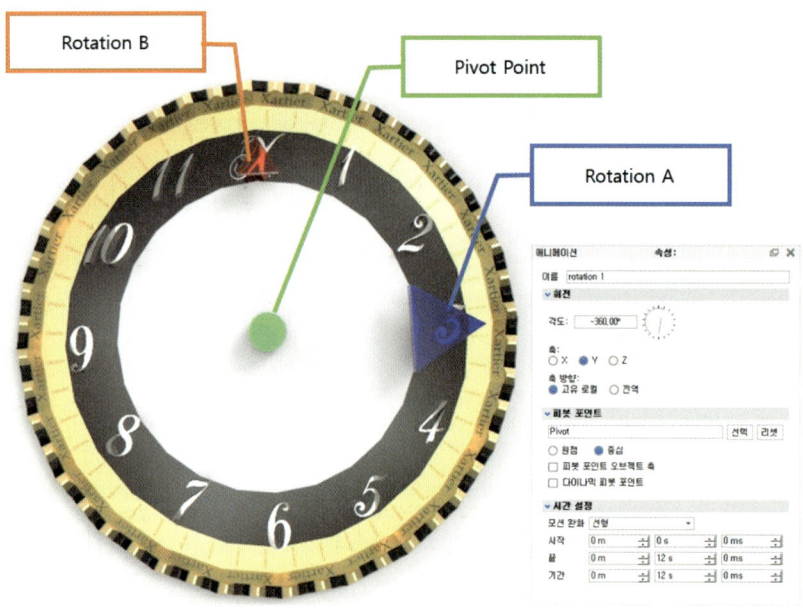

참고 예제샘플을 확인할려면 EX11-03.bip를 참고하세요.

원점과 중심(Origin & Center)

피봇 포인트는 회전하는 모델 또는 파트의 센터에 위치하게 됩니다. 만약, 회전하기를 원하는 모델 또는 파트의 원점이 회전 시작점과 비슷하다면 Orgin모드를 선택하시기 바랍니다.

피봇포인트 오브젝트 축

피봇포인트 오브젝트 축은 회전 애니메이션의 새로운 축을 제공합니다. '선택'버튼을 클릭해서 모델 또는 파트의 일부를 지정할 수도 있고, 다른 모델 또는 파트를 불러와 그 일부분을 새로운 축으로 지정할 수 있습니다. '리셋'버튼은 모델 또는 파트의 센터로 축을 되돌리는 기능입니다.

만약, 모델이나 파트안에서 피봇포인트 오브젝트 축이 될만한 것이 없으면, 새로운 파트를 가져온 다음 그것을 피봇포인트 오브젝트 축으로 지정하여 사용해도 좋습니다. 단, 새로운 파트는 숨겨주셔야겠지요.

위 그림의 예제에서 시계바늘을 삼각형으로 만든 다음에 회전시키는 이미지입니다. 두 개의 시계바늘의 피봇포인트 오브젝트 축을 회전축으로 잡고, 시계처럼 돌아가게 만들었습니다.

다이나믹 피봇 포인트(Dynamic Pivot Points)

이 옵션은 피봇포인트 오브젝트 축이 이동할 때, 이동하는 동선에 따라 회전하는 회전체도 이동방향에 영향을 받는 회전하는 옵션입니다. 말이 좀 어렵죠. 예를 들겠습니다.

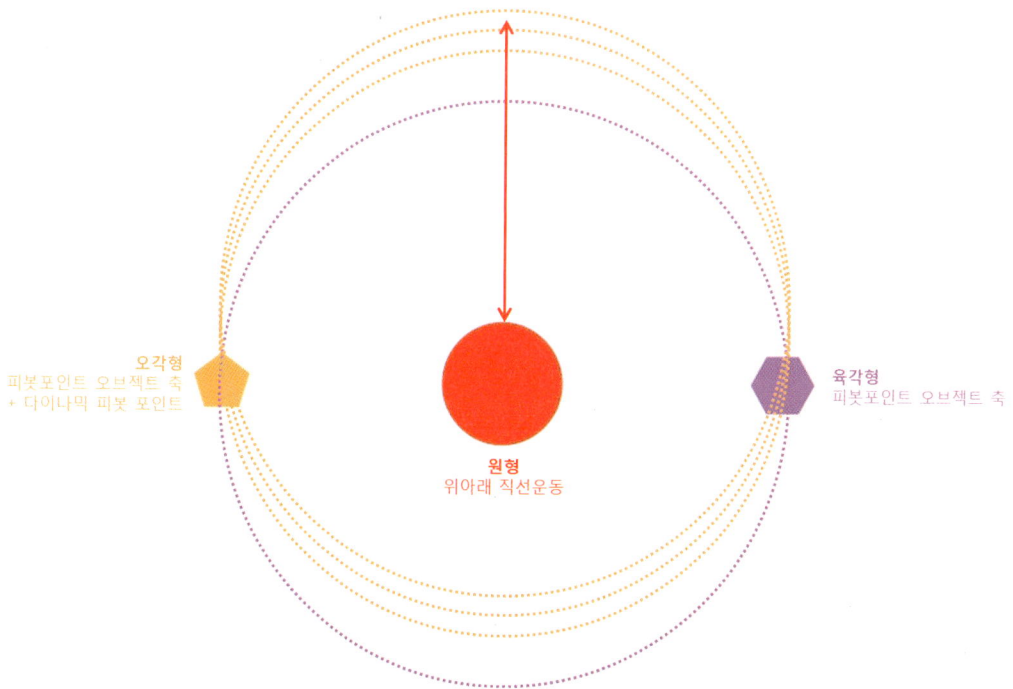

참고 예제샘플을 확인하려면 EX11-04.bip를 참고하세요.

위 그림에서 원형은 오각형과 육각형의 피봇포인트 오브젝트 축입니다.
이때 육각형은 다이나믹 피봇 포인트가 언체크 된 상태이며, 오각형은 다이나믹 피봇 포인트가 체크 된 상태입니다. 이때 원형은 위 아래로 직선운동을 합니다.

이렇게 옵션값을 주고 애니메이션을 실행하면,
1. 원형은 위아래로 움직입니다.
2. 육각형은 원형이 있던 원래 기준점으로 회전 운동을 합니다.
3. 오각형은 원형이 직선 운동하는 중심으로 회전 운동을 합니다.

원형(피봇포인트 오브젝트 축)이 움직일 때, 원형 축을 기준으로 하는 회전체(오각형)는 다이나믹 피봇 포인트 체크를 했기 때문에 원형의 움직임에 회전축이 변하게 됩니다.

고유 로컬과 전역
(Local and global)

이 옵션은 이동과 회전 애니메이션의 축 방향을 제어하는 옵션입니다.

축 방향(Axis orientation)

모델 또는 부품에 애니메이션 효과를 할당하게 되면 동작이 일어날 때, X, Y, Z축에 대해 정의해 줘야 합니다. 이 정의할 때 두 가지의 고유로컬(Local)과 전역(global)의 축(Axis) 시스템이 있습니다.

전역 모드(Global Mode)는 언제나 Y축이 위로 향합니다. 만약, 3D 모델링 프로그램에서 축이 회전 된 상태로 불러온다고 하더라도, 키샷에서 전역 모드(Global)로 축을 설정하면 항상 Y축이 위로 향하게 됩니다. 즉, 쉽게 이야기하면 3D 모델링의 축과는 상관없이 키샷 자체의 축으로 인식한다는 것입니다. 키샷 자체의 축이라 함은 '뷰 > 좌표 범례 보기' 또는 단축키 'Z'를 실행 했을 때 키샷 좌표 범례가 나오며, 이 좌표 범례 대로만 움직인다는 이야기입니다.

고유로컬 모드(Local Mode)는 고정된 상태의 축이 아닙니다. 만약, 모델링 프로그램에서 또는 키샷에서 어떤 부품을 45도 회전했다면 고유로컬 축(Local Axis)도 실제 45도 회전한 것입니다.

애니메이션을 추가하고 Local Axis로 사용한다면 모델이나 파트가 움직였던 것을 기반으로 실행하게 됩니다.

실제 예를 들어보겠습니다. 아래 그림에서 링에 나사가 박혀 있습니다. 두번째 이미지는 고유로컬 모드(Local Mode)를 사용한 것이며, 세번째 이미지는 전역 모드(Global Mode)를 이용한 것입니다. 위에서 설명했듯이 예를 들어 고유로컬 모드(Local Mode)는 파트가 3D 모델링 프로그램 또는 키샷 자체에서 파트가 45도로 기울여 있으면, 그 기울임의 축으로 움직이게 되는 것입니다. 만약, 전역 모드(Global Mode)로 했으면 세번째 이미지처럼 키샷이 가지고 있는 좌표축으로 곧장 움직이는 것입니다.

참고 예제샘플을 확인할려면 EX11-05.bip를 참고하세요.

CHAPTER 06 페이드(Fade)

페이드는 파트나 모델을 점점 희미하게 사라지게 하던가, 또는 그 반대로 점점 나타나게 하는 애니메이션 방식입니다.

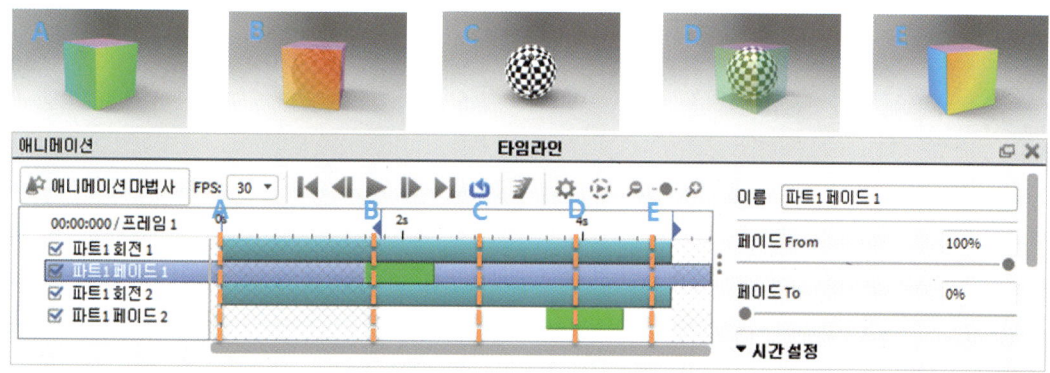

> 참고 예제샘플을 확인할려면 EX11-06.bip를 참고하세요.

위 그림에 사각형을 페이드 시키는 예제입니다.

사각형 안에 구형이 있는 모델로써
- **A구간**에서는 사각형과 구형이 사체회전을 합니다.
- **B구간**에서는 사각형을 페이드 시킵니다. '페이드 From'은 페이드 되는 시작점으로 100% 보이게끔 맞추어 놓고, 페이드가 완전히 끝나는 구간인 '페이드 To'는 0% 보이게끔 옵션값을 설정합니다.
- **C구간**은 사각형이 페이드 되어 안보이는 구간으로 구형만 회전하고 있습니다.
- **D구간**에서는 B의 개념과는 반대로 설정합니다. '페이드 From'값이 0%에서 시작되어, '페이드 To'에서는 100%로 사각형이 완전히 보이게끔 옵션값을 설정합니다.
- **E구간**에서는 A구간과 똑같이 사각형이 회전하고 있는 모양입니다.

이 페이드를 적절히 이용하여 제품의 색상변화, 모양변화를 주시면 멋진 애니메이션이 될 것입니다.

CHAPTER 07

모션 완화(Motion ease)

모션완화는 회전, 이동, 카메라 애니메이션 등에 있는 옵션으로 좀 더 자연스럽게 움직임을 만들어 주는 옵션입니다. 이 기능은 움직임에 감속 및 가속의 성질을 부여하는 것입니다.

예를 들어, 자동차가 A지점을 출발해서 B지점에 멈추는 애니메이션을 만들 때, 자동차는 시작부터 끝까지 같은 속도로 움직이는 것이 아님을 알아야 할 것입니다. 정지사태에서 출발한 자동차는 느린 속도로 가속해서 최고속도에 도달한 다음 다시 감속하다가 정지하게 되는 일련의 감속과 가속의 움직임을 보여줍니다.

모션완화에서는 이러한 자동차의 출발부터 끝까지 가감의 속도를 옵션으로 주어, 보다 현실감 있는 애니메이션을 만들어 줍니다.

모션완화에는 움직임 종류 3가지 중 하나를 선택할 수 있습니다. '이지 인(Ease In)'은 초반엔 감속했다가 중후반엔 등속도를 유지하며, '이지 아웃(Ease Out)'은 초중반엔 등속도로 유지했다가 후반에 감속을 하며, '이지 인/아웃(Ease In/Out)'은 초반과 후반에 감속하며 중반에 등속을 유지하게 보여줍니다.

선형　　　　　　　　　　　　　Ease In

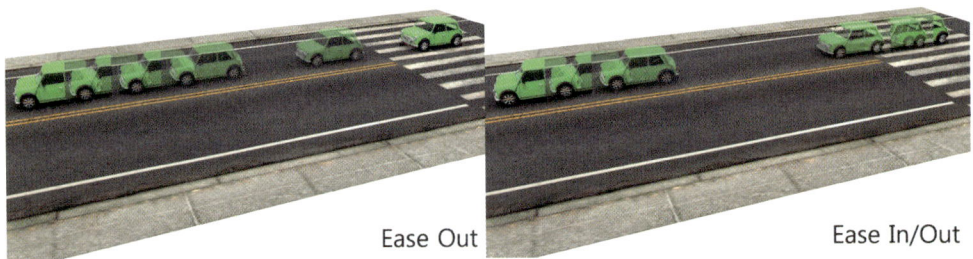

Ease Out　　　　　　　　　　　Ease In/Out

참고 예제샘플을 확인할려면 EX11-07.bip를 참고하세요.

CHAPTER 08
카메라 애니메이션
(Camera Animation)

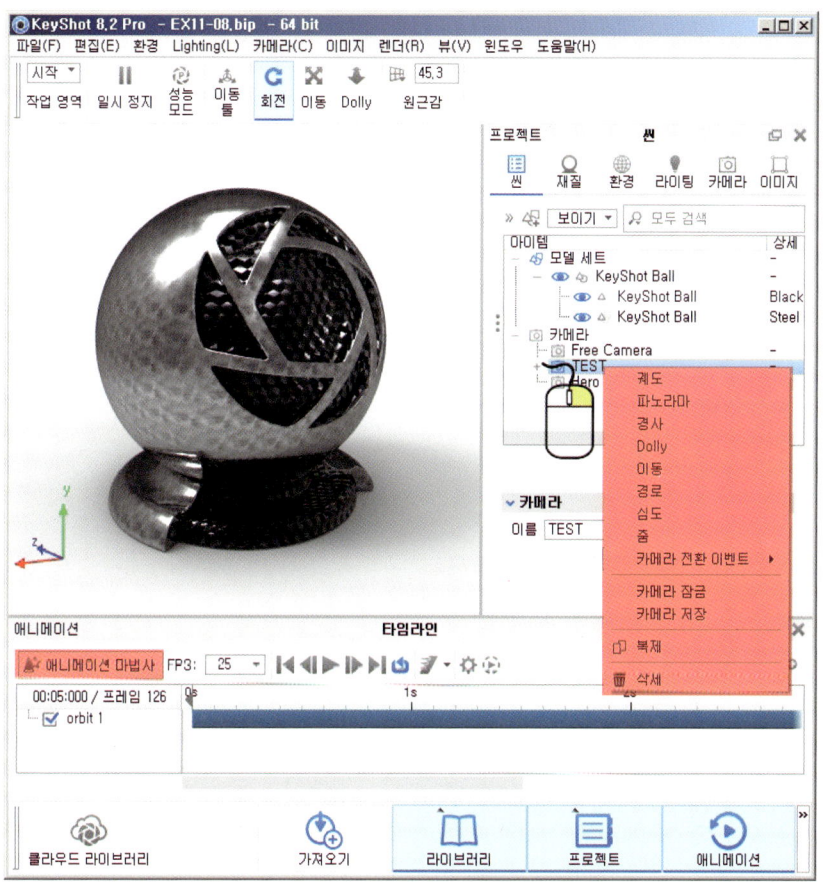

카메라 애니메이션 마법사는 타임라인 좌측상단의 '애니메이션 마법사' 버튼을 이용 손 쉽게 따라하기로 만들 수 있으며, 씬 트리구조에서 임의의 카메라를 RMB클릭하여 만들 수도 있습니다.

Section 01 궤도(Orbit)

카메라 회전은 모델의 중심축을 기준으로 회전합니다. 카메라 회전 애니메이션은 프로젝트 〉 씬트리구조에서 모델(Models)과 카메라(Camera)중 카메라(Camera)안에서 하나의 카메라를 선택하고 RMB 클릭으로 '회전'을 선택하면 추가할 수 있습니다.

다시 말해 '프로젝트 〉 씬트리구조(카메라)'에서 자동적으로 모델의 중심을 잡아 줍니다. 그러면, 그 중심에 따라 카메라가 회전하게 되는 것입니다.

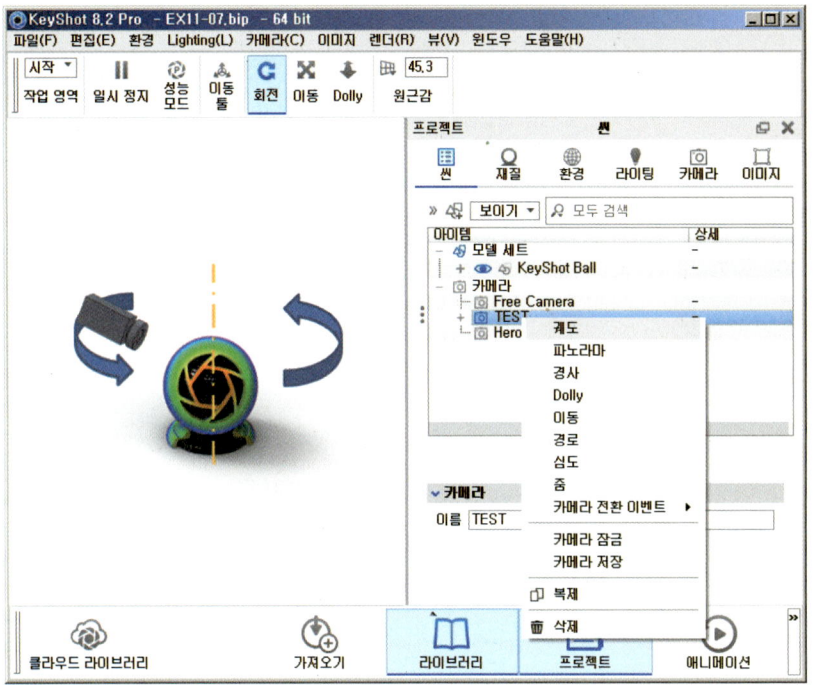

참고 예제샘플을 확인할려면 EX11-08.bip를 참고하세요.

Section 02 파노라마(Panorama)

휴대폰 카메라에서 파노라마 찍듯이 사진기가 축의 중심이 되며, 지정한 각도만큼 움직여줍니다.

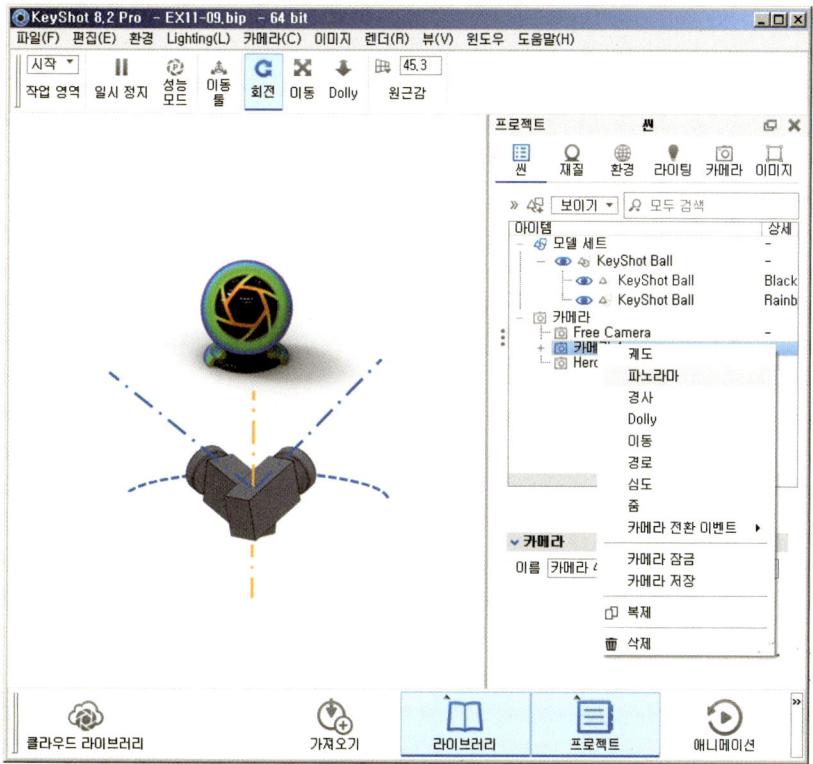

참고 예제샘플을 확인할려면 EX11-9.bip를 참고하세요.

Section 03 경사_기울기(Inclination)

경사 애니메이션은 모델의 중심 포인터를 기준으로 카메라의 수직높이 변하여 카메라가 기울어지는 애니메이션입니다(카메라 애니메이션 모두 모델 또는 파트만 움직이는게 아니고, 카메라가 담는 씬 전체를 애니메이션화해 주는 것입니다.). 카메라 기울기 애니메이션은 프로젝트 > 씬 트리구조에서 카메라를 선택하고 '경사'을 선택하면 추가할 수 있습니다. 만약, 카메라의 위치를 수정하고 싶다면 해당 카메라에 RMB를 클릭하여 'Edit camera(카메라 편집)'를 선택하실 수 있습니다.

기울기 애니메이션은 카메라의 시선에서 전면으로만 기울기가 가능합니다. 예를 들어 Degrees(각도)를 360도로 놓았을 때 전면으로 한 바퀴 돌게 되어 있으며, 360도 이상으로 카메라를 계속 돌게 할 수도 있습니다.

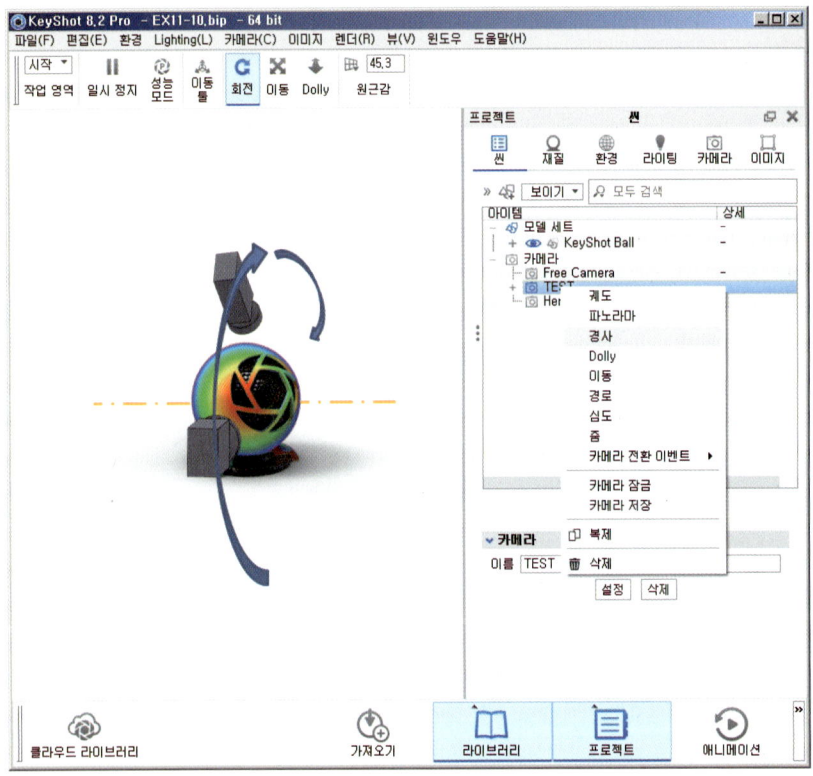

참고 예제샘플을 확인할려면 EX11-10.bip를 참고하세요.

Section 04 Dolly

Dolly라는 말은 원래 짐수레라는 뜻입니다. 여기서는 짐수레에 카메라를 올려 놓고, 모델로 직진 또는 후진한다는 의미입니다. Dolly는 직접 카메라가 모델로 움직인다는 의미이며, Zoom in/out은 카메라가 가만히 있으면서 렌즈로 땡겨온다 생각하시면 됩니다.

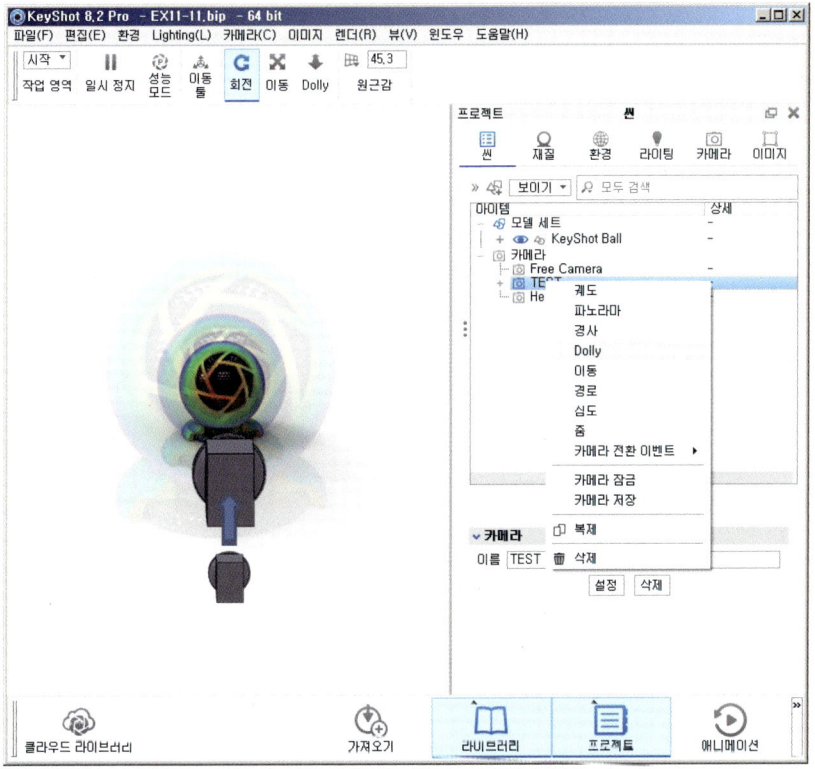

참고 예제샘플을 확인할려면 EX11-11.bip를 참고하세요.

Section 05 이동(Translation)

말 그대로 카메라를 이동합니다. X, Y, Z축으로 카메라를 움직일 수 있습니다.

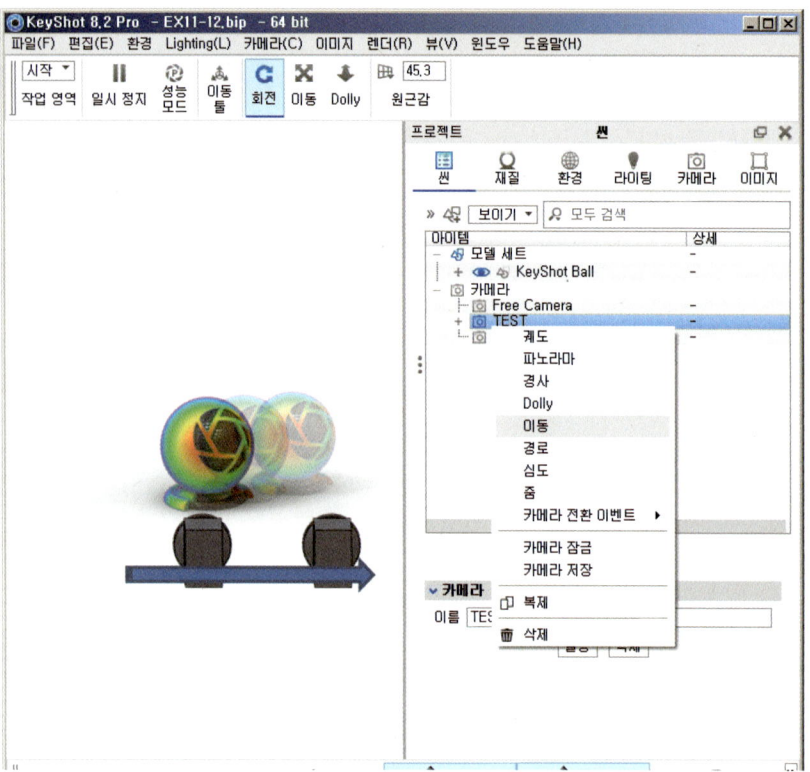

참고 예제샘플을 확인할려면 EX11-12.bip를 참고하세요.

Section 06 경로(Path)

애니메이션에서 패스를 선택하면, 아래 그림과 같이 '카메라 경로'라는 새창이 팝업 됩니다. 1번 포인트는 현재의 위치를 나타냅니다. 아래 2번 그림과 같이 모델을 움직인 후, '+새 컨트롤 포인트 추가' 아이콘을 클릭하면 포지션 2가 생성 됩니다. 아래 3번 그림과 같이 모델을 움직인 후, 다시 한번 , '+새 컨트롤 포인트 추가' 아이콘을 클릭하고 애니메이션을 실행하면 아래 4번 그림과 같이 카메라가 자연스럽게 움직입니다.

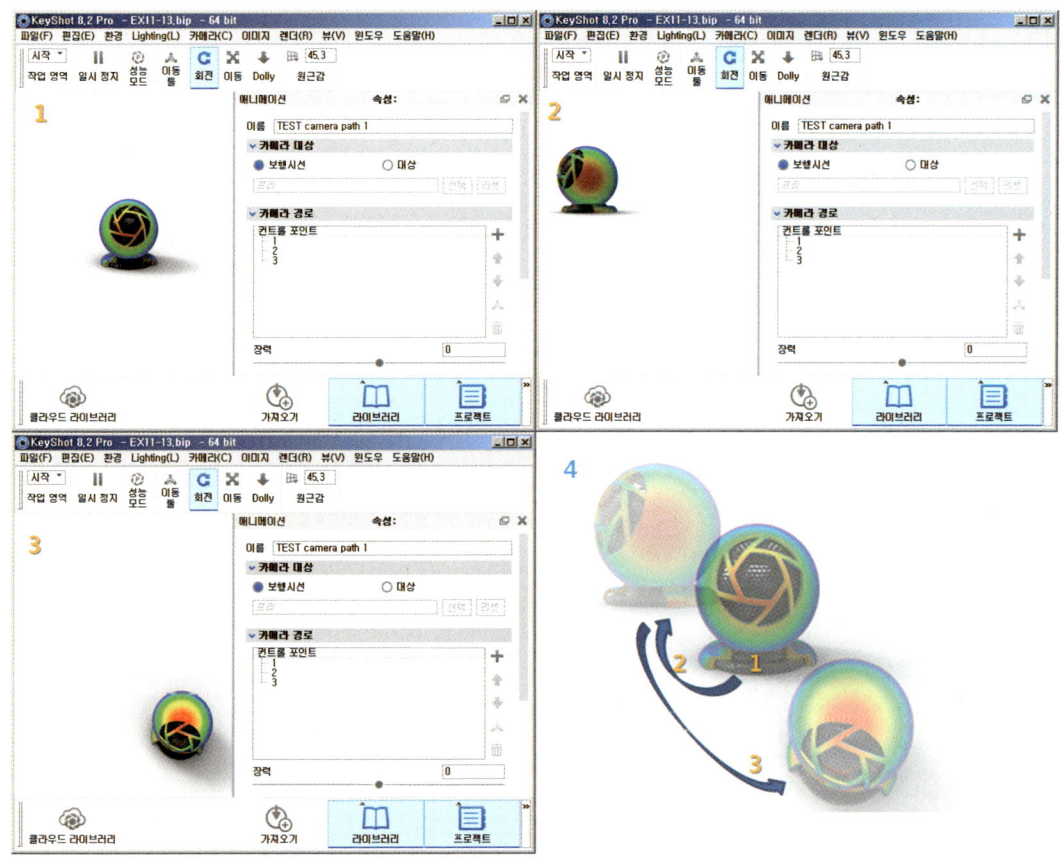

참고 예제샘플을 확인할려면 EX11-13.bip를 참고하세요.

위와 같은 방법을 이용하여도 되지만, 아래 그림과 같이 타임라인에서 에디터 아이콘(🎬)을 클릭하면 지오메트리 뷰에서 카메라의 이동 경로와 수정이 가능합니다. 예를 들어 '1'이라는 숫자를 클릭 후, 에디터 아이콘을 선택하면 1번 카메라가 움직일 수 있게 활성화 됩니다. 위와 같은 방법으로 2, 3번도 똑같이 수정하시면 됩니다. 하지만, 키샷 버그 존재하여 1번을 선택 후, 2번을 선택하면 에디터 아이콘을 사용할 수 없습니다. 그럴 땐 타임라인 바닥면을 한번 찍어 옵션을 없앤 뒤, 타임라인에서 애니메이션 이름을 다시 선택하신다음 2번을 선택하면 에디터 아이콘이 활성화 될 것입니다.

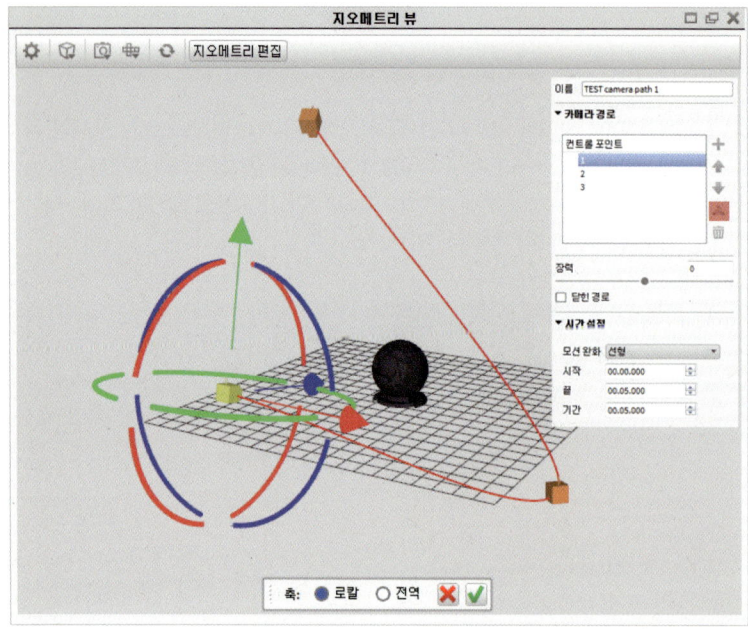

장력은 카메라와 카메라를 잇고 있는 주황색 라인을 더욱 곡선으로 만드느냐 직선으로 만드느냐의 옵션입니다. 아래 그림과 같이 값이 내려갈수록 곡선이 커져 카메라의 이동이 더욱 멋지게 나옵니다.

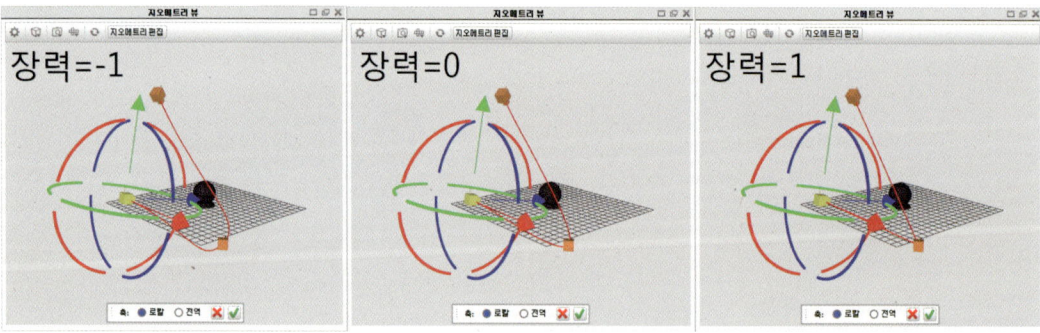

또한, 옵션 중 닫힌 경로의 체크/언체크에 따라서 아래그림과 같이 카메라 이동 경로(주황색 라인)가 닫히느냐 열려 있느냐를 선택할 수 있습니다.

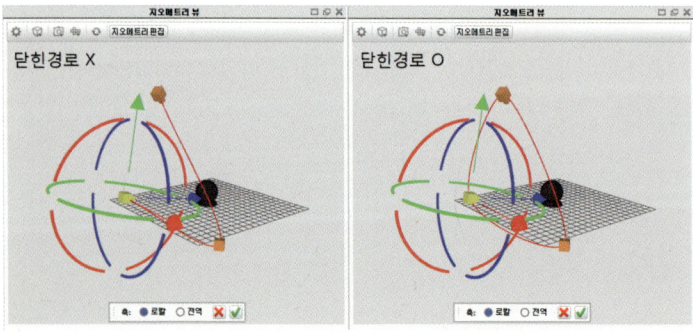

Section 07 심도(Depth of Field)

씬내에서 촛점의 변화를 만드는 애니메이션입니다. '촛점거리로 부터'는 애니메이션의 첫부분이며, '초점거리 까지'는 애니메이션의 마지막부분의 초점입니다. 촛점을 맞추실 때는 '촛점 선택' 버튼을 눌러 실시간창에서 클릭하시면 됩니다.

애니메이션 시작   애니메이션 끝

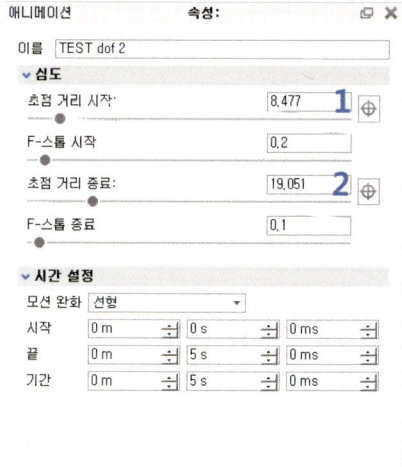

참고 예제샘플을 확인할려면 EX11-14.bip를 참고하세요.

Section 08 줌(Zoom)

Zoom In/Out은 카메라는 가만히 있고, 카메라에서 Zoom렌즈로 모델을 가깝게 또는 멀리 볼 수 있게 하는 방법입니다.

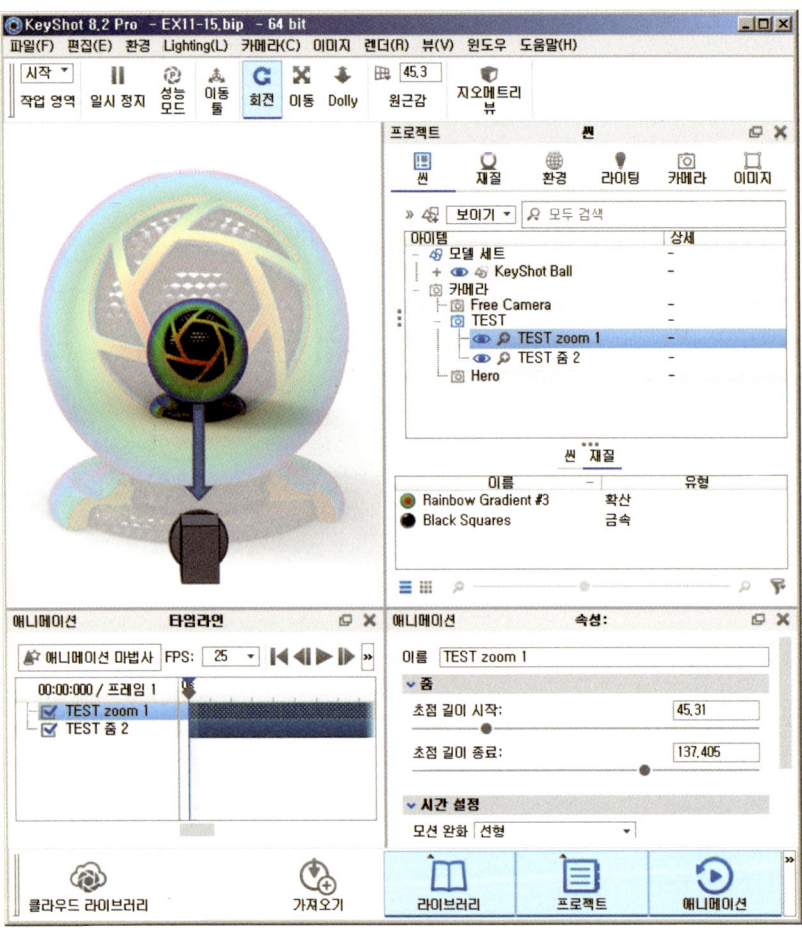

참고 예제샘플을 확인할려면 EX11-15.bip를 참고하세요.

Section 09 카메라 전환 이벤트(Camera Switch Event)

- 카메라 전환 이벤트는 타임라인에서 두개의 카메라가 있을 때, 순간적으로 카메라가 전환하는 것입니다.

아래 그림에서 좌측그림은 TEST1이라는 카메라가 위치에 존재되어 있고, 우측 그림은 TEST2라는 카메라가 실시간 창에 있는 것처럼 모델이 존재합니다.

'카메라에서'를 TEST1 카메라로 잡고, '카메라로'를 TEST2 카메라로 잡았습니다. 이렇게 하여 애니메이션이 생성되면, 아래 1s영역에 빨간점에서 TEST1 > TEST2로 카메라가 순간적으로 이동하게 됩니다.

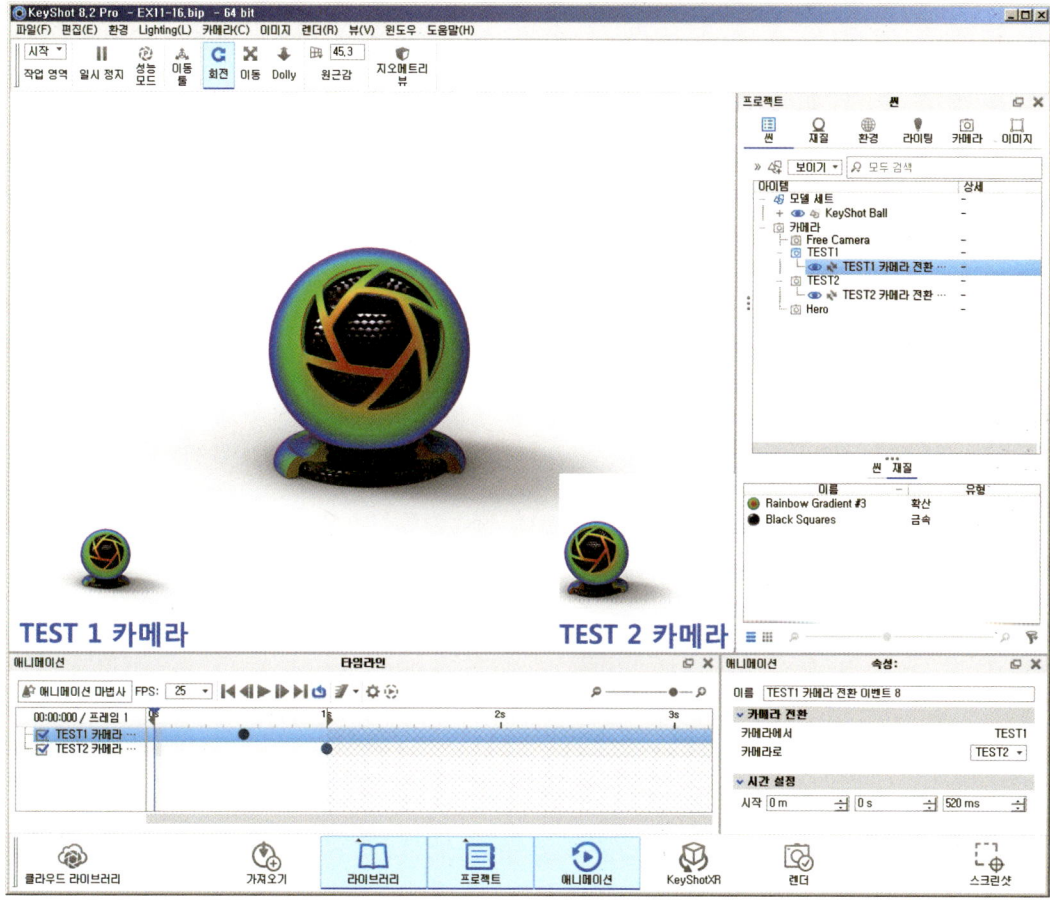

참고 예제샘플을 확인할려면 EX11-16.bip를 참고하세요.

PART

Keyshot XR

KeyShotXR은 KeyShot의 VR 기능과 혼란을 피하고 KeyShotXR의 확장 된 대화형 기능을 더 잘 포착하기 위해 KeyShotXR로 이름이 바뀌었습니다.

KeyShotXR은 3D 렌더링을 대화형으로 변환하는 기능을 제공합니다. KeyShotXR을 사용하면 모든 웹 브라우저에서 고품질의 터치 가능 3D 컨텐츠를 작성하여 표출 할 수 있습니다. 컨텐츠는 터치 지원 장치 (또는 마우스)를 사용하여 볼 수 있으며 브라우저의 플러그인을 사용하지 않아도 됩니다.

KeyShotXR은 다른 소프트웨어의 표준 360°턴테이블보기 기능을 뛰어 넘습니다. KeyShotXR 을 사용하면 여러가지 대화형 비주얼을 만들 수 있습니다.

카메라를 피봇 포인트로 사용하여 1인칭 시야 또는 파노라마 샷을 만듭니다. 시각적으로 고품질 의 과학적으로 정확한 재질 및 조명 표현을 제공합니다. 고급 기능 및 사용자 정의로 시각을 완벽 하게 제어합니다.

터치 제스처 컨트롤

터치 상호 작용을 통해 제품을 상세하고 자세하게 볼 수 있습니다. 확대 / 축소 수준은 KeyShotXR을 만들 때 설정되며, 볼 때 가장 높은 이미지 품질이 항상 유지됩니다.

> **참고** 위 이미지는 키샷 홈페이지에서 가져온 이미지임을 알립니다.

KeyshotXR 마법사 사용하기
(Using KeyShotXR Wizard)

KeyshotXR을 실행하려면 하단의 툴바에서 KeyshotXR아이콘을 선택하여 실행할 수도 있고, 메뉴바에서 '윈도우 〉 KeyshotXR을 선택 또는 'X' 단축키를 이용하여 실행할 수 있습니다. KeyshotXR버튼을 클릭하면 여섯 가지 타입의 VR 모드를 선택할 수 있는 대화 상자가 나타납니다. 한가지를 선택하면 어떤 식으로 모델이 움직이는지 미리 보여줍니다.

아래 그림과 같이 턴테이블, 구형, 반구형, Tumble, 커스텀, 애니메이션 등 여섯 가지 중 한가지 VR모드를 선택한 후 다음을 누르면, VR에서 회전의 중심이 되는 대상을 선택하게 됩니다. 환경, 오브젝트, 파노라마 카메라, 카메라 대상, 커스텀 등은 XR의 회전 중심을 사용자가 직접 선택할 수 있습니다.

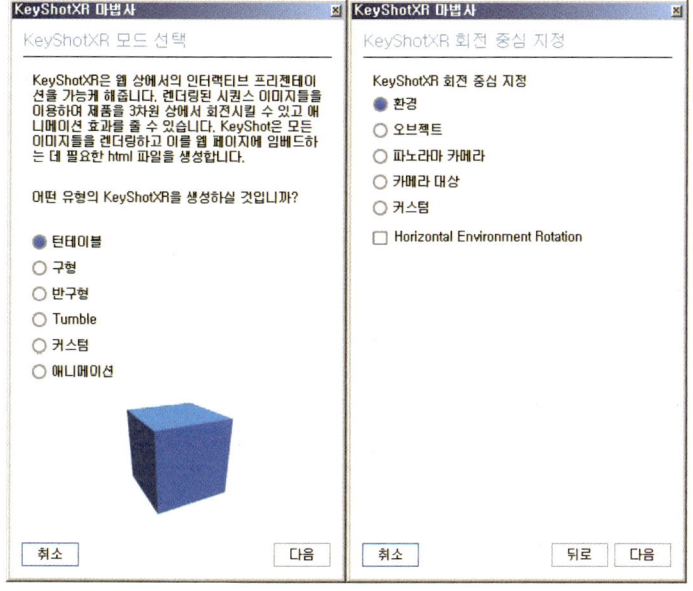

아래 그림 좌측에서 거리(Dolly)는 화면상에 있어서 객체와의 거리 값을 조절하여 주며, 방위각(Orbit) 값은 객체를 좌우로 회전시켜 위치를 잡아주며, 경사(Elevation) 값은 객체를 위아래로 회전시켜 위치를 잡아주고, 원근감(Perspective)은 투시도법상의 사람의 눈의 화각에 따라 입체감을 나타내 주는 값으로 초기 화각을 잡아 줍니다. 아래그림 우측은 XR이 보는 시점과 부드럽게 움직일 수 있게 해주는 옵션입니다. 수평/수직 프레임을 증가시키면 웹 브라우저상에서 회전할 때 좀 더 부드럽게 작동할 것입니다. 당연히 프레임이 증가하면 렌더링 타임도 증가하게 되니, 적당한 프레임 값을 지정해야 합니다.

스무드니스(Smoothness) 컨트롤은 VR의 부드러움을 제어할 수 있습니다. 수평 프레임의 높은 값은 웹브라우저에서 모델이 매끄럽게 움직일 수는 있지만, 프레임수가 증가하여 렌더링을 할 양이 많아집니다.

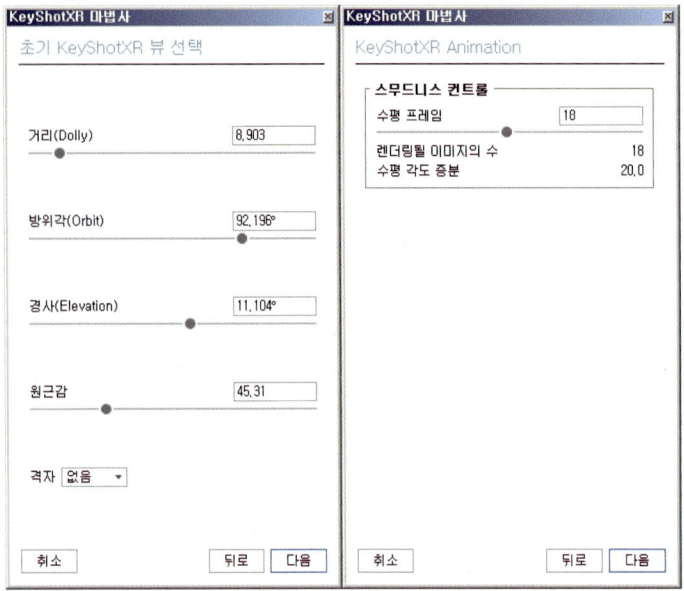

이제 아래그림처럼 KeyshotXR출력 설정만 하면 됩니다.
만약, 지금 렌더(Render Now)를 클릭하면, 프레임 수와 같이 렌더링 이미지가 만들지고, 모든 렌더링 이미지가 완료될 시 자동으로 웹브라우저가 팝업 되면서, 차단된 콘텐츠 허용을 묻습니다. 이 때 허용하면 KeyshotXR을 사용할 수 있게 웹브라우저가 작동합니다.
완성 된 KeyshotXR의 이미지 파일 및 Html파일은 'KeyShot 8 Resources 〉 Animations' 폴더에 자동 저장 됩니다.

만약, 아래 그림처럼 애니메이션을 선택 한다면, 애니메이션의 프레임 및 시간범위에 대해 설정하는 옵션이 나옵니다.

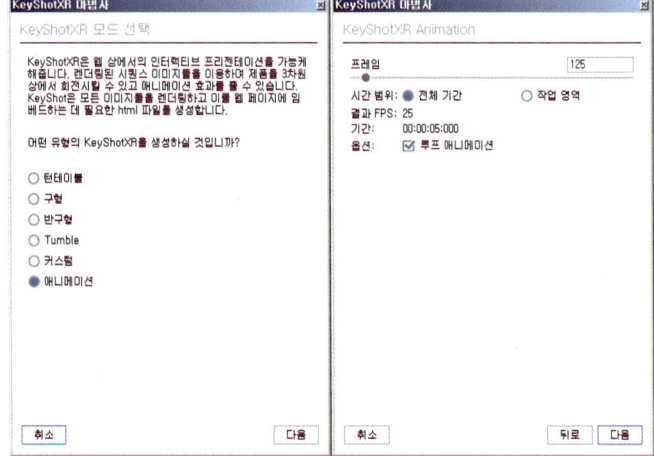

CHAPTER 02
KeyshotXR 렌더 설정

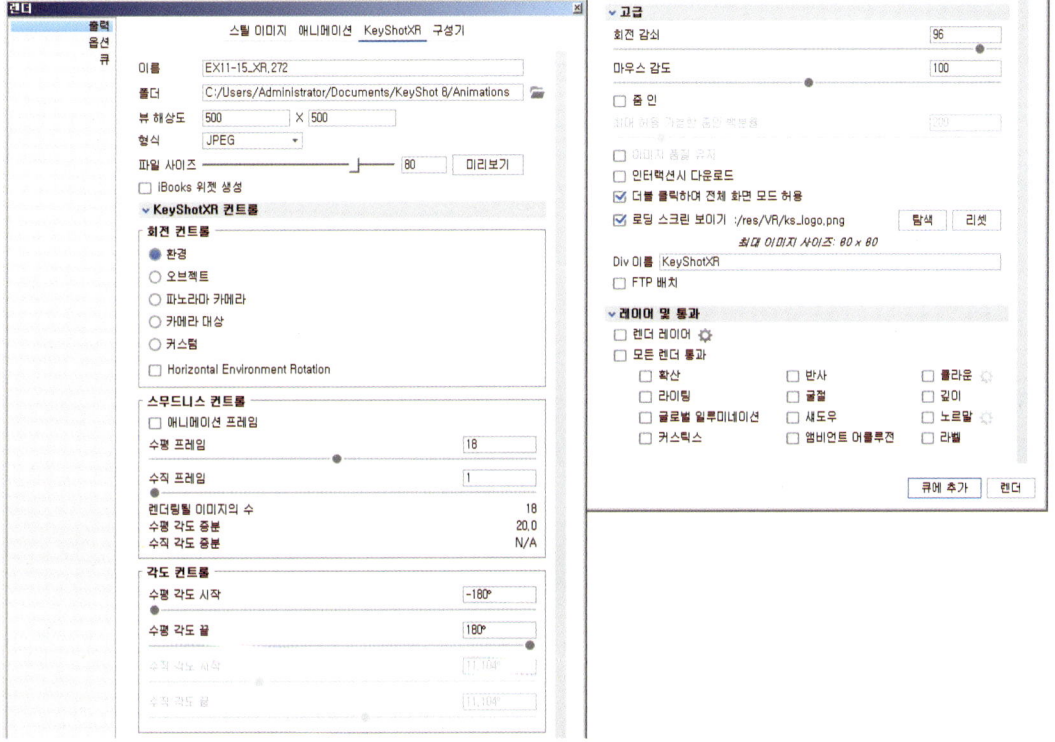

VR의 마지막 설정에서 '렌더설정' 버튼을 누르면, 위와 같이 출력 설정 옵션이 나옵니다.

뷰 해상도(Image Quality)

'미리보기' 버튼을 선택하면 VR에서 하나의 프레임을 렌더링 및 실시간 이미지의 품질을 조정하게 됩니다. 해상도 가 큰 이미지일수록 렌더링 시간 및 VR을 로딩하는 시간이 늘어남을 명심해야 합니다.

iBooks 위젯 생성(iBook Widget)

이 옵션을 체크할 경우, html5 위젯은 iAuthor를 사용하여 iBooks에 내장될 수 있습니다. 또한, 이 위젯은 iPad Retina 용과 iPad & iPad Mini로 구분됩니다.

KeyshotXR 컨트롤

KeyshotXR 컨트롤은 마법사에서 넣었던 옵션값을 재 수정할 수 있습니다.

회전감쇠(Rotation Damping)

웹페이지내에서 VR을 회전할 때 얼마나 부드럽게 움직일지를 설정합니다.

마우스감도(Mouse Sensitivity)

VR을 조작할 때 마우스의 감도를 설정합니다. 이 값을 증가시키면 마우스의 작은 움직임에서 VR이 반응합니다.

줌인(Zoom-In)

웹브라우저상의 VR화면내에서 줌 기능을 사용할지를 설정합니다.

이미지 품질 유지(Preserve Image Quality)

줌인 등과 같은 기능으로 이미지를 확대할 때 최적의 이미지 품질을 위해서 이 기능을 체크하여 사용합니다. 이 옵션은 프레임에 대한 뷰해상도와는 별개로 확대될 때의 이미지 품질을 이야기하는 것이며, 이 옵션을 체크한다면 VR의 파일 크기는 증가될 것 입니다.

인터랙션시 다운로드(Download on interaction)

이 옵션은 VR헤드셋 사용자가 다운로드하여 볼 수 있도록 해줍니다.

더블 클릭하여 전체 화면 모드 허용(Allow Fullscreen Mode By Double-Click)

마우스에서 LMB를 사용하여 더블 클릭하면 전체 화면 모드로 활성화시킬 수 있습니다.

로딩 스크린 보이기(Show Loading Icon)

이 옵션을 사용하면 KeyshotVR이 웹브라우저에서 로딩 될 때, 사용 아이콘이 표시됩니다. 이 아이콘은 사용자가 원하는 아이콘으로 변경할 수 있습니다.

Div이름(Name of Div)

HTML코드에서 VR부분의 이름을 정의합니다.

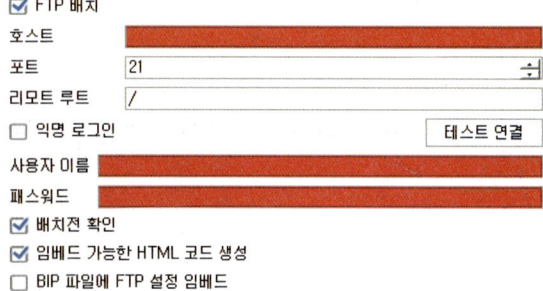

FTP 배치(FTP Deployment)

이 기능을 클릭하면 하면 미리 설정된 FTP사이트에 XR을 자동적으로 업로드합니다.

'사용자이름/비밀번호'

FTP사이트에 접속할 수 있는 사용자와 패스워드를 넣어줍니다.

배치전 확인(Confirm before deployment)

이 옵션을 체크하면 렌더링이 완료된 XR을 FTP에 업로드하기 전에 허용할 것인가를 묻는 메시지가 나타납니다.

임베드 가능한 HTML 코드 생성(Generate embeddable HTML code)

XR을 웹사이트 내에서 보여주기 위해서 iframe tag라는 코드가 필요한데, 이 옵션을 체크하면 해당 소스코드를 생성해 줍니다.

BIP 파일에 FTP 설정 임베드(Embed FTP Settings in BIP File)

이 옵션은 다른 사용자에게 배포할 때 키샷 파일인 BIP파일을 FTP 설정에 포함할 것인지를 결정합니다.

CHAPTER 03
KeyshotXR 최종 출력
(KeyshotXR Final Output)

VR렌더링이 완료되면 완성된 VR을 볼 수 있는 HTML 문서가 생성됩니다.
해당 문서의 HTML 코드를 편집해서 여러 가지 기능을 추가할 수도 있습니다. 이 HTML문서는 VR을 저장하도록 설정된 위치의 폴더 안에 모든 렌더링 프레임과 함께 자동적으로 생성됩니다.

참고 상기 이미지는 키샷 홈페이지의 KeyshotXR 최종 출력물입니다.

CHAPTER 04
키샷VR을 파워포인트에 삽입하기
(Embedding KeyshotXR in a PowerPoint)

키샷VR을 파워포인트 프리젠테이션에서 바로 보여줄 수도 있습니다. 이 작업을 위해서는 LiveWeb이라는 Add-in을 다운로드하여 설치해야 합니다.

서치를 이용한 다운로드나, 아래그림과 같이 http://skp.mvps.org/liveweb.htm#.ULUP1Yc0V8E 또는http://www.skphub.com/ 사이트로 가면 하단부에 Download라는 곳에 운영 체계 별로 here가 있으며, 그것을 클릭하면 다운로드 받을 수 있습니다.

다운로드가 완료되면 파일의 압축을 푼 다음 파워포인트를 실행합니다.
아래 그림과 같이 파워포인트 2010은 '파일 〉 옵션'을 선택하면 되고, 파워포인트 2007은 오피스라고 적힌 구형 아이콘을 클릭하고 옵션을 선택합니다. 그런 다음 아래 옵션에서 왼쪽에 있는 추가기능을 선택하고, 오른쪽에서 '관리 〉 PowerPoint 추가기능'을 선택하신 후, 이동을 눌러 다음 과정으로 넘어갑니다.

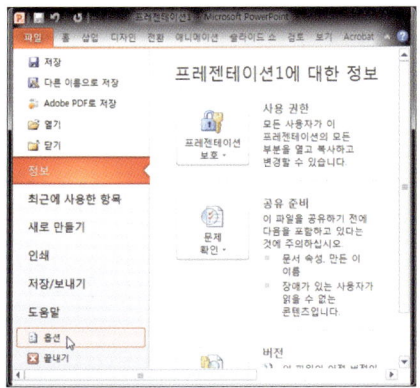 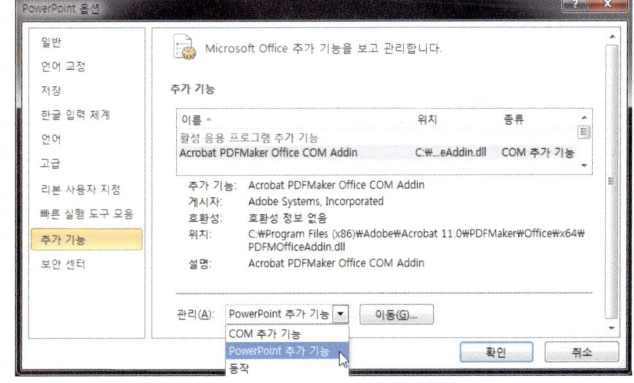

아래 그림과 같이 파워포인트 '추가기능'창이 열리면 '새로 설치(A)…' 버튼을 선택하면, '새 PowerPoint 추가 기능 추가' 라는 창이 열리며, 다운받았던 'LiveWeb.ppam'파일을 선택합니다.
파워포인트에서 매크로 기능이 포함되어 있다는 경고창이 뜨면 사용가능을 선택하고 계속 진행합니다.

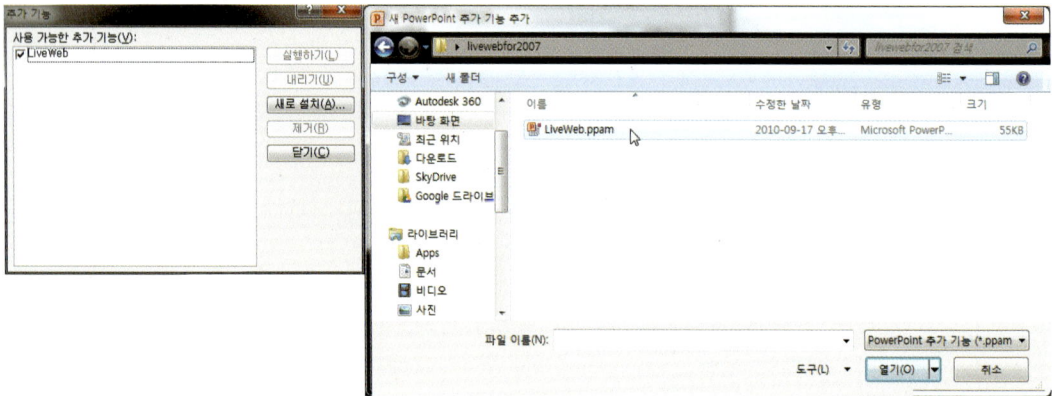

일련의 과정을 마치면, 추가기능 창에서 LiveWeb항목이 나타나게 되며, 파워포인트에서 KeyshotXR을 추가할 준비를 마쳤습니다.
파워포인트의 '삽입'탭에서 LiveWeb 항목을 선택하면 아래그림과 같이 진행되며, 키샷 홈페이지의 XR코너에 있는 하나를 복사하여 붙여 줍니다.

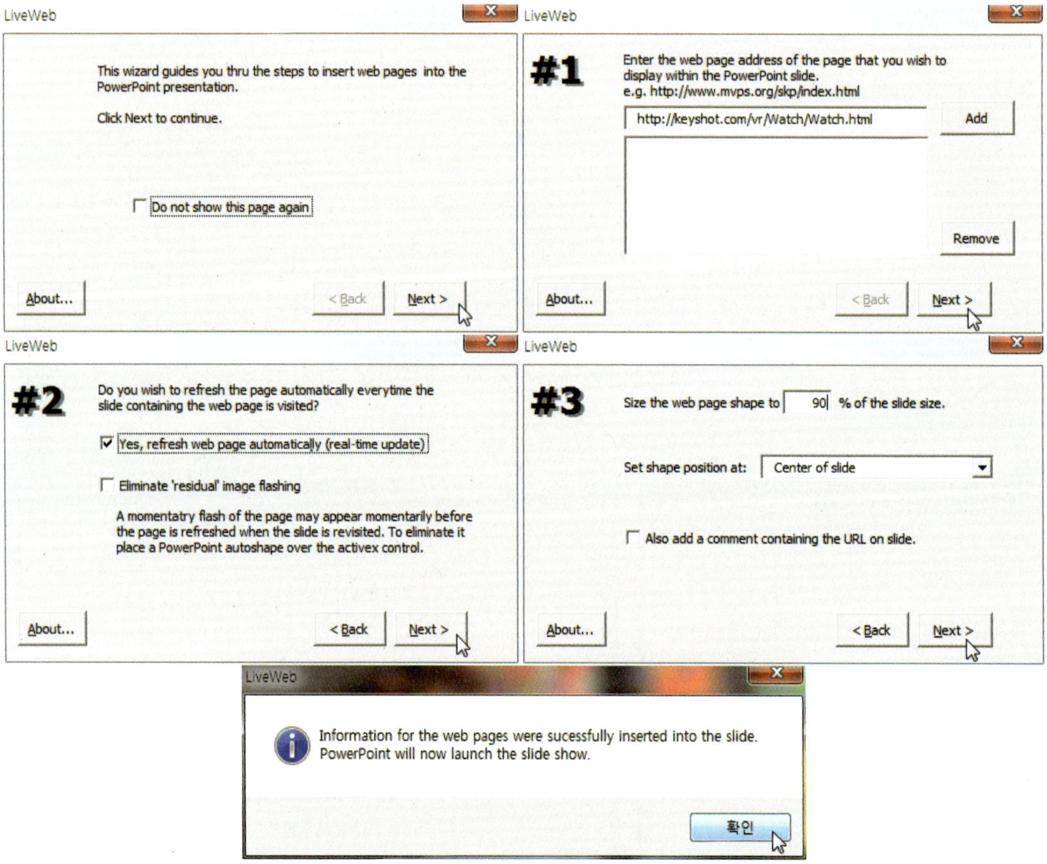

위와 같이 #1에서 웹서버 또는 웹사이트가 있다면 URL주소를 'http://'까지 포함해서 적어줘야 합니다.
꼭 웹사이트가 아니더라도 로컬 PC에 사용할 XR 소스를 포함하고 있는 HTML 문서가 있다면 해당 경로를 절대경로로 적어 줘야 합니다.

예를 들어 'C:\Users\Administrator\Documents\KeyShot8\Animations\KeyshotXR.html' 식으로 적어 줍니다. LiveWeb 추가기능이 성공적으로 파워포인트에 웹페이지를 연결하면 알림 메시지가 나타나며, 파워포인트 화면에서 윈도우98 로고 잠시를 볼 수 있습니다. 파워포인트의 버전에 따라 로고가 계속 나타나 있던가, 아니면 빈공간에 빈 박스가 생성되며, 그것이 KeyshotXR이 위치하게 된 곳입니다.

크기를 조절하거나 이동거나 하는 등의 작업은 파워포인트 내에서 수행하게 됩니다.
실제 KeyshotXR을 실행하려면 '슬라이드 쇼를 실행합니다. 불러오는 시간이 약간 지체가 되면서, 아래 그림 같이 웹에서 사용하는 것처럼 파워포인트 내에서도 KeyshotXR이 실행됩니다.

CHAPTER 05
KeyshtoXR을 웹사이트에 삽입하기
(Embedding KeyshotXR in website)

웹사이트에서 XR을 보려면 우선 KeyshotXR파일을 웹서버에 업로드해야 합니다. 파일이 업로드되고 나면, 웹페이지의 HTML태그를 편집해야 합니다. 〈iframe〉이라는 태그를 사용하게 되며, 'src'라는 항목에 업로드 해 놓은 keyshotXR의 URL을 입력하면 됩니다.

아래 그림은 가장 기초적인 수준으로 〈iframe〉 태그를 사용하는 방법입니다. HTML 태그를 모른다고 하더라도 〈iframe〉 ~~~ 〈/iframe〉 부분만 복사하여 사용하시면 됩니다.

```html
<!--
    This code snippet, is the most basic way to implement a KeyShotVR into your website.
-->
<!doctype html>
<html lang="en">

<head>
<meta charset="utf-8">
<title>KeyShotVR</title><!-- Controls the text on the browser tab -->
</head>

<body>

<!-- iframe tag, this will display the KeyShotVR -->
<iframe src="http://www.keyshot.com/vr/DirtBike/DirtBike.html" width="600px" height="500px" frameborder="0">iframe is not supported</iframe>


</body>
</html>
```

CHAPTER 06
스크립팅 콘솔 (Scripting Console)

어찌보면 이 스크립팅 콘솔 옵션은 이 장에서 표현할 것은 아니지만, 따로 설명하기에도 한계가 있어 여기에 위치합니다.

키샷 기능의 다양한 자동화 및 일괄처리의 힘을 발휘하는 스크립팅 콘솔 옵션이 있습니다. 이 옵션은 '메뉴바 〉 윈도우 〉 스크립팅 콘솔' 또는 리본바 '스크립팅 콘솔' 아이콘을 선택하시면 아래와 같은 창이 팝업 됩니다.

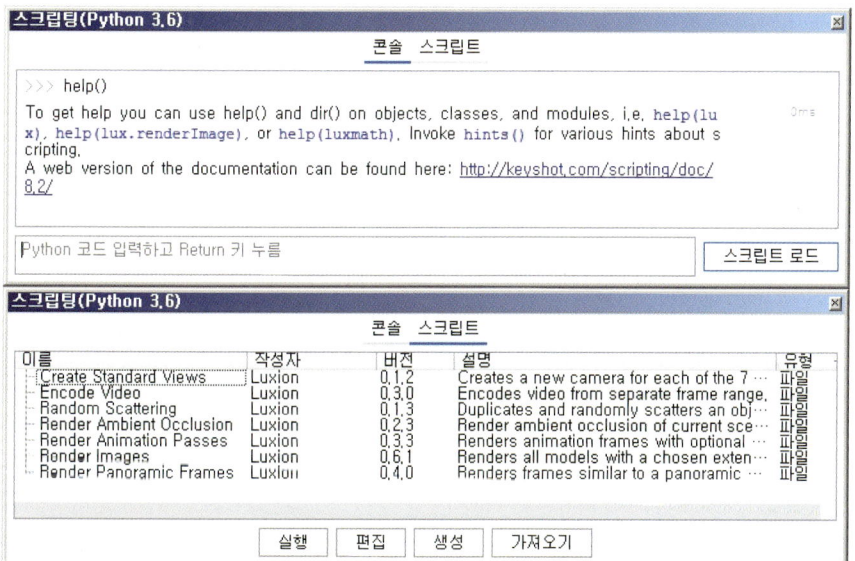

미리 정의 된 스크립트는 사용자 정의 스크립트를 생성하고, 편집 또는 새로 생성 되는 스크립트는 저장되어 보여집니다. 이 스크립트에 카메라제어, 재질 템플릿, 환경, 백플레이트, 렌더링(이미지, 애니메이션, VR) 및 열기/저장/가져오기 파일등이 포함되어 있습니다.

온라인 스크립트 문서는 'https://www.keyshot.com/scripting/doc/8.0/'에 접속하여 빠른 시작을 돕습니다. 스크립트 파일은 사용자 컴퓨터의 'KeyShot 8 Resources 〉 Scripts'에 저장되어 관리됩니다.

Section 01 Create Standard Views

어떠한 모델을 불러와서 스크립트를 실행하면, 표준 뷰가 씬트리에 생성 됩니다.
'모델 불러오기 > 윈도우 > 스크립팅 콘솔 > 실행' 후 완료가 되면 아래 그림과 같이 팝업되며, 출력보이기를 선택하면, 성공한 Stdout창에 어떠한 카메라가 생성 되었는지 자세히 보입니다.

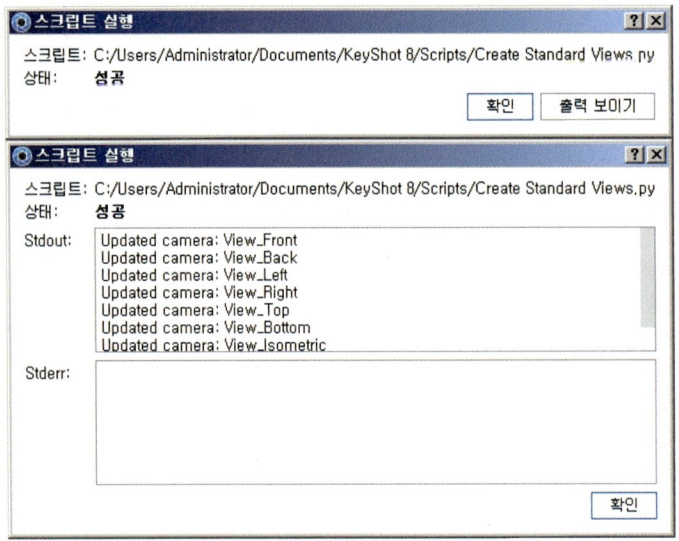

또한, 씬트리구조를 가보면 아래 왼쪽그림은 스크립팅 콘솔이 실행전의 모습이고, 오른쪽그림은 스크립팅 콘솔이 실행 후 새로운 카메라가 추가됨을 알 수 있습니다.

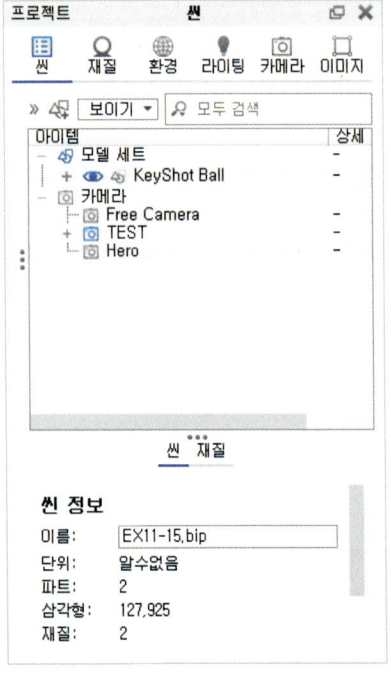
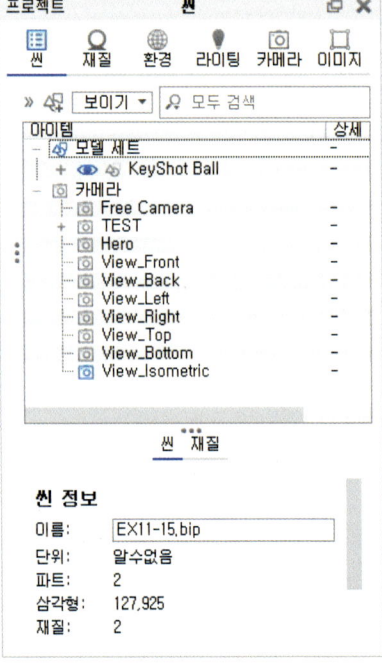

Section 02 Render Images

이 스크립팅 콘솔은 모델이 저장 된 폴더를 지정 한 후, 그 폴더에 있는 모델 파일을 일괄적으로 렌더링하는 스크립트입니다. 큐와 비슷한 기능이며, 이 기능은 단순히 한 폴더에 있는 모델 전체를 렌더링 한다는 개념입니다.

예를 들어
1. 키샷을 실행합니다.
2. 스크립팅 콘솔을 실행합니다.
3. 스크립팅 콘솔에 포함되어 있는 'Render Images'를 선택 후, '실행' 버튼을 클릭합니다.
4. 아래 이미지처럼 창이 팝업 되며, 렌더링할 이미지 폴더(Folder to import from)를 선택합니다.
5. 가져 올 확장자 및 출력 포멧, 출력 크기를 확정 후, '확인' 버튼을 클릭합니다.

버튼 클릭 후, 자동적으로 'Folder to import from'에 있는 모델을 가져와 하나하나씩 렌더링하여, 가져 온 폴더에 저장 됩니다

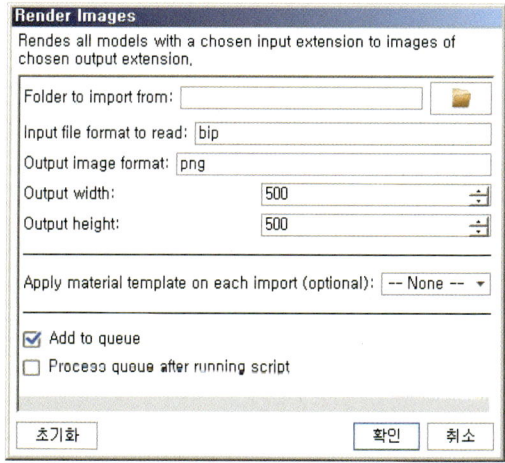

Section 03 Encode Video

이 기능도 위의 Render Images와 마찬가지로 하나의 폴더를 지정한 후, 그 폴더안의 애니메이션이 있는 모델을 모두 일괄적으로 비디오 파일로 만들어 주는 옵션입니다.

예를 들어
1. 키샷을 실행합니다.
2. 스크립팅 콘솔을 실행합니다.
3. 스크립팅 콘솔에 포함되어 있는 'Encode Video'를 선택 후, '실행' 버튼을 클릭합니다.
4. 아래 이미지처럼 창이 팝업 되며, 렌더링할 이미지 폴더(Folder to frames)를 선택합니다.
5. 폴더안에서 가져 와 인코딩할 프레임을 정의한 후, '확인' 버튼을 클릭합니다.
6. 버튼 클릭 후, 자동적으로 'Folder to frames 에 있는 모델을 가져와 하나하나씩 인코딩하여, 가져 온 폴더에 mp4확장자로 저장됩니다.

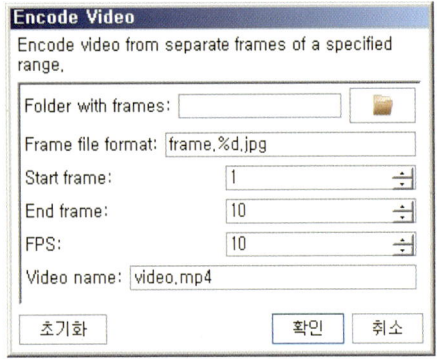

다른 스크립트를 사용하는 방법은 아래 그림과 같이 https://www.keyshot.com/scripting/doc/8.0/ 또는 https://www.keyshot.com/scripting/doc/8.0/quickstart.html 에 접속하여 사용자가 공부해 주시길 바랍니다.

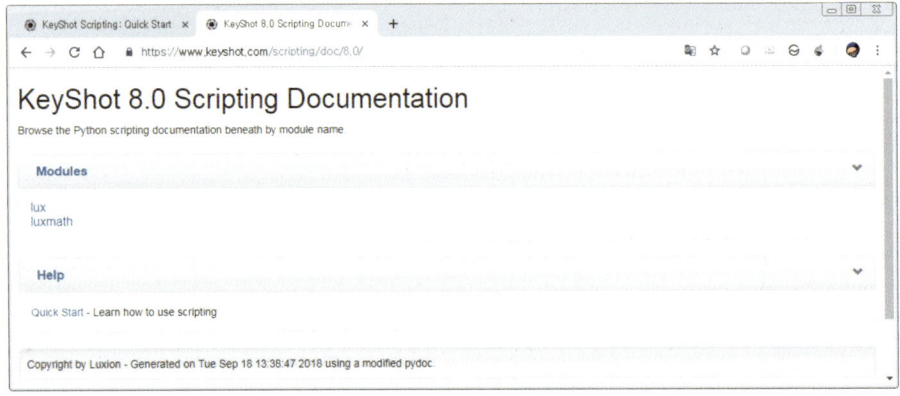

《알림》
키샷의 네트워크렌더링은 1.0.25버전에서 1.1.2버전으로 업데이트 되어 있으며, 본 책에서는 다루지 않습니다. 다만, 네트워크렌더링을 사용하는 사용자분들은 https://www.keyshot.com/resources/downloads/ 에 들어가셔서 Network Rendering을 다운받아 사용하실 수 있습니다.

MEMO

키샷 8
Enjoy KeyShot!

초판 1쇄 인쇄　2019년 5월 25일
초판 1쇄 발행　2019년 5월 30일

저　자	채만석 · 박근우
발행인	유미정
발행처	도서출판 청담북스
주　소	(우)10909 경기도 파주시 하우3길 100-15(야당동)
전　화	(031) 943-0424
팩　스	(031) 600-0424
등　록	제406-2009-000086호
정　가	28,000원
ISBN	978-89-94636-97-9 (13000)

※이 책은 저작권법에 따라 보호를 받는 저작물이므로 무단 전재나 복제를 금지하며,
　이 책 내용의 전부 또는 일부를 이용하려면 반드시 저작권자나 발행인의 서면동의를 받아야 합니다.

※잘못된 책은 구입하신 서점에서 바꾸어드립니다.